江苏省技工院校一体化系列教材

现代汽车钣金技术

XIANDAI QICHE BANJIN JISHU

江苏省技工院校教材编写委员会组织编写

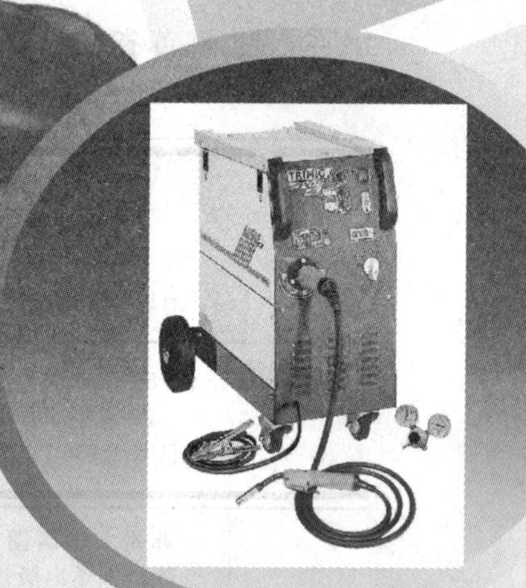

苏州大学出版社
Soochow University Press

图书在版编目(CIP)数据

现代汽车钣金技术／何宝林主编；江苏省技工院校教材编写委员会组织编写. —苏州：苏州大学出版社，2014.6

江苏省技工院校一体化系列教材

ISBN 978-7-5672-0862-9

Ⅰ. ①现… Ⅱ. ①何…②江… Ⅲ. ①汽车—钣金工—技工学校—教材 Ⅳ. ①U472.4

中国版本图书馆 CIP 数据核字(2014)第 116994 号

现代汽车钣金技术

江苏省技工院校教材编写委员会组织编写

责任编辑　王　亮

苏州大学出版社出版发行

（地址：苏州市十梓街 1 号　邮编：215006）

常州市武进第三印刷有限公司印装

（地址：常州市武进区湟里镇村前街　邮编：213154）

开本 787 mm×1 092 mm　1/16　印张 20.5　字数 532 千

2014 年 6 月第 1 版　2014 年 6 月第 1 次印刷

ISBN 978-7-5672-0862-9　定价：40.00 元

苏州大学版图书若有印装错误，本社负责调换

苏州大学出版社营销部　电话：0512－65225020

苏州大学出版社网址　http://www.sudapress.com

江苏省技工院校教材编写委员会

主　任： 王立平

副主任： 杨志霞　张建初

委　员： 吕成鹰　王国海　徐祥华　孙秀华　雍自成
缪正宏　王生宁　巫伟钢　甘志雄　冷耀明
谷少平　张兵营　王　伟　王建军　厉章彪
何宝林　杨庆国　郑大庆　孙志忠　虞伟良
郑海松　朱坤泉

秘书处： 袁石英　张云泉

本书编审人员

主　编： 何宝林

参　编： 周桂梅　方　明　丛小乐　戴良鸿
陆　栋　魏垂浩

主　审： 卞志兴

总 序

General Preface

近年来，我省加快经济发展方式转变和产业结构优化升级，为技工教育创造了广阔的发展空间，也对技能人才的培养提出了更高要求。为提高技能人才培养契合产业需求的有效性、针对性，从2009年起，人力资源和社会保障部启动了以课程为中心的一体化课程教学改革，给技能人才培养带来了全新的教学理念，是技能人才培养模式的一场教学革命，推动了我国技工教育与国际先进教学方式的接轨。

教材是体现技工院校教学课程目标和内容的重要载体，高质量的教学培训需要高质量的教材，加快研究开发理论与实践一体化的教材，是提高技工教育、技能人才培养质量的重要基础。为此，江苏省人力资源和社会保障厅于2013年初，组建了江苏省技工院校教材编写委员会，启动了全省技工院校新设专业课程标准和省版教材的开发。

省版教材的开发坚持两条原则：一是坚持贯彻急需紧缺并与部编教材相辅相成的原则，即开发目前尚无部编计划的教材，以及结合沿海地区经济发达、科技先进、教育领先的实际情况，经专家论证，重点开发高新技术专业教材和落后陈旧不适用的教材。二是坚持理论知识和实践操作融通合一的原则，教材编写借鉴先进的一体化课程教学改革的理念，采用项目引领、任务驱动、活动载体的格式体例，以学生为中心、以职业活动为导向、以综合职业能力培养为核心，充分调动学生的主观能动性和参与意识，实现理论教学与实践教学融通合一、能力培养与工作岗位对接合一，努力开发一批具有地方特色、理论与实践一体化的精品教材。

本教材可作为技工院校相关专业的教学用书及产业现场的职工技能培训用书。由于教材结构采用了理论知识和实践操作紧密结合、融通合一的方式，教学内容反映了国际先进的职业教育理念，因此本教材也可作为专家、学者的参考资料。

教材编写工作得到了全省各技工院校的大力支持，在此，我们表示诚挚的感谢。由于一体化课程教学改革目前仍处于探索、试点阶段，可供借鉴的资料和经验还不多，另外，由于受时间和编者水平的限制，不当甚至错误之处在所难免，恳切希望广大师生和专家学者提出宝贵意见与建议。

江苏省技工院校教材编写委员会

2014年5月

前　言

Preface

《现代汽车钣金技术》是技工院校汽车车身修复专业、汽车钣喷专业的教材，它不仅是一门专业基础课程，也是一门实用性很强的技术应用课程。

本书根据一体化课程改革的理念和要求，贯彻以学生为中心，以职业活动为导向，以综合职业能力培养为核心的原则，打破传统学科知识体系，注重项目引领，任务驱动，以实践活动为载体，调动学生的主观能动性和参与意识，实现理论教学和实践教学融通合一、能力培养与岗位技能对接合一的要求。

《现代汽车钣金技术》在江苏省人力资源和社会保障厅组织领导下，由省内多位知名专家反复研讨，多位资深老师共同合作完成。本书根据省颁《现代汽车钣金技术课程标准》的要求，主要包含4个项目：汽车钣金基础、车身检测与校正、车身典型构件的损伤修理、车身综合修复案例。

本书在编写过程中突出了以下特点：

1. 设计思路着眼于学生的终身学习与可持续性发展，关注学生素质，关注学生职业岗位能力的培养。课程内容突出对学生职业能力的训练，理论知识的选取紧紧围绕典型工作任务完成的需要来进行，同时又充分考虑了职业教育对理论知识学习的需要，并融合了相关职业资格证书对知识、技能和态度的要求。

2. 设计典型工作任务，通过活动描述的引入，以任务驱动、项目引领等先进的行为引导型教学方法组织实施教学活动，旨在使学生掌握汽车钣金的专业知识、操作技能和职业规范，养成良好的职业素养，能够胜任当代汽车钣金维修工的工作。

3. 注重实用性，体现先进性，保证科学性，突出实用性，贯穿可操作性，反映汽车工作的新知识、新技术、新工艺和新标准，其工艺过程尽可能与当前生产情景一致。

4. 文字简洁，通俗易懂，以图代文，图文并茂，形象直观，形式生动，学练结合，容易培养学生的学习兴趣，提高学习效果。

本书由南京交通技师学院的何宝林院长任主编，由常州交通技师学院的卞志兴副院长主审。参加本书编写工作的有：南京交通技师学院的周桂梅、丛小乐（项目三），方明（项目四）；扬州汽车技师学院的戴良鸿、魏垂浩（项目一）；无锡交通技师学院的陆栋（项目二）。本书在编写过程中参阅了大量的有关汽车维修特别是汽车钣金与涂装的教材、操作手册及网络文章，在此，谨向这些作者及相关单位表示诚挚的谢意。

由于时间仓促，加之编者水平有限，书中难免有疏漏之处，恳请同行专家和广大读者批评指正。

编者

2014年5月

Contents

目 录

项目一　汽车钣金基础

项目学习目标

● 能规范地使用和维护钣金修复工具、设备。

● 能根据零件的三视图画出展开图，并采取正确的加工工艺制作零件。

● 会进行各种钣金件手工成型操作；能使用钣金工具进行汽车钣金复制件加工工艺的操作。

● 能掌握安全操作规程。

任务一　汽车钣金材料的认知

活动一　汽车钣金常用金属材料的认知

活动描述

在本次活动中，学生观看教学视频，了解汽车的发展史，结合实车了解汽车上使用金属材料的部位，熟悉汽车钣金部件金属材料的基本性能，明确对汽车钣金件常用金属材料的要求。

学习目标

◇ 能叙述汽车上有哪些地方使用了金属材料。

◇ 能叙述汽车钣金件常用金属材料的力学性能和使用性能。

◇ 能叙述对汽车钣金件常用金属材料的要求。

学习地点

基础教学区。

学习准备

教学设备(含资料):轿车车身一台、多媒体设备、用户手册。

工量具:常用钣金工具。

劳动保护用品:纱手套。

知识准备

一、汽车钣金件对金属材料的要求

在现代生活中,汽车既是各行各业最重要的运输工具之一,也是人类日常生活中最重要的交通工具之一。汽车常常在比较恶劣的环境中进行工作,如重载荷、高速度、高振动、高粉尘,而且经常日晒雨淋,工作温度高低悬殊,因而汽车的钣金件特别是钣金覆盖件,必须达到较高的要求。

(一)良好的机械性能

由于汽车在工作中经常处于高速、重载、频繁振动的状态,所以汽车钣金件必须具有足够的强度、适宜的硬度、良好的韧性以及良好的抗疲劳性能,以保证汽车在正常运行中不变形、不损坏,从而满足运输的需要。

(二)良好的工艺性能

在汽车制造与修理中,许多钣金结构件的形状是非常复杂的,为了降低钣金工作的难度,要求钣金材料必须具有良好的工艺性能,即:

1. 良好的压力加工性能

为了保证钣金工件的顺利成形,钣金材料既要有很好的塑性,也要有在外力作用下能产生永久变形而不易被破坏的能力。对于冷作零件来讲,钣金材料要有良好的冷塑性,如汽车车身冲压件;对于热作零件来讲,钣金材料要有良好的热塑性,如热锻件弹簧钢板、热铆铆钉等。

2. 良好的可焊性

许多汽车钣金零件是通过点焊、弧焊或气体保护焊等方式熔焊在一起的,所以要求钣金零件必须有良好的焊接性能。

3. 良好的化学稳定性

汽车覆盖件大都是在露天环境中工作的,经常与水及各种气体接触,如消声器,经常在较高温度和腐蚀性气体下工作。这就要求钣金零件必须有良好的化学稳定性,既要求其在常温下耐腐蚀,防锈能力强,又要求其在高温或太阳暴晒下不变形。

4. 良好的板材尺寸精度和内在质量

板材的尺寸精度和内在质量对钣金加工影响极大,特别是对模压件影响更大。对板材的具体要求是:

(1) 尺寸精度高,厚度均匀,无变形。

(2) 表面平整,光洁度高,无气泡、缩孔、划痕、裂纹等缺陷。

(3) 无严重锈蚀,无氧化皮等附着物。

(4) 组织均匀,各部分晶体组织及硬度无明显差异。

5. 价格低廉,经济实用

对汽车的任何构件,在满足工作条件的情况下,都应考虑其经济性。能用黑色金属的,不用有色金属;能用一般金属的,不用贵重金属。另外,汽车钣金件的寿命应该与汽车其他构件的寿命相适应。

二、金属材料的基本性能

机械制造的主要材料包括金属材料、非金属材料和复合材料。金属材料因其具有制造机械零件所需要的物理性能和化学性能,以及良好的力学性能、工艺性能,因而在机械制造工业中得到广泛应用。

金属材料分为黑色金属材料和有色金属材料两大类。以铁和铁基合金所构成的材料称为黑色金属材料,铁和铁基以外的金属材料及其合金都属于有色金属材料。在机械制造中很少使用纯金属,而是以合金为主,因为合金通常比纯金属具有更好的力学性能和工艺性能,而且成本较低。其中,钢铁材料因其资源丰富、冶炼容易、加工方便、成本低廉,因而成为应用最广泛的金属材料。钢铁材料是以铁为基础的铁碳合金,如碳素钢、合金钢、灰口铸铁等。此外,青铜、黄铜等以铜为基础的铜合金及以铝为基础的各种铝合金等应用也很广泛。

(一) 金属材料的物理性能

金属材料的物理性能主要有密度、熔点、热膨胀性、导热性、导电性、磁性和耐磨性等。由于机器零件的用途不同,对其物理性能要求也不同。同时,材料的一些物理性能对热加工工艺也有一定的影响。例如,飞机零件要选用密度小的铝合金来制造,而一般机器的机身就要选用成本低、坚固的铸铁来制造,电器零件则常首先考虑所用金属的导电性等。

(二) 金属材料的力学性能

金属材料的力学性能旧称机械性能,是指受外力作用时所反映出来的承载性能。在机械工程中,它是衡量金属材料性能最重要的标志。力学性能包括强度、硬度、弹性、塑性、冲击韧性和疲劳强度等。

三、车身用钢板

车身钢板分为冷轧钢板和热轧钢板两大类,其中冷轧钢板又细分为普通冷轧钢板、加磷高强度钢板、烘烤硬化钢板(BH 钢)、双相钢板、镀锌钢板等。

(一) 冷轧钢板

1. 普通冷轧钢板

宝钢现用的 DC 系列(DC01、DC03、DC04、DC06 等)是沿用德系的牌号,D 是 drawing 的缩写,C 是 common 的缩写,相当于老标准的 ST12、ST13、ST14、ST16,其中 ST12、ST13 属于一般冲压级,ST14 属于深冲级,ST16 属于超深冲级。此外,根据表面质量不同,ST14、ST16 还分为 05 板和 03 板,如 ST1405、ST1605。03 指的是表面允许有少量不影响成型性及涂、镀附着力的缺陷,如轻微的划伤、压痕、麻点、辊印及氧化色等,一般用于车身内部件,表面粗糙度范围是 0.6～0.9μm,通常情况下不写明 03。05 是指产品两面中较好的一面不得有任何欠缺,即不能影响涂装后的外观质量或电镀后的外观质量,另一面必须至少达到 03 的要求,其表面粗糙度范围是:$Ra<0.9\mu m$,一般用于外覆盖件。

2. 加磷高强度钢板

一般的，强化钢板的元素主要有C、Mn、Ti、Nb、Al等，有害的元素主要是P和S。实际上P的强化作用非常明显，仅次于C，但是含量要达到0.04%以上才能使强化作用超过有害的部分，体现出强化作用。加磷钢板正是基于这种原理制造的，主要有B170P1、B210P1、B250P1、B180P2(BP340)、B220P2(BP380)，其中B代表baosteel，170、210、250等代表其最小的屈服强度(MPa)，P代表加磷强化，P1中的1代表超低碳(碳含量为双零——小数点后两个零)，P2中的2表示低碳钢。这类钢板主要用于车身中强度较高的零件。

3. 烘烤硬化钢板(BH钢)

烘烤硬化钢板是为提高普通钢板的抗凹性、抗划痕性和表面质量而开发的高强度钢板。BH值指经2%预应变的试样放置在170℃的温度下保持20min，然后在室温下进行拉伸试验，测得的屈服强度对该试样2%预应变时应力的增加值。该材料经过涂装烘烤后(170℃左右)，屈服强度会增加30～50MPa，其机理是高温下金属中的C、N原子扩散速度加快，位错聚集而强化材料。由于烘烤硬化钢板的特殊性能，常将其用于表面覆盖件，如门外板、顶盖等。

4. 双相钢板

在C、Mn钢中，成品以快速冷却方式冷却到Ms点(马氏体点)，得到铁素体＋马氏体组织，马氏体含量为5%～20%，马氏体含量越高，钢板强度越高。目前可生产抗拉强度为400～1 200MPa的双相钢板，其优点是低屈强比，高n(应变硬化指数)值，高烘烤硬化性，无屈服伸长等，在车身用钢板中占有举足轻重的地位(一般用量约50%左右，超轻车身用量高达74%)。宝钢已有B240/390DP、B280/440DP、B340/590DP和B400/780DP等几类双相钢板。双相钢板一般用于成形要求严格并具有高强度、高碰撞吸收能的汽车零件，如车轮、保险杠、悬挂系统和加强件等。

5. 镀锌钢板

镀锌钢板的主要特点就是有一定的防腐性能，但由于表面的锌层，会给冲压和焊接带来一定的困难，如基体相当于ST16的DC54D＋Z(ST06Z)、相当于ST12的DC51D＋Z(ST01Z)。用镀锌钢板生产的汽车的腐蚀率、故障率仅为用普通钢板生产的汽车的1/3，随着汽车使用期的延长其优点更加明显。

目前，中国轿车车身全部采用镀锌钢板的有：上海通用别克、上海大众帕萨特、一汽大众Audi A6和一汽轿车M6等。但目前生产量大的上海桑塔纳汽车和一汽捷达汽车，其车身用镀锌钢板每车仅20～25kg。例如，目前B11发动机罩内板使用的就是DC564＋Z镀锌钢板，主要目的就是增加内板的防腐性能。随着国产汽车走向世界，镀锌钢板的应用也是一种趋势。

汽车用镀锌钢板的品种主要有三大类：电镀锌钢板、热镀锌钢板和合金化镀锌钢板，它们的特点如表1-1-1所示。

表 1-1-1　　　　汽车用镀锌钢板的品种及特点

种类	品种	特点
电镀锌	电镀锌钢板	(1) 与基板的力学性能相同 (2) 有良好的加工成形性 (3) 美观的外表 (4) 由于镀层薄,焊接性能影响小 (5) 锌-铁和锌-镍合金的涂覆性能更好 (6) 由于镀层较薄,若加厚需二次电镀,因此在一定程度上影响耐腐蚀性能
	锌-铁合金	
	锌-镍合金	
热浸镀锌	非合金化热镀锌	(1) 镀层厚,耐腐蚀性好 (2) 由于基本可用超深冲钢板,其加工成形性优良 (3) 表面锌花从零到大锌花,适用于多种行业 (4) 焊接性能较差 (5) 有替代电镀锌板的趋势
	合金化热镀锌	(1) 由于形成锌-铁合金层,加工成形性下降 (2) 合金层中的铁改善了焊接性能 (3) 涂覆性能优良

(二) 热轧钢板

与冷轧钢板相比,热轧钢板轧制工艺简单,板料较厚,力学性能与普通冷轧板相当,如SPHC相当于DC01,SPHE的性能介于DC03和DC04之间。SPHC与SPHE的力学性能相当,但SPHE的延伸率略好。SAPH370与SAPH440一般用于底盘件,370与440是抗拉强度值。热轧钢板的参数与用途如表1-1-2所示。

表 1-1-2　　　　热轧钢板的参数与用途

钢号	厚度/mm	原钢号	车型	用量/kg	典型零件
SPHC	3.0	ST12	奇瑞风云系列	2.15	座椅横梁、中通道
SPHE	2.0～2.5	ST13、ST14	奇瑞风云系列	12.17	后轴安装钢板、支架

目前各汽车厂在钢板的选用上有"以热代冷"的趋势,当ST12料厚大于1.8mm时,一般用SPHC。

四、车身用铝板

(一) 车身上铝板的应用

常用钣金铝材有纯铝板和铝合金板两种。

1. 纯铝板

纯铝板一般用于制作耐腐蚀容器、油桶和各种形状的拉伸件和压弯件。

2. 铝合金板

以往铝合金仅应用在汽车发动机、轮毂等部位,如图1-1-1所示,但现在一些新型的车身上也开始应用铝合金。过去铝合金只应用于车身外部装饰件,现在车身结构件也可以全部用铝合金来制造。例如,奥迪A6、别克GL8、标志307和欧宝维特C等汽车的发动机舱盖用铝合金制造;雷诺La-guna ii的发动机舱盖、车顶和车门板都用铝合金制造;奥迪A2、A8(图1-1-2)、捷豹XJ以及宝马5系列等汽车用铝合金来制造车身结构件和外部板件。

图 1-1-1　铝合金轮毂

图 1-1-2　奥迪 A8 全铝车身

（二）车身用铝板的特性

1. 纯铝板

纯铝板是银白色的轻金属，熔点为 660℃，密度为 2.7g/cm³，具有良好的塑性、延展性、导电性、导热性和耐蚀性。由于铝板的抗拉强度较低，所以不宜制作承受较大载荷的构件。

2. 铝合金板

铝合金板是在纯铝中熔入镁、锰、硅、铜等合金元素后轧制而成的。其强度和耐蚀性比纯铝显著提高，并保持了高可塑性等一系列纯铝原有的良好性能。铝合金板适合制作较重要的拉伸件和各种钣金工件，如客车外表覆盖件、装饰件、铆钉及其他零件。

车身中的铝合金板按照它们在车身中功能的要求，可分为铸造件、冲压件、压铸件。车身板件大部分使用压铸件。

压铸件用来制造能够承受大载荷的部件，可以明显减轻车身质量，同时还具有较高强度。这些板件的外形呈复杂的几何形状，通常使用真空压铸的方式生产，使其具有较高强度。压铸件还具有高延展性、良好的焊接性能和较高的弹性，以保证它在碰撞时具有很高的安全性。铝合金部件一般应用在碰撞吸能区域，除了能够承载正常的载荷外，在碰撞变形中还可以吸收大量的能量，保护后面的部件完整和不变形。一般用来制造横梁、保险杠及其支撑件等。

冲压件有非常高的强度，它们能够加强车身的强度和刚性，使车身能够在剧烈的碰撞中保持结构的完整性。

在构成车身的铝合金件上一般都标有铝合金的类型标识。

活动实施

轿车车身运用了很多类别的金属材料，在整车上认识各部件的金属材料，便于将来在维修过程中加以注意，对不同的材料采用不同的维修办法。

在图 1-1-3、图 1-1-4、图 1-1-5 和图 1-1-6 下方的横线上标注出汽车各部件所使用材料的名称。

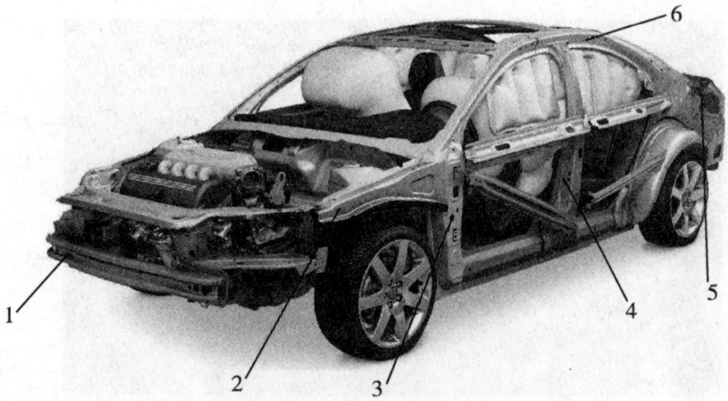

图 1-1-3　全车框架图

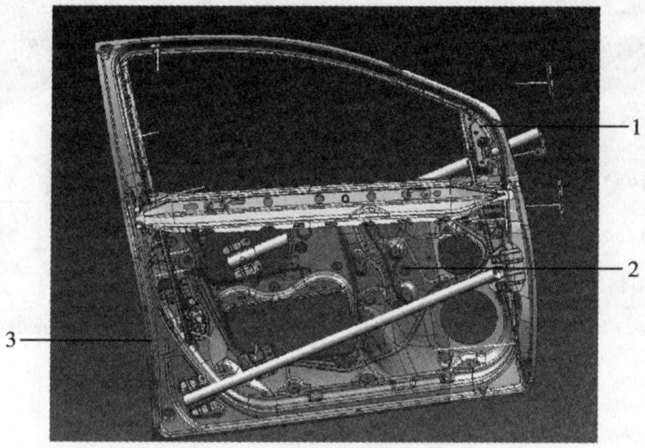

图 1-1-4　汽车车门框架图

图 1-1-5 汽车前保险杠图

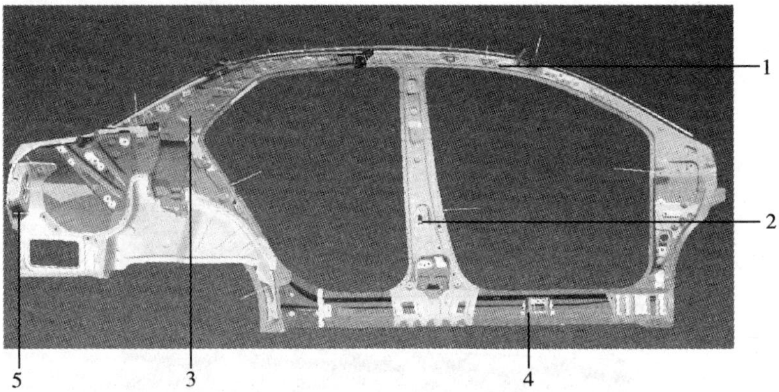

图 1-1-6 汽车侧面框架图

巩固与评价

一、活动巩固

(一) 填空题

1. 由于汽车在工作中经常处于高速、重载、频繁振动的状态，所以对于汽车钣金件，必须具有足够的________、适宜的________、良好的________以及良好的________，以保证汽车在正常运行中不变形、不损坏，从而满足运输的需要。

2. 机械制造的主要材料，包括________、________和________。

3. 金属材料的力学性能旧称机械性能，是指__________时所反映出来的承载性能。在机械工程中，它是衡量________最重要的标志。力学性能包括________、________、________、________、________和________等。

4. 常用钣金铝材有__________和__________两种。

（二）选择题

1. 纯铝板是银白色的轻金属，熔点为（　　）。

A. 600℃　　B. 660℃　　C. 760℃

2. 车身板件大部分使用（　　）。

A. 铸造件　　B. 冲压件　　C. 压铸件

3. 用镀锌钢板生产的汽车的腐蚀率、故障率仅为用普通钢板生产的汽车的（　　）。

A. 1/2　　B. 1/3　　C. 1/4

4. 由于烘烤硬化钢板具有特殊性能，常将其用于（　　）等部位。

A. 门外板　　B. 前纵梁　　C. B柱

二、活动评价

评分标准见表1-1-3，在考核记录栏中简述扣分的缘由。

表1-1-3　　车身金属材料认知考核评分表

评定成绩：　　时间：　　地点：　　教师：

作业项目	考核内容	配分	评分标准	考核记录	扣分	得分
认知车身金属材料	（1）说出车身各部件的名称 （2）说出车身各部件的材料名称	100	能准确描述钣金件的名称（15分）			
			能正确描述钣金件的材料名称（80分）			
			填表正确，字迹规正，书写内容清楚、明了，无遗漏（5分）			
分数合计		100				

活动二　汽车钣金常用非金属材料的认知

活动描述

本次活动采用师生互动的形式，列举汽车钣金件常用的非金属材料，学生在教师的指导下了解汽车钣金件常用非金属材料的特性，明确汽车钣金件对常用非金属材料的要求。

学习目标

◇ 能叙述汽车上有哪些地方使用了非金属材料。

◇ 能叙述汽车常用非金属材料的机械性能和使用性能。

◇ 能叙述汽车钣金件对常用的非金属材料的要求。

学习地点

基础教学区。

学习准备

教学设备(含资料):轿车车身一台、多媒体设备、用户手册。

工量具:常用钣金工具。

劳动保护用品:纱手套。

知识准备

一、塑料

(一) 塑料的组成

塑料就是具有可塑性的材料。广义地讲,蜡烛、松香、虫胶、黏土、铁、铜、铝等,都可称为塑料,因为它们加热后,或在压力条件下,可以塑造成各种形状的物体。天然树脂,如虫胶、琥珀、沥青、松香等,因为成分和结构复杂,杂质很多,一般不用作塑料。

狭义地讲,塑料是以天然树脂或人造树脂为基体,加入填充剂、增塑剂、润滑剂和着色剂等而制成的高分子有机物。有些塑料本身不需加入任何添加剂,如有机玻璃。本书中的塑料是指此类高分子有机物。

(二) 塑料的特性

塑料的主要特性如下:

(1) 密度小,吸水率低。塑料的密度为 0.9～2.3g/cm^3,只有钢的 1/8～1/4。

(2) 化学稳定性好。塑料对酸、碱、盐和有机溶剂有良好的抗腐蚀作用。

(3) 比强度(强度与密度的比值)高。尽管塑料的强度低于金属,但由于其密度小,比强度相当高。

(4) 良好的绝缘性。多数塑料有良好的绝缘及耐电弧特性,可与陶瓷、橡胶及其他绝缘材料相提并论。在汽车电器设备上塑料被广泛应用。

(5) 良好的耐磨、减磨和自润滑性能。多数塑料摩擦系数小,耐磨性能好,可作为减磨材料制造各种自润滑轴承、密封圈以及齿轮等。

(6) 良好的吸振性能。由于塑料中树脂分子具有柔韧而富有弹性的特点,能将外界振动的机械能转变为热能,故塑料具有良好的吸振性能。

(三) 塑料的分类

1. 按树脂的化学成分分类

(1) 以元素聚合物为基础的塑料:如氟塑料、有机硅塑料等。

(2) 以无机聚合物为基础的塑料:如聚硫酸铁、聚氯化磷腈等。

(3) 以有机树脂为基础的塑料:如 PE(聚乙烯)、PP(聚丙烯)、PVC(聚氯乙烯)等。

2. 按塑料的产量分类

(1) 通用塑料：指一般用途的塑料。其优点是成本低、产量大、用途广泛、性能变化大、制品多样；缺点是机械性能和耐热性不高。

(2) 工程塑料：指适于制作工程构件和化工设备等工业用途的塑料，与通用塑料无严格的区分。其优点是强度、刚性、硬度等均比通用塑料高，耐高、低温性能好；缺点是产量相对小，成本较高。

(3) 特种工程塑料：相对于通用工程塑料而言，其耐热等级更高，价格更贵，产量更小。主要品种包括：聚苯硫醚、聚醚醚酮、聚酰亚胺等。

3. 按化学结构及热行为分类

(1) 热塑性塑料：以热塑性树脂为基础，其树脂的结构一般为直链型或带有少量支链的线性结构，多数为以碳-碳为主链的聚合物。分子链之间主要以次价力或氢键相吸引而显示一定强度，同时表现出弹性和塑性。在适当的溶剂中能溶解，在加热状态下能熔化，其间只经历物理过程，不发生化学变化，即所谓的“可溶、可熔”的特性。

(2) 热固性塑料：一般是分子量不高的预聚物或低聚物，在适当的溶剂中可以溶解或溶胀；受热也可以熔化。但是，热固性树脂具有一定的反应活性，在熔化和继续受热过程中，具有反应活性的官能团(基团)会发生化学反应，形成新的化学键，即所谓的“固化反应”。经过“固化反应”的塑料，由原来的线性结构演变为三维体型(网状)结构。这时的塑料不能溶于溶剂，受热也不会熔化，即“不溶、不熔”。

(四) 车身塑料的应用

塑料以质量轻、坚固和易着色等特点，在汽车材料中应用范围逐渐扩大。除了采用塑料钣金件外，每辆汽车还有大约几百个塑料零件。采用了塑料件后，汽车的质量可以减少40%左右，并大大降低了成本。

下面仅就几种使用量较大的材料，介绍目前车身的塑料使用现状。

1. 改性PP(聚丙烯)材料

车身上使用的塑料材料中，目前使用得最多的是改性PP系列材料。使用部件包括仪表板、车门护板、装饰面板等大型内饰部件和保险杠、水箱面罩、挡泥板等外装部件。以改性PP为主的聚烯烃材料已经占到车用塑料使用量的50%以上。

2. ABS(丙烯腈-丁二烯-苯乙烯共聚物)类材料

ABS的品种多，表面处理效果好，价格低，因此在车身材料中一直广受欢迎。由于ABS耐候性差，目前商用车中已经广泛使用高耐候的AES(丙烯腈-EPDM橡胶-苯乙烯共聚物)、ASA(丙烯腈-苯乙烯-亚克力橡胶共聚物)等材料作为ABS的补充。当产品需要表面处理时，如水转印膜、喷涂时，采用ABS；不需要表面处理时，选用ASA、AES等。

3. SMC(片状膜塑料)等玻纤增强材料

SMC综合性能远超过其他工程塑料，并且是可以在线喷漆的材料，在商用车车身开发中一直占有重要的位置。目前车用SMC的弯曲模量一般超过10GPa，冲击强度高达60kJ/m^{2}以上，可以制备保险杠、支柱、发动机面罩、各类挡板等大表面积的制品。其他热塑性玻纤增强工程塑料也由于强度高，在实际使用中得到了广泛的应用，如PC/PET-GF10、PP-GF30等材料。

二、橡胶

橡胶是一种有机高分子弹性化合物，具有良好的柔顺性、复原性和弹性。橡胶具有不透水性、不透气性和绝缘性，但橡胶的抗拉强度不高，抗磨能力较差，主要用于制造缓冲件、防尘件以及密封件等，如垫圈。

三、玻璃钢

用以制造全塑车身最有代表性的材料是环氧树脂玻璃钢和聚酯树脂玻璃钢。例如，聚合作用可使树脂转变成为固态，如果在聚合过程中树脂与起增强作用的多层玻璃布结合，便获得了很好的适合于制造车身壳体的聚酯树脂材料。用于制作玻璃布的玻璃纤维丝的直径为0.025mm，并均匀分布于不同方向，这可以确保聚酯树脂产品具有均匀的强度和良好的机械性能。一般抗拉强度在246 MPa(25kgf/mm^2)以上，抗弯强度在392MPa(40kgf/mm^2)以上。这种聚酯分层塑料就是人们常说的玻璃钢的一种，简称GRP(Glass Reinforced Plastics)。

玻璃钢车身的基本制作工艺是：当模型准备好以后，用刷子或喷枪在它的上面涂布一层液态树脂和硬化剂，然后敷以玻璃纤维或玻璃布，利用相应设备对玻璃纤维或玻璃布加压。这种程序需重复若干次，直到用这种方法制取的树脂(玻璃钢)达到所需的厚度为止。玻璃钢自行固化后，再将其从模型上取下进行边角修整，这相当于金属车身壳体的一整套部件或焊接组合构件。

用玻璃钢制作的轿车车身壳体，有时只分为上、下两个部分。对尺寸较大的用玻璃钢制作的车身壳体，常按车顶、车身侧体和后壁等分成六大板块。

四、车用玻璃

(一) 强化玻璃

强化玻璃又称为钢化玻璃，是通过加热(一般为600℃左右)使普通硅酸盐玻璃达到软化程度时，向玻璃两面急速吹送冷风，通过急冷进行所谓“风淬”处理而得到的。玻璃表面冷硬后形成压应力，从而使强度得到提高。钢化玻璃的强度和耐冲击能力要比普通玻璃高3～5倍，一旦受到碰撞损伤，就会瞬时变成带钝边的小碎块，不会给人员造成更大伤害。

然而，这个特点也有不好的一面，重度撞击使得玻璃微粒的平衡一旦被破坏，就立即成为碎末状态。所以，这种全钢化玻璃不适合镶装在前风窗上，适合装在侧窗或后窗上。

(二) 部分强化玻璃

部分强化玻璃是将玻璃部分淬火(钢化处理)形成的半(局部)钢化玻璃。这种玻璃在驾驶员的主视线范围内不作淬火处理，其余部分则与全钢化玻璃相同。其钢化与非钢化部分有逐渐的过渡，适合装在前风窗上。

(三) 安全玻璃

安全玻璃是指与普通玻璃相比有以下三点不同的玻璃：

(1) 力学强度高、抗冲击能力好。

(2) 安全玻璃破碎后，对人体伤害小，热稳定性好，经特殊处理还可起到防火、防盗的作用。

(3) 即使脱落也不分散，不四处飞溅。

安全玻璃分为钢化玻璃、夹丝玻璃、夹层玻璃、钛化玻璃四种。

活动实施

轿车车身采用了很多种类的非金属材料，学生通过在整车上认识各部件的不同非金属材料，有利于将来在维修过程中提高识别能力，针对不同的材料采用不同的维修办法。

在图 1-1-7、图 1-1-8 和图 1-1-9 下方的横线上标注出汽车各部件所使用材料的名称。

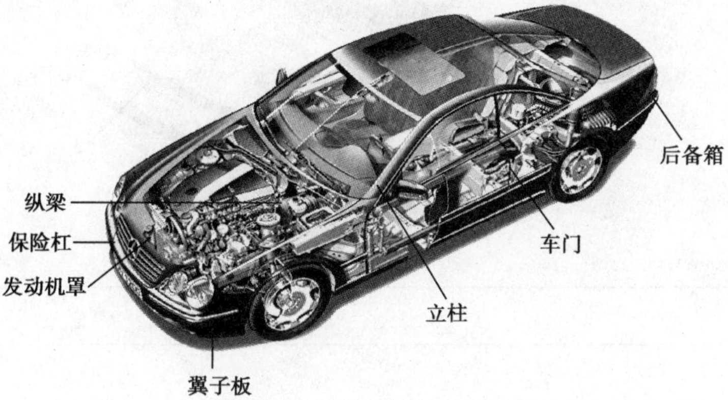

图 1-1-7　奔驰汽车结构图

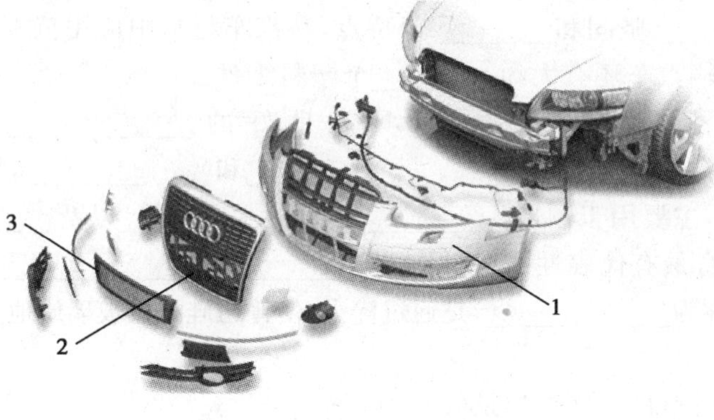

图 1-1-8　奥迪 A6 前保险杠

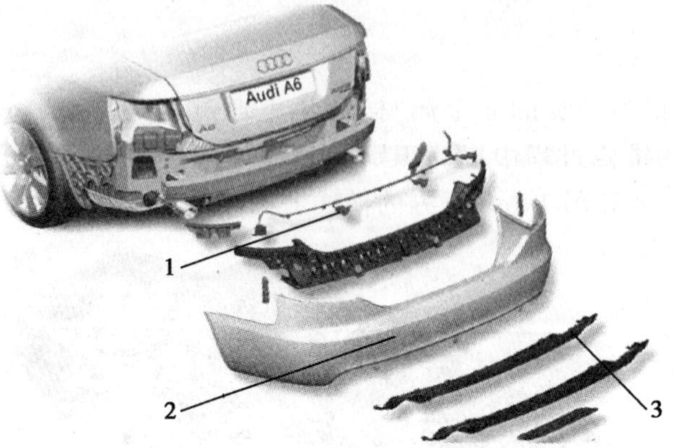

图 1-1-9　奥迪 A6 后保险杠

____

____

____

____

巩固与评价

一、活动巩固

(一) 填空题

1. 塑料就是具有________的材料。

2. 塑料以________、坚固和________等特点,在汽车材料中应用范围逐渐扩大。除了采用塑料钣金件外,每辆汽车还有大约________个塑料零件。

3. 橡胶是一种________化合物,具有良好的____________、____________和____________。橡胶具有____________、____________和____________,但橡胶的抗拉强度不高,抗磨能力较差,主要用于制造____________、____________以及____________等。

4. 制造全塑车身最有代表性的材料是____________和____________。

5. 强化玻璃又称为____________,是通过淬火,使普通硅酸盐玻璃质地变得非常坚固而成。

(二) 选择题

1. 以下不是通用塑料的优点的是(　　)。

A. 成本低　　B. 性能变化大　　C. 耐热性高

2. 塑料对酸、碱、盐和有机溶剂有良好的(　　)作用。

A. 抗腐蚀　　B. 抗变形　　C. 抗老化

3. 采用了塑料钣金件后,汽车的质量可以减少(　　)左右。

A. 30%　　B. 40%　　C. 50%

4. 钢化玻璃的强度和耐冲击能力要比普通玻璃高(　　)倍。

A. 1～2　　B. 2～4　　C. 3～5

二、活动评价

评分标准见表1-1-4，在考核记录栏中简述扣分的缘由。

表1-1-4　**车身非金属材料认知考核评分表**

评定成绩：　时间：　地点：　教师：

作业项目	考核内容	配分	评分标准	考核记录	扣分	得分
认知车身非金属材料	(1) 说出车身各部件的名称 (2) 说出车身各部件的材料名称	100	能准确描述钣金件的名称(15分)			
			能正确描述钣金件的材料名称(80分)			
			填表正确，字迹规正，书写内容清楚、明了，无遗漏(5分)			
分数合计		100				

任务二　汽车车身修理工具及设备的认知和使用

活动一　基本工具的认知和使用

活动描述

本次活动结合实物及钣金案例，介绍钣金用基本工具：手动工具(包括钣金工作台、划线工具、整形工具、剪切工具等)和动力工具的名称、种类、用途及使用方法。学生对照作业工单和使用规定，正确使用基本工具和掌握安全操作规程。

学习目标

◇ 能熟悉汽车车身修复常用工具的名称。

◇ 能进行汽车车身修复常用工具的正确操作。

学习地点

基础教学区。

学习准备

教学设备(含资料)：整车一辆、铁板、多媒体设备。

工量具：各种汽车车身修复常用工具。

劳动保护用品：纱手套。

知识准备

一、手动工具

（一）工作平台

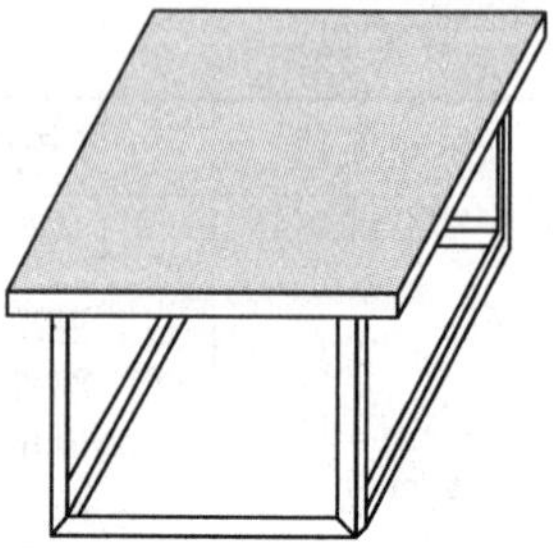
图 1-2-1　钣金工作平台

钣金工作平台是钣金操作的基础件，主要用于在其上平面进行板料划线、下料、矫正等工作。普通钣金工作平台没有确定的尺寸标准，但常用的台面有以下几种规格：600mm×1000mm，800mm×1200mm，1500mm×3000mm。台面高度为650～700mm（有的平台高度可调）。其材料多为铸铁，背面有加强肋。平板固定在支架上，便形成工作平台，如图 1-2-1 所示。

（二）划线工具

1. 划针

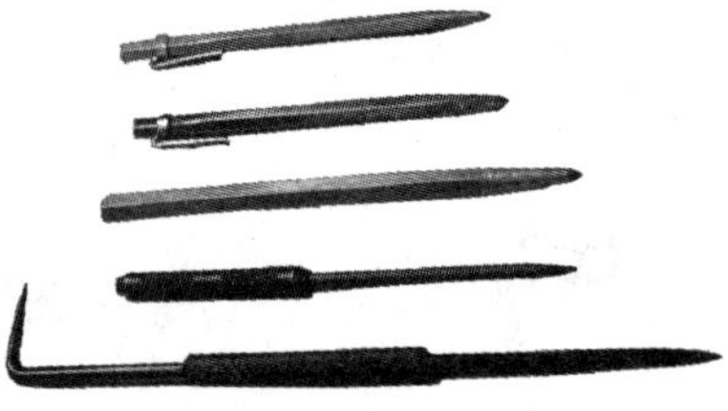
图 1-2-2　划针

划针是用来在板料上划线的基本工具，一般由中碳钢或高碳钢制成，如图 1-2-2 所示。弯头划针用于直头划针划不到的地方。划针长度约为 120mm，直径为 4～6mm。为了能使其在板料上划出清晰的标记线，划针尖端非常锐利，尖端角度一般在 15°～20°之间，且具有耐磨性。

2. 划规

划规用于划折边线，它可沿板料边缘划等距离引线，如图 1-2-3 所示。

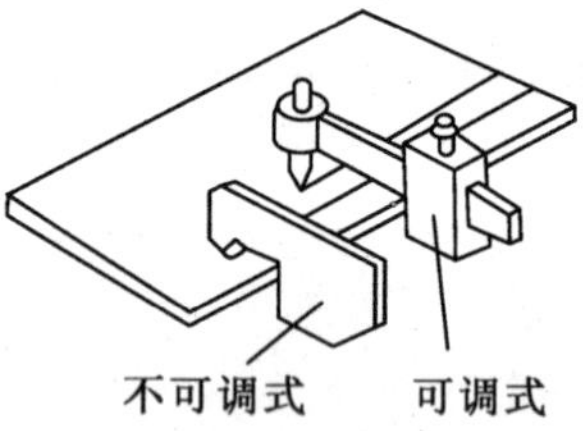

图 1-2-3　划规

图 1-2-4　圆规

3. 圆规

圆规用来在金属板上划圆或圆弧，并可测量两点间的距离，或直接将钢板尺上的尺寸引到金属板上。圆规尖脚上焊有硬质合金，并经淬火处理。常用圆规如图 1-2-4 所示。

4. 样冲

样冲也叫心冲，由高碳钢制成，长度约 90～150mm，尖端磨成 30°～40°或 60°角两种，并经淬火处理。样冲主要用来冲圆心或钻孔时冲中心眼，如图 1-2-5 所示。

5. 划线盘

划线盘主要用于平台上划线或矫正工件，它由底座、立柱、夹紧螺母和划针组成，其结构如图 1-2-6 所示。

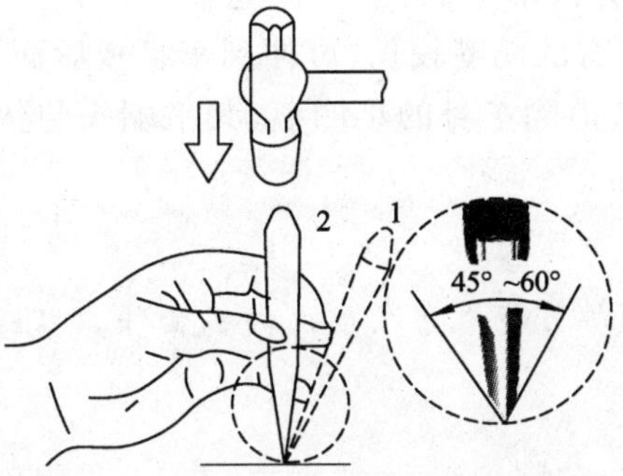

图 1-2-5　**样冲**

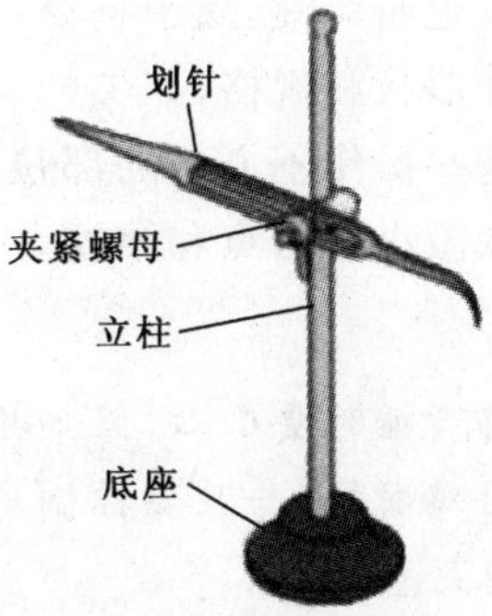

图 1-2-6　**划线盘**

(三) 整形工具

1. 钣金锤

钣金锤指在钣金维修中使用的各种规格和样式的锤子。每一种锤子都有其特有的用途,在车身修复中不能随便混用,否则会影响维修效率和维修质量。不同钣金锤外形如图 1-2-7 所示。

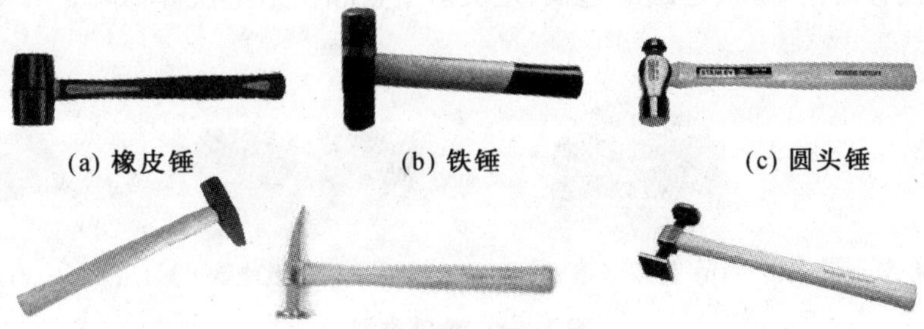

(a) 橡皮锤　(b) 铁锤　(c) 圆头锤　(d) 尖锤　(e) 鹤嘴锤　(f) 轻头锤

图 1-2-7　**钣金锤**

(1) 橡皮锤。

橡皮锤能柔和地锤击薄钢板而不会损坏漆面。它经常与吸盘配合用于"塌陷型"凹陷的修复。当用吸盘将凹陷拉上来时,用橡皮锤围绕着高点进行圆周状轻打。当高点落下及低部位弹回到原来外形时会发出噼啪的声音。

(2) 铁锤。

铁锤用于大强度的钣金加工。一般用来校正和拉直质量较重的车身内部结构,以及校正车架、横梁、重型车身和保险杠支架等。

(3) 圆头锤。

圆头锤也叫球头锤,有多种质量和尺寸规格。该锤由一个圆形平面锤头和一个球形锤头组成。球形锤头用来敲击和校正金属部件,以及敲平铆钉的头部。

(4) 尖锤。

尖锤也叫锻工锤,它一头为圆形平面锤头,另一头为尖头锤头。尖头锤头可以用来校直直角的车架组件、保险杠、保险杠托架等直条状结构件。

(5) 鹤嘴锤。

鹤嘴锤也叫镐锤,属于精修锤。锤头一头为圆形平面,另一头为尖形。尖头即鹤嘴,鹤嘴头有各种形状和规格,如尖的、圆的和扁的。有的鹤嘴较长,可伸到车身板后面,可用在前挡泥板等这些操作不方便的部位。鹤嘴头用来消除车身的小凹痕,其平端头与垫铁配合使用可以去除微小的凸点和波纹。

提示

使用鹤嘴锤时要小心,假如抡得过猛,尖顶端可能戳穿汽车上的钣金件。只能在修复小的凹陷处用鹤嘴锤,并且要控制力度。

(6) 轻头锤。

轻头锤也叫精修锤,它的形状与重头锤一样,但锤面较小。锤面拱起的锤头适于修平表面微小高凸点和波纹的顶端。一般用来进行金属精加工,即用重头锤去除凹陷之后,用精修锤精修外形,如在车门处折边等。

2. 垫铁

垫铁是一种手持的铁砧,由高强度钢制成,通常与钣金锤配合进行维修作业,用在粗加工和锤击加工中。车身钣件的线型很多,所以要利用各种形状的垫铁才能有效地快速修复。

常用的垫铁有通用垫铁、足跟形垫铁、足尖形垫铁和楔形垫铁等,如图 1-2-8 所示。

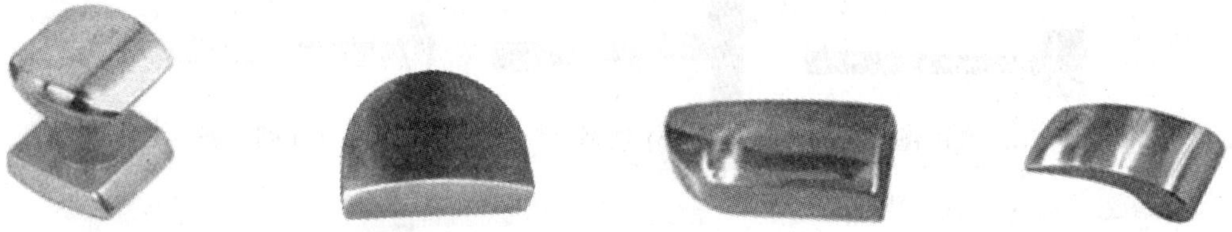

(a) 通用垫铁　(b) 足跟形垫铁　(c) 足尖形垫铁　(d) 楔形垫铁

图 1-2-8　垫铁类型

(1) 通用垫铁。

通用垫铁也叫万能垫铁,可以用来粗加工挡泥板的拱起部分和车身相同形状的表面,校正挡泥板凸缘、装饰条和轮缘,修正焊接区等。

(2) 足跟形垫铁。

足跟形垫铁因形状像足跟而得名,用来在钣金件上形成较大形状的凸起,校直高拱起或低拱起的金属板、长形结构件和平面钣件。

(3) 足尖形垫铁。

足尖形垫铁是一种专门设计的组合平面垫铁,用来收缩车门板、挡泥板裙板、柱杆顶部和汽车各种盖板,也可以用来在挡泥板的底部形成卷边和凸缘。该垫铁的一个面非常平而另外一面微微拱起,特别适合于加工还没有精加工过的金属钣件。

(4) 楔形垫铁。

楔形垫铁也叫逗号垫铁,用来在柱杆顶部和宽的挡泥板凸缘上生成拱起,也可以用来加工与支架或其他车身内部构件形成封闭结构的钣金件,还可以用来在柱杆顶部粗加工出一些小的凹痕,特别是在顶盖梁和横杆的后部,以及在车身其他地方生成皱折等。

3. 匙形铁

匙形铁也叫修平刀，是一种非常有用的车身修整工具，有时可用作锤子，有时可又用作垫铁。当整修表面空间受到限制，不易使用垫铁时，匙形铁就可以代替垫铁。匙形铁有很多种形状和尺寸，以满足各种不同形状车身板修整的需要，如图 1-2-9 所示。

图 1-2-9　各种匙形铁

匙形铁的工作面一般有平面形、弧形和双钩形三种。

(1) 平面形匙形铁。

在处理汽车表面的皱折和凸脊，或因划伤而产生的微小拱起时，将平面形匙形铁贴紧于待修表面，再锤打匙形铁。因为匙形铁的平滑表面可以把锤击力分散到较大的面积上，所以对待修表面恢复原状特别有效，如图 1-2-10 所示。

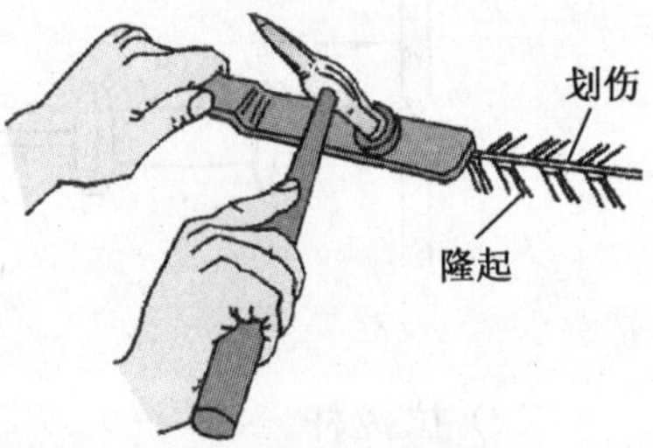

图 1-2-10　匙形铁分散作用力

(2) 弧形匙形铁。

弧形匙形铁可用于有弹性的反向拱起表面的维修，也可用于修理低凹的金属面。

(3) 双钩形匙形铁。

双钩形匙形铁也叫双钩修边器，其两端均为钩状，一端用来直接进行拉、撬动作，另一端用来进行错位拉、撬或弯曲工作。该工具的优点是可以防止在金属面边缘进行修理时划伤边缘面，常用来修理挡泥板、车门、发动机罩和后备箱盖等钣金件的开口凸缘。

4. 撬棍

撬棍类似于匙形铁，用以进入有限的空间。撬棍只用作撬起凹点，它们有不同的长度和形状，大多数有一个作为手柄的 U 形末端。常用撬棍的类型如图 1-2-11 所示。利用撬棍可以不用对钣件进行拆卸，就能把车门、后翼子板和其他封闭式车身板的凹陷撬平。

图 1-2-11　撬棍

损坏的车身钣金件经过校正、拉直等粗加工后，如果表面仍存在一些小的不规则的麻点或小凹点，而用常规的手动工具不能去除时，应选用撬棍进行精加工。另外，在日常使用的汽车因小物体的撞击而产生的一些凹陷，用撬棍很快就能修好，而且不伤及漆面。

汽车的品牌和型号不同，需要的撬棍形状多样，种类繁多，也可以根据工作实际需要来自行制作。

5. 车身锉

在金属精加工或最终维修时常用到车身锉，如图 1-2-12 所示。在变形钣金件已经经过敲击或拉回等粗加工后，锉削可以显露出钣金件上任何需要再加以处理的凸点和凹点。另外，车身锉也可以用在经精加工去除钣金件面上所有的凸点和凹点后，最后磨光滑金属板面。锉削加工结束后，再进行打磨机的最终打磨，就可以完成金属精加工的全部工作。

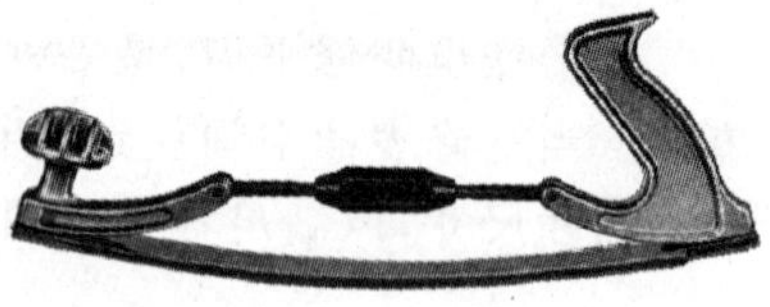

图 1-2-12　车身锉

6. 凹陷拉拔工具

(1) 凹陷拉拔器。

凹陷拉拔器，即传统的惯性锤，通常带一个螺纹尖头和一个钩尖，一般情况下要求在皱折处钻出或冲出一个或多个孔。拉拔时将螺纹尖头拧入所钻的孔，用滑锤轻轻敲打手柄，慢慢把凹陷拉平，如图 1-2-13 所示。现在的惯性锤带有许多附件，如钩头、螺钉和螺栓连接器等，配合车身修复机可以不用钻孔就能拉平凹陷，使用更加方便，更加高效。

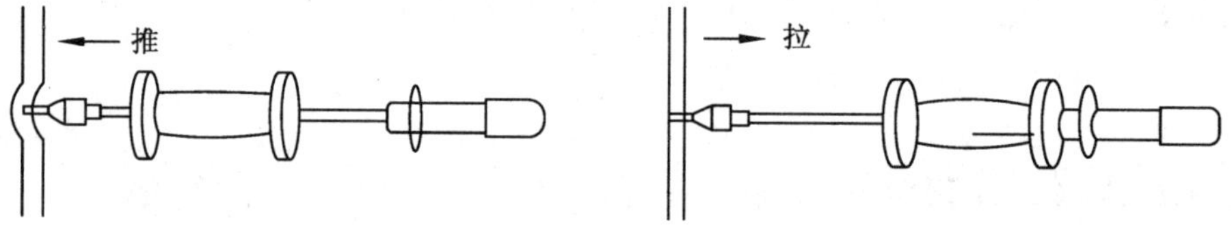

图 1-2-13　凹陷拉拔器的使用

(2) 拉拔杆。

拉拔杆有一个弯曲的头，同凹陷拉拔器一样，把它插进钻出的孔里，用一根拉拔杆即可把较小的凹陷或皱折拉平，而要拉平较大的凹陷，就要同时用三根或四根拉拔杆。拉拔杆可与钣金锤一起使用，同时敲击和拉拔使车身钣金件恢复到原来的形状，而造成金属延展的危险较小，如图 1-2-14 所示。

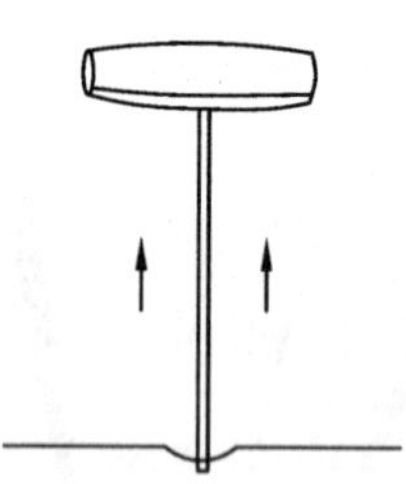

图 1-2-14　拉拔杆

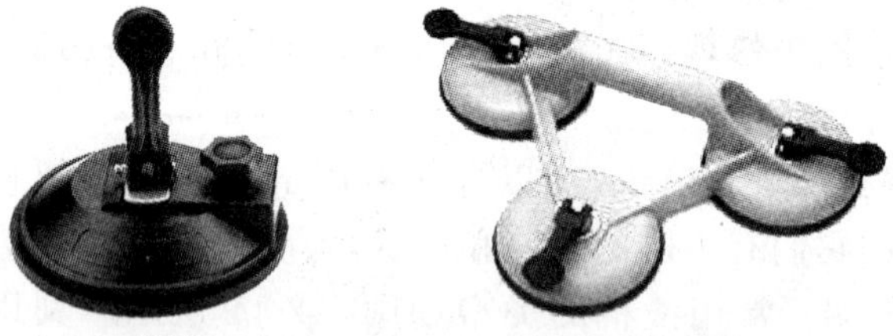

(a) 单盘　(b) 多盘

图 1-2-15　真空吸盘

(3) 真空吸盘。

真空吸盘是一种简单方便的工具，它可以迅速拉起浅的凹坑，只要凹坑不是处在皱折的钣金件上。作业时只需将吸盘附着在凹坑的中心并拉起，凹坑就可能恢复正常形状而不损伤油漆，也不需要再作表面整修。但有时凹坑定位后还需要用锤子和顶铁来整平钣金件。真空吸盘有单盘和多盘可供选用，如图 1-2-15 所示。

7. 夹具

在钣金维修中，对部件拆边等工作，需用到各种夹具，如手虎钳[图 1-2-16(a)]、C 形钳

[图 1-2-16(b)]和大力钳。特别是大力钳，也叫虎钳扳手，可以非常迅速地夹持钣金件。当把钣金件夹持就位后，就可以解放双手。该工具是进行冲、焊、铆接、钻等工作理想的夹持工具，在车身焊接和定位时经常使用。大力钳有许多种形状，方便选择使用，如图 1-2-16(c)所示。

(a) 手虎钳

(b) C 形钳

(c) 大力钳

图 1-2-16　各种夹具

(四) 金属切割工具

大多数车身修理过程需要用到金属切割工具，即金属剪。金属剪用来将饰板和金属板件剪成要求的尺寸。

1. 手剪刀

手剪刀是手工剪切薄钢板的常用工具。使用时可以根据不同材料和需要进行选择。比如一般低碳钢板可以使用常用的铁皮剪刀，但不锈钢等硬金属应使用专业的金属切割剪。常用手剪刀如图 1-2-17 所示。

图 1-2-17　常用手剪刀

图 1-2-18　脚踏剪板机

2. 脚踏剪板机

在钣金维修中，脚踏剪板机是一个相当好的帮手，可以满足一般薄金属板料的剪切工作，如图 1-2-18 所示。

二、动力工具

(一) 气动工具

气动工具是汽车维修行业中应用最为广泛的动力工具。

1. 气动扳手

气动扳手有两种：一般气动扳手和气动棘轮扳手。利用压缩空气驱动气马达带动棘轮机构旋转的扳手称为气动棘轮扳手。气动棘轮扳手的特点是扳手向一个方向旋转，依靠棘爪作用，带动螺母旋转；反方向旋转时，棘爪空套不起作用，此时螺母不会旋转，只有调节正、反方向杠杆才能改变螺母旋转方向，如图 1-2-19 所示。

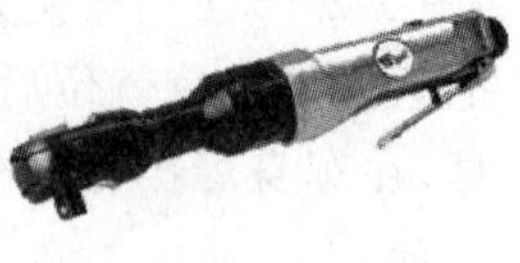

图 1-2-19 **气动扳手**

2. 气动钻

气动钻用压缩空气作动力，驱动气动马达旋转达到钻孔的目的。要切开焊点时，可以加上专门用来去除焊点的气动钻附件，如图 1-2-20 所示。使用时气动钻应固定在焊接的地方，利用钻头将焊点切除。

图 1-2-20 **去除焊点的气动钻**

提示

任何气动或电动工具都要求使用者在使用过程中佩戴安全防护眼镜或面罩，在特殊环境中，两样都要佩戴。另外，操作时严禁穿松垮的衣服。

如果使用不当，动力工具和设备会非常危险。必须严格按照该工具或设备用户手册中的指导进行操作。

3. 气动旋具

气动旋具即气动螺丝刀，可用于各种螺钉（机制螺钉、塑型自攻螺钉、钣金螺钉、复合金属板自钻孔螺钉、精密装配件上的精密螺钉等）的旋紧，如图 1-2-21 所示。

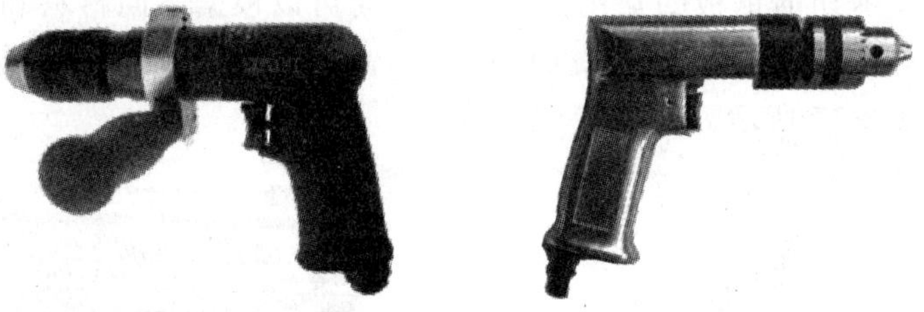

图 1-2-21 **气动旋具**

4. 气动打磨机

气动打磨机一般用于金属磨削和切割、油漆层的去除、腻子层的打磨等工作。气动打磨机有盘式打磨机、轨道式打磨机及砂带机等，如图 1-2-22 所示。盘式打磨机又有复合作用打磨机与单一运动盘式打磨机两个类型，适用于粗打磨。轨道式打磨机用于精加工。当要在窄小的区域打磨时，可以用砂带机。

(a) 盘式打磨机 (b) 轨道式打磨机 (c) 砂带机

图 1-2-22 **气动打磨机**

提示

在使用打磨机时一定要佩戴呼吸面罩。

5. 气动切割据和气动剪

气动切割锯和气动剪两者都用于切割钣金件，如图 1-2-23 和图 1-2-24 所示。

图 1-2-23　气动切割锯

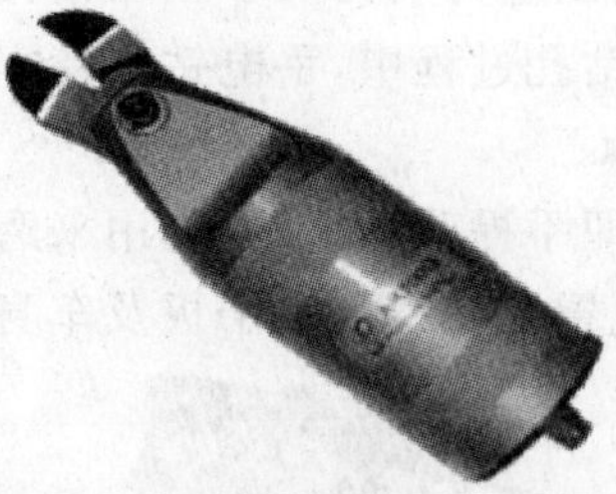

图 1-2-24　气动剪

6. 气动砂轮

气动砂轮用于粗磨金属表面或者切割钣金件，如图 1-2-25 所示。

7. 气动锉

气动锉用于精加工车身钣金件切割后要对接的位置，如图 1-2-26 所示。

图 1-2-25　气动砂轮

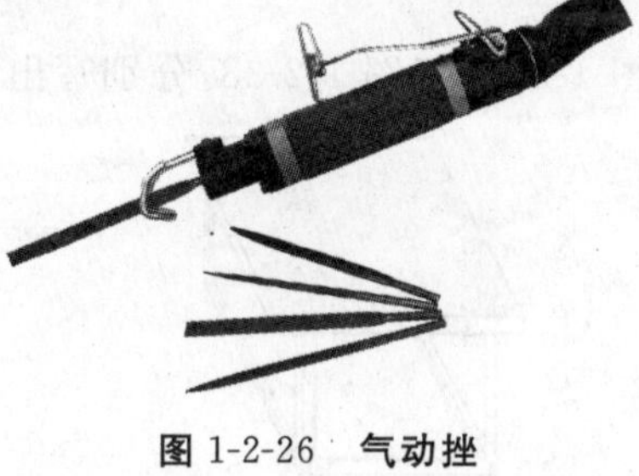

图 1-2-26　气动挫

8. 气动錾

气动錾也叫气动凿，用于分离钣金件非常方便，也可以通过更换附件进行切割和其他工作，如图 1-2-27 所示。

9. 气动打孔机

更换车身钣金件时，为了便于用气体保护焊塞焊方法连接钣金件，需要在新钣金件上用气动打孔机进行打孔，如图 1-2-28 所示。

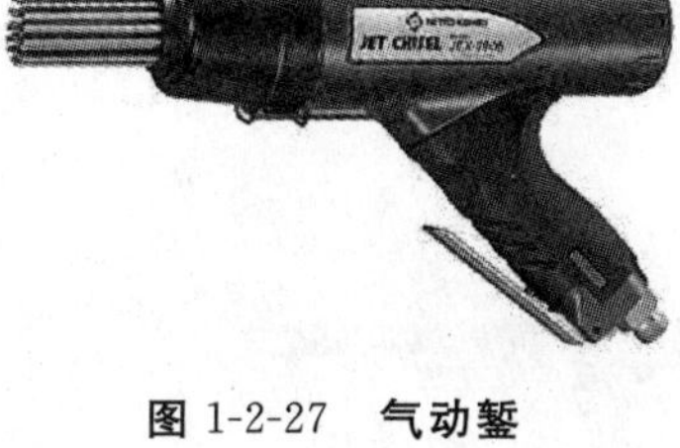

图 1-2-27　气动錾

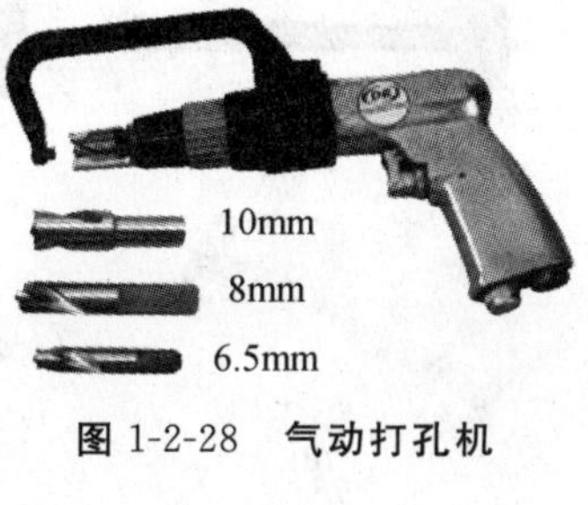

图 1-2-28　气动打孔机

(二) 电动工具

前面提到的各种气动工具若采用电动机为动力,则称为电动工具。电动工具在我国使用更为普遍。汽车车身修理中最常用的电动工具有手电钻、角磨机等。

1. 手电钻

手电钻是以电为动力的掌上型钻孔工具,如图 1-2-29 所示。使用手电钻时,应注意用电安全,同时在钻孔过程中,手电钻应持牢,防止打滑。

2. 角磨机

角磨机,即手提砂轮机,主要用来磨削不易在固定砂轮机上磨削的零件,如图 1-2-30 所示。如发动机罩、驾驶室、翼子板及车身蒙皮等经过焊修的焊缝,可用手提砂轮机磨削平整。

图 1-2-29 手电钻

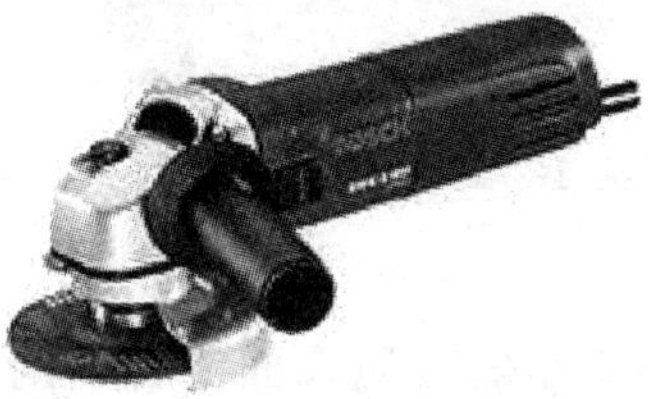

图 1-2-30 角磨机

活动实施

请根据图 1-2-31 至图 1-2-38,分别写出工具的名称及使用注意事项。

(a) (b)

图 1-2-31

____

____

____

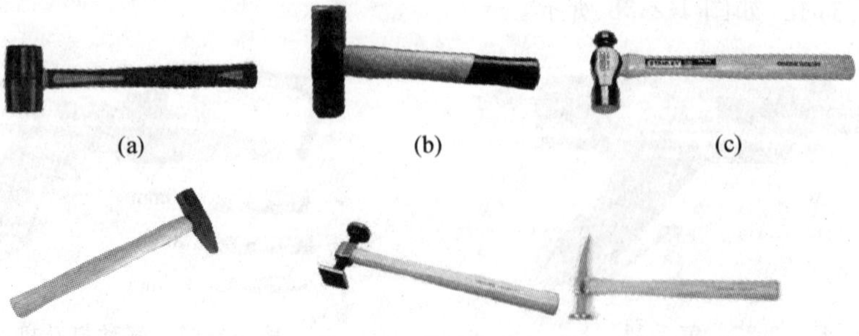

(a) (b) (c)

(d) (e) (f)

图 1-2-32

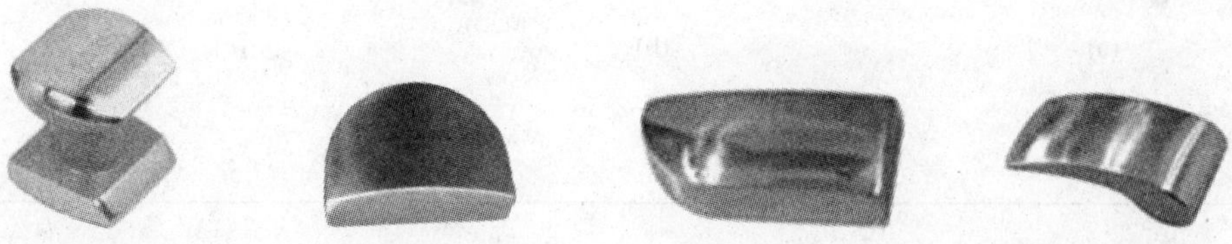

(a)　(b)　(c)　(d)

图 1-2-33

(a)　(b)

图 1-2-34

(a)　(b)　(c)

图 1-2-35

(a) (b) (c)

图 1-2-36

(a) (b) (c)

图 1-2-37

(a) (b) (c)

图 1-2-38

巩固与评价

一、活动巩固

（一）填空题

1. 汽车车身修理维修的动力工具包括________和________两类。

2. 钣金工作平台主要用于在其上平面进行________、________和________。

3. 划线盘主要用于平台上划线或矫正工件，它由________、________、________和________组成。

4. 任何气动或电动工具都要求使用者佩戴________________，且操作时严禁穿________________。

5. 汽车车身维修中最常用的电动工具是________和________。

（二）选择题

1. 划针是用来在板料上划线的基本工具，一般由（　　）制成。

A. 高碳钢　　B. 铸铁　　C. 铝合金　　D. 金刚石

2. （　　）能柔和地锤击薄钢板而不会损坏漆面。

A. 鹤嘴锤　　B. 轻头锤　　C. 橡皮锤　　D. 圆头锤

3. 下列不是钣金维修中常见垫铁的是（　　）。

A. 足跟形垫铁　　B. 鹤嘴形垫铁　　C. 楔形垫铁　　D. 足尖形垫铁

4. （　　）用于精细打磨，当要在窄小的区域打磨时，可以用（　　）。

A. 轨道式打磨机、盘式打磨机　　B. 盘式打磨机、轨道式打磨机

C. 盘式打磨机、砂带机　　D. 轨道式打磨机、砂带机

5. 下列不是钣金维修中常用夹具的是（　　）。

A. 手虎钳　　B. 尖嘴钳　　C. 大力钳　　D. C形钳

二、活动评价

评分标准见表1-2-1，在考核记录栏中简述扣分的缘由。

表1-2-1　　钣金基本工具认知考核评分表

评定成绩：　　时间：　　地点：　　教师：

序号	作业项目	考核内容	配分	评分标准	考核记录	扣分	得分
1	钣金手动工具的认知及使用	(1) 说出手动基本工具件的名称 (2) 使用手动基本工具	100	能说出工具的名称(30分)			
				能正确描述或使用工具，并说出使用注意事项(70分)			
2	钣金动力工具的认知及使用	(1) 说出动力工具件的名称 (2) 操作各种动力工具	100	能说出工具的名称(30分)			
				能正确描述或使用工具，并说出使用注意事项(70分)			
分数合计			200				

活动二　钣金专用工具及设备的认知和使用

活动描述

本次活动结合实物及钣金案例，凸显钣金专用工具和设备的大量普及使用对降低车身修复人员的劳动强度、提高车身修复的工作效率和维修质量所起到的关键作用。学生在教师的指导下，认识专用工具与设备的名称、种类、用途以及操作注意事项和安全操作规程；填写相应工作页，对照作业工单和使用规定，掌握钣金专用工具和设备的使用方法。

学习目标

◇ 能正确说出钣金专用工具及设备的名称。
◇ 能安全、规范地使用车身修复机。
◇ 能安全、规范地操作车身大梁校正系统。
◇ 能安全、规范地操作车身三维测量系统。
◇ 能安全、规范地使用车身焊接、切割设备。

学习地点

基础教学区。

学习准备

教学设备(含资料)：车身修复机、车身拉伸与校正设备、车身三维测量系统、电阻点焊机、气体保护焊机、工作平台、台虎钳、车身、多媒体等。

工量具：常用钣金工具。

材料：门板、焊片。

劳动保护用品：工作帽、劳保鞋、护目镜、防尘口罩、耳罩、焊接头盔、焊接手套、纱手套。

知识准备

一、车身修复机

车身修复机也叫介子机或车身整形机，通过外接不同的焊接工具，可具备单面点焊、焊接专用螺钉、外形修复等功能。它能很容易对待修的车身进行拉、拔、修、回火、加热等钣金整形操作，是当前汽车车身维修不可缺少的设备。车身修复机主要用在一些无法通过垫铁和撬棍修复的部位。车身修复机及其附件如图 1-2-39 所示。

图 1-2-39　车身修复机及其附件

二、车身大梁校正系统

随着汽车设计以及结构的逐渐变化，汽车车身修理维修的方法和设备也在发生变化。例如，整体式结构的汽车要求车地板和车身的金属板必须同时校正，不再像过去的车架、车身那样能被简单地拆下修复，然后再装上。以往用单纯的液压千斤顶辅助修理，使用的推力点太少，很多车身零件无法接近，已不再能满足维修行业的要求。这也必然促使一些新的维修方法及先进设备的出现，这些设备可以更快、更方便地修复受损的车辆。

1. 简易式车身校正架

简易式车身校正架，即 L 形车身校正架，也称为推力器（图 1-2-40）。它可以校正车架和车身，并且能在任意方向施加校正力。这种推力器不仅体积小，而且完全节省了从车辆上拆下损坏的零件再进行校正的时间，多数在小型钣金修理厂使用。由于无法做到精确地修复，所以只适合一些小碰撞的修理。

图 1-2-40　简易式车身校正架

2. 地框式校正系统

地框式校正系统（图 1-2-41），是在建造维修车间地面时就把地框系统的锚孔或轨道用水泥固定在车间地板上的校正设备，比较经济实用。车辆可以直接在地框系统上或使用支架固定在地框系统上进行修理。车辆在地框系统上校正拉伸时同样要进行固定，其紧固力必须满足在拉力的大小和方向上保持平衡的要求。地框式校正系统除了必须配备足够的夹具和其他附件外，还必须配有手动或气动液压泵和适合的液压顶杆（液压油缸）。

图 1-2-41　地框式校正系统

3. 框架式校正系统

框架式校正系统有固定式和可移动式两种，操作方便，占地面积小。20 世纪 90 年代之前，在欧洲曾广泛使用的框架式校正仪，使用专用测量头可以快速地把车身变形点拉伸到标准位置，达到修复的目的。但这样的车辆校正只能符合当时车辆类型比较少的情况。现代汽车车身修理在校正维修中已越来越多地应用通用型车身校正设备，框架式校正系统只应用在一些品牌专一的高档车的专业维修上，如图 1-2-42 所示。

图 1-2-42　框架式校正系统

4. 带定位夹具式大梁校正仪

数控带定位夹具式大梁校正仪是从框架式校正系统演变过来的一种设备，它克服了框架校正只能使用专用夹具的缺点，增加了许多可以对应于不同车辆的坚固夹具和滑尺。通过所配套的车身夹具选择图和车身尺寸图表，就可以组合成所需要的任何类型汽车夹具定位方式。车身维修时，把未变形处的基准点先安装上夹具并固定，逐渐把没有到位的基准点通过拉伸或者经过维修到位就完成了车身的修复工作。

数控带定位夹具式大梁校正仪是一种比较实用的车身校正设备，许多4S店和修理厂已经在使用。数控带定位夹具式大梁校正仪结构如图1-2-43所示。

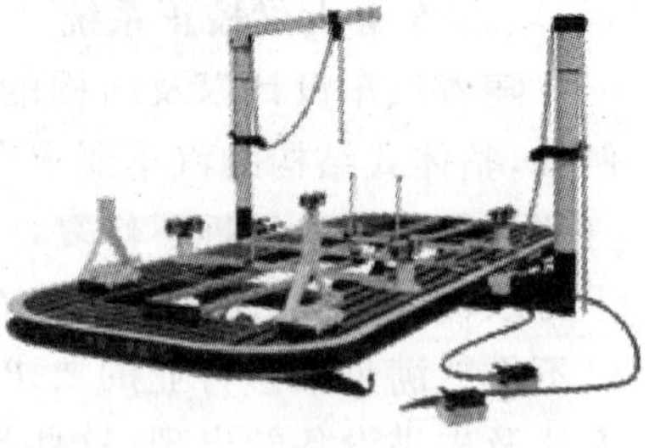

图 1-2-43　数控带定位夹具式大梁校正仪

5. 平台式校正系统

平台式校正系统主要由台架、各种夹具、拉伸装置及动力系统、举升装置等组成，可以用于各种国产和进口轿车、面包车、越野车的校正工作，这是现在的钣金维修车间最常见的一种校正系统。它的工作台面整体加工精度高，能确保测量精度；底盘操作空间较大；配置坚固的、可沿工作台导轨做 360°旋转的液压双塔柱，通过控制气动泵，可轻易地产生 10kN 的拉力。有的平台式校正系统塔柱还配有吊臂，可实现向上的拉伸矫正。

平台式校正系统可方便地配置机械式或电子式三维测量系统，三维测量精确、可靠。同时还配置有实用、安全的各种夹具、辅具，可满足任何方位的校正维修，如图 1-2-44 所示。

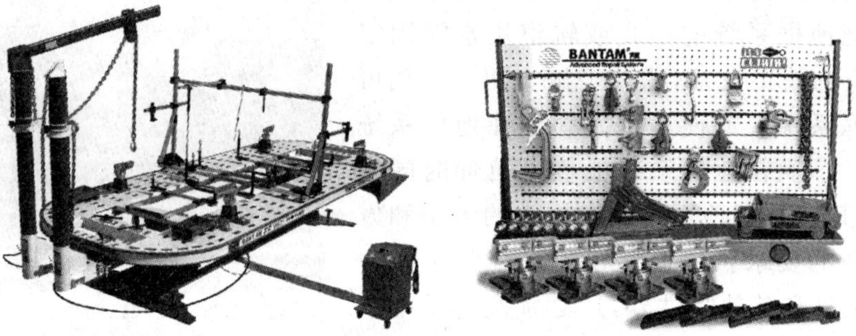

图 1-2-44　平台式校正系统及其配套夹具

三、车身三维测量系统

1. 机械式三维测量系统

机械式三维测量系统，常用的是米桥式测量系统，可以同时测量车身基准点的长、宽、高尺寸。机械式三维测量系统经济实用，但测量数据是依靠人的眼睛观察读取的，难免存在读数误差，测量长度、宽度、高度的基准调节比较困难。

2. 电子测量系统

因为机械式测量系统在使用上存在一些困难，使得钣金维修人员向往一种更加方便的测量系统，这就是电子测量系统。电子测量系统发展较快，正在中国汽车维修行业中推广与使用。在汽车车身维修中，电子测量系统的使用标志着中国汽车维修行业，特别是事故车维修全面进入了信息化、电子化时代。

电子测量系统不仅避免了人为读数和计算的误差，而且通过计算机系统就可以确定测量的基准，进行自动对中，确保了测量的精确度；并具有打印功能，可以把维修前、维修过程中和维修后的测量结果打印出来，提高了车主、维修企业和保险公司之间的信任程度。有的车身电子测量系统还有蓝牙功能，即无线电通信技术功能，更加方便了钣金维修技术人员的工作。当前的车身电子测量系统主要有激光扫描式、超声波定位式、传感器感应式三种。

(1) 激光扫描式电子测量系统。

激光扫描式电子测量系统主要由激光源(扫描仪)、反射挂牌、测量点的各种夹具和计算机系统组成。工作时由激光源向挂在测量点的反射挂牌射出激光束，激光束经挂牌反射回来后，计算机系统识别并计算出测量点所在点的长、宽、高尺寸。其优点是能够同时进行多点测量，提高了测量效率。但在测量过程中要注意，测量结果容易受风和空气中的灰尘等影响。

(2) 超声波定位式电子测量系统。

超声波定位式电子测量系统也叫声呐测量系统，主要由超声波发射器、横梁(接收器)、各种精确加工的附件和计算机管理系统组成，如图1-2-45所示。它能同时监控多个测量点，可以实现维修中全程监控，实时显示所修复尺寸的变形量，并指示需要修复的矫正力大小和方向，把复杂的拉伸校正工作变得简单，提高了整个维修质量和维修效率。在使用时要注意，超声波定位式电子测量系统的测量结果容易受周围环境噪音影响。

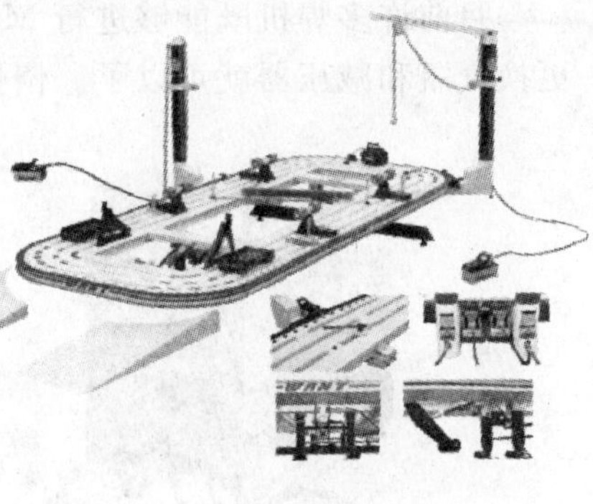

图 1-2-45 超声波定位式电子测量系统

(3) 传感器感应式电子测量系统。

利用传感器感应式原理设计成的车身测量系统，最典型的是机械手臂测量系统，也叫自由臂测量系统。自由臂测量系统指在一个柔性的机械手臂上安装有位置传感器(测量探头)，测量时将位置传感器放在相应测量点上，然后将感应数据传输给计算机的测量系统。传感器感应式电子测量系统能够进行悬挂零件的测量。传感器感应式电子测量系统的缺点是只能进行一次一点测量，效率较低。另外，在测量过程中如果车辆发生移动，则需要重新定位。自由臂测量系统又分为有轨道式和无轨道式两种。

四、车身焊接与切割设备

1. 氧-乙炔焊设备

氧-乙炔焊是通过用氧气和乙炔的混合气体点燃的火焰进行焊接的一种金属连接方法，在以往的以低碳钢为主的汽车车身钣金维修中应用非常广，不仅可以焊补车身的任何蒙皮、车架，还可以对大梁进行加热校正。

随着现代汽车车身的结构特点的变化及新材料的应用，这种焊接方法目前已经很少使用，用在对汽车拉伸矫正过程中消除应力和对钣件进行金属收缩时也要十分小心，原因是现代汽车车身多以高强度钢为主，受氧-乙炔焊的火焰热影响很大，很容易破坏高强度钢的内部组织，使得它的强度大大降低，也就降低了整车的强度。

氧-乙炔焊设备主要由氧气瓶、乙炔瓶及其减压器，焊炬、割炬和回火防止器等组成，如图 1-2-46 所示。

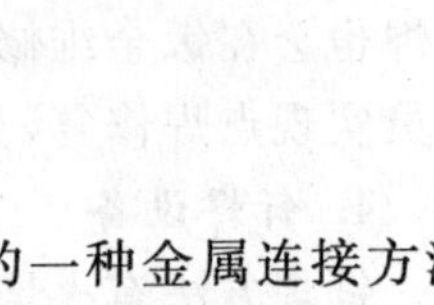

图 1-2-46 氧-乙炔焊设备

2. 惰性气体保护焊设备

现代汽车的纵梁、横梁、立柱、门槛等结构件都是使用高强度钢制造而成的，许多汽车制造商在车身的维修手册中都规定要利用熔化极惰性气体保护焊(简称 MIG 焊)焊接，不能用氧-乙炔或手工电弧焊进行焊接。熔化极惰性气体保护焊是指用惰性气体保护焊缝，利用作为电极的焊丝在焊接过程中不断熔化来填敷焊缝的一种焊接方法。惰性气体通常使用氩气(Ar)或氦气(He)，有时也会在惰性气体中混合有少量的其他气体，如 O_2、CO_2或 H_2，形成富氩混合气体保护焊。

目前国内的钣金维修焊接中，大多使用的保护气体是二氧化碳，该方法准确地说是属于熔化极活性气体保护焊。有条件的地区采用的是富氩混合气体保护焊，就是用约 25%的 CO_2和 75%的 Ar 混合气体作为保护气，这会使焊接更容易，焊缝质量更好。

目前许多焊机既能够进行 MIG 焊，也能进行 MAG 焊(活性气体保护焊)，使用时只要更换气瓶和减压器就可以了。惰性气体保护焊设备如图 1-2-47 所示。

图 1-2-47　惰性气体保护焊设备

图 1-2-48　电阻点焊设备

3. 电阻点焊设备

汽车制造厂对汽车车身的焊接主要是用电阻点焊，目前国内的汽车车身修理通常是用二氧化碳气体保护焊的塞焊代替电阻点焊来处理修理时被钻除的焊点。但相信以后的电阻点焊也会在钣金维修中得到普及，如多功能逆变点焊机，其双面点焊功能就能帮助钣金维修人员实现点焊修复，如图 1-2-48 所示。

4. 钎焊设备

钎焊方法有火焰钎焊、电弧钎焊、电热钎焊等。

火焰钎焊可用氧-乙炔焊等气焊设备，电弧钎焊可用钨极氩弧焊等设备，电热钎焊可用电烙铁等来进行。火焰钎焊机如图 1-2-49 所示。

5. 等离子切割机

在汽车车身维修中，等离子切割机主要用来切割钣金件或者切除焊点，其外形如图 1-2-50 所示。

图 1-2-49 **火焰钎焊机**

图 1-2-50 **等离子切割机**

活动实施

请根据图 1-2-51 至图 1-2-56，分别写出相应工具的名称和使用注意事项。

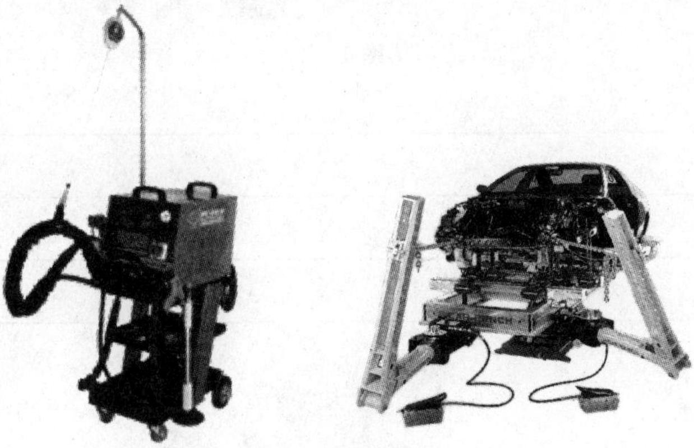

(a) (b)

图 1-2-51

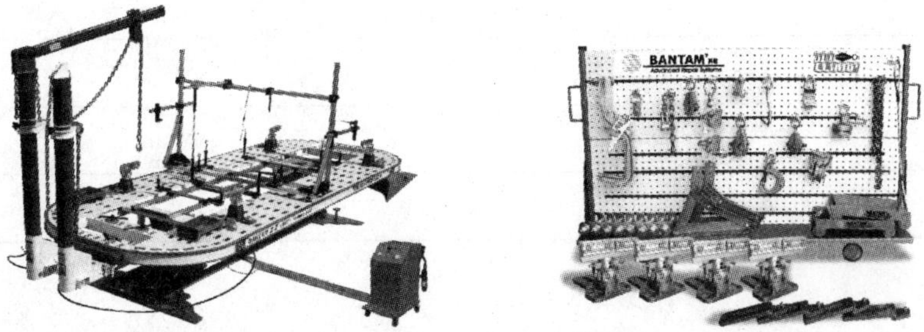

图 1-2-52

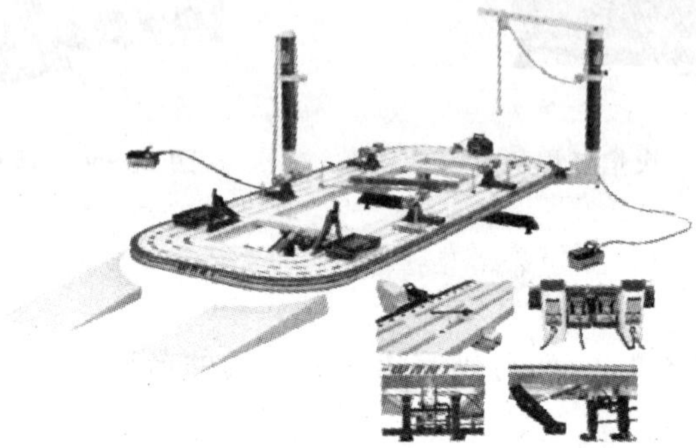

图 1-2-53

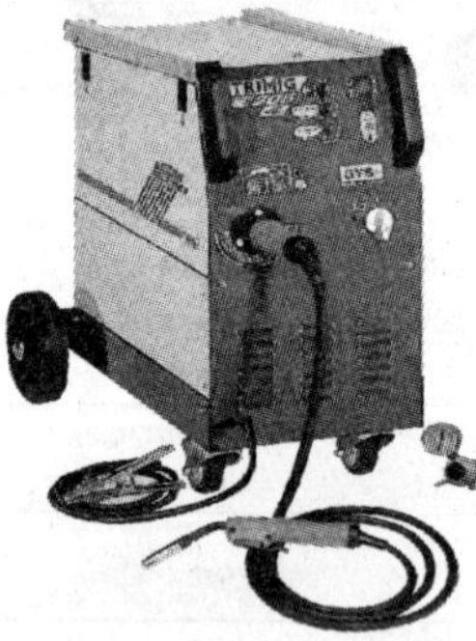

图 1-2-54

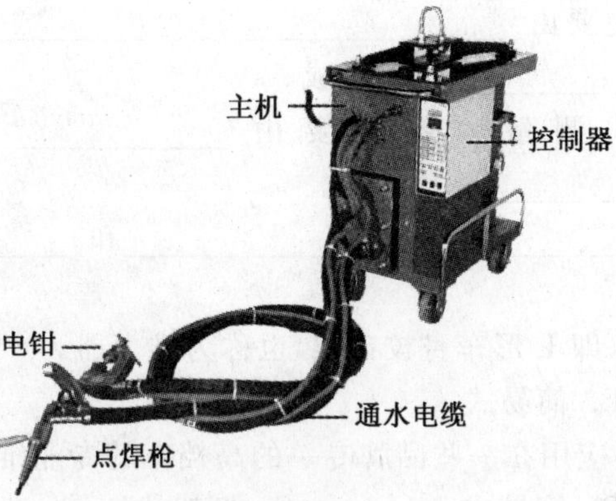

图 1-2-55

____

____

____

____

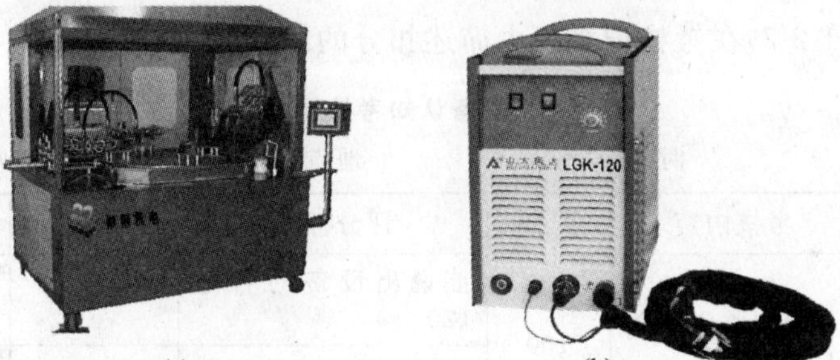

(a)　　(b)

图 1-2-56

____

____

____

____

巩固与评价

一、活动巩固

(一) 填空题

1. 车身修复机也叫__________或__________。

2. 现代车身电子测量系统主要有__________、__________和__________三种。

3. 平台式校正系统主要由________________、________________、________________、________________和________________等组成。

4. 超声波定位式测量系统主要由________________、________________、________________和________________组成。

5. 钎焊方法有________________、________________和________________等。

(二) 选择题

1.(　　)车身校正架，即L形车身校正架，也称为推力器。

A. 地框式　　B. 简易式　　C. 框架式　　D. 带定位夹具式

2. (　　)校正系统只应用在一些品牌专一的高档车的专业维修上。

A. 平台式　　B. 简易式　　C. 框架式　　D. 带定位夹具式

3. (　　)校正系统是现在的钣金维修车间最常用的一种校正系统。

A. 平台式　　B. 简单式　　C. 框架式　　D. 带定位夹具式

4. 下列(　　)属于机械式三维测量系统。

A. 激光扫描式　　B. 超声波定位式　　C. 传感器感应式　　D. 米桥式

5. 超声波测量系统的测量结果容易受周围(　　)影响。

A. 环境噪音　　B. 温度　　C. 湿度　　D. 电磁信号

二、活动评价

评分标准见表1-2-2，在考核记录栏中简述扣分的缘由。

表1-2-2　　钣金专用设备认知考核评分表

评定成绩：　　时间：　　地点：　　教师：

序号	作业项目	考核内容	配分	评分标准	考核记录	扣分	得分
1	车身修复机的使用	安全规范使用车身修复机	100	能说出设备的名称(20分)			
				能正确描述或使用车身修复机(80分)			
2	大梁矫正系统的使用	安全规范操作大梁矫正系统	100	能说出设备的名称(20分)			
				能正确描述或使用大梁矫正设备(80分)			
3	三维测量系统的使用	安全规范操作三维测量系统	100	能说出设备的名称(20分)			
				能正确描述或使用三维测量系统(80分)			
4	车身焊接与切割设备的使用	安全规范使用焊接与切割设备	100	能说出设备的名称(20分)			
				能正确描述或使用焊接与切割设备(80分)			
分数合计			400				

任务三　钣金加工工艺的操作

活动一　铁板的剪切

活动描述

在本次活动中，学生在理解铁板剪切的基础知识和铁板剪切的操作工艺的基础上，观察教师剪切铁板的示范操作，并按照铁板剪切操作规范，正确进行铁板直线剪切、外圆剪切、内圆剪切等操作。

学习目标

◇ 能按工艺规范，独立完成划线和打样冲眼方法。
◇ 能按工艺规范，掌握手工剪切薄板技能。

学习地点

钣金加工区。

学习准备

教学设备(含资料)：工作平台、台虎钳、多媒体设备。
工量具：钢直尺、铁皮剪刀、划针、木板、钣金锤。
材料：薄板。
劳动保护用品：纱手套。

知识准备

在汽车钣金维修中要用到各种各样的金属切割工具，如手动剪刀、电动剪刀和可调手工锯等。

1. 手动剪刀

手动剪刀分为手剪刀和台式剪刀，一般用于某种条件下单件生产或半成品的修整工作。手剪刀只能剪切0.8mm以下的金属板料，如图1-3-1所示。台式剪刀一般用于剪切1.5～2mm的板料，如图1-3-2所示。

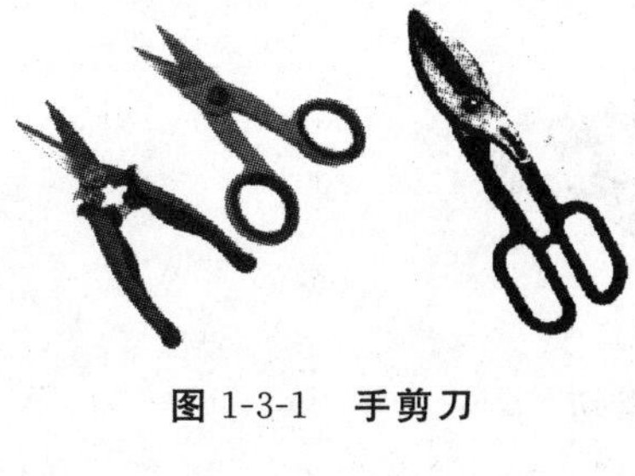

图1-3-1　手剪刀

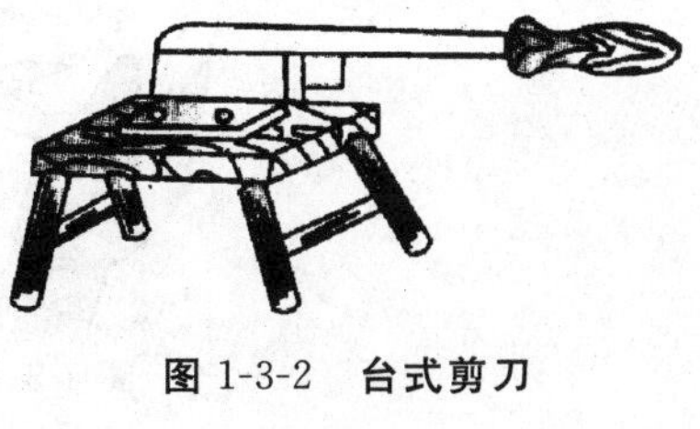

图1-3-2　台式剪刀

2. 电动剪刀

电动剪刀属于振动式剪刀，由一个小型电动机带动刀杆上下快速运动，与下刀头配合达到剪切的目的，如图 1-3-3 所示。

3. 可调式手工锯

钣金件维修中常用的可调式手锯，其锯弓可分为两段，前段可在后段中伸出或缩入，可安装不同长度的锯条，通常为 200mm、250mm 和 300mm 三种规格的锯条，如图 1-3-4 所示。

图 1-3-3 电动剪刀

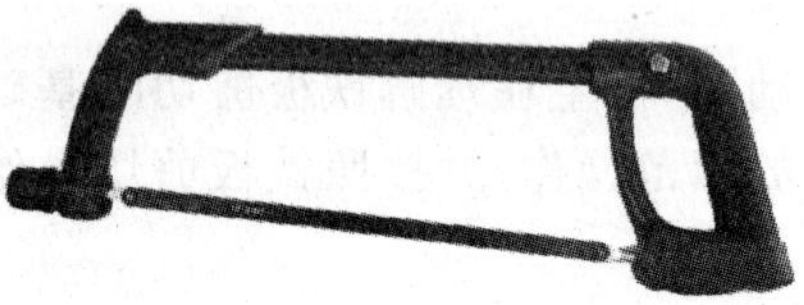

图 1-3-4 可调式手锯

活动实施

按照以下剪切方法，完成薄板直线、外圆、内圆的剪切任务，并写出心得体会。

1. 直线的剪切

如图 1-3-5 所示，剪切短料直线时，被剪去的那部分一般都放在剪刀的右面；长料、板料的剪切也如图中所示。

剪短料　　剪长料　　剪切板料

图 1-3-5 直线的剪切

2. 外圆的剪切

如图 1-3-6 所示，剪切外圆应从左边下剪，按顺时针方向剪切，边料会随着剪刀的移动而向上卷起。边料较宽时，可采取剪直线的方法。

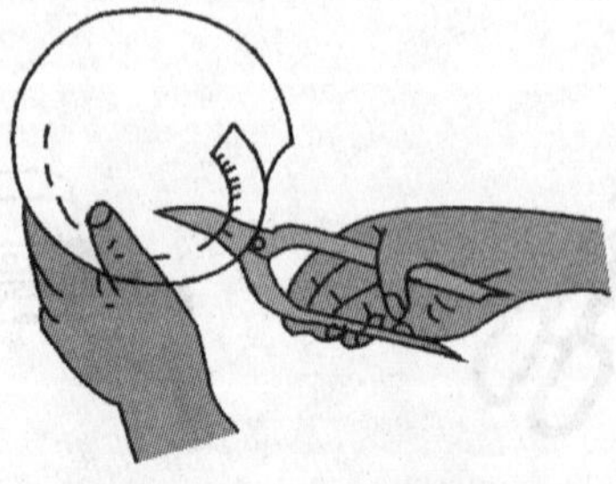

图 1-3-6 外圆的剪切

3. 内圆的剪切

如图 1-3-7 所示，剪切内圆时，应从右边下剪，按逆时针方向剪切，边料会随着剪刀的移动而向上卷起。

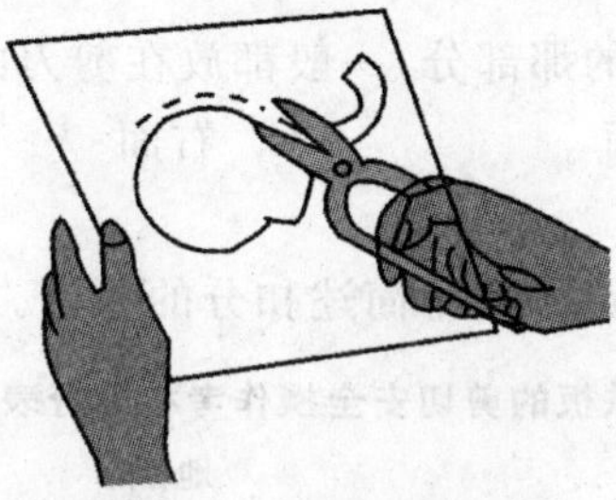

图 1-3-7　内圆的剪切

4. 厚料的剪切

如图 1-3-8 所示，剪切较厚板料时，可将剪刀夹在台虎钳上，在上柄套上一根管子，右手握住管子，左手拿住板料进行剪切；也可由两人操作，一人敲击，一人持剪刀和板料。

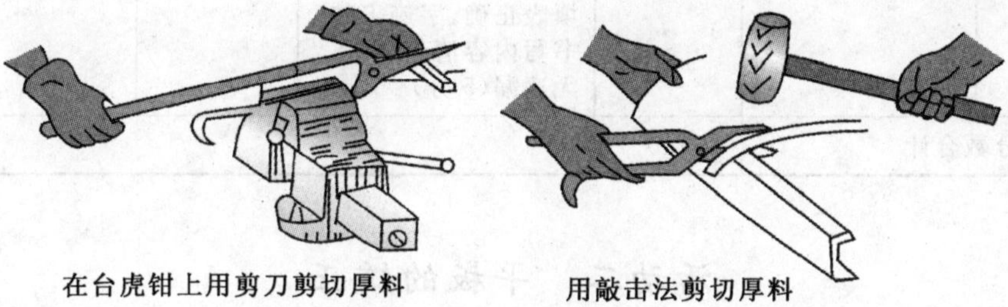

在台虎钳上用剪刀剪切厚料　　　用敲击法剪切厚料

图 1-3-8　厚料的剪切

巩固与评价

一、活动巩固

（一）填空题

1. 手动剪刀分为________和________，一般用于某种条件下________或半成品的修整工作。

2. 剪切外圆应从________下剪，按________________剪切，边料会随着剪刀的移动而向上卷起。边料较宽时，可采取________的方法。

3. 剪切较厚板料时，可将剪刀夹在台虎钳上，在上柄套上一根管子，________握住管子，________拿住板料进行剪切。

(二) 选择题

1. 手剪刀只能剪切(　　)以下的金属板料。

A. 0.8mm　　B. 1.0mm　　C. 1.2mm

2. 台式剪刀一般用于剪切(　　)的板料。

A. 1.0～1.5mm　　B. 1.5～2mm　　C. 2～2.5mm

3. 剪切短料直线时，被剪去的那部分，一般都放在剪刀的(　　)。

A. 侧面　　B. 左面　　C. 右面

二、活动评价

评分标准见表1-3-1，在考核记录栏中简述扣分的缘由。

表1-3-1　　铁板的剪切安全操作考核评分表

评定成绩：　　时间：　　地点：　　教师：

作业项目	考核内容	配分	评分标准	考核记录	扣分	得分
铁板的剪切	(1) 划线与打样 (2) 直线剪切 (3) 内圆剪切 (4) 外圆剪切	100	安全操作(10分)			
			划线正确，打样准确(15分)			
			能正确进行直线、外圆和内圆的剪切操作(70分)			
			填表正确，字迹工整，书写内容清楚、明了，无遗漏(5分)			
分数合计		100				

活动二　平板的矫正

活动描述

在本次活动中，学生在理解车身修复中平板不规则变形知识的基础上，观察教师进行平板变形矫正的示范操作，特别是典型变形矫正(如凸鼓面的矫正、边缘翘曲的矫正、对角翘曲的矫正等)的操作，按照平板矫正的操作规范，进行平板矫正操作。

学习目标

◇ 熟悉常用的手工矫正方法。

◇ 能运用手工矫正薄板的方法、工艺，进行薄板手工矫正。

◇ 能进行平板矫正的操作。

学习地点

钣金加工区。

学习准备

教学设备(含资料):工作平台、台虎钳、多媒体设备。

工量具:钢直尺、划针、木板、钣金锤、顶铁等。

材料:1mm 薄板。

劳动保护用品:纱手套。

知识准备

手工矫正是在平板、钻砧或台虎钳上用锤子等工具,使不合乎形状要求的钣金件达到技术要求所规定的几何形状。常用的手工矫正方法有延展法、扭转法、弯形法和伸张法。

1. **延展法**

延展法主要用于金属薄板中部凹凸而边缘呈波浪形以及翘曲等变形的矫正,如图 1-3-9 所示。

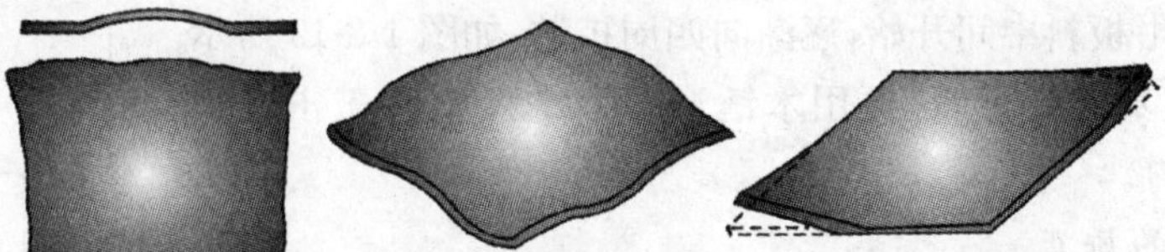

(a) 中间凸起　(b) 边缘呈波浪形　(c) 对角翘起

图 1-3-9　适于延展法矫正的变形

2. **扭转法**

扭转法用于矫正条料的扭曲变形。操作时将条料夹持在台虎钳上,用扳手把条料扭转到原来的形状,如图 1-3-10 所示。

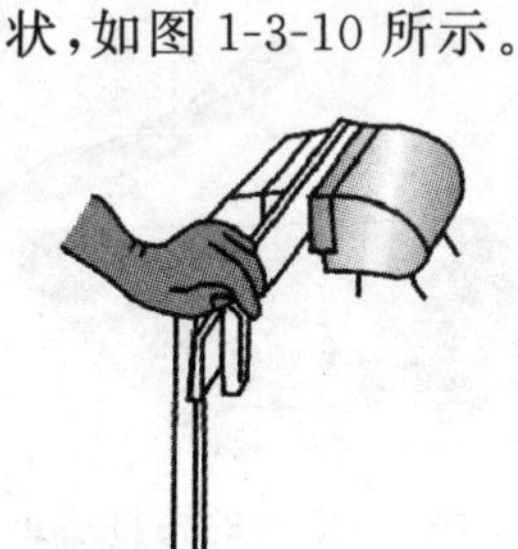

图 1-3-10　扭转法

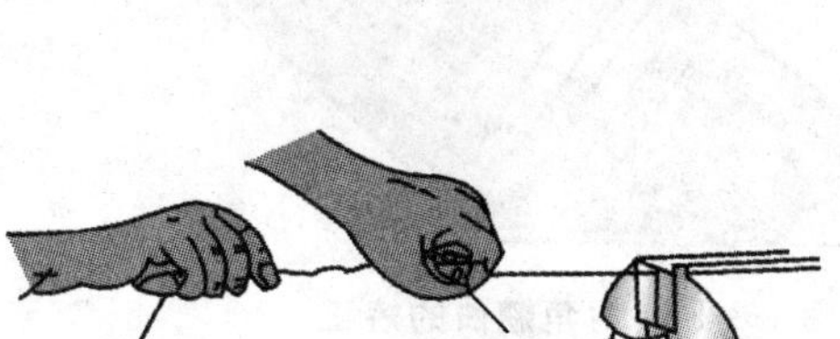

图 1-3-11　伸张法

3. **弯形法**

弯形法用于矫正各种弯曲的棒料和在宽度方向上弯曲的条料。

4. 伸张法

伸张法用于矫正各种细长线材，如图 1-3-11 所示。

活动实施

运用钣金工具，分别完成凸鼓面的矫正、边缘翘曲的矫正、对角翘曲的矫正、板料的拍打矫正、曲面凸鼓变形的矫正、曲面凹陷变形的矫正、大凹面的矫正、大曲率表面的矫正等作业。

1. 凸鼓面的矫正

步骤 1：将板料凸面向上放在平台上，左手按住板料，右手握锤。

步骤 2：敲击应由板料四周边缘开始，逐渐向凸鼓面中心靠近，如图 1-3-12 所示。

步骤 3：板料基本矫正后，再用木锤进行一次调整性敲击，以使整个组织舒展均匀。

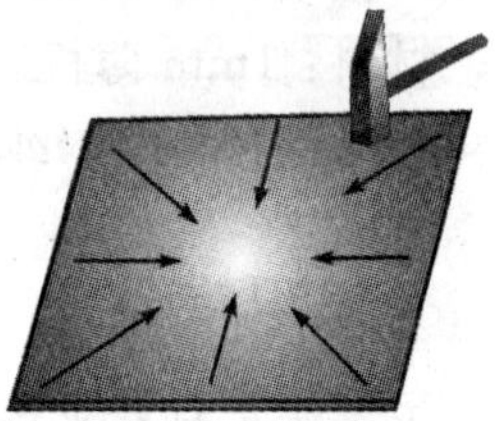
图 1-3-12　凸鼓面的矫正

2. 边缘翘曲的矫正

步骤 1：将边缘呈波浪形的板料放在平台上，左手按住板料，右手握锤。

步骤 2：敲击由板料中间开始，逐渐向四周扩散，如图 1-3-13 所示。

步骤 3：板料基本矫正后，再用木锤进行一次调整性敲击，以使整个组织舒展均匀。

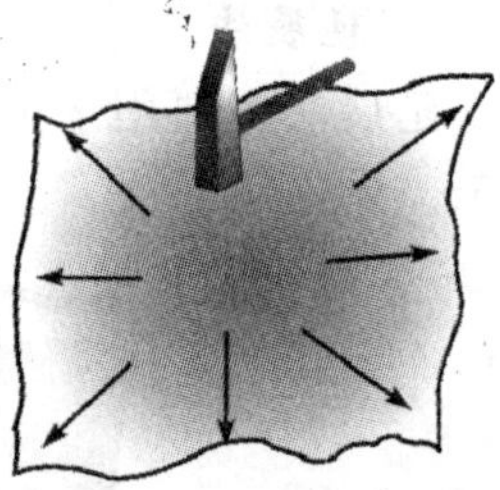
图 1-3-13　边缘翘曲的矫正

3. 对角翘曲的矫正

步骤 1：将翘曲的板料放在平台上，左手按住板料，右手握锤。

步骤 2：先沿着没有翘曲的对角线开始敲击，依次向两侧伸展，使其延伸而矫正，如图 1-3-14 所示。

步骤 3：板料基本矫正后，再用木锤进行一次调整性敲击，以使整个组织舒展均匀。

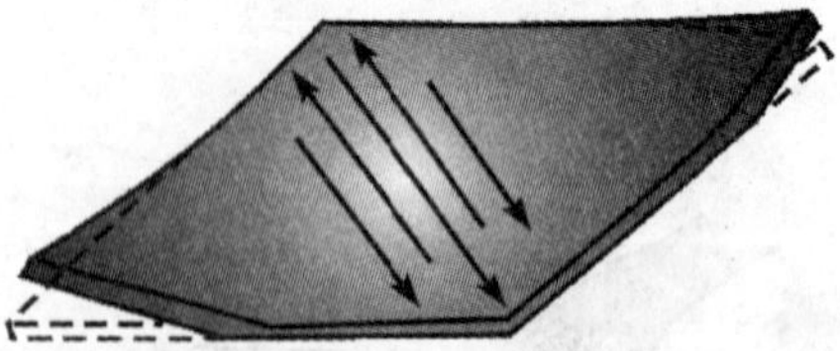
图 1-3-14　对角翘曲的矫正

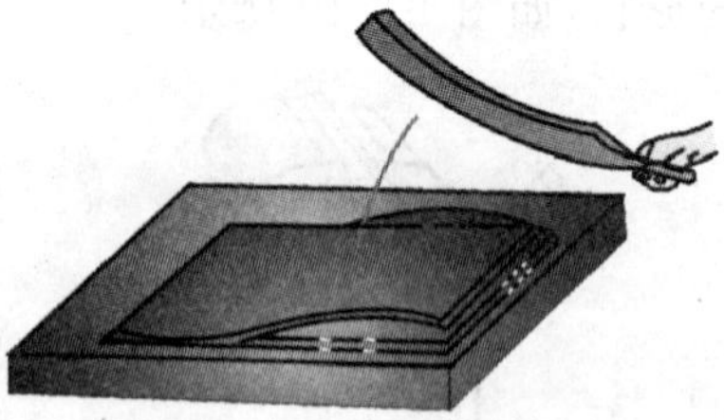
图 1-3-15　板料的拍打矫正

4. 板料的拍打矫正

用拍板（甩铁）在板料上拍打，使板料凸起部分受压变短，同时张紧部分受压伸长，从而达到矫正的目的，如图 1-3-15 所示。

5. 曲面凸鼓变形的矫正

首先使锤与顶铁中心对正，然后进行敲击修整。握锤的手不宜过紧，以手腕的力量敲击。敲击速度以 100 次/min 左右为宜，如图 1-3-16 所示。

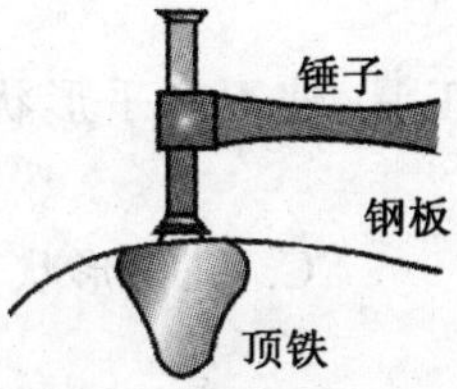

图 1-3-16 曲面凸鼓变形的矫正

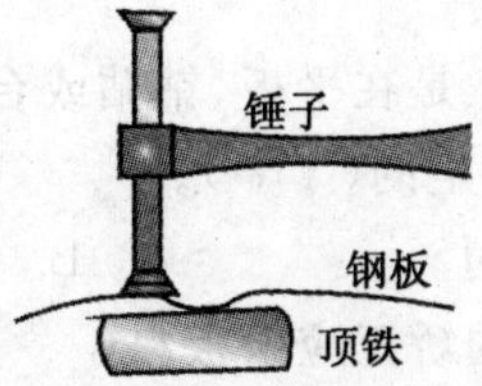

图 1-3-17 曲面凹陷变形的矫正

6. 曲面凹陷变形的矫正

顶铁应放在稍偏于锤击之处，锤击点为凸凹不平表面的较高部位。这样可使钢板在顶铁与锤击点中间处受到作用力，如图 1-3-17 所示。

7. 大凹面的矫正

首先可用喷灯将凹面中间部位加热至粉红色的炽热状态，然后在中间部位下侧以顶铁顶起，从而使原来凹陷得到初步复位。再用锤和顶铁相互配合将四周变高的部分逐渐敲平，恢复原来的几何形状，如图 1-3-18 所示。

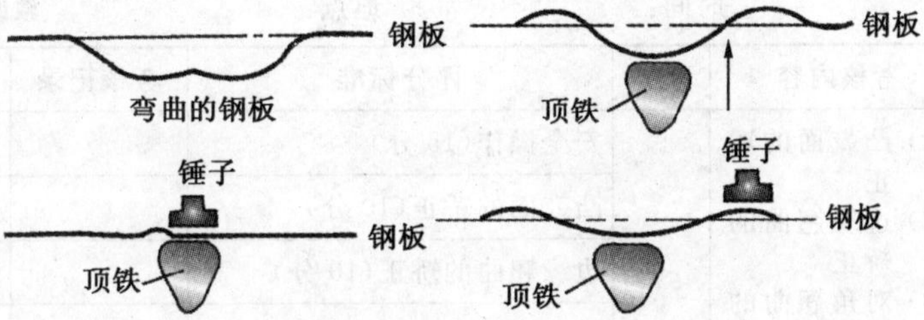

图 1-3-18 大凹面的矫正

8. 大曲率表面的矫正

修整如翼子板、挡泥板等表面曲率较大的部位(高凸面)时，可先用火焰加热，然后以顶铁顶起，最后锤击敲平，恢复原来的几何形状，如图 1-3-19 所示。

图 1-3-19 大曲率表面的矫正

巩固与评价

一、活动巩固

(一) 填空题

1. 延展法主要针对________________而边缘呈波浪形以及翘曲等变形的情形。

2. 大凹面的矫正，首先可用喷灯将凹面中间部位加热至________的炽热状态，然后在中间部位下侧以________顶起，从而使原来凹陷得到初步复位。

3. 大曲率表面的矫正，修整如________、________等表面曲率较大的部位(高凸面)时，可先用________加热，然后以顶铁顶起，最后锤击敲平，恢复原来的几何形状。

(二) 选择题

1. 手工矫正是在平板、钻砧或台虎钳上用锤子等工具，使不合乎形状要求的钣金件达到技术要求所规定的(　　)。

A. 外观尺寸　　B. 外观形状　　C. 几何形状

2. 凸鼓面的矫正应由板料(　　)开始敲击。

A. 中心区域　　B. 四周边缘　　C. 对角

3. (　　)用于矫正各种弯曲的棒料和在宽度方向上弯曲的条料。

A. 弯形法　　B. 扭转法　　C. 伸张法

4. 板料基本矫正后，再用(　　)进行一次调整性敲击，以使整个组织舒展均匀。

A. 鹤嘴锤　　B. 木锤　　C. 平头锤

二、活动评价

评分标准见表 1-3-2，在考核记录栏中简述扣分的缘由。

表 1-3-2　　平板的矫正安全操作考核评分表

评定成绩：　　时间：　　地点：　　教师：

作业项目	考核内容	配分	评分标准	考核记录	扣分	得分
平板的矫正	(1) 凸鼓面的矫正 (2) 边缘翘曲的矫正 (3) 对角翘曲的矫正 (4) 板料的拍打矫正 (5) 曲面凸鼓变形的矫正 (6) 曲面凹陷变形的矫正 (7) 大凹面的矫正 (8) 大曲率表面的矫正	100	安全操作(15 分)			
			凸鼓面的矫正(10 分)			
			边缘翘曲的矫正(10 分)			
			对角翘曲的矫正(10 分)			
			板料的拍打矫正(10 分)			
			曲面凸鼓变形的矫正(10 分)			
			曲面凹陷变形的矫正(10 分)			
			大凹面的矫正(10 分)			
			大曲率表面的矫正(10 分)			
			填表正确，字迹规正，书写内容清楚、明了，无遗漏(5 分)			
分数合计		100				

活动三　钣金件的展开

活动描述

在本次活动中，学生在理解钣金件展开的基础知识和钣金件展开的操作工艺的基础上，通过画零部件的展开图和观察教师对钣金件进行展开的示范操作，进行钣金件零部件的制作，掌握钣金件展开的操作规范。

学习目标

◇ 能用平行线展开法、放射线展开法、三角形展开法进行钣金件的展开。

◇ 能进行棱柱管件、平口正圆锥管、天圆地方的制作。

◇ 能正确使用钣金件的展开工具。

学习地点

钣金加工区。

学习准备

教学设备(含资料):工作平台、台虎钳、多媒体设备。

工量具:钢直尺、画图工具、划针、铁皮剪刀、手锤、锉刀等。

材料:0.5mm 薄铁板。

劳动保护用品:纱手套。

知识准备

一、平行线展开法构件展开制作

1. 平行线展开法的基本原理

平行线展开法的基本原理是将构件的表面看作由无数条相互平行的素线组成,取两相邻素线及其两端线所围成的微小面积作为平面,只要将每一小平面按真实大小顺序画在平面上,就得到了构件表面的展开图。所以只要是构件表面的素线或棱线互相平行的几何形体,如各种棱柱体、圆柱体和圆柱曲面等,都可用平行线法展开。

2. 棱柱管件的展开

图 1-3-20 为上口斜截的四棱柱管,各棱线相互平行,它由四个面组成,只要顺序画出四个面的实际大小,即得其展开图,作图步骤如下:

(1) 作棱柱的投影图,并在各棱线处标上 1、2、3、4、5、6 代号。由投影图分析可知,主视图的形状就是四棱柱管前后两面的实形,因为棱柱的底线与各棱线垂直,所以展开时以主视图底线的延长线(正断线)展开,在其上量取俯视图上 1、2、3、4、5、6、1 各点,并过各点作垂线。

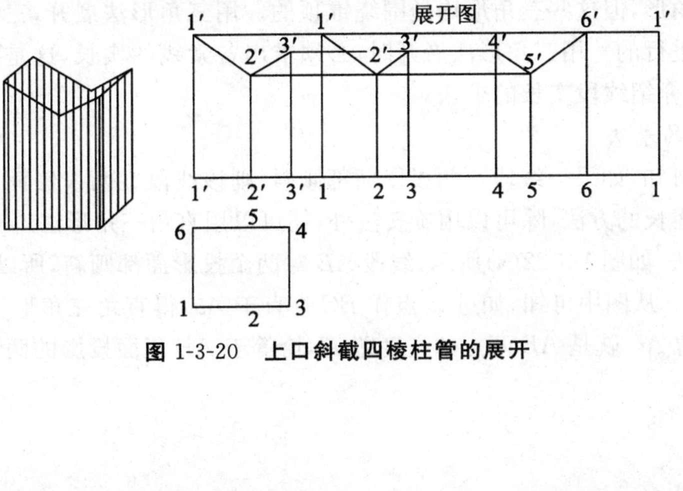

图 1-3-20 上口斜截四棱柱管的展开

(2) 在各垂线上量取主视图上相应各棱线的高度，得 1′、2′、3′、4′、5′、6′、1′各点。用直线连接各点得展开图。

二、放射线展开法构件展开制作

1. 放射线展开法的基本原理

放射线展开法适用于构件表面的素线相交于一点的形体，如圆锥、椭圆锥、棱锥等表面的展开。放射线展开法的基本原理是将构件的表面由锥顶起作出一系列放射线，将锥面分成一系列小三角形，每一小三角形作为一个平面，将各三角形依次画在平面上，就得到所求的展开图。

2. 平口正圆锥管的展开

平口正圆锥管是无锥顶的圆锥、上、下口平行且垂直于锥管的轴线，主视图的投影为等腰梯形，俯视图的投影为两个同心圆，如图 1-3-21 所示。其展开方法是，先将完整的正圆锥面(圆弧半径为 R)展开成扇形，然后再减去被截掉的小圆锥表面(圆弧半径为 R_1)，剩下的部分即为所求的展开图。

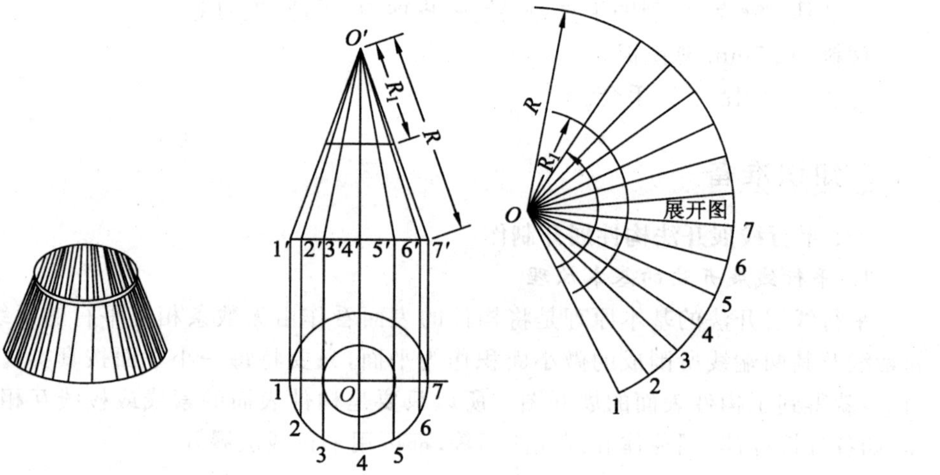

图 1-3-21　平口正圆锥管的展开

三、三角形展开法构件展开制作

1. 三角形展开法的基本原理

三角形展开法是将构件的表面分成一组或很多组三角形，然后求出各组三角形每边的实长，并把它的实形依次画在平面上，得到展开图。必须指出，用放射线作展开图时，也是将锥体表面分成若干三角形，但这些三角形均是围绕锥顶的。用三角形法展开，三角形的划分是根据构件的形状特征进行的。用三角形法展开时，必须求出各素线的实长，这是准确地作好展开图的关键，下面就来介绍线段实长的求法。

2. 线段实长的求法

由投影原理可知，如果一线段与两投影面都倾斜，则该线段在两投影面上的投影都不是其实长。求该线段实长的方法，除可以用旋转法外，还可以用直角三角形法。

直角三角形法，如图 1-3-22(a)所示，线段 AB 对两个投影面都倾斜，所以它的两个投影 $a'b'$ 和 ab 都不是实长。从图中可知，如过 B 点作 BC 垂直于 Aa，得直角三角形 ABC，直角边 $BC=ba$。另一个直角边 AC 就是 AB 两点的亮度差 H，恰等于 AB 正面投影的两个端点 a' 和 b' 在垂

直方向的距离 $a'c'$。由此可知，只要作互相垂直的两直角边[图 1-3-22(b)]使$B_1C_1=ab$、$A_1C_1=a'c'=H$，则斜边 A_1B_1 即为 AB 线段的实长。

根据这样的原理，如果已知一线段的两投影，使用直角三角法求实长，其作图方法可归纳为如图 1-3-22(c)所示。$a'b'$和 ab 为线段的两投影，求实长时，只要作一直角，在直角的一边上量取投影图 ab(或 $a'b'$)的长，在另一边上量取另一视图的投影差，则直角三角形的斜边即为线段 AB 的实长。

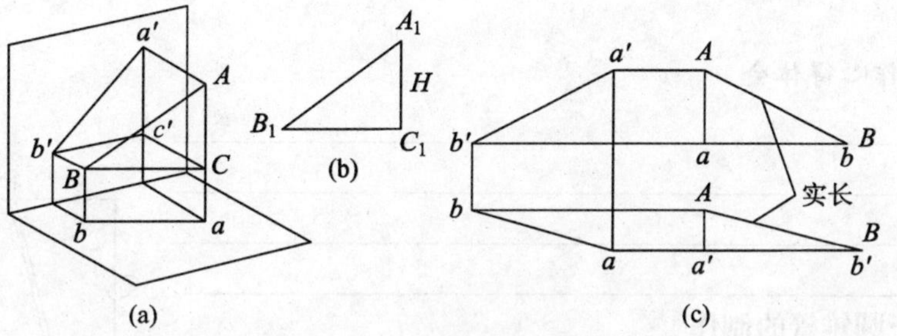

图 1-3-22　线段实长的求法

活动实施

画出棱柱管件、平口正圆锥管、天圆地方的展开图，并运用钣金工具分别对其进行钣金件制作。

一、棱柱管件的制作

1. 制作步骤

步骤 1：用平行线展开法将棱柱管件展开，图样如图 1-3-23 所示。

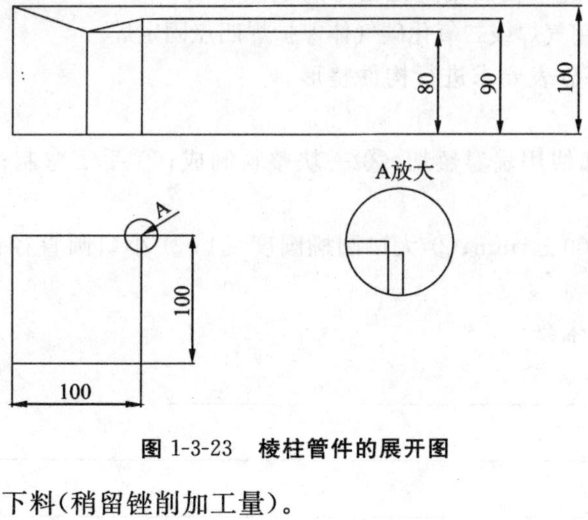

图 1-3-23　棱柱管件的展开图

步骤 2：在台剪上下料(稍留锉削加工量)。

步骤 3：锉削加工。

步骤 4：按手工弯曲方法利用规铁在台虎钳上弯曲。

步骤 5：接口处利用气焊或二氧化碳气体保护焊四点固定焊。

步骤 6：按技术要求进行构件整形。

2. 技术要求

① 用台剪下料，上口斜边扁錾錾切；② 一整块料制成；③ 手工弯制；④ 外平角焊四点定位焊；⑤ 板厚为 1.5mm。

3. 技术标准

① 上口边长：100±0.5mm；② 下口边长：100±0.5mm；③ 上口对角线：误差±1mm；④ 下口对角线：误差±1mm；⑤ 高度 1：100±0.5mm；⑥ 高度 2：90±0.5mm；⑦ 高度 3：80±0.5mm。

4. 写出制作心得体会

____

____

____

____

二、平口正圆锥管的制作

1. 制作步骤

步骤 1：用放射线展开法将平口正圆锥展开，图样如图 1-3-24 所示。

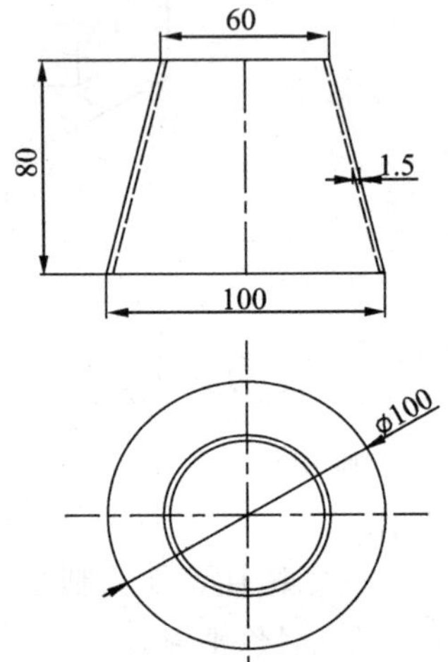

图 1-3-24　平口正圆锥管的展开图

步骤 2：直线在台剪上下料，弧线用錾子錾切(稍留锉削加工量)。

步骤 3：锉削加工。

步骤 4：在下好料的平口正圆锥管扇形构件上画好卷弯素线。

步骤 5：按素线在台虎钳口间隙上用锤头锤击。

步骤 6：将构件反过来在圆钢上锤击弯卷成型。

步骤 7：接缝处利用气焊或二氧化碳气体保护焊四点固定焊。

步骤 8：按考核评分表要求进行构件整形。

2. 技术要求

① 用台剪下料，弧线用扁錾錾切；② 一块整料制成；③ 手工弯制；④ 接缝四点定位焊。

3. 技术标准

① 大口圆直径：100±1mm；② 大口圆椭圆度≤1；③ 小口圆直径：60±1mm；④ 小口圆椭圆度≤1。

4. 写出制作心得体会

____

____

____

三、天圆地方的制作

1. 绘制展开图(图 1-3-25)

步骤 1：将俯视图中的 1/4 圆周等分，得等分点 1、2、3，再连接 A 与各等分点，得出各素线投影长 a。

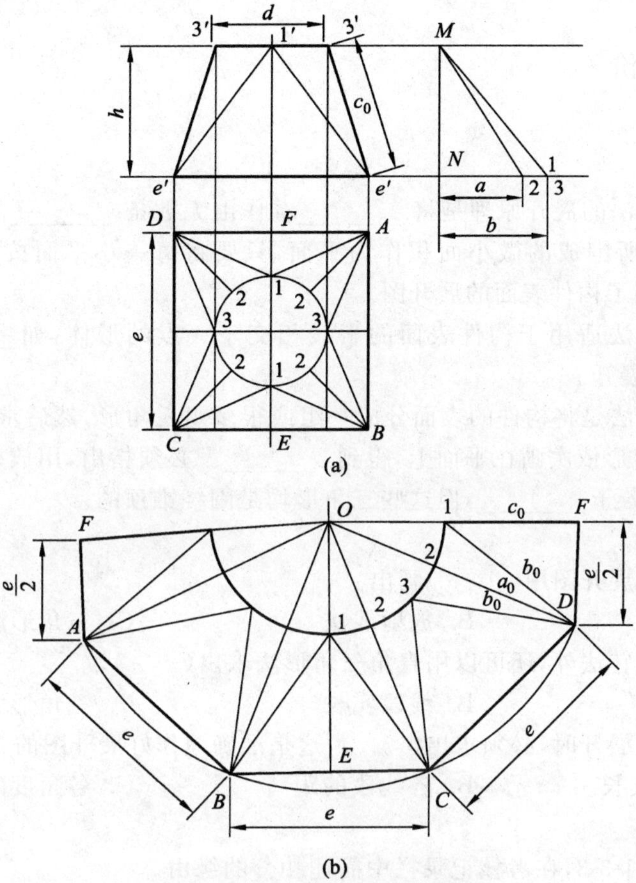

图 1-3-25 天圆地方的展开图

步骤 2：作主视图中 $3'3'$、$e'e'$ 延长线的垂线 MN，再由点 N 向右截取线段分别等于俯视图中 a、b 的长度，然后将 M 与各截点连起来，则 $M2$、$M1$ 分别为实长线。

步骤 3：以 $e/2$ 及 C 长为直角边，在适当位置作直角三角形 $1FD$。再分别以 1、D 为圆心，俯视图等分弦长 12 及实长线 $M2$ 为半径画圆弧相交于 2，作出三角形 $12D$。用同样方法作出三角形 $23D$、$3CD$、$32C$、$21C$、$1EC$。连接 $1F$ 直线、FD 直线、DC 直线、CE 直线以及 12321 曲线，便画出展开图右边的一半。展开图左右对称，按同样方法作出展开图的另一半。

2. 下料(在教师的指导下完成)

3. 手工成型(在教师的指导下完成)

4. 写出制作心得体会

巩固与评价

一、活动巩固

(一) 填空题

1. 平行线展开法的展开原理是将________看作由无数条________的素线组成，取两相邻素线及其两端线所围成的微小面积作为平面，只要将每一小平面按真实大小顺序画在________上，就得到了构件表面的展开图。

2. 放射线展开法适用于构件表面的素线相交于一点的形体，如________、________、________等表面的展开。

3. 三角形展开法是将构件的表面分成一组或很多组三角形，然后求出各组三角形每边的实长，并把它的实形依次画在平面上，得到________。必须指出，用放射线作展开图时，也是将锥体表面分成若干________，但这些三角形均是围绕锥顶的。

(二) 选择题

1. 天圆地方的展开图用(　　)画出。

A. 平行线法　　B. 放射线法　　C. 三角形法

2. 除可以用旋转法外，还可以用直角三角形法求出(　　)。

A. 顶点位置　　B. 线段实长　　C. 三角形大小

3. 用三角形法展开时，必须求出(　　)，这是准确地作好展开图的关键。

A. 各素线的实长　　B. 各线段的距离　　C. 各角度的大小

二、活动评价

评分标准见表 1-3-3，在考核记录栏中简述扣分的缘由。

表 1-3-3　　钣金件的展开操作考核评分表

评定成绩：　　　　时间：　　　　地点：　　　　教师：

作业项目	考核内容	配分	评分标准	考核记录	扣分	得分
钣金件的展开	(1) 用平行线法、放射线法、三角形展开法进行钣金件的展开 (2) 进行棱柱管件、平口正圆锥管、天圆地方的制作 (3) 正确使用基本工具	100	能准确描述钣金件的名称(15 分)			
			能用平行线法、放射线法、三角形展开法进行钣金件的展开(30 分)			
			能进行棱柱管件、平口正圆锥管、天圆地方的制作(30 分)			
			能正确使用基本工具(20 分)			
			填表正确，字迹规正，书写内容清楚、明了，无遗漏(5 分)			
分数合计		100				

任务四　汽车钣金焊接工艺的操作

活动一　气体保护焊机的操作

活动描述

汽车受到严重撞击、翻车后，对车身断裂、变形的修复为常见整形项目，需要运用气体保护焊对车身进行焊接修复。本次活动学生在理解气体保护焊的基础知识和气体保护焊机的操作工艺的基础上，观察教师气体保护焊的示范操作，并按照气体保护焊的操作工艺，协同小组成员，掌握气体保护焊的操作技术。要求严格遵循现场工作管理规范，正确佩戴好个人防护用品，注重安全生产及5S管理要求。

学习目标

◇ 能进行二保焊机参数的调整。

◇ 能进行二保焊机的焊接。

◇ 知悉操作二保焊机的注意事项。

◇ 能对二保焊焊接质量进行检验。

学习地点

焊接区。

学习准备

教学设备(含资料)：工作平台、气体保护焊机、多媒体设备。

工量具：钢直尺、划针、斜口钳、C型钳、扁嘴钳等。

材料：焊片、汽车车身薄板。

劳动保护用品：焊服、焊接头盔、焊接手套、焊服、焊接护腿、纱手套。

知识准备

一、二保焊焊接参数

1. 焊丝

二氧化碳气体保护焊(简称二保焊)选择焊丝的基本原则是保证焊缝金属与母材具有同等水平的性能。一般在焊接低碳钢和低合金高强度钢时，根据母材的抗拉强度选择相同强度等级的焊丝；焊接不锈钢时，选择相同化学成分的焊丝。二氧化碳气体保护焊所用焊丝的化学成分及焊缝力学性能见表1-4-1和表1-4-2。

表 1-4-1　　焊丝的牌号和化学成分要求

焊丝牌号	化学成分(质量分数)%									
	C	Mn	Si	P	S	Cr	Ni	Cu	Mo	V
H08MnSi	≤0.11	1.20～1.50	0.40～0.70	≤0.035	≤0.035	≤0.20	≤0.30	≤0.20	—	—
$H08Mn_2Si$	≤0.11	1.70～2.10	0.65～0.95	≤0.035	≤0.035	≤0.20	≤0.30	≤0.20	—	—
$H08Mn_2SiA$	≤0.11	1.80～2.10	0.65～0.95	≤0.030	≤0.030	≤0.20	≤0.30	≤0.20	—	—
H11MnSi	0.07～0.15	1.00～1.50	0.65～0.95	≤0.025	≤0.035	—	≤0.15	—	≤0.15	≤0.05
$H11Mn_2SiA$	0.07～0.15	1.40～1.85	0.85～1.15	≤0.025	≤0.025	—	≤0.15	—	≤0.15	≤0.05

表 1-4-2　　焊缝力学性能要求

焊丝牌号	抗拉强度 σ_b/MPa	条件屈服应力 $\sigma_{0.2}$/MPa	伸长率 δ_s/%	室温冲击吸收功 A_{KV}/J
H08MnSi	420～520	≥320	≥22	≥27
H08Mn2Si	≥500	≥420	≥22	≥27
H08Mn2SiA	≥500	≥420	≥22	≥47
H11MnSi	≥500	≥420	≥22	—
H11Mn2SiA	≥500	≥420	≥22	≥27

2. 焊丝直径

焊丝直径以焊件的厚度、焊接位置及质量要求为依据进行选择，见表 1-4-3。

表 1-4-3　　二氧化碳气体保护焊焊丝直径的选择

焊丝直径/mm	焊滴过渡形式	焊件厚度/mm	焊接位置
0.5～0.8	短路过渡 颗粒过渡	1.0～2.5 2.5～4.0	全位置 水平位置
1.0～1.4	短路过渡 颗粒过渡	2.0～8.0 2.0～12	全位置 水平位置
1.6	短路过渡	3.0～12	全位置
＞1.6	颗粒过渡	＞6	水平位置

3. 焊接电流

焊接电流根据焊件的厚度、坡口形状、焊丝直径及所需的熔滴过渡形式来选择。当焊接电流增加时，熔深相应增加，熔宽略有增加，能够加快焊丝的熔化速度，提高生产率，但焊接电流太大时，会使飞溅增加，并且容易造成烧穿及气孔等缺陷。反之，若焊接电流太小，电弧不能稳定，容易造成焊不透，焊缝成形差。

4. 电弧电压

电弧电压是影响熔滴过渡、飞溅大小、短路频率和焊缝成形的重要因素。在一般情况下，当电弧电压增加时，焊缝宽度相应增加，而焊缝的余高和熔深则减少。在焊接电流较小时，电弧电压过高，则飞溅增加；电弧电压太低，则焊丝容易伸入熔池，使电弧不稳。在焊接电流较大时，电弧电压过高，则飞溅增加，容易产生气孔；电弧电压太低，则焊缝成形不良。要获得稳定的焊接过程和良好的焊缝成形，要求电弧电压与焊接电流有良好的配合。通常进行细丝焊接时电弧电压为16～24V，进行粗丝焊接时电弧电压为25～36V。

5. 焊接速度

焊接速度对焊缝成形有一定影响。焊接速度太快时，会使气体保护作用受到破坏，同时使焊缝冷却速度过快，降低了焊接接头的力学性能，并使焊缝成形变差；焊接速度太慢时，容易造成烧穿或焊缝金属的金相组织粗大等缺陷。因此，焊接速度应根据焊件材料的性质、厚度和冷却条件等来选择。一般焊接速度在0.25～0.65m/min范围内。

6. 气体流量

二氧化碳气体流量主要影响对熔池的保护效果。在一般情况下，细丝焊接时二氧化碳气体流量为6～15L/min，粗丝焊接时二氧化碳气体流量为20～30L/min。气体流量过大和气体流量太小，都会降低气体对熔池的保护作用，产生气孔等缺陷。

表1-4-4是常用二氧化碳气体保护焊的焊接参数。

表1-4-4　　　　二氧化碳气体保护焊工艺参数

材料厚度/mm	坡口形式	装配间隙 b/mm	焊丝直径/mm	焊接电流/A	电弧电压/V	气体流量/$L \cdot min^{-1}$
≤1.2	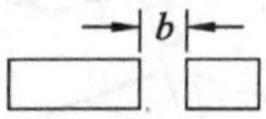	≤0.5	0.6	30～50	18～19	6～7
1.5			0.7	60～80	19～20	
2.0		≤0.5	0.8	80～100	20～21	7～8
2.5						
3.0	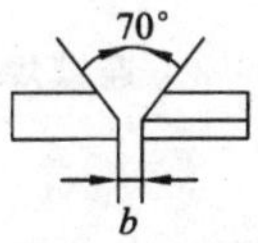	≤0.5	0.8～1.0	90～115	21～23	8～10
4.0						
≤1.2	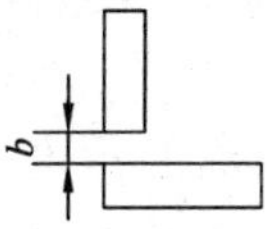	≤0.3	0.6	35～55	19～20	6～7
1.5		≤0.3	0.7	65～85	20～21	8～10
2.0		≤0.5	0.7～0.8	80～100	21～22	10～11
2.5		≤0.5	0.8	90～110	22～23	10～11
3.0		≤0.5	0.8～10	95～115	21～23	11～13
4.0		≤0.5	0.8～1.0	100～120	21～23	13～15

除以上一些主要参数外，焊丝伸出长度、电源极性、回路电感值、焊枪倾角、焊缝坡口和

焊接位置等对焊接过程都有影响，所以在应用中应根据具体情况来选择。

二、车身焊接技术

1. 焊接位置

在修理受到碰撞的汽车时，焊接位置通常由汽车上需要进行修复的位置决定。热量和送丝速度都会受到焊接位置的影响。

(1) 水平焊。

水平焊一般容易进行，而且它的焊接速度较快，能够得到最好的焊接熔深。对不在汽车上的零部件进行焊接时，尽可能把它放在能够进行水平焊的位置。对水平焊缝进行焊接时，应使焊炬向上倾斜，以避免重力对熔池的影响。

(2) 垂直焊。

焊接垂直焊缝时，最好让电弧从接头的顶部开始，并平稳地向下拉。

(3) 仰焊。

仰焊是最难操作的，容易造成熔池过大，一些熔滴会落入喷嘴导致故障。在仰焊时，要使用较低的电压，同时使用短电弧和小的焊接熔池。将焊嘴推向工件，以保证焊丝不会向熔池外移动，最好能够沿着焊缝均匀地拉动焊炬。

2. 各种基本的焊接方式

(1) 定位焊。

定位焊实际上是一种临时点焊，在永久焊接前，用一种很小的临时点焊来取代定位装置或薄金属螺钉，对焊接的工件进行定位。

定位焊各焊点的距离大小和母材厚度有关，一般其距离为母材厚度的 15～30 倍。

定位焊要求母材之间正确地对准，如图 1-4-1 所示。

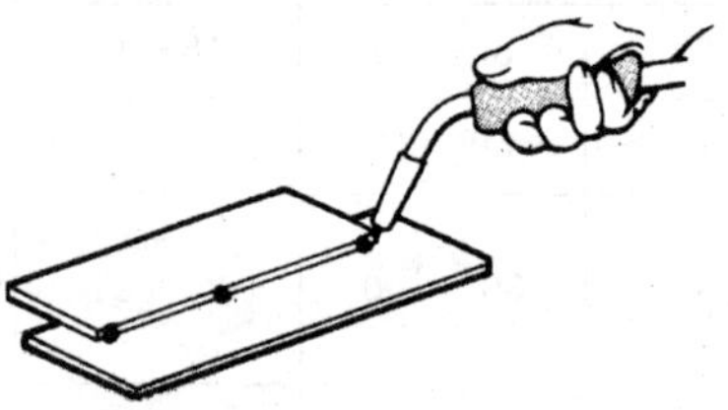

图 1-4-1　定位焊

图 1-4-2　连续焊

(2) 连续焊。

连续焊是指焊炬缓慢、稳定地向前运动，形成连续的焊缝，如图 1-4-2 所示。

连续焊在焊接过程中，应固定好焊炬，以免产生晃动。

连续焊采用正向焊法，连续地匀速移动焊炬，并经常观察焊缝。焊炬应倾斜 10°～15°，以便获得最佳的焊缝、焊接线和气体保护效果。

连续焊导电嘴与母材之间应保持适当的距离，焊炬应保持正确的角度。若不能正常进行焊接，则可能是由于焊丝太长。如果是这个原因，金属的焊接熔深将会减小。

为了得到适当的焊接熔深，以提高焊接质量，应使焊炬靠近母材，如果平稳、均匀地操纵焊炬，将可得到高度和宽度恒定的焊缝，而且焊缝上带有许多均匀、细密的焊波。

(3) 塞焊。

在进行塞焊时,应在外面的一个或若干个工件上打孔,电弧穿过这些孔,进入里面的工件,使这些孔被熔化的金属填满,如图1-4-3 所示。

图 1-4-3　**塞焊**

(4) 点焊。

点焊是当送丝定时脉冲触发时,将电弧引入被焊的两块金属板。

(5) 搭接点焊。

搭接点焊是将电弧引入下层的金属板,并使熔融金属流入上层金属板的边缘,如图 1-4-4 所示。

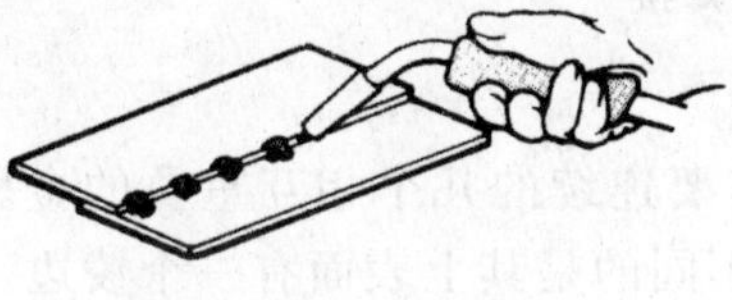
图 1-4-4　**搭接点焊**

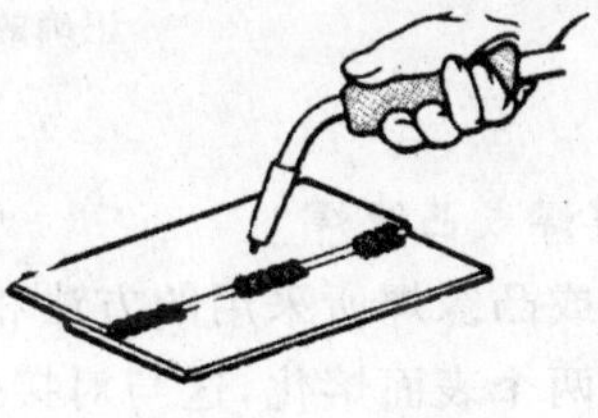
图 1-4-5　**连续点焊**

(6) 连续点焊。

连续点焊就是一系列相连或重叠的点焊,形成连续的焊缝,如图 1-4-5 所示。

三、基本的焊接方法

1. 对接焊

对接焊是将两个相邻的金属板边缘安装在一起,沿着两个金属板相互配合或对接的边缘进行焊接的一种方法。

在进行对接焊时应注意(尤其是焊薄板),每次焊接的长度不要超过 20mm,要密切注意金属板的熔化情况以及焊丝和焊缝的距离。要注意焊丝的端部不可偏离金属板的对接处。如果焊缝较长,最好在金属板的若干处进行定位焊,以防止金属板变形。

2. 分段焊接

焊接时,应当使某一段区域的对接焊能够自然冷却,然后再进行下一区域的焊接。

尽管外层金属板对焊接的敏感性较小,但还是要按照这样的要求进行焊接,以防止由于温度升高而引起的弯曲和变形。

在焊接金属薄板时,如果薄板厚度为 0.8mm 或更薄,必须采用不连续的焊接,以防烧穿薄板。同时应适当保持焊炬角度,并按照正确的顺序操作,以获得高质量的焊缝。

可采用逆向焊法来移动焊炬,因为这样比较容易对准焊缝,如图 1-4-6 所示。

当焊炬移动过快或过慢时,焊接质量都会下降。焊接速度过慢将会造成熔穿,焊接速度过快会使熔深变浅而降低焊接强度。

如果从金属的边缘处或靠近边缘的地方开始焊接,金属板将会产生弯曲变形。

因此,为了防止金属板弯曲,应从母材中心处开始焊接,并经常改变焊接的位置,以便将热量均匀地扩散到母材金属中去。金属板的厚度越小,焊缝的长度应越小。

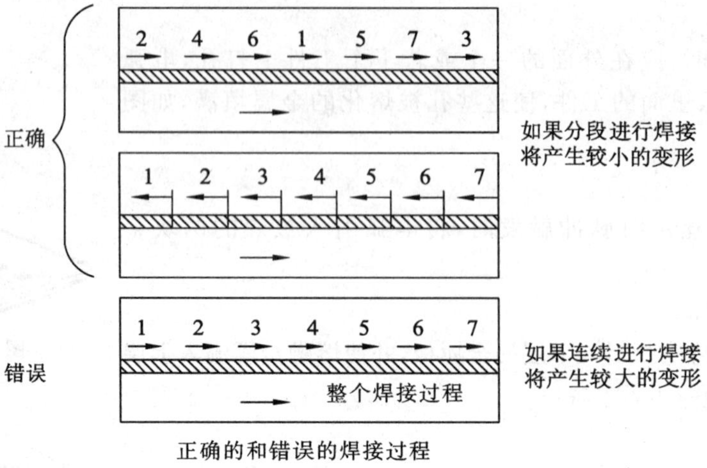

图 1-4-6　分段焊接

3. 搭接焊或凸缘焊

搭接焊或凸缘焊所采用的方法相同，都是在需要连续的几个相互重叠的金属板的上表面棱边处将两个表面熔化，这与对接焊相类似，所不同的是其上表面有一个棱边。

搭接焊或凸缘焊只能用于修理原先在制造厂进行过这种焊接的地方，或用于修理外板和非结构性金属板。

当金属板多于两层时，不可采用这种方法进行焊接。

用这种方法焊接时不能进行连续焊接，应按照能使焊接部位自然冷却并预防温度上升的顺序进行焊接。

四、焊接缺陷

1. 气孔、凹坑

焊接过程中若气体进入焊接金属中，会产生气孔或凹坑，如图 1-4-7 所示。产生气孔或凹坑的可能原因有：

(1) 母材上有锈迹或污物；

(2) 焊丝上有锈迹或水分；

(3) 保护不当，喷嘴堵塞、弯曲或气体流量过小；

(4) 焊接时冷却速度过快；

(5) 电弧过长；

(6) 焊丝规格不正确；

(7) 气体被不适当封闭；

(8) 焊接表面不干净。

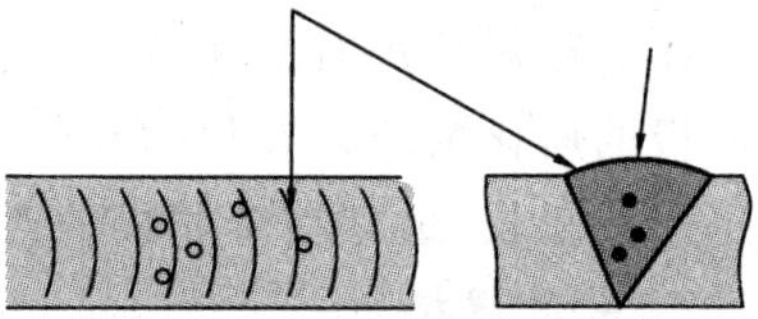

图 1-4-7　气孔、凹坑

2. 咬边

咬边是由于过分熔化的母材形成一个凹坑，使母材的横截面减小，严重降低了焊接部位的强度，如图 1-4-8 所示。产生咬边的可能原因有：

(1) 电弧太长；

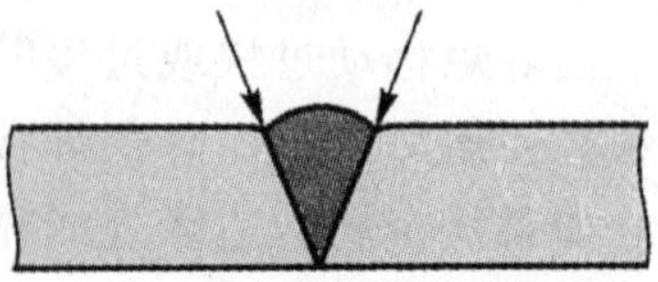

图 1-4-8　咬边

(2) 焊枪角度不正确；

(3) 焊接速度太快；

(4) 电流太大；

(5) 焊炬送进太快；

(6) 焊炬角度不稳定。

3. 不正确熔化

不正确熔化是发生在母材与焊接金属之间，或发生在两种熔敷金属之间的不熔化现象，如图 1-4-9 所示。造成不正确熔化的可能原因有：

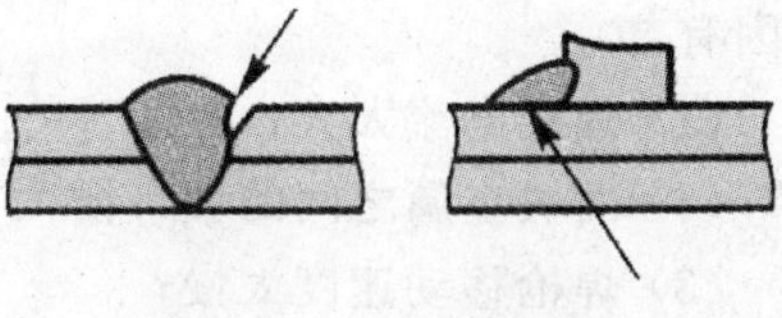

图 1-4-9　不正确熔化

(1) 焊炬的进给速度太快；

(2) 电压过低；

(3) 焊接部位不干净。

4. 焊瘤

角焊比对接焊更容易产生焊瘤。焊瘤会引起应力集中而导致焊接部位过早腐蚀，如图 1-4-10 所示。产生焊瘤的可能原因有：

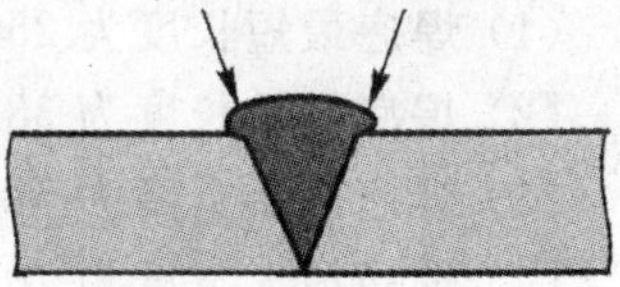

图 1-4-10　焊瘤

(1) 焊接速度太慢；

(2) 电弧太短；

(3) 焊炬送进太慢；

(4) 电流太小。

5. 熔深不足

熔深不足是由于金属板熔敷不足而产生的，如图 1-4-11 所示。造成熔深不足的可能原因有：

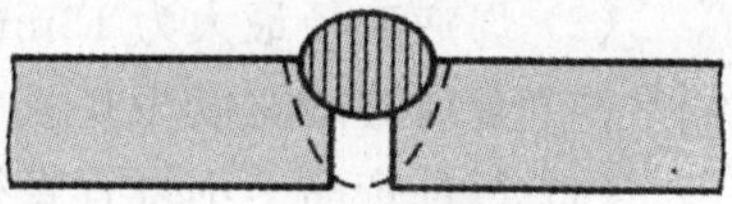

图 1-4-11　熔深不足

(1) 电流太小；

(2) 电弧过长；

(3) 焊丝端部没有对准两层金属板的对接位置；

(4) 槽口太小。

6. 焊接溅出物太多

焊接过程中过多的溅出物会在焊缝的两边形成许多斑点和凸起，如图 1-4-12 所示。造成焊接溅出物太多的可能原因有：

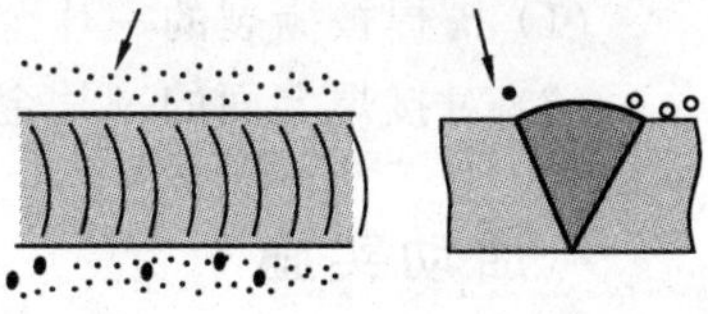

图 1-4-12　焊接溅出物太多

(1) 电弧过长；

(2) 母材金属生锈；

(3) 焊枪角度太大。

7. 焊缝不均匀

焊缝不均匀是指焊缝不是均匀、流畅的线形，而是不规则的形状，如图 1-4-13 所示。造成焊缝不均匀的可能原因有：

图 1-4-13　焊缝不均匀

(1) 焊枪嘴的孔被损坏或变形，焊丝通过嘴口时发生摆动；

(2) 焊枪不稳定；

(3) 移动速度不稳。

8. 烧穿

烧穿是指焊缝内有许多孔，如图 1-4-14 所示。造成烧穿的可能原因有：

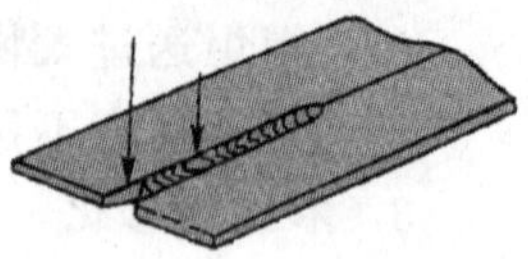

图 1-4-14 烧穿

(1) 焊接电流太大；

(2) 两块金属之间的坡口槽太宽；

(3) 焊枪移动速度太慢；

(4) 焊枪到母材之间的距离太短。

五、焊接质量检验

1. 搭焊和对接焊的焊疤的目测检测标准

(1) 焊疤最短长度为 25mm；

(2) 焊疤最长长度为 38mm；

(3) 焊疤最小宽度为 5mm；

(4) 焊疤最大宽度为 10mm；

(5) 金属穿透宽度为 0～5mm；

(6) 对接焊焊片夹缝是金属板厚度的 2～3 倍。

2. 塞焊的焊疤的目测检测标准

(1) 焊疤直径最小为 10mm；

(2) 焊疤直径最大为 13mm；

(3) 金属穿透宽度为 0～10mm；

(4) 每件产品上不得有直径超过 3mm 的焊接缺陷(如洞或焊渣)。

3. 所有焊件焊接缺陷目测检测标准

(1) 焊件正面焊接最大厚度为 3mm；

(2) 金属最大穿透厚度为 0～1.5mm。

4. 搭焊和对接焊的焊疤的破坏性实验检测标准

(1) 搭焊被撕裂的一片金属上必须有与焊疤长度相等的一个孔；

(2) 对接焊上面的一片金属上必须有与焊疤长度相等的一个孔。

活动实施

一、二氧化碳气体保护焊焊接练习

(一) 几种常用的焊接方式

在两块 1mm 厚、10cm×5cm 大小的钢板上，采用二氧化碳气体保护焊进行连续焊、塞焊、点焊等焊接练习。

练习时可以先在厚一点的钢板上进行，不要求将板件连接起来，只要熟悉焊接手法，能在板件表面焊出良好的焊缝即可。

当练习将板件焊接在一起时，应该首先用大力钳将板件固定好，再按规范的操作方法焊接。

1. 连续焊

连续焊的操作方法如图 1-4-15 所示。焊接时应注意以下几点：

(1) 焊枪缓慢、稳定地向前移动，形成连续的焊缝。

(2) 操作中保持焊枪的稳定进给，避免产生晃动，将得到高度和宽度恒定的焊缝，而且焊缝上带有许多均匀、细密的焊波。

(3) 采用正向焊时，连续匀速地移动焊炬，并经常观察焊缝。不能正常进行焊接的原因可能是焊丝过长，这将导致金属的焊接熔深减小。

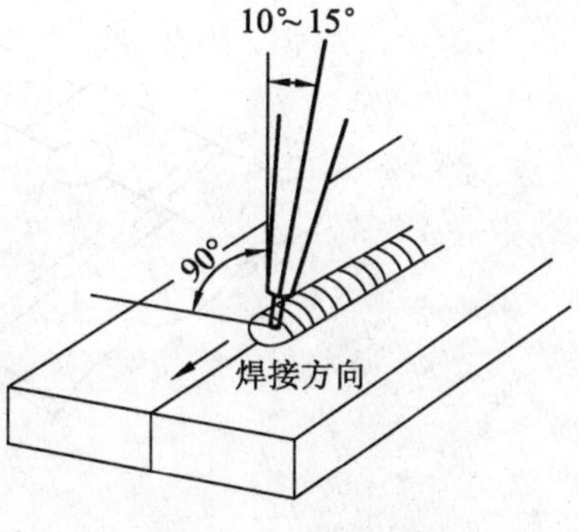

图 1-4-15　连续焊

(4) 为了得到适当的焊接熔深，以提高焊接质量，应使焊枪靠近板件。

2. 塞焊

塞焊的操作方法如下：

(1) 进行塞焊前，应先在上面的板件上打孔。一般来说 1mm 厚的钢板上钻直径 5mm 的孔即可，如图 1-4-16 所示。

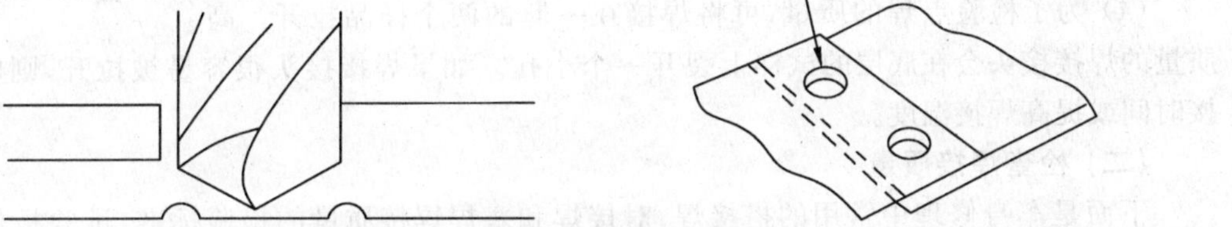

图 1-4-16　在上层金属板上转孔

(2) 当需要将两层以上的金属板焊接在一起时，应在最下层的金属板上方的每一层金属板上钻一个孔，并且要求每一层金属板的塞焊孔直径小于其上层金属板塞焊孔的直径。

(3) 夹紧装置必须位于焊接位置的附近，保证板件非常牢固地固定在一起，且板件间不能有太明显的缝隙。

(4) 焊接时，焊枪和被焊接的表面保持一定的角度，将焊丝放入孔内。短暂地触发电弧，然后断开触发器，反复多次，直到熔融金属填满焊孔并凝固为止，所有板件将被焊接在一起，如图 1-4-17 所示。

(5) 一定要让焊接深入到底层的金属板。在底层金属板下面有半球形隆起时，表明有适当的焊接熔深，如图 1-4-18 所示。

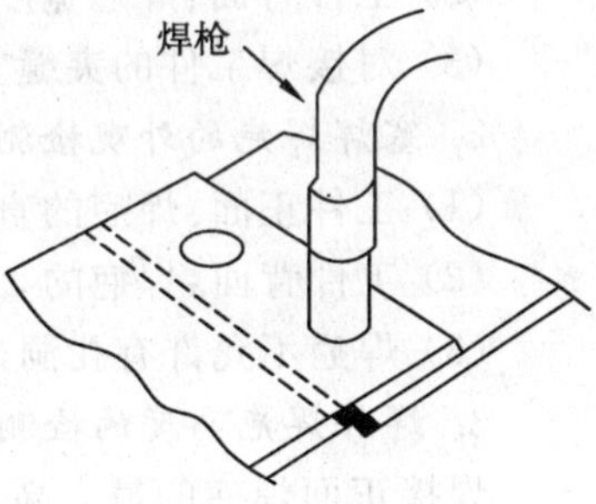

图 1-4-17　塞焊

(6) 进行多点塞焊时，焊接过的部位自然冷却后，才可以焊接相邻部位。

(7) 间断的塞焊会在金属表面上产生一层氧化物薄膜，从而形成气泡。如果发生这种情况，可用钢丝刷来清除氧化物薄膜。

(8) 在进行一个孔的塞焊时要求一次完成，避免两次焊接。

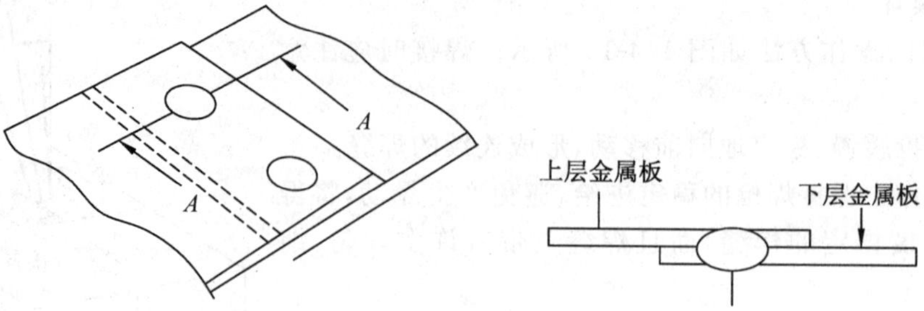

图 1-4-18　焊透底层金属板

3. 点焊

点焊的操作方法如图 1-4-19 所示。焊接时应注意以下几点：

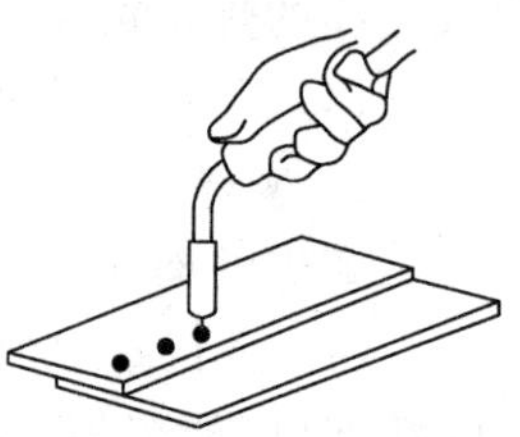

图 1-4-19　点焊

(1) 当对厚度不同的金属进行点焊时,应将较薄的金属焊接到较厚的金属上。

(2) 对点焊工艺参数进行调整时,最好借助于金属样品进行试验。

(3) 每完成一次点焊,都应断开触发器,然后再将触发器合上,以便进行下一次点焊。

(4) 为了检验点焊的质量,可将焊接在一起的两个样品拉开。高质量的焊接接头会在底层的试样上裂开一个小孔。如果焊接接头很容易被拉开,则应延长焊接时间或提高焊接温度。

(二) 检查焊接质量

下面是车身修理中常用的搭接焊、对接焊和塞焊焊接质量的检验标准,试验板件的厚度均为 1mm。

1. 搭接焊和对接焊焊疤的外观检测

(1) 工件正面:焊疤长度应为 25～38mm;宽度应为 5～10mm。

(2) 工件背面:焊疤宽度应为 0～5mm。

(3) 对接焊工件的夹缝宽度应是工件厚度的 2～3 倍。

2. 塞焊焊疤的外观检测

(1) 工件正面:焊疤的直径应为 10～13mm。

(2) 工件背面:焊疤的直径应为 0～10mm。

(3) 焊疤不允许有孔洞或焊渣等缺陷。

3. 焊件焊疤高度的检测标准

焊接正面焊疤的最大高度应不超过 3mm,焊件背面焊疤的最大高度应不超过 1.5mm。

4. 对接焊和搭接焊的焊疤的破坏性试验检测

(1) 对接焊撕裂破坏后工件上必须有与焊疤长度相等的豁口。

(2) 搭接焊撕裂破坏后工件上必须有不小于焊疤直径的孔。

(三) 板件连接练习

1. 板件固定

(1) 将需要焊接的两块板件的接缝处处理平整,处理掉油污、铁锈等杂质。

(2) 调整两个对接板件的间隙为板件厚度的 2～3 倍,并用大力钳固定好,同时要保证板件与焊接平台连接牢固,防止在焊接过程中移动,如图 1-4-20 所示。

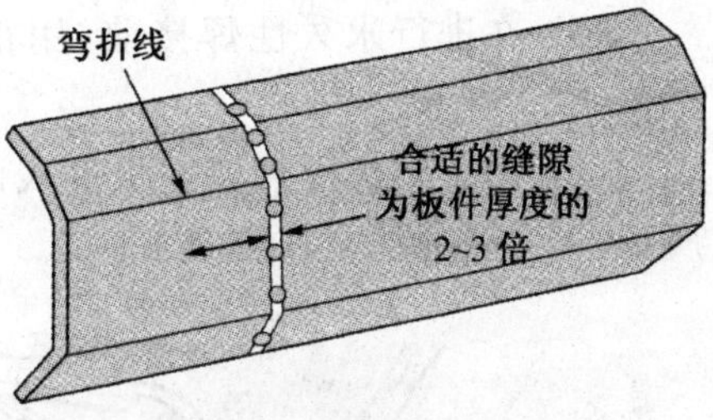

图 1-4-20 对接焊缝隙宽度

2. 板件对接

(1) 如果焊缝较长,最好在金属板的若干处先进行定位焊(连续点焊),以防止金属板变形。定位时,两个定位焊点之间的距离不超过 20mm,金属板的厚度越小,焊缝的长度应越短。

各焊点间的距离大小与板件的厚度有关,一般为板件厚度的 15～30 倍。根据实际操作经验,1mm 厚钢板的定位焊点距离不能超过 20mm。

(2) 焊接时要采用分段焊接,让某一段区域的对接焊自然冷却后,然后再进行下一区域的焊接,如图 1-4-21 所示。

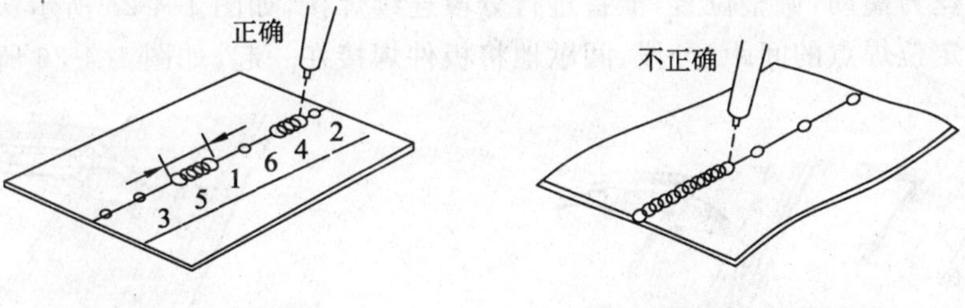

(a) 正确的焊接方式 (b) 错误的焊接方式

图 1-4-21 间歇焊防止金属板变形

(3) 从工件的中心处开始焊接,并经常改变焊接的位置,以便将热量均匀地扩散到板件金属中去,如图 1-4-21(a)所示。

如果从金属的边缘处或靠近边缘的地方开始焊接,即使采用分段焊,金属板仍会产生弯曲变形,如图 1-4-21(b)所示。

(4) 在距离焊缝的终点很近的地方产生电弧,然后立刻将焊枪移动到焊缝的起点处。

(5) 焊接时,要密切注意金属板的熔化情况以及焊丝和焊缝的距离,还要注意焊丝的端部不可偏离金属板间的对接处。

(6) 保证焊接完的焊缝宽度和高度保持一定。

二、车身板件的焊接

(1) 用大力钳将需要焊接的板件固定在一起。在无法夹紧的地方,用锤子或金属螺钉将两块金属板固定在一起,如图 1-4-22 所示。

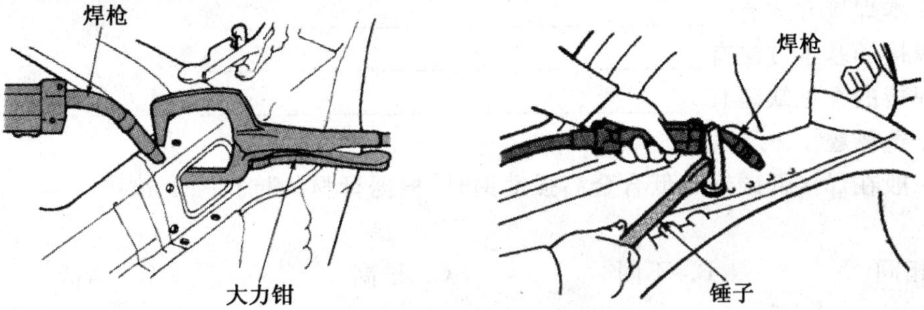

图 1-4-22 焊接前的固定

（2）在进行永久性焊接前，用很小的临时点焊来对需要焊接的工件进行初步固定，如图 1-4-23 所示。

（3）用一字螺丝刀调整板件表面的高度差，在适当的位置继续进行定位焊，如图 1-4-24 所示。

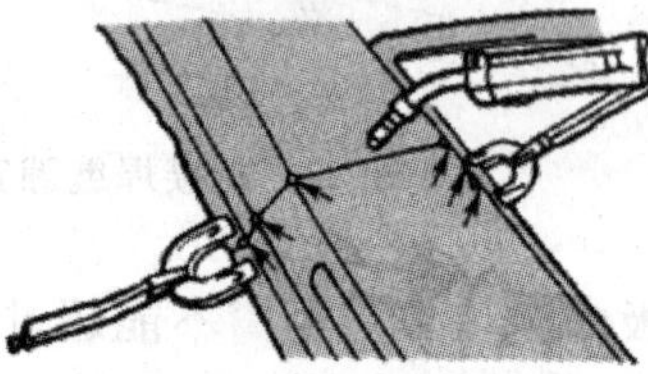

图 1-4-23 **定位焊**

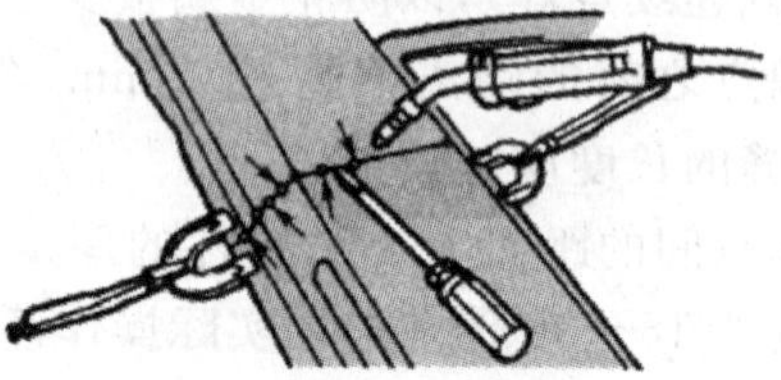

图 1-4-24 **调整高度差**

（4）用螺丝刀撬动，调整位置，准备进行分段连续焊接，如图 1-4-25 所示。

（5）按照定位焊点的间距，分段、间歇地将板件焊接在一起，如图 1-4-26 所示。

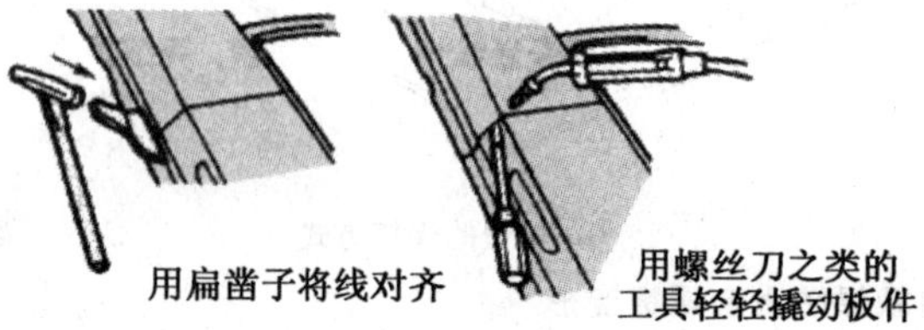

图 1-4-25 **调整位置**

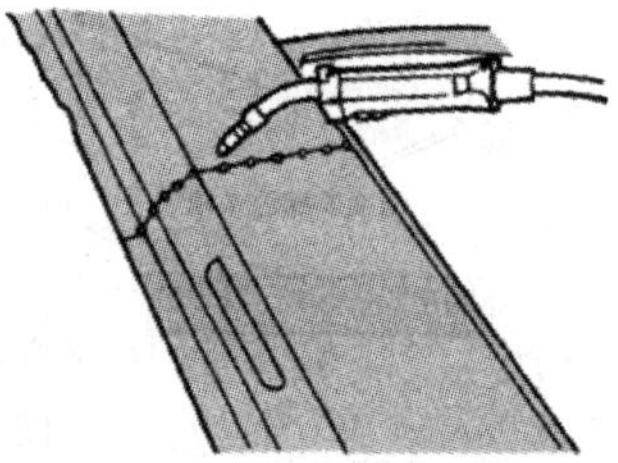

图 1-4-26 **分段、间歇焊接**

提示

如果采用二氧化碳气体保护焊没有得到预期的效果，其原因可能是导电嘴和板件金属之间的距离过大。焊接熔深随着导电嘴和板件金属之间距离的增大而减小。操作时，试将导电嘴和板件金属之间的距离保持几个不同的值，直至获得理想的焊点，这时的距离即为最佳值。

巩固与评价

一、活动巩固

（一）填空题

1. 二保焊的焊接参数包括焊丝__________、__________、电弧电压、__________、气体流量等。

2. 基本焊接方式有__________、__________、__________、__________等。

3. 焊接的基本方法有__________、__________、__________、__________等。

4. 焊接的常见缺陷有__________、__________、__________、__________、__________等。

（二）选择题

1. 一般在焊接低碳钢和低合金高强度钢时，根据母材的抗拉强度选择（　　）强度等级的焊丝。

A. 相同　　B. 不同　　C. 稍高　　D. 稍低

2. 焊接电流根据焊件的(　　)及所需的熔滴过渡形式来选择。

A. 厚度　　B. 坡口形状　　C. 焊丝直径　　D. 以上都是

3. (　　)一般容易进行,而且它的焊接速度较快,能够得到最好的焊接熔深。对不在汽车上的零部件进行焊接时,尽可能把它放在能够进行(　　)的位置。

A. 平焊　　B. 仰焊　　C. 点焊　　D. 以上都可以

4. 咬边是由于过分熔化的母材形成一个凹坑,使母材的横截面减小,严重降低了焊接部位的强度,可能原因为(　　)。

A. 电弧太长　　B. 电流太大　　C. 焊接速度太快　　D. 以上都是

5. 角焊比对接焊更容易产生焊瘤。焊瘤会引起应力集中而导致焊接部位过早腐蚀,可能产生原因为(　　)。

A. 焊接速度太慢　　B. 电弧太短　　C. 焊炬送进太慢　　D. 以上都是

二、活动评价

评分标准见表1-4-5,在考核记录栏中简述扣分的缘由。

表1-4-5　　**二保焊操作考核评分表**

评定成绩:　　时间:　　地点:　　教师:

作业项目	考核内容	配分	评分标准	考核记录	扣分	得分
二保焊操作	(1) 进行二保焊机参数的调整 (2) 知悉焊接时的注意事项 (3) 对焊接质量进行检验	100	能根据焊接的实际情况准确选择各种参数(15分)			
			能严格按照二保焊的操作要求进行操作(70分)			
			对焊接好的车身板件能够判断出其焊接质量的好坏(10分)			
			填表正确,字迹规正,书写内容清楚、明了,无遗漏(5分)			
分数合计		100				

活动二　电阻点焊机的操作

活动描述

在本次活动中,学生在理解电阻点焊的知识和电阻点焊机的操作工艺的基础上,通过观察教师电阻点焊的示范操作,按照电阻点焊的操作工艺,完成电阻点焊机的参数调整及焊接任务,同时能够对焊接质量进行检验。要求在操作过程中,严格遵循现场工作管理规范,注重安全生产及5S管理要求。

学习目标

◇ 能进行电阻点焊机参数的调整。
◇ 能进行电阻点焊机的操作。
◇ 知悉操作电阻点焊机的注意事项。
◇ 能对电阻电焊焊接质量进行检验。

学习地点

焊接区。

学习准备

教学设备(含资料):工作平台、电阻点焊机、汽车车身、多媒体设备。
工量具:钢直尺、划针、C 型钳、扁嘴钳等。
材料:焊片。
劳动保护用品:焊服、焊接面罩、焊接手套、纱手套。

知识准备

一、电阻点焊参数

1. 压力

两个金属件之间的焊接机械强度与焊炬喷嘴施加在金属件上的力有直接的关系。当焊炬喷嘴将金属件挤压在一起时,电流从焊炬喷嘴流入母材金属,使金属熔化并熔合在一起。

焊炬喷嘴压力过大会产生溅出物,溅出物可压入金属软化部分,降低焊接质量;焊炬喷嘴压力太小会造成焊点过小,降低焊接部位的机械强度。

2. 电流

给金属加压后,一股很强的电流流过焊接电极,然后流入两个金属件。在金属的结合处,温度迅速上升,因为这里的电阻值最大。如果电流不断流过,金属便熔化并熔合在一起。

如果电流太大或压力太小,将会产生内部溅出物;减小电流并增加压力,便可使焊接溅出物减少到最小值。电流强度和施加在点焊部位的压力相互关联。

3. 加压时间

电流断开后,熔化的部位开始冷却,凝固的金属形成圆而平的焊点,这种结构非常紧密,因为施加了合适的压力,而产生了很高的机械强度。加压时间是一个非常重要的因素,实际的加压时间不可少于用户说明书上的规定值。

二、电阻点焊机调整

1. 检查和调整点焊枪

为使点焊部位有足够的强度,在进行操作前,应按下列步骤对挤压型电阻点焊枪进行检查和调整。

(1) 选择电极臂。

应根据需要焊接的部位来选择电极臂。

(2) 调整电极臂。

为了获得更大的焊接压力，焊炬的电极臂应尽量缩短。要将焊枪电极臂和电极头完全上紧，以使它们在工作过程中不至于松开，如图 1-4-27 所示。

(3) 将两个电极头对准。

将上下两个电极头对准在同一条轴线上，电极头对不准将引起加压不充分，会造成电流过小，降低焊接部位的强度，如图 1-4-28 所示。

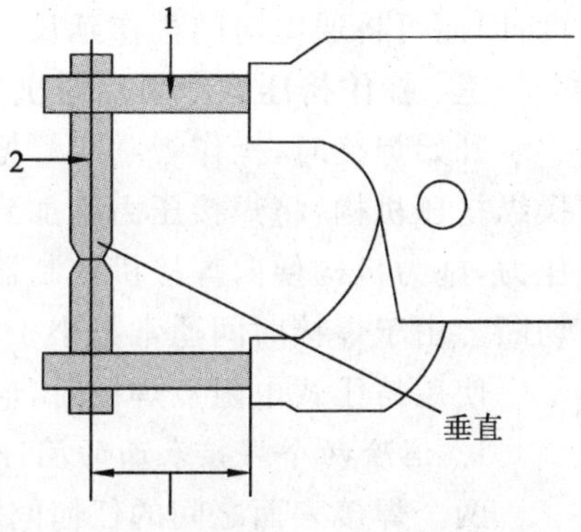

1—焊枪电极臂　2—电极头

图 1-4-27　调整电极臂至正确位置

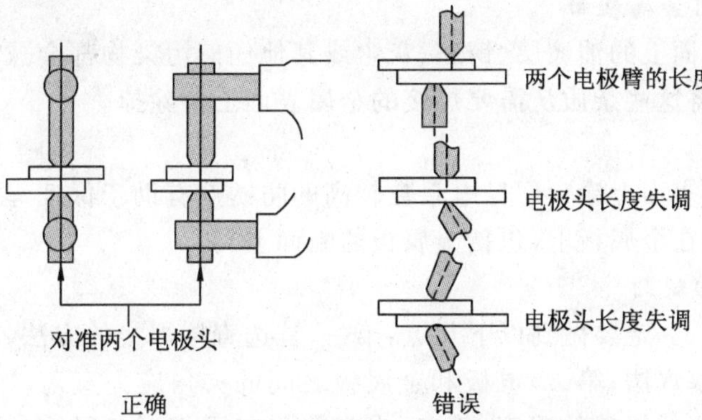

图 1-4-28　电极头正确与错误的定位

2. 调整和清理电极头

电极头直径减小，点焊的直径将增大，但是电极头直径小于一定值时，点焊的直径将不再增大。焊接时必须适当控制电极头直径，以便获得理想的焊接强度。在开始操作前，要先弄清电极头直径是否合适，然后用锉刀将它锉光，以便清除掉电极头表面的燃烧生成物和杂质。随着电极头端部杂质的增加，该处的电阻也随之增加，这将会减小流入母材的电流并减少焊接熔深，因而导致焊接质量下降。经过长时间的连续使用之后，电极头端部将不能正常地散热而造成过热。这将使电极头端部过早地损坏而增大电阻，并引起焊接电流急剧下降。如有必要，可在每进行 5～6 次焊接后，让电极头端部冷却。如果电极头端部已被损坏，要用电极头端部清理工具进行整形。

3. 调节电流流过的时间

电流流过的时间也和点焊的形式有关。当电流流过的时间延长时，所产生的热量增加，点焊直径和焊接熔深随之增大。经过一定的时间后，焊接温度将不会再升高，点焊直径也不会再增大，但有可能产生焊丝端部的压痕和热变形。

许多点焊机都无法调整施加的压力和焊接电流，所以其电流强度值可能降低，但可通过延长通电时间来保证焊接的强度。

若车身钢板经过了电镀或镀锌处理，在点焊时，焊接电流应当比普通钢板的焊接电流高 10%～20%，以弥补电流强度的损失。由于一般用于车身修理的点焊机都无法调节电流强度，因而可将通电时间稍作延长。

三、操作挤压式电阻点焊机应注意的问题

开始焊接时，操作者拿起焊枪并使焊接机电极臂与车身上需要焊接的部位相接触，然后操纵挤压机构，将焊接压力施加到需要焊接的金属的两边。一旦给金属施加并保持了一个压力，施力机构便向焊接机控制器发送一个电信号，焊接电流被接通一段预定的时间后又被切断。由于焊接时间通常都小于1s，因而整个过程进行得很快。

使用挤压式电阻点焊机时，应注意下列问题：

1. 消除两个焊接表面的间隙

两个焊接表面之间的任何间隙都会影响电流的通过。虽然不消除这些间隙也可进行焊接，但焊接部位将会变小而降低焊接的强度。因此，焊接前要将两个金属表面整平，以消除间隙，这时还要用夹紧装置将两者夹紧。

2. 清洁需要焊接的金属表面

需要焊接的金属表面上的油漆层、锈斑、灰尘或其他任何污染物都会减小电流强度而使焊接质量降低，因而要将这些杂质从需要焊接的金属表面上清除掉。

3. 进行防锈处理

在需要焊接的金属表面上涂一层导电系数较高的防锈剂有助于保证焊接质量。操作时必须将防锈剂均匀地涂在金属板上(包括金属板的断面上)。

4. 执行点焊操作的规则

在进行点焊操作时，一定要做到以下几点：第一，首选直接焊接的方法，对于无法进行直接焊接的部位，可采用塞焊法；第二，电极和金属板之间的夹角应为直角，如果不是直角，电流强度便会减小，从而降低焊接的强度；第三，当需要将三层或更多层的金属重叠焊接在一起时，应进行两次点焊。

5. 适当增加焊点数量

修理厂的点焊机功率一般小于制造厂的点焊机功率。因此，和制造厂的点焊相比，修理厂在进行点焊时，应将焊点数增加30%。

6. 正确选择焊点间距

每一次点焊的强度取决于焊点的间距和边缘距离。两层金属板之间的结合力随着焊点间距的缩小而增大。但是，当焊点间距缩小到一定值时，如果再进一步缩小间距，结合力将不再增大，这是因为电流将要流向已被焊接过的焊点。随着焊点数量的增加，这种往复的换向电流也增加，但是换向电流并不使焊接处的温度升高。因此，焊点间距必须大于往复的换向电流作用的范围，一般可按表1-4-6来选取这一数值。

表1-4-6　焊点间距的选择　单位：mm

板厚	焊点间距 s	边缘距离 p
0.4	≥11.0	≥5.0
0.8	≥14.0	≥5.0
<1.2	≥18.0	≥6.5
1.2	≥22.0	≥7.0
1.6	≥29.0	≥8.0

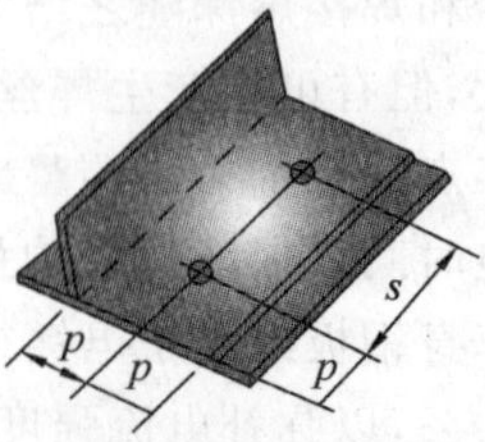

7. 确定焊点到金属板的边缘和端部的距离

焊点到金属板边缘的距离也是由电极头的位置决定的。即使点焊的效果正常,如果到边缘的距离不够大,也会降低焊接点的强度。

8. 选择点焊的正确顺序

不要只沿着一个方向连续进行点焊。这种方法会使电流产生分流而降低焊接质量。当电极头发热并改变颜色时,应停止焊接使其冷却。

9. 对边角处的焊接要谨慎

不要对边角的圆弧部位进行焊接,因为对这个部位进行焊接将产生应力集中而导致开裂。例如,焊接下列部位时,需要特别注意:

(1) 前立柱和中立柱的上角;

(2) 后侧围板的前上部分;

(3) 前后车窗的角部。

四、电阻点焊焊接质量的检验

1. 外观检验

除了用肉眼和手摸来检验焊接处的表面粗糙度外,还有下列项目需要检验:

(1) 焊接位置。

焊点的位置应该在凸缘的中心,不得产生电极头孔,不可超过边缘。应避免在原来的焊点位置焊接。

(2) 焊点的数量。

焊点的数量应大于或等于汽车制造厂焊点数量的1.3倍。如原有焊点数量为4个,新的修理焊点至少为5个。

(3) 间距。

修理时的焊接间距应略小于汽车制造厂的焊接间距,且焊点应均匀分布。当间距为最小时,以不产生往复换向电流为原则。

(4) 压痕(电极头压痕)。

焊接表面的压痕深度应不超过金属板厚度的一半。

(5) 气孔。

不得有肉眼可以看见的气孔。

(6) 溅出物。

用手套在焊接表面擦过时,不应被挂住。

2. 破坏性试验

大多数破坏性试验都需要许多复杂的设备,而大多数车身修理厂都不可能有这些设备。因此,一些简单的检验方法在车身修理厂得到了广泛应用。

取一块和需要焊接的金属板同种材料、同样厚度的实验板,进行焊接,然后进行分离,使焊点处分开。根据焊接处是否整齐地断开,可以判断出焊接质量的好坏。如果焊接处被整齐地分开,就像从瓶口拔出一个软木塞一样,形成一个孔,便可以判断焊接的质量良好,如图1-4-29所示。

实际进行焊接时,不可能完全重复这种实验,所以实验的结果只能作为参考。

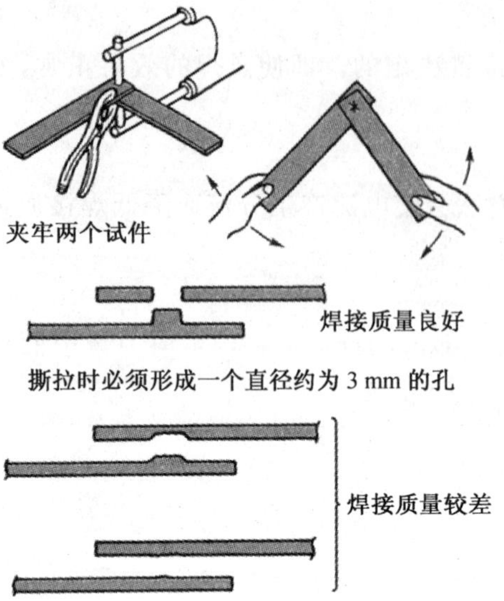

图 1-4-29 焊接部位检验

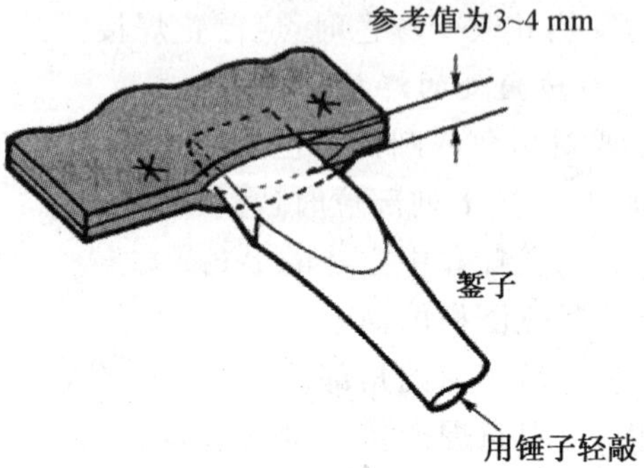

图 1-4-30 焊接部位无损检验

3. 非破坏性试验

在一次点焊完成后，可用錾子和锤子按以下方法检验焊接的质量，如图 1-4-30 所示。

将錾子插入焊接的两层金属板之间，并轻敲錾子的端部，直到在两层金属板之间形成 3～4mm 的间隙(当金属板大于 0.8mm 厚度时)，如果这时焊接部位仍然保持正常，则说明所进行的焊接是成功的。这个间隙值由点焊的位置、凸缘的长度、金属板的厚度、焊接间距和其他因素决定。如果两层金属板的厚度不相等，必须将两层金属板的间隙限制为 1.5～2mm，如果进一步凿开金属板，将会变成破坏性试验。

检验完毕，一定要将金属板的变形修复。

4. 电阻点焊焊接质量的检验

(1) 目测检查焊疤直径约为 4mm；

(2) 经目测检查每件作品上不得有直径超过 1mm 的焊接缺陷(如洞或焊渣)；

(3) 经扭曲试验后，检查焊片上必须留有直径约 4mm 的孔洞；

(4) 经撕裂试验后，检查焊片上必须留有直径约 5mm 的孔洞。

活动实施

一、电阻点焊作业

(1) 开始作业前，首先要调整相关的参数，包括电流强度、时间长短、电机头位置等，如图 1-4-31 所示。

(2) 进行试焊，并对试焊结果进行质量检查，以确认是否满足技术要求，如图 1-4-32 所示。

(3) 对工件进行点焊，注意掌握好加压、通电、保持这三个环节，如图 1-4-33 所示。

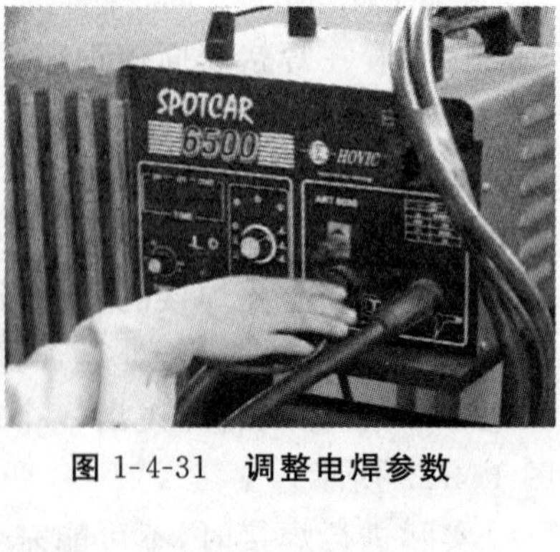

图 1-4-31 调整电焊参数

图 1-4-32　试焊

图 1-4-33　对工件进行点焊

二、质量要求

点焊的合格焊点应排列规则，呈圆形；目测检查焊疤直径约为 4mm；经目测检查工件上不得有直径超过 1mm 的焊接缺陷（如洞或焊渣）；无气孔等；经扭曲试验后，其中一片焊片上应留有直径约 4mm 的孔洞；经撕裂试验后，其中一片焊片上应留有直径约 5mm 的孔洞。如图 1-4-34 所示。

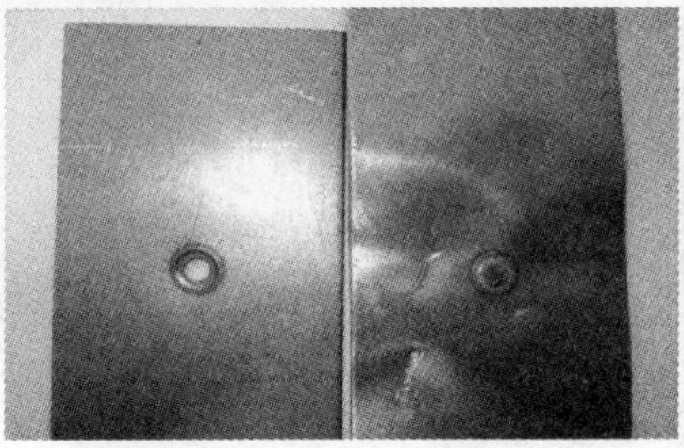

图 1-4-34　点焊的质量要求

巩固与评价

一、活动巩固

（一）填空题

1. 电阻点焊的参数包括________、________、________等。

2. 电阻点焊机的调整包括选择电极臂、________、________、调整和清理电极头、调节电流流过的时间等。

3. 电阻点焊焊接质量的检验包括________、________和________。

4. 电阻点焊焊接质量的外观检查具体包括________、________、________、________、________、________等。

（二）选择题

1. 焊炬喷嘴压力过大会产生溅出物，溅出物压入金属软化部分，对焊接质量的影响是（　　）。

A. 降低　　B. 增强　　C. 无影响　　D. 以上都有可能

2. 电极头直径增加，点焊的直径将（　　），必须适当控制电极头直径，以便获得理想的焊接强度。

A. 不变　　B. 减少　　C. 增加　　D. 以上都有可能

3. 电流流过的时间也和点焊的形式有关。当电流流过的时间延长时，所产生的热量增加，点焊直径和焊接熔深随之（　　）。

A. 增大　　B. 减小　　C. 不变　　D. 以上都可以

4. 在进行点焊操作时，当需要将三层或更多层的金属重叠焊接在一起时，应进行（　　）点焊。

A. 一次　　　　B. 两次　　　　C. 三次　　　　D. 多次

5. 使用挤压式电阻点焊机时，需要考虑的问题有(　　)。

A. 两个焊接表面的间隙大小　　　　B. 需要焊接的金属表面清洁度

C. 防锈处理　　　　D. 以上都是

二、活动评价

评分标准见表 1-4-7，在考核记录栏中简述扣分的缘由。

表 1-4-7　　电阻点焊操作考核评分表

评定成绩：　　　　时间：　　　　地点：　　　　教师：

作业项目	考核内容	配分	评分标准	考核记录	扣分	得分
电阻点焊操作	(1) 进行电阻点焊参数的调整 (2) 知悉操作过程中的注意事项 (3) 对焊接好的金属板进行焊接质量检验	100	能根据薄钢板的实际情况准确选择各种参数(15 分)			
			能严格按照电阻点焊的操作要求进行操作(70 分)			
			对焊接好的焊件能够判断出其焊接质量的好坏(10 分)			
			填表正确，字迹规正，书写内容清楚、明了，无遗漏(5 分)			
分数合计		100				

活动三　氧-乙炔焊的操作

活动描述

氧-乙炔焊作为传统的修复工艺，虽在现代汽车维修企业中所占比例越来越少，但在中小型维修企业仍然使用。部分整形修复确实需要用到一些传统的工艺，如加热、收缩等。在本次活动中，学生在理解氧和乙炔两种气体发生反应的机理的基础上，观察教师氧-乙炔焊的示范操作，并按照操作工艺，完成氧-乙炔焊的点火、火焰调整、焊接及切割等任务。操作过程中应严格遵守安全操作规范及 5S 管理要求。

学习目标

◇ 能进行氧-乙炔焊参数的调整。

◇ 能进行氧-乙炔焊的焊接。

◇ 知悉操作氧-乙炔焊的注意事项。

学习地点

焊接区。

学习准备

教学设备(含资料)：工作平台、氧气瓶、乙炔瓶、焊枪、汽车车身、多媒体设备。

工量具：焊接夹钳、钢直尺。

材料：焊片、焊丝。

劳动保护用品：焊接面罩(眼镜)、焊接手套、纱手套。

知识准备

一、气焊的焊接装置

1. 气瓶

气瓶如图 1-4-35 所示。气焊中钢制气瓶有氧气瓶、乙炔瓶等。

(1) 氧气及氧气瓶。

① 氧气。

氧气是一种化学性质比较活泼的无色无味的气体，密度比空气略大。它可以与金属、非金属、化合物等多种物质发生氧化反应，反应剧烈程度因条件不同而异，可表现为缓慢氧化、燃烧、爆炸等，反应中放出大量的热。氧气在生产、生活中用途广泛，如利用物质在空气中或氧气中燃烧产生大量的热，进行金属的气焊和气割。

图 1-4-35 气瓶

② 氧气瓶。

氧气瓶是储存和运输高压氧气的容器。一般容积为 40L，储氧的最大压力为 15MPa。按规定氧气瓶外表漆成天蓝色，并用黑漆标明“氧气”字样。氧气的助燃作用很大，若在高温下遇到油脂，就会有自燃爆炸的危险。所以应正确地使用和保管氧气瓶：放置氧气瓶必须平稳可靠，不应与其他气瓶混在一起；气焊工作地与其他火源要距氧气瓶 5 m 以上；禁止撞击氧气瓶；氧气瓶上严禁沾染油脂；邻近建筑或可燃物着火时，应迅速将氧气瓶移至安全地点。

氧气瓶口装有瓶阀，用以控制瓶内氧气排出，手轮逆时针方向旋转则可开放瓶阀，顺时针旋转则关闭。

(2) 乙炔及乙炔瓶。

① 乙炔。

乙炔俗称风煤、电石气，在室温下是一种无色、极易燃的有毒气体，密度比空气略小。乙炔主要作工业用途，特别是烧焊金属方面。纯乙炔在空气中燃烧可达 2 100℃左右，在氧气中燃烧可达 3 600℃左右。

② 乙炔瓶。

乙炔瓶是一种储存和运输乙炔的容器。外形与氧气瓶相似，但它的构造比氧气瓶复杂。乙炔瓶的主体部分是用优质碳素钢或低合金钢轧制而成的圆柱形无缝瓶体，外表漆成白色，并用红漆标有“乙炔”字样。乙炔瓶表面温度不应超过 40℃。在瓶体内装有浸满丙酮的多孔性填料，能使乙炔稳定而安全地储存在瓶内。使用时，溶解在丙酮内的乙炔就分离出来，通过乙炔瓶阀流出，而丙酮仍留在瓶内，以便溶解再次压入的乙炔。乙炔瓶阀下面的填料中心部分的长孔内放着石棉，其作用是帮助乙炔从多孔填料中分解出来。

③ 乙炔瓶检查。

乙炔瓶应逐只检查，并清除气瓶上的污物和异物。检查的内容主要有：

a. 瓶体是否有烧损、变形现象，涂层是否烧毁(漆发鼓泡除外)，瓶阀或易熔合金塞上是否有易熔合金熔化及乙炔回火迹象。

b. 乙炔瓶的检验周期是否过期。

c. 乙炔瓶瓶身是否有裂纹、鼓包、凹陷变形、划伤及底座拼接焊缝开裂等问题。

d. 乙炔瓶瓶身各处，尤其是乙炔瓶底部及边缝是否有腐蚀的情况。

e. 乙炔瓶阀及附件是否缺陷、损坏。

f. 乙炔瓶外漆是否脱落变色。若气瓶颜色不对，则应认真检查确定是否乙炔瓶。

g. 若为新瓶则应抽成真空，补加丙酮。打开气瓶阀，用余压表测量气体余压时，检查气瓶的内芯和阀。

2. 焊炬和割炬

(1) 焊炬。

焊炬(俗称焊枪)是气焊的主要工具，如图 1-4-36(a)所示。由氧气瓶和乙炔瓶分别输出的可燃气体，要通过焊炬以适当比例混合并以一定流速喷射，才能在焊嘴出口形成满足焊接要求的稳定火焰。焊炬按可燃气与氧气的混合方式分为射吸式和等压式两类；按焊炬尺寸和质量可分为标准型和轻便型两类；按火焰数目则可分为单焰和多焰两类。

等压式焊炬可燃混合气的压力与氧气的压力是相等的，其优点是使用过程中不易造成回火，缺点是不适宜使用低压乙炔气源，因此限制了这类焊炬的使用条件而导致其很少被采用。

射吸式焊炬是靠氧气快速喷射所形成的负压，将聚集在喷嘴周围的乙炔吸出，并在混合管中按一定比例混合后由焊嘴喷出。因此，无论使用何种压力的乙炔气源，都能满足射吸式焊炬的工作条件，因而射吸式焊炬使用得较为普遍。

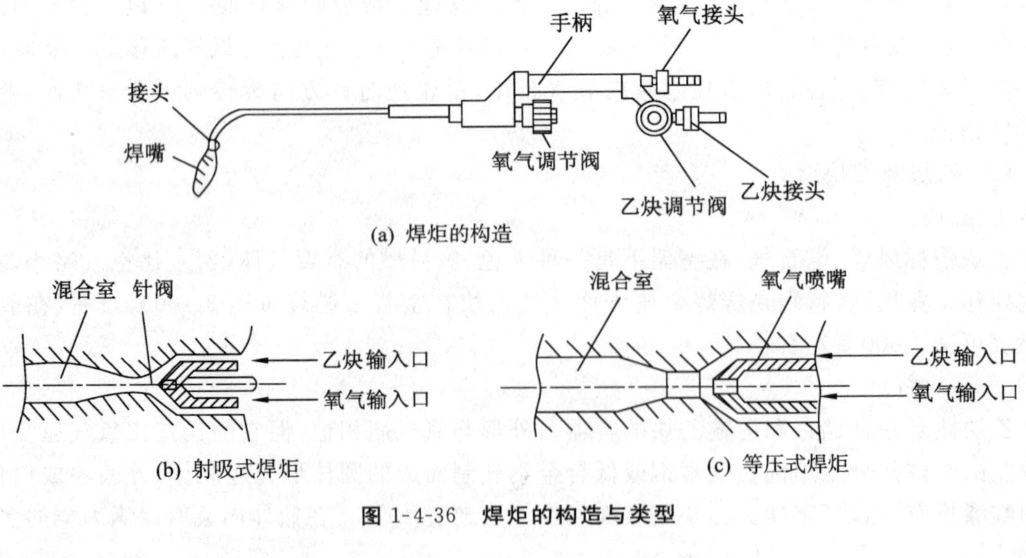

图 1-4-36 焊炬的构造与类型

射吸式焊炬的构造如图 1-4-36(b) 所示。氧气通过喷管以高速射出时,在乙炔通道处形成负压,低、中压乙炔同时被吸出,经混合室混合后由喷嘴射出。等压式焊炬的构造如图 1-4-36(c)所示,氧气和乙炔以近乎相等的压力同时送入各自的通道,经混合室混合后由焊嘴射出。等压式焊炬需要乙炔依靠自身压力与氧气混合,因而需使用中、高压乙炔。分别调节氧气阀和乙炔阀,可以获得不同比例和流量的可燃混合气,火焰的能量也由此得到控制。通常,有针阀焊嘴的大小以每小时所消耗的乙炔容积来表示,无针阀的固定压力式焊嘴的大小则以能焊接工件的厚度来表示。

(2) 割炬。

割炬(俗称割枪),其构造如图 1-4-37 所示,可以看出,割炬与焊炬的主要区别在于,割炬多了一根用于切割的氧气通道,割嘴主喷孔周围所环绕的即为预热用混合气喷口。切割前先用预热通道输送的混合气加热,达到一定温度时再用主喷口送出的氧气切割。

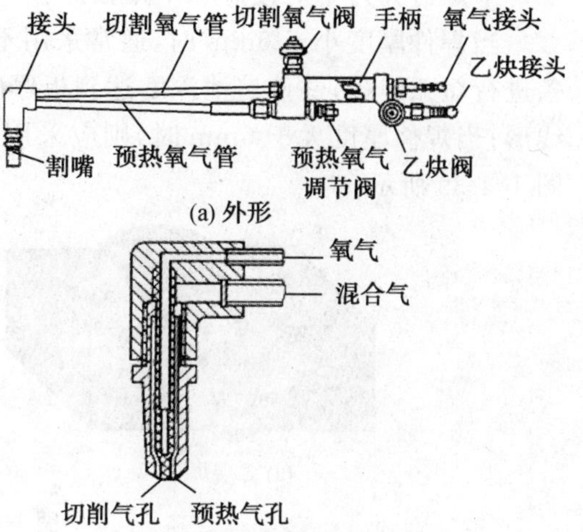

(a) 外形

(b) 割嘴的构造

图 1-4-37　割炬的构造

3. 减压器

减压器是气焊的工具之一,如图 1-4-38 所示。减压器的作用是将气瓶的压力减小到一定值,并保持稳定。氧气瓶放气或开启减压器时动作必须缓慢。安装减压器之前,要略打开瓶阀门,吹除污物,以防灰尘和水分带入减压器。在开启气瓶阀时,瓶阀出气口不得对准操作者或他人,以防高压气体突然冲出伤人。减压器出气口与气体橡胶管接头处必须用退过火的铁丝或卡箍拧紧,防止送气后脱开发生危险。

图 1-4-38　减压器

减压器在使用过程中如发现冻结,应该用热水或蒸汽解冻,绝不能用火焰或红铁烘烤。减压器加热后,必须吹掉其中残留的水分。

减压器必须保持清洁,不得沾染油脂、污物等,如有油脂,必须擦拭干净后才能使用。

4. 乙炔回火防止器

在气焊或气割作业时,由于焊(割)嘴阻塞、过热或供气压力过低等因素,会发生气体火焰进入喷嘴内而逆向燃烧,这种现象在焊接作业中称为回火。如果不能有效地抑制回火,就会发生乙炔发生器燃烧或钢瓶爆炸事故。乙炔回火防止器的作用是,在气焊或气割中发生回火时,可以防止逆向燃烧的火焰倒流至乙炔发生器或乙炔瓶,或阻止回火形成的火焰在管路中燃烧。

按作用原理,回火防止器可以分为水封式和干式两种,其中中压泄压膜干式回火防止器应用得较为普遍。这种回火防止器的特点是,不采用水封,而是采用由膜座、膜盖和泄压膜组成的泄压装置。干式回火防止器不仅能有效地阻止回火和瞬间自动切断气源,并且不受气候条件的限制,且具有体积小、便于维护和清洁等优点。

二、焊接用术语

1. 平焊

平焊可分为平对接焊和平角接焊。

当焊件厚度小于 6mm 时，通常采用不开坡口的平对接焊，此时宜用直径 3～4mm 的焊条进行短弧焊接，并使熔池深度达到板厚的 2/3，焊缝宽度达到 5～8mm，施焊运条方法为直线形；当焊件厚度大于 6mm 时，则应采用开坡口的平对接焊，分为多层焊或多层多道焊，如图 1-4-39 所示。

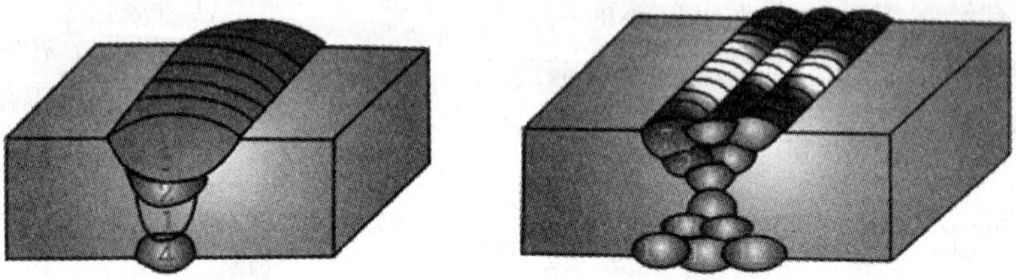

(a) 多层焊　　(b) 多层多焊道

图 1-4-39　平对接焊

平角接焊主要是指 T 形接头和搭接接头的焊接。这两种焊接方法相似，平角接焊通常用直径 3～5mm 的焊条，焊条角度如图 1-4-40 所示。

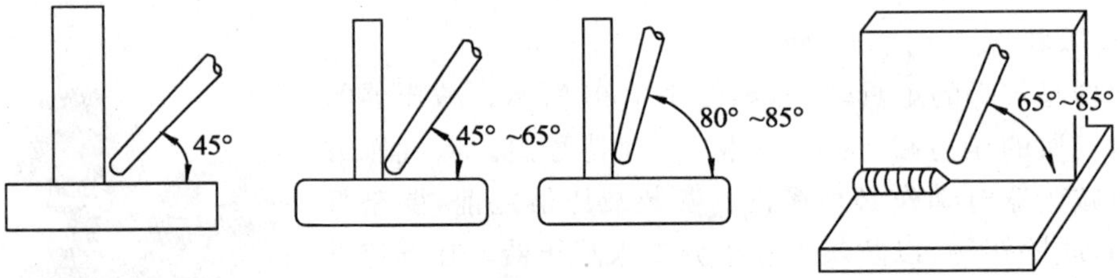

(a) 等厚板横向角度　　(b) 不等厚板横向角度　　(c) 正面角度

图 1-4-40　平角接焊

2. 立焊

立焊的熔池处于垂直面上，施焊方法有两种：一种由下而上施焊；另一种则由上而下施焊。一般采用前者。立焊时，焊条的角度如图 1-4-41 所示，同时宜选用较小直径焊条和较大电流短弧焊接，多采用直线往复形运条法和三角形运条法，并一个台阶一个台阶地往上堆积焊。

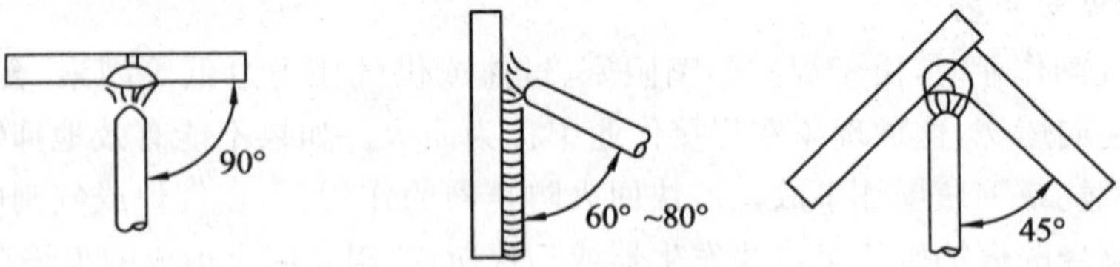

图 1-4-41　立焊

3. 横焊

横焊时，应选用较小直径的焊条和较小的焊接电流，并采用短弧法及适当的运条法。当焊件厚度小于 5mm 时，可以不开坡口，宜选用直径为 3.2～4mm 的焊条；当焊件较厚时，应该开坡口，这时应采用多层焊或多道焊的方法，如图 1-4-42 所示。

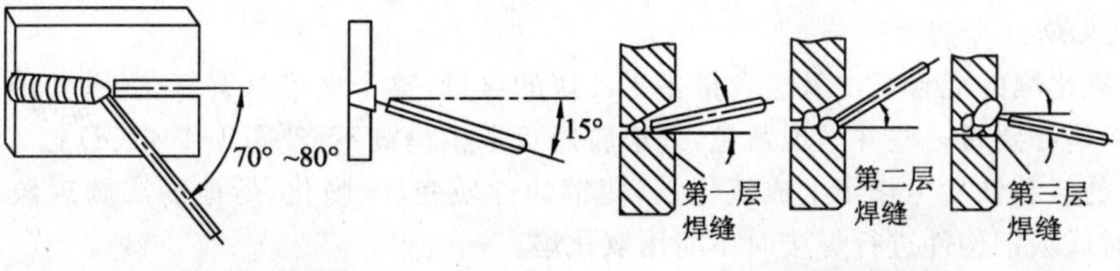

(a) 不开坡口的焊接　　(b) 开坡口的焊接

图 1-4-42　横焊

4. 仰焊

仰焊时，应采用尽可能短的电弧，以使熔滴在很短的时间内立即过渡到熔池中，很快与熔池中的熔化金属熔合，促使焊缝快速凝固。仰焊时应选用较小直径的焊条，一般为 3～4mm，如图 1-4-43 所示。

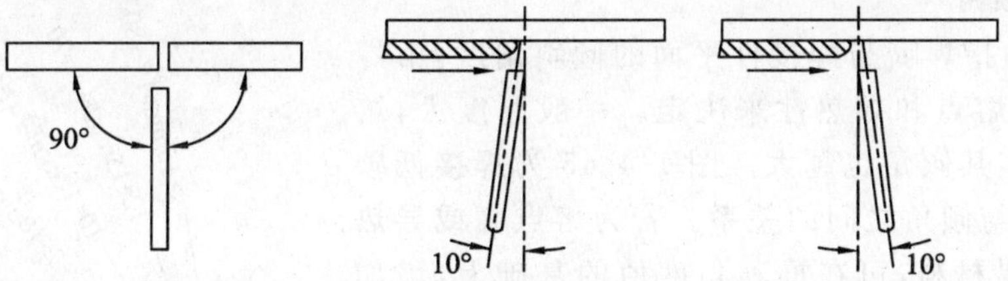

(a) 焊条与焊件两边的相对位置　(b) 熔深小的焊条角度　(c) 熔深大的焊条角度

图 1-4-43　仰焊

三、气焊火焰

1. 中性焰

气焊火焰主要由图 1-4-44(a)所示的四个部分组成。产生中性焰(也称标准火)的混合气中氧与乙炔比例为 1∶1(按体积计算)。火焰的最高温度可达 3 000～3 200℃，外焰呈清澈的蓝色，内焰呈亮白色[图 1-4-44(b)]。中性焰在燃烧时生成的一氧化碳及氢气，能与金属中的氧作用使熔池中的氧化铁还原。使用中性焰可得到均匀的焊波，并且不易造成气孔、气泡，不含氧化物，焊缝质量比较优良。

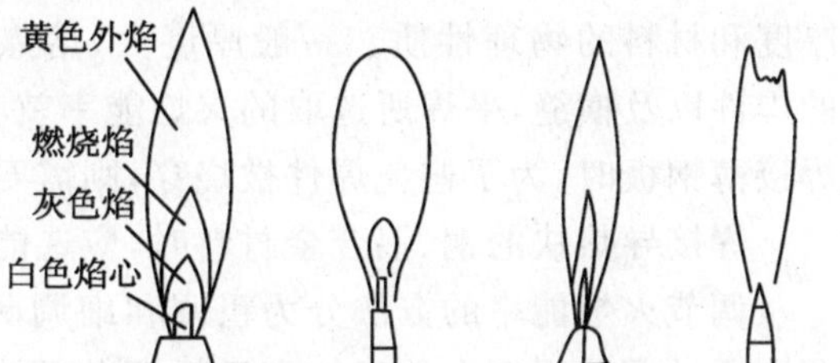

(a) 火焰的构成　(a) 中性焰　(c) 碳化焰　(d) 氧化焰

图 1-4-44　火焰的形式

2. 碳化焰

产生碳化焰(也称还原焰)的混合气中氧气含量少于乙炔的含量。碳化焰的焰心和外焰与中性焰大致相同[图 1-4-44(c)]，但其间多了一个灰色的锥形乙炔焰包在焰心上，长度随混合气中乙炔余量的多少而异。

火焰中所含过剩乙炔可分解为氢和碳，其中氢使钢产生白点，碳则熔化到金属中使焊件的含碳量提高，由此可增加钢的强度和硬度，但塑性降低，焊接性变差。焊接铸铁及铝等合金材料时多用碳化焰。

3. 氧化焰

产生氧化焰的混合气中氧气含量多于乙炔的含量，整个火焰具有氧化性，其形态与中性焰类似，但焰心要短一些并呈现紫色，外焰较短且末梢模糊不清[图 1-4-44(d)]。

过多的氧和铁发生作用生成氧化铁，使钢的性质变坏、脆化，熔池的沸腾现象也比较严重，所以对低碳钢构件进行焊接时不能用氧化焰。

氧化焰适合于焊接黄铜及青铜类材料，过量的氧能与黄铜中的锌元素化合，生成氧化锌薄膜盖在熔池表面，可以防止锌在焊接过程中的大量蒸发。

四、氧-乙炔焊的焊接技术

要掌握氧-乙炔焊的焊接技术，需要通过大量的实践进行体会与摸索，正确选择气焊工艺是确保焊接质量的基础。氧-乙炔焊涉及的技术指标主要包括焊炬倾角、火焰能率、焊丝直径和焊接方向等。

1. 焊炬倾角

焊炬倾角指焊嘴与焊接件平面的倾斜角度，由焊接件的厚度、熔点和导热性来决定。一般厚度大，熔点高，导热快，其倾角也越大。图 1-4-45 为焊接低碳钢材料，板厚与倾角之间的关系。若为熔点高或导热快的其他金属材料，可在推荐角度值的基础上，增加5°～10°的倾斜角。

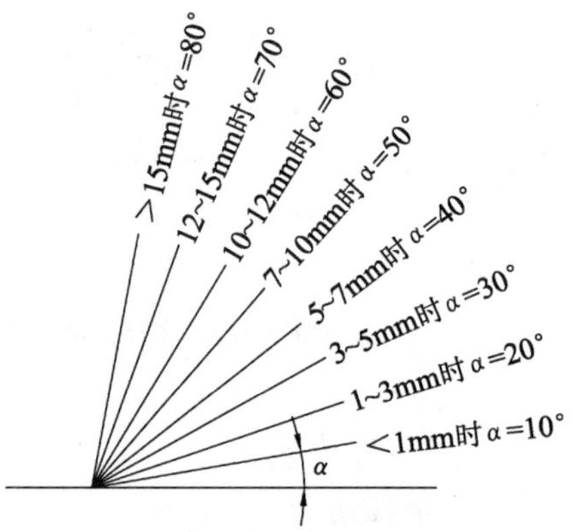

图 1-4-45　焊炬倾角与工件厚度的关系

2. 火焰能率

火焰能率指单位时间内可燃气体(乙炔)的燃烧量。选取能率大小的依据主要是焊接型号、焊接规格、焊件厚度和材料的物理性质。一般厚度大、熔点高、导热快的焊件以及横缝，平焊所选取的火焰能率就大些；反之，焊接薄钢板时，为了避免焊件被烧穿，则需要较小的火焰能率。

焊接导热快的铜、铝合金材料时，应选能率常数的上限。

调节火焰能率的方法分为粗调和细调两种，其中，粗调通过更换焊炬和焊嘴来实现；细调则通过调节焊炬上的氧气和乙炔调节阀来实现。焊接过程中，在确保焊件不被烧穿的前提下，可以将火焰能率选择得大一些。

3. 焊丝直径

焊丝直径由焊件厚度及焊接方法所决定。当焊接板厚低于 15mm 的焊件时，右向焊按板厚的 1/2 选择焊丝直径；左向焊将右向焊所选焊丝直径增加 1mm。当焊接厚度大于 15mm 时，所选焊丝直径一般为 6～8mm。

4. 焊接方向

气焊按熔焊走向可分为左向焊[图 1-4-46(a)]和右向焊[图 1-4-46(b)]。

左向焊是指焊枪从右向左移动，火焰背对焊缝而指向未焊部位。此焊法操作较为简便，焊接薄板件和低熔点金属时，可减少焊件受热变形和烧穿的可能。同时，火焰对焊口未焊部位有一定预热作用，焊接速度较快，因此左向焊在气焊中被普遍采用。

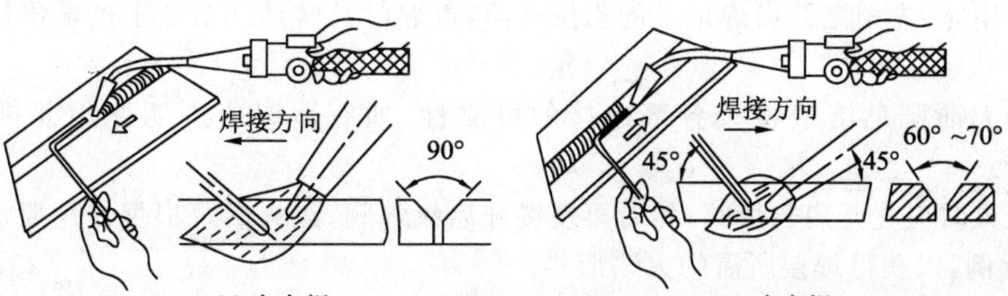

(a) 左向焊　　(b) 右向焊

图 1-4-46　焊接的操作

右向焊是指焊枪从左向右移动，火焰指向焊缝已焊部位。火焰使焊缝周围的空气对其影响较小，能很好地保护熔池内金属，且焊缝冷却速度慢，金属组织得以改善，使焊缝质量优化。但此法操作难度大，不易掌握，多用于厚板材料的焊接，平常很少使用。

5. 焊丝运动方式

选择何种焊丝运动方式，主要与焊缝状态、空间位置、焊件厚度和焊缝尺寸的大小有关，其目的在于使焊缝金属熔透又不至于将焊件烧穿，同时搅动熔池使各种非金属夹杂物及气体从熔池中排出。通常应用的焊丝的运动方式如图 1-4-47 所示。

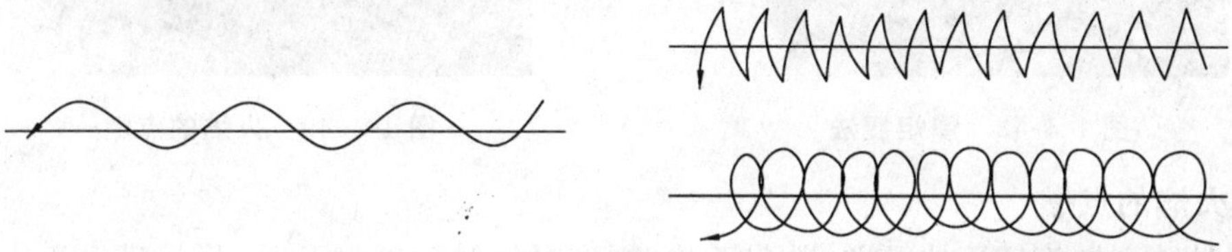

(a) 焊接薄板时　　(b) 焊接中板或厚板时

图 1-4-47　焊丝的运动方式

6. 焊前准备

焊接前的准备工作主要有做坡口、清洁焊接部位及焊接定位，除非有必要使用专门夹具，一般以暂焊方法将焊件定位即可。每次暂焊的长度约为 5mm，间距为 50～100mm；对于较厚钢板，其定位焊的长度为 20～30mm，间距为 300～500mm。进行定位焊时，也应遵循前述焊接规范并注意焊接质量和定位正确。

五、氧-乙炔焊接注意事项

氧-乙炔焊火焰的调整包括焊炬火焰的调整和割炬火焰的调整，在调整前需要注意以下事项：

(1) 氧-乙炔焊接设备在使用中应注意清洁和轻拿轻放。

(2) 组装前应使气瓶可靠固定，然后将安全帽拆下并将气阀轻微松开，清洁阀口并确认无杂物和阻塞后关闭阀门。

(3) 安装压力调节器后，在压力调节阀杆松开前不要急于打开气瓶阀门，阀门打开的速度也不宜过快，以免使膜片受到剧烈的冲击而损坏等。

(4) 然后装上软管并旋转压力调节阀，用有压力的气体将软管逐个吹净。

(5) 放气时应注意不要过量，附近也不能有明火、机油、油脂等。

(6) 最后再装上焊炬或割炬，并确保各部连接坚固、可靠、无泄漏。

(7) 使用时，先稍微开启焊炬上的乙炔阀门，再顺时针转动调节器上的输出压力调节至规定值。

(8) 用无油肥皂溶液检查各部连接的可靠性，如有泄漏应查明原因并排除后方可作业。

(9) 点火时应先开启乙炔阀，然后再慢慢开启氧气阀，点火后可根据使用要求调节氧气和乙炔的比例，以获得焊接所需的火焰形式。

活动实施

一、焊炬握法

通常右手握住焊炬，将拇指放在乙炔开关上，食指放在氧气开关上，以便随时调节气体流量，其他三指握住焊炬柄，如图 1-4-48 所示。

图 1-4-48　焊炬握法

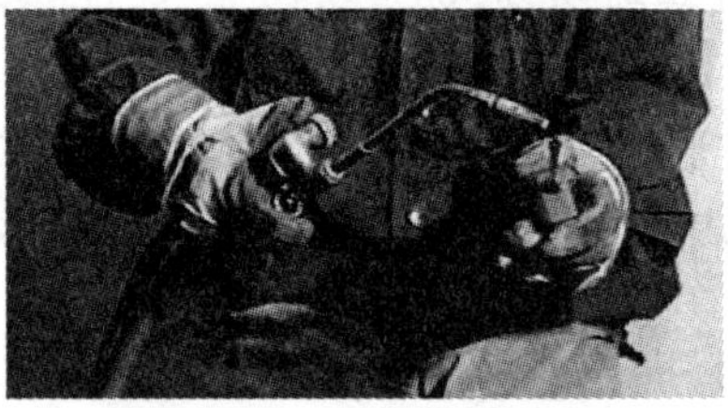

图 1-4-49　火焰的点燃

二、火焰的点燃

先逆时针方向旋转乙炔开关，放出乙炔，再逆时针微开氧气开关，将焊嘴靠近火源点火，如图 1-4-49 所示。

开始点燃的火焰是碳化焰，逐渐增加氧气的供应量，直到火焰的内焰和外焰没有明显的界线时是中性焰；如果再增加氧或者减少乙炔，就变为氧化焰；当同时调节乙炔和氧气流量大小时，可以得到不同的火焰能率，如图 1-4-50 所示。

(a) 中性焰　(b) 碳化焰　(c) 氧化焰

图 1-4-50　三种乙炔火焰

三、火焰的熄灭

熄灭火焰时，先顺时针方向旋转乙炔开关，直到关闭乙炔，再顺时针方向旋转氧气阀门，关闭氧气。

操作心得：____

____

____

四、割炬火焰的调整

车身修理厂有时用割炬来粗割损坏的金属板。割炬火焰的调整方法如下：

(1) 将氧气和乙炔的数值调整为产生预热中性焰。

(2) 缓慢地打开预热氧气阀，直到出现氧化焰。这就使熔化的金属难以留在被切割金属板的表面，以便得到整齐的边缘。

操作心得：____

____

____

巩固与评价

一、活动巩固

(一) 填空题

1. 气焊的焊接装置包括________、________、________等。

2. 氧-乙炔焊的基本焊接形式有________、________、________、________。

3. 平焊可分为________和______________。

4. 气焊的火焰有________、________、________三种形式。

5. 正确选择气焊工艺是确保焊接质量的基础，主要包括________、________、________、________。

(二) 选择题

1. 氧气可以与金属、非金属、化合物等多种物质发生氧化反应，反应剧烈程度因条件不同而异，可表现为(　　)。

A. 缓慢氧化　　B. 燃烧　　C. 爆炸　　D. 以上都有可能

2. 焊枪的分类标准为(　　)。

A. 燃气与氧气的混合方式　　B. 焊炬尺寸和质量

C. 火焰数　　D. 以上都是

3. 立焊的熔池处于垂直面上，施焊方法有两种：一种由下而上施焊；另一种则(　　)施焊。一般采用前者。

A. 由上而下　　B. 从左到右　　C. 从右到左　　D. 以上都可以

4. 调节火焰能率的方法分为粗调和细调两种，细调通过调节(　　)来实现。

A. 氧气阀　　B. 乙炔阀

C. 氧气阀和乙炔阀　　D. 焊嘴大小

5. 气焊按熔焊走向可分为(　　)

A. 左向焊和右向焊　　B. 上向焊和下向焊

C. 前向焊和后向焊　　D. 内向焊和外向焊

二、活动评价

评分标准见表 1-4-8，在考核记录栏中简述扣分的缘由。

表 1-4-8　　氧-乙炔焊火焰的调整考核评分表

评定成绩：　　时间：　　地点：　　教师：

作业项目	考核内容	配分	评分标准	考核记录	扣分	得分
氧-乙炔焊火焰的调整	(1) 进行焊炬火焰和割炬火焰的调整 (2) 知悉操作氧-乙炔焊的注意事项	100	能准确调整出符合要求的火焰(80 分)			
			操作过程中动作符合操作要求和标准(15 分)			
			填表正确，字迹规正，书写内容清楚、明了，无遗漏(5 分)			
分数合计		100				

活动四　电弧焊机的操作（选修）

活动描述

电弧焊作为传统焊接工艺，在中小型维修企业中仍然使用。部分整修确实需要使用一些传统的工艺，如对货车的车架进行焊接等。在本次活动中，学生在理解电弧焊的基础知识和电弧焊机的操作工艺的基础上，观察教师电弧焊的示范操作，并按照电弧焊的操作工艺，进行电弧焊的正确操作。在操作过程中，要求严格遵循安全操作规范及 5S 管理要求。

学习目标

◇ 能进行手工电弧焊机参数的调整。

◇ 能进行手工电弧焊机的焊接。

◇ 能掌握操作手工电弧焊机的注意事项。

学习地点

焊接区。

学习准备

教学设备(含资料)：工作平台、电弧焊机、汽车车身、多媒体设备。

工量具：焊接夹钳、钢直尺。

材料：焊片、焊条。

劳动保护用品：焊服、焊接面罩(眼镜)、焊接手套、纱手套。

知识准备

一、电弧焊的焊接装置

1. 电焊机

手工电弧焊机按电源种类可分为交流电焊机和直流电焊机两大类，如图 1-4-51 和图 1-4-52 所示。各类手工电弧焊机的性能特点简述如下：

(1) 交流弧焊机。

交流弧焊机又叫弧焊变压器，根据获得下降外特性的方法分为：串联电抗器结构的同体式或分体式弧焊变压器，增强漏磁结构的动铁芯式或动圈式弧焊变压器，以及抽头式弧焊变压器。

(2) 旋转式直流弧焊发电机。

旋转式直流弧焊发电机有陡降外特性和平降外特性两类。按照其外特性获得方式，前者包括差复激式、裂极式及换向极式弧焊发电机，而后者为加复激式弧焊发电机。

(3) 弧焊整流器。

弧焊整流器按变流组件类型分成硅(二极管)弧焊整流器和晶闸管弧焊整流器。按照外特性获得方式划分，前者有动铁芯式、动圈式、磁放大器式、抽头式、多站式五种，后者的外特性形状借助控制晶闸管导通角来实现，又称可控硅弧焊整流器。

(4) 逆变弧焊整流器。

逆变弧焊整流器是一种新型直流电源，具有体积小、质量小、高效、节能、动态响应好等优点。按逆变电路的半导体组件划分，有可控硅逆变器、晶体管逆变器和场效应管逆变器。按其外特性获得方法分为频率调制式逆变器和脉宽调制式逆变器。

手工电弧焊机以其结构简单、价格便宜的优势在工业上得到广泛的应用。

图 1-4-51　**直流电焊机**

图 1-4-52　**交流电焊机**

2. 焊钳

焊钳是用以夹持焊条进行焊接的工具，如图 1-4-53 所示。其主要作用是使焊工能夹住和控制焊条，同时也起着从焊接电缆向焊条传导焊接电流的作用。焊钳应具有导电性良好、不易发热、重量轻、夹持焊条牢固及装换焊条方便等特性。焊钳主要由上下钳口、弯臂、弹簧、直柄、胶木手柄及固定销等组成。

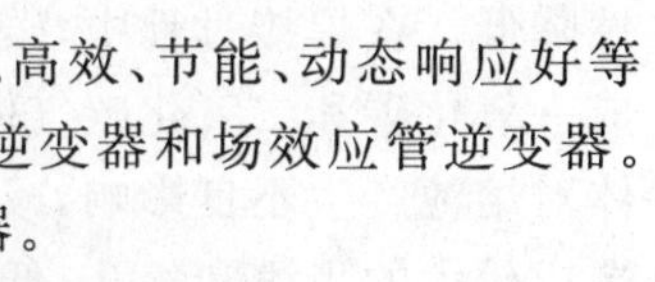

图 1-4-53　**焊钳**

焊钳分各种规格，以适应各种规格的焊条直径。每种规格的焊钳是以所要夹持的最大直径焊条需用的电流设计的。常用的市售焊钳有 300A 和 500A 两种。

3. **电焊用材料**

电焊用材料主要包括焊条、焊丝、焊剂等。焊接材料的选用正确与否，不仅影响焊接过程的稳定性、接头性能和质量，同时也影响焊接生产率和生产成本。

(1) 焊条的组成。

焊条就是涂有药皮的供焊条电弧焊使用的熔化电极，它是由药皮和焊芯两部分组成的。在焊条前端药皮有45°左右的倒角，这是为了便于引弧。在焊条尾部有一段裸焊芯，约占焊条总长的1/16，便于焊钳夹持并有利于导电。焊条的直径(实际上是指焊芯直径)通常为2mm、2.5mm、3.2mm、3mm、4mm、5mm和6mm等几种规格，其长度一般在250～450mm之间。

① 焊芯。

焊条中被药皮包覆的金属芯称为焊芯。焊芯一般是一根具有一定长度及直径的钢丝。焊接时，焊芯有两个作用：一是传导焊接电流，产生电弧把电能转换成热能，二是焊芯本身熔化作为填充金属与液体母材金属熔合形成焊缝。

焊条焊接时，焊芯金属占整个焊缝金属的一部分，所以焊芯的化学成分直接影响焊缝的质量。因此，作为焊条芯用的钢丝都单独规定了其牌号与成分。焊条用于埋弧自动焊、电渣焊、气体保护焊、气焊等熔焊方法作填充金属时，则称为焊丝。

焊芯中各合金元素对焊接的影响如下：

a. 碳(C)。碳是钢中的主要合金元素，当含碳量增加时，钢的强度、硬度明显提高，而塑性降低。在焊接过程中，碳起到一定的脱氧作用，在电弧高温作用下与氧发生化合作用，生成一氧化碳和二氧化碳气体，将电弧区和熔池周围空气排除，防止空气中的氧、氮等有害气体对熔池产生不良影响，减少焊缝金属中氧和氮的含量。若含碳量过高，还原作用剧烈，会造成较大的飞溅和气孔，低碳钢焊芯的含碳量一般为0.1%。

b. 锰(Mn)。锰在钢中是一种较好的合金剂，随着锰含量增加，钢的强度和韧性会有所提高。在焊接过程中，锰也是一种较好的脱氧剂，能减少焊缝中氧的含量。锰与硫化合形成硫化锰浮于熔渣中，从而减少焊缝热裂纹倾向。因此一般碳素结构钢焊芯的含锰量为0.30%～0.55%，焊接某些特殊用途的钢丝，其含锰量高达1.70%～2.10%。

c. 硅(Si)。硅也是一种较好的合金剂，在钢中加入适量的硅能提高钢的屈服强度、弹性及抗酸性能；若硅含量过高，则降低钢的塑性和韧性。在焊接过程中，硅也具有较好的脱氧能力，与氧形成二氧化硅，但它会提高熔渣的黏度，易促进非金属夹杂物生成。

d. 铬(Cr)。铬能够提高钢的硬度、耐磨性和耐腐蚀性。对于低碳钢来说，铬便是一种偶然的杂质。铬的主要冶金特征是易于急剧氧化，形成难熔的氧化物三氧化二铬，从而增加了焊缝金属夹杂物。三氧化二铬过渡到熔渣后，会使熔渣黏度提高，流动性降低。

e. 镍(Ni)。镍对增加钢的韧性有比较显著的效果，一般在低温冲击值要求较高时，适当掺入一些镍。

f. 硫(S)。硫是一种有害杂质，随着硫含量增加，焊缝的热裂纹倾向增大，因此焊芯中硫的含量不得大于0.04%。在焊接重要结构时，硫含量不得大于0.03%。

g. 磷(P)。磷也是一种有害杂质，焊芯中磷的含量不得超过0.03%。

② 药皮。

压涂在焊芯表面的涂层称为药皮。焊条的药皮在焊接过程中起着极为重要的作用。若采用无药皮的光焊条焊接，则在焊接过程中，空气中的氧和氮会大量侵入熔化金属，将金属铁和有益元素碳、硅、锰等氧化和氮化，形成各种氧化物和氮化物，并残留在焊缝中，造成焊缝夹渣或裂纹。而熔入熔池中的气体可能使焊缝产生大量气孔，这些因素都会使焊缝的机械性能(强度、冲击值等)大大降低，同时使焊缝变脆。此外，采用光焊条焊接，电弧很不稳定，飞溅严重，焊缝成形很差。

人们在实践过程中发现，如果在光焊条外面涂一层由各种矿物等组成的药皮，能使电弧燃烧稳定，焊缝质量得到提高，这种焊条叫药皮焊条。随着工业技术的不断发展，人们创制出了现在广泛应用的优质厚药皮焊条。

(2) 焊条的型号及分类。

① 焊条的型号。

焊条的型号是按相关国家标准与国际标准确定的。例如，E××××，以结构钢为例，型号编制法中字母“E”表示焊条，第一、二位数字表示熔敷金属最小抗拉强度，第三位数字表示焊条的焊接位置，第四位数字表示焊接电流种类及药皮类型。

② 焊条的分类。

根据不同情况，电焊条有三种分类方法：按焊条用途分类，按药皮的主要化学成分分类，按药皮熔化后熔渣的特性分类。

按照焊条的用途分类，有两种表达形式，一为原机械工业部编制的，可以将电焊条分为：结构钢焊条、耐热钢焊条、不锈钢焊条、堆焊焊条、低温钢焊条、铸铁焊条、镍和镍合金焊条、铜及铜合金焊条、铝及铝合金焊条以及特殊用途焊条。二为国家标准规定的，将电焊条分为：碳钢焊条，低合金焊条、不锈钢焊条、堆焊焊条、铸铁焊条、铜及铜合金焊条、铝及铝合金焊条。二者没有根本性的区别，前者用商业牌号表示，后者用型号表示。

如果按照焊条药皮的主要化学成分来分类，可以将电焊条分为：氧化钛型焊条、氧化钛钙型焊条、钛铁矿型焊条、氧化铁型焊条、纤维素型焊条、低氢型焊条、石墨型焊条及盐基型焊条。

如果按照焊条药皮熔化后熔渣的特性来分类，可将电焊条分为酸性焊条和碱性焊条。酸性焊条药皮的主要成分为酸性氧化物，如二氧化硅、二氧化钛、三氧化二铁等。碱性焊条药皮的主要成分为大理石、萤石等，可产生碱性氧化物。

(3) 焊条的选用。

① 焊条选用基本原则。

焊条的种类繁多，每种焊条都有一定的特性和用途。为了保证产品质量、提高生产效率和降低生产成本，必须正确选用焊条。在实际选择焊条时，除了要考虑经济性、施工条件、焊接效率和劳动条件之外，还应考虑以下原则：

a. 等强度原则。对于承受静载荷或一般载荷的工件或结构，通常按焊缝与母材等强的原则选用焊条，即要求焊缝与母材抗拉强度相等或相近。

b. 等条件原则。根据工件或焊接结构的工作条件和特点来选用焊条。例如，在焊接承受动载荷或冲击载荷的工件时，应选用熔敷金属冲击韧性较高的碱性焊条；而在焊接一般结构时，则可选用酸性焊条。

c. 等同性原则。在特殊环境下(如耐腐蚀、高温或低温等)工作的焊接结构，为了保证使用性能，应根据熔敷金属与母材性能相同或相近的原则选用焊条。

② 碳钢焊条的选用。

根据我国碳钢焊条标准，日前主要使用的碳钢焊条主要有 E43 系列及 E50 系列两种型号。低碳钢焊接时，一般结构可选用酸性焊条，承受动载荷或复杂的厚壁结构及低温使用时选用碱性焊条。中碳钢焊接时，由于含碳量较高，易发生焊接裂纹，因而应选用碱性焊条或使焊缝金属具有良好塑性及韧性的焊条，并应进行预热和缓冷处理。高碳钢焊接时，焊材的选用应视产品的设计要求而定，当强度要求高时，可用 J707(E7015－G)或 J607(E6015－G)焊条，而强度要求不高时，可选用 J506(E5016)或 J507(E5015)焊条。

4. 电焊的附属用具

(1) 面罩。

面罩是防止弧光损害皮肤的护具。有掌上型和帽盔式两种形式，分别适用于一般位置与重要位置的焊接。

(2) 护目镜。

护目镜的作用是护目与观察熔池，减弱弧光，过滤红外线和紫外线，防止飞溅的伤害。护目镜按照亮度高低可划分为 7～12 号，数字越大，越暗。因为亮度越高，对视力伤害越大，太暗，则分不清铁水与熔渣，所以可根据使用者的年龄、视力来选择，一般选择8～9号，颜色选择绿色、蓝色，尽量不采用红色。白玻璃则应及时更换。另外有一种根据弧光自动调节式护目镜，具有一定的实用价值。

(3) 工作服、工作鞋、工作手套。

工作服要求密封性能好，干燥，绝缘性好，裤长能盖住脚面。工作皮鞋要求绝缘、隔热、耐磨损、坚固。工作手套要求干燥、绝缘，防止飞溅烫伤，利于操作。

(4) 平光镜。

平光镜用于防止清渣时损坏眼睛，减少弧光对眼睛的伤害。

(5) 焊接电缆。

焊接电缆的作用是传输较大的焊接电流，应防止焊接电缆受到热、重压等的损害，及时修理、包扎破损处。焊接电缆不宜过长，一般在 30m 左右。

(6) 焊接测量器。

焊接测量器是测量坡口角度、焊接尺寸、焊接变形的工具。

(7) 除渣锤子与铲子。

除渣锤子与铲子用于清渣、消除飞溅与缺陷，保证焊接质量与效率。

二、电弧焊的焊接技术

1. 电焊设备的组装及焊件准备

手工电弧焊由焊接电源、焊接电缆、焊钳、焊条、焊件、电弧构成回路，如图 1-4-54 所示，焊接时采用焊条和工件接触引燃电弧，然后提起焊条并保持一定的距离，在焊接电源提供的合适电弧电压和焊接电流下电弧稳定放电，产生高温，焊条和焊件局部被加热到熔化状态。焊条端部熔化的金属和被熔化的焊件金属熔合在一起，形成熔池。

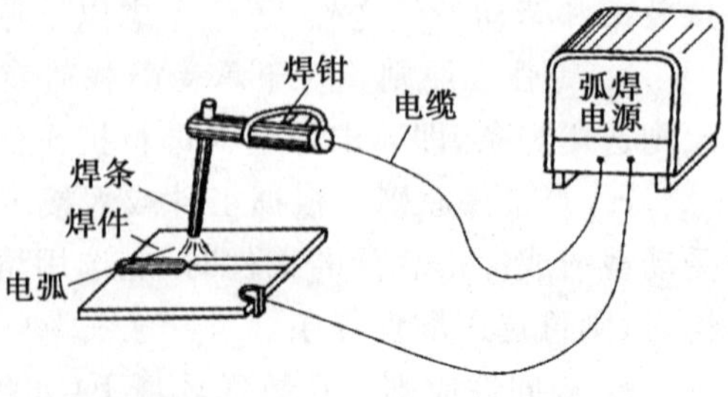

图 1-4-54　焊条电弧焊焊接回路简图

在焊接中，电弧随焊条不断向前移动，熔池也随着移动，熔池中的液态金属逐步冷却结晶后便形成了焊缝，两焊件被焊接在一起。

2. 引弧方法

(1) 直击法。

直击法是将焊条垂直于焊件进行碰触，然后迅速将焊条提起并与焊件保持 3～4mm 的距离，即可产生电弧。这种引弧方法大多用在需焊接处空间狭窄或焊件表面不允许有擦伤的情况下，如图 1-4-55(a)所示。

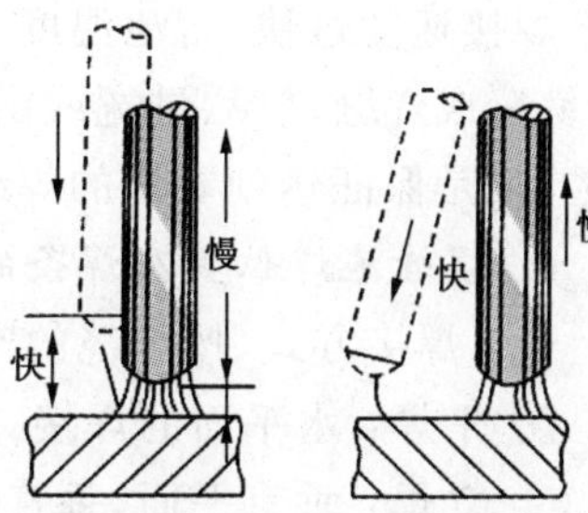

(a) 直击法　(b) 划擦法

图 1-4-55　引弧方法

(2) 划擦法。

将焊条在焊件上轻轻划擦一下(划擦长度约为 20mm)，然后与焊件保持 3～4mm 的距离，即可产生电弧，如图 1-4-55(b)所示。

3. 电流设定

焊接电流是焊条电弧焊最重要的工艺参数，因为焊工在操作过程中需要调节的只有焊接电流，而焊接速度和电弧电压都是可由焊工控制的。焊接电流越大，熔深越大(焊缝宽度和余高变化都不大)，焊条熔化越快，焊接效率也越高。

选择焊接电流时，要考虑的因素很多，如焊条直径、药皮类型、工件厚度、接头类型、焊接位置、焊道层次等。其中，焊条直径、焊接位置和焊道层次是主要的决定因素。

(1) 根据焊条直径和焊件厚度选择焊接电流。

焊条直径越大，焊件越厚，要求焊接电流越大，可参考表 1-4-9。

表 1-4-9　焊条直径与焊接电流的关系

焊条直径/mm	1.6	2.0	2.5	3.2	4.0	5.0	6.0
焊接电流/A	25～40	40～65	50～80	100～130	160～210	220～210	260～300

焊接电流 I(单位 A)与焊条直径 d(单位 mm)的数值关系还可以用下面的经验公式计算：

$$I = (3\sim55)d$$

(2) 根据焊接位置选择焊接电流。

在平焊位置焊接时，可选择偏大些的焊接电流。在横焊、立焊、仰焊位置焊接时，焊接电流应比平焊位置小 10%～20%。

(3) 根据焊道层次选择焊接电流。

通常焊接打底焊道时，特别是焊接单面焊双面成形的焊道时，使用的焊接电流较小，以便于操作和保证背面焊道的质量；焊接填充焊道时，为提高效率，保证熔合好，通常都使用较大的焊接电流；而焊接盖面焊道时，为防止咬边和获得较美观的焊道，使用的电流稍小些。

4. 电弧长度

电弧长度根据焊条型号而确定，一般要求电弧长度稳定不变，酸性焊条一般以 3～4mm 为宜，碱性焊条一般以 2～3mm 为宜。

5. 焊接速度

单位时间内完成的焊缝长度称为焊接速度。焊接速度过快或过慢都将影响焊缝的质量。焊接速度过快，熔池温度不够，易造成未焊透、未融合和焊缝过窄等现象。焊接速度过慢，易造成焊缝过厚、过宽或出现焊穿等现象。掌握合适的焊接速度有两个原则：一是保证焊透，二是保证达到要求的焊缝尺寸。

6. *焊缝施焊位置及焊条的角度和移动方式*

(1) 焊接方式(按焊缝的空间位置不同分类)。

① 平焊：水平面的焊接，如图 1-4-56(a)所示。

② 立焊：垂直平面，垂直方向上的焊接，如图 1-4-56(b)所示。

③ 横焊：垂直平面，水平方向上的焊接，如图 1-4-56(c)所示。

④ 仰焊：倒悬平面，水平方向上的焊接，如图 1-4-56(d)所示。

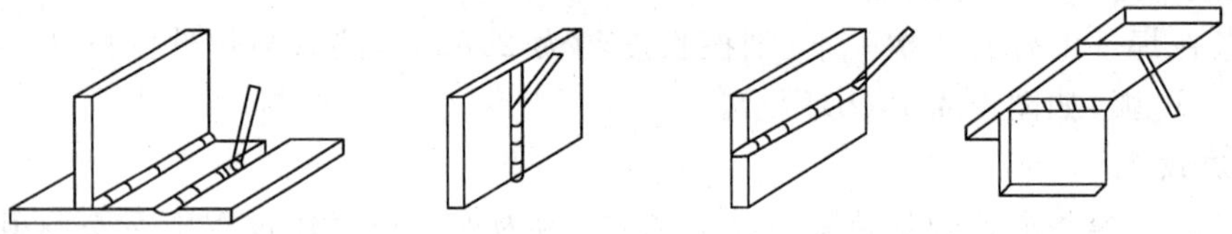

(a) 平焊 (b) 立焊 (c) 横焊 (d) 仰焊

图 1-4-56 焊缝施焊位置

(2) 坡口。

对接接头是应用最多的接头形式。当被焊工件较薄(板厚小于 6mm)时，在焊接接头处只要留有一定间隙就能保证焊透。当焊件厚度大于 6mm 时，为了保证能焊透，需要根据板材的厚度在接头处开出一定形状的坡口。对接接头常见的坡口形状如图 1-4-57 所示。

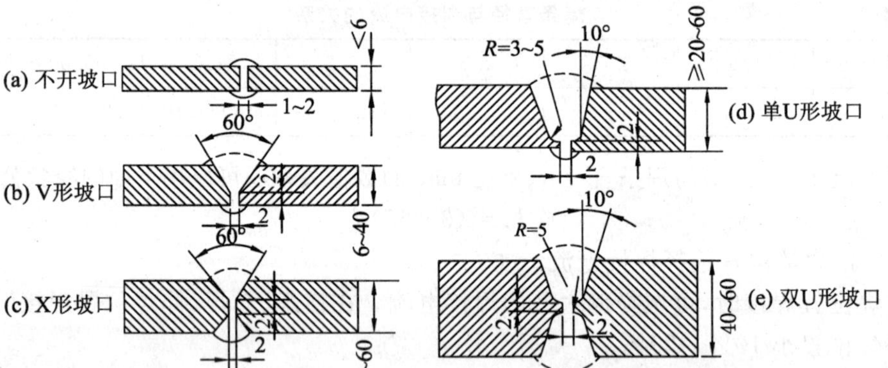

图 1-4-57 对接接头常见的坡口形式

(3) 运条。

运条是焊接过程中最重要的环节，它直接影响焊缝的外表成形和内在质量。电弧引燃后，一般情况下焊条有三个基本运动：朝熔池方向逐渐送进、沿焊接方向逐渐移动、横向摆动，如图 1-4-58 所示。

焊条朝熔池方向逐渐送进[图 1-4-58(b)中动作 1]——既是为了向熔池添加金属，也为了在焊条熔化后继续保持一定的电弧长度，因此焊条送进的速度应与焊条熔化的速度相同。否则，会发生断弧或焊条粘在焊件上。

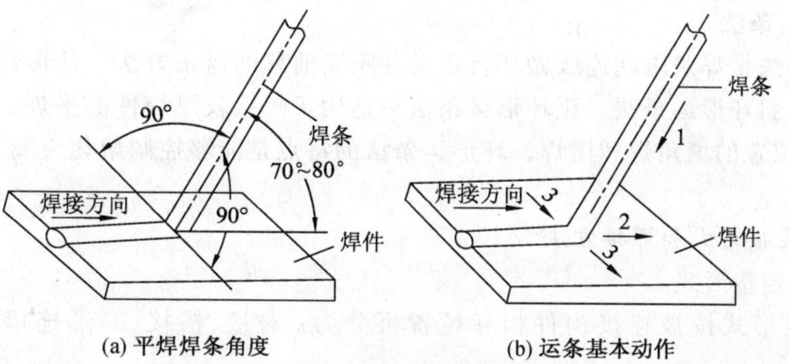

图 1-4-58 平焊焊条角度和运条基本动作

焊条沿焊接方向移动[图 1-4-58(b)中动作 2]——随着焊条的不断熔化，逐渐形成一条焊道。若焊条移动速度太慢，则焊道会过高、过宽，外形不整洁，焊接薄板时会发生烧穿现象；若焊条的移动速度太快，则焊条与焊件会熔化不均匀，焊道较窄，甚至发生未焊透现象。焊条移动时应与前进方向成 70°～80°的夹角，以使熔化金属和熔渣推向后方，否则熔渣流向电弧的前方，会造成夹渣等缺陷。

焊条的横向摆动[图 1-4-58(b)中动作 3]——为了对焊件输进足够的热量，以便于排气、排渣，并获得一定宽度的焊缝或焊道。焊条摆动的范围根据焊件的厚度、坡口形式、焊缝层次和焊条直径等来决定。

下面是常用的几种焊条移动方式：

① 直线形运条法。

直线形运条法不做横向摆动，适用于板厚为 3～5mm 且不开坡口的对接平焊、多层焊的第一层和多层多道焊。

② 直线往复运条法。

直线往复运条法是焊条末端沿焊缝纵向做来回直线摆动的运条方法。

③ 锯齿形运条法。

锯齿形运条法是焊条末端做锯齿形连续摆动的前移运动，并在两边转折点处稍停片刻的运条方法。

④ 月牙形运条法。

月牙形运条法是焊条末端做月牙形左右连续摆动的前移运动，并在两边转折点处稍停片刻的运条方法。

⑤ 三角形运条法。

三角形运条法是焊条末端做连续三角形运动并不断向前移动的运条方法。根据其应用范围不同，可分为正三角形运条和斜三角形运条两种方法。正三角形运条法适用于开有坡口的立焊和填角立焊，其特点是能一次焊出较厚的焊缝断面，焊缝不易产生夹渣等缺陷，有利于提高生产效率。斜三角形运条法适用于 T 形接头的仰角焊和坡口的横焊缝，其特点是能够借助焊条的运动来控制熔化金属，使焊缝成形良好。上述两种运条方法在实际应用时候，应根据焊缝的具体情况选用。另外，立焊时在三角形折角处要稍微停留。

⑥ 环形运条法。

环形运条法是焊条末端连续做环行运动并不断前移的运条方法。环形运条法可分为正环形运条法和斜环形运条法。正环形运条法只适用于焊接较厚焊件的平焊。斜环形运条法适用于平、仰位置的填角焊和横焊。环形运条法的特点是能够控制熔化金属不下淌，有助于焊缝成形。

7. **焊接连接形式和焊接方法**

(1) 焊接连接形式。

焊接连接形式按被连接构件相互位置可分为：对接、搭接、T 形连接、角部连接，如图 1-4-59 所示。

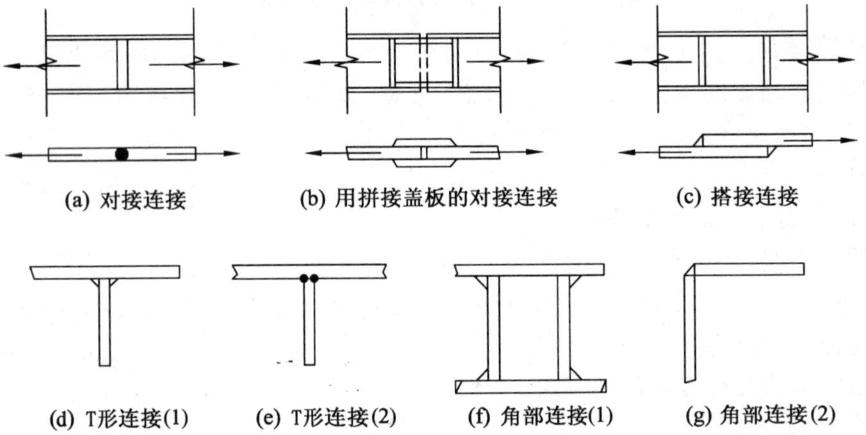

图 1-4-59　焊接连接的形式

(2) 焊接方法。

电弧焊包括手工电弧焊、自动或半自动埋弧焊、气体保护焊。

① 手工电弧焊。

手工电弧焊是很常用的一种焊接方法，如图 1-4-60 所示。

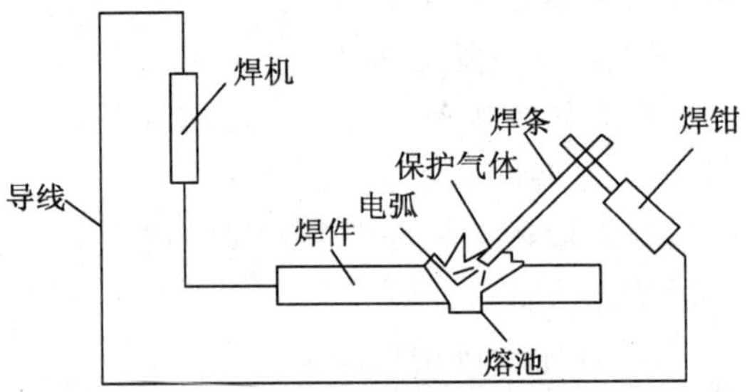

图 1-4-60　手工电弧焊

流程为：打火引弧→电弧周围的金属液化(溶池)→焊条熔化→滴入溶池→与焊件的熔融金属结合冷却即形成焊缝。

优点：方便，特别是对于高空和野外作业。

缺点：质量波动大，要求焊工等级高，劳动强度大，效率低。

焊条应与焊件钢材相适应(等强度要求)，举例如下：

Q235—E43××焊条；

Q345—E50××焊条；

Q390(Q420)—E55××焊条。

E 代表焊条；型号由四位数组成，前两位数代表焊缝金属最小抗拉强度(如 $43kg/mm^2$)，后两位数代表焊接位置、电流及药皮类型。

不同钢种的钢材相焊接时，宜采用与低强度钢材相适应的焊条。

② 埋弧焊（自动或半自动）。

埋弧焊是电弧在焊剂层下燃烧的一种电弧焊方法。焊丝送进和电弧沿焊接方向移动有专门机构控制完成的称为埋弧自动电弧焊，如图 1-4-61 所示；焊丝送进有专门机构控制，而电弧沿焊接方向的移动由手工操作完成的称为埋弧半自动电弧焊。

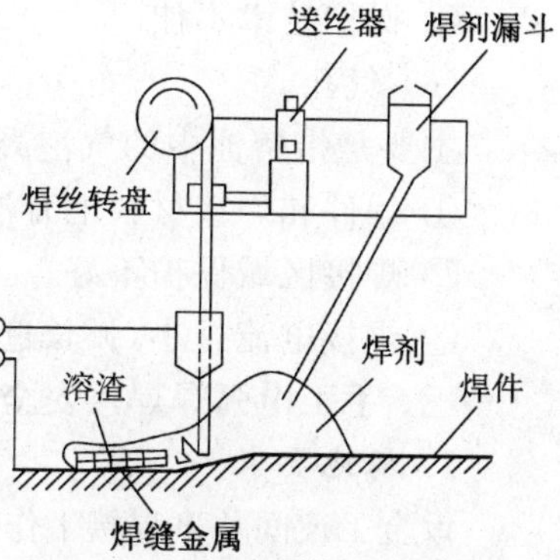

图 1-4-61 埋弧自动电弧焊

埋弧焊所用焊丝和焊剂应与主体金属强度相适应，即要求焊缝与主体金属等强度。

优点：质量好，效率高。

缺点：需要专用设备。

③ 气体保护焊。

气体保护焊是利用二氧化碳气体或者其他惰性气体作为保护介质的一种焊接方法。

优点：品质好。

缺点：对环境要求高。

8. 电焊常见缺陷分析

(1) 焊缝尺寸不符合要求。

主要是指焊缝过高或过低、过宽或过窄及不平滑过渡的现象。产生的原因是：

① 焊接坡口不合适；

② 操作时运条不当；

③ 焊接电流不稳定；

④ 焊接速度不均匀；

⑤ 焊接电弧高低变化太大。

(2) 咬边。

主要是指沿焊缝的母材部位产生的沟槽或凹陷。产生的原因是：

① 工艺参数选择不当，如电流过大、电弧过长；

② 操作技术不正确，如焊条角度不对，运条不适当。

(3) 夹渣。

主要是指焊后残留在焊缝中的熔渣。产生的原因是：

① 焊接材料质量不好；

② 焊接电流太小，焊接速度太快。

(4) 弧坑。

主要是指焊缝熄弧处的低洼部分。产生的原因是：操作时熄弧太快，未反复向熄弧处补充填充金属。

(5) 焊穿。

主要是指熔化金属自坡口背面流出，形成穿孔的缺陷。产生的原因是：

① 焊件装配不当，如坡口尺寸不合要求，间隙过大；

② 焊接电流太大；

③ 焊接速度太慢；

④ 操作技术不佳。

（6）气孔。

主要是指熔池中的气泡凝固时未能逸出而残留下来所形成的空穴。产生的原因是：

① 焊件和焊接材料上有油污、铁锈及其他氧化物；

② 焊接区域保护不好；

③ 焊接电流过小，弧长过长，焊接速度过快。

三、手工电弧焊焊接安全操作

1. 场地要求

钣金工夜间从事焊接工作时，需用电灯照明，电灯使用的安全电压是36V。对于潮湿的环境，人体电阻减小，规定使用电压为12V。凡在金属容器或管道中焊接均应采用12V电压。

2. 焊接过程注意事项

① 焊接前，应戴好面罩、皮手套、绝缘鞋，检查焊接设备和工具是否安全。

② 在狭窄地方焊接时，要穿好绝缘鞋，并要两个操作者轮换工作，一人随时监护操作者，遇有危险征象时，立即切断电源进行处理。

③ 加强个人防护，高空作业时，不要触及高压线；雨天不要露天焊接。

3. 焊接卫生防护措施

① 装备通风设施是消除焊接尘土的危害和改善劳动条件的有力措施，其作用是使作业地带的空气环境符合卫生条件，故应确保通风设施正常工作。

② 在厂房内施焊，必须保证在焊接过程中所产生的有害物质及时排出，并原则上进行净化处理。

③ 电弧焊时必须使用有防护玻璃的面罩，不随便更换滤光玻璃，穿白色工作服，以反射强光照射。

活动实施

一、焊前准备

材料：Q235。

尺寸：300mm×200mm×6mm。

焊条牌号：J422。

焊接设备：ZX7-350型直流逆变弧焊机。

焊接工具及防护用品：电焊钳、焊接电缆线、面罩、敲渣锤、錾子、锉刀、钢丝刷等。

二、焊接工艺参数的选择

1. 焊条直径

焊条直径的选择与工件的厚度、焊缝的空间位置、焊接层次等因素有关。学员初学时练习平敷焊，一般选用直径3.2mm的焊条。

2. 焊接电流

焊接电流的大小主要取决于焊条直径和焊缝空间位置，其次是工件厚度、接头形式、焊接层次等。平敷焊直径3.2mm的焊条选择焊接电流为100～120A。

三、操作要点及注意事项

1. 平焊操作姿势

平焊时，一般采用蹲式操作，如图 1-4-62 所示。蹲姿要自然，两脚夹角为 70°～85°，两脚距离为 240～260mm。持焊钳的胳膊半伸开，要悬空无依托地操作。

图 1-4-62　平焊操作蹲姿

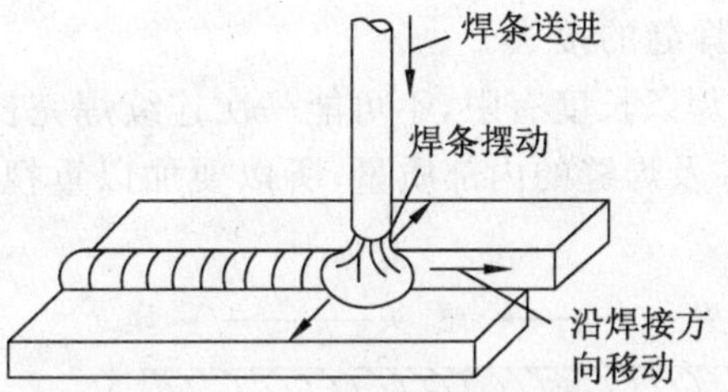

图 1-4-63　运条的基本运动

2. 引弧

引弧操作时首先用防护面罩挡住面部，将焊条末端对准引弧处。焊条电弧焊采用接触法引弧，引弧方法有划擦法和直击法两种(前面已介绍过，按照要求进行操作)。

3. 运条

运条的三个基本运动如图 1-4-63 所示，沿焊条中心线向熔池送进、沿焊接方向均匀移动、横向摆动。上述三个动作不能机械地分开，而应相互协调，才能焊出满意的焊缝。

4. 焊缝的起头、收尾和接头

(1) 焊缝的起头。

焊缝的起头是焊缝的开始部分，由于焊件的温度很低，引弧后又不能迅速地使焊件温度升高，一般情况下这部分焊缝余高略高，熔深较浅，甚至会出现熔合不良和夹渣。因此引弧后应稍拉长电弧对工件预热，然后压低电弧进行正常焊接。同时焊条做微微摆动，从而达到所需要的焊道宽度，然后进行正常的焊接。

(2) 焊缝的收尾。

焊缝结束时不能立即拉断电弧，否则会形成弧坑。弧坑不仅减少焊缝局部截面积而削弱强度，还会引起应力集中，而且弧坑处含氢量较高，易产生延迟裂纹，有些材料焊后在弧坑处还容易产生弧坑裂纹。所以焊缝应进行收尾处理，以保证连续的焊缝外形，维持正常的熔池温度，逐渐填满弧坑后熄弧。收尾方法有划圈收尾法、反复断弧收尾法、回焊收尾法三种，如图 1-4-64 所示。

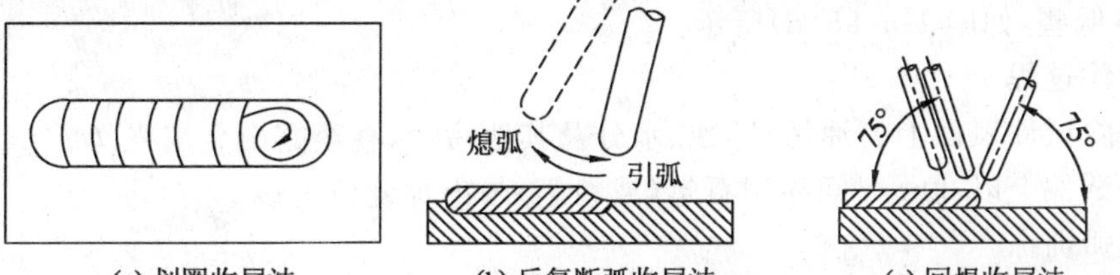

(a) 划圈收尾法　(b) 反复断弧收尾法　(c) 回焊收尾法

图 1-4-64　焊缝的收尾方法

① 划圈收尾法是焊到焊缝终端时，焊条作圆圈形摆动，直到填满弧坑再拉断电弧，此法

适用于厚板。

② 反复断弧收尾法是焊到焊缝终端，在熄弧处反复进行点弧动作直到填满弧坑为止，该法不适用于碱性焊条。

③ 回焊收尾法是焊到焊缝终端时在收弧处稍作停顿，然后改变焊条角度向后回焊 20～30mm，再将焊条拉向一侧熄弧，此法适用于碱性焊条。

(3) 焊缝的接头。

由于焊条长度有限，不可能一次连续焊完长焊缝，因此出现接头问题。这不仅是外观成形问题，还涉及焊缝的内部质量，所以要加以重视。焊缝的接头形式分为以下四种，如图 1-4-65 所示。

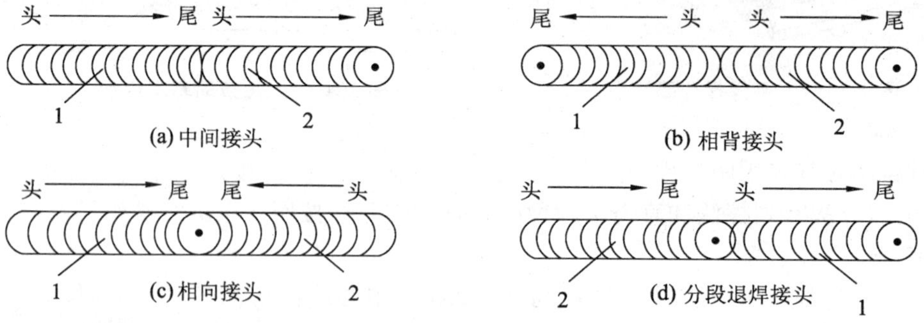

图 1-4-65　焊缝接头的四种情况

① 中间接头。

这是用得最多的一种焊缝接头形式，接头时在前焊缝弧坑前约 10mm 处引弧。电弧长度可稍大于正常焊接，然后将电弧拉到原弧坑 2/3 处，待填满弧坑后再向前转入正常焊接，如图 1-4-65(a)所示。此法适用于单层焊及多层多道焊的盖面层接头。

② 相背接头。

接头时两焊缝的起头相接，要求前焊缝起头处略低些，在前焊缝起头前方引弧，并稍微拉长电弧运弧至起头处覆盖住前焊缝的起头，待焊平后再沿焊接方向移动，如图 1-4-65(b)所示。

③ 相向接头。

接头时两焊缝的收尾相接，即后焊缝焊到前焊缝的收尾处，焊接速度略减慢些，填满前焊缝的弧坑后，再向前运弧，然后熄弧，如图 1-4-65(c)所示。

④ 分段退焊接头。

接头时前焊缝起头和后焊缝收尾相接，接头形式与相向接头情况基本相同，只是前焊缝起头处应略低些，如图 1-4-65(d)所示。

四、操作过程

(1) 清除试件表面上的油污、锈蚀、水分及其他污物，直至露出金属光泽。

(2) 在试件上以 20mm 间距用石笔(或粉笔)画出焊缝位置线。

(3) 引弧训练。

① 引弧堆焊。

首先在焊件的引弧位置用粉笔画一个直径 13mm 的圆，然后用直击引弧法在圆圈内直击引弧。引弧后，保持适当电弧长度，在圆圈内做划圈动作 2～3 次后灭弧。待熔化的金属凝固冷却后，再在其上面引弧堆焊，这样反复操作直到堆起高度为50mm为止。

② 定点引弧。

先在焊件上按图所示用粉笔画线，然后在直线的交点处用划擦引弧法引弧。引弧后，焊成直径13mm的焊点后灭弧。这样不断重复操作完成若干个焊点的引弧训练。

(4) 用直径3.2mm的焊条按焊接工艺参数，以焊缝位置线为运条轨迹，采用直线形运条法、月牙形运条法、三角形运条法和环形运条法练习；按焊条角度要求，进行平敷焊缝焊接技能操作练习。

(5) 进行焊缝的起头、接头、收尾的操作练习。

(6) 每条焊缝焊完后，清理熔渣，分析焊接产生的现象和问题并总结经验，再进行另一道焊缝的焊接。

五、焊接质量要求

(1) 焊缝的起头和连接处平滑过渡，无局部过高现象，收尾处弧坑填满。

(2) 焊缝表面焊波均匀，无明显未熔合和咬边，其咬边深度小于等于0.5mm为合格。

(3) 焊缝边缘直线度在任意300mm连续焊缝长度内小于等于3mm。

(4) 试件表面非焊道上不应有引弧痕迹。

巩固与评价

一、活动巩固

(一) 填空题

1. 电弧焊的焊接装置一般包括________、________、________、________等。

2. 手工电弧焊由________、________、________、________、________构成回路。

3. 引弧的方法可分为____________和__________。

4. 电弧焊包括__________、______________、__________。

5. 焊接电流是焊条电弧焊最重要的工艺参数，其影响因素有很多，主要有________、__________和______________等。

(二) 选择题

1. 在正常焊接工艺参数下，焊条金属的平均熔化速度与焊接电流成(　　)。

A. 正比　　B. 反比　　C. 不规则的比例　　D. 平方反比

2. 焊钳是用以夹持焊条进行焊接的重要工具，要求其具有(　　)等特性。

A. 良好的导电性　　B. 不易发热　　C. 重量轻　　D. 以上都是

3. 焊芯中各合金元素对焊接有重要的影响，其中能够使焊缝金属夹杂物成为可能性的金属元素是(　　)。

A. 铬　　B. 碳　　C. 锰　　D. 硅

4. 为了保证产品质量，提高生产效率和降低生产成本，必须正确选用焊条，基本原则有(　　)。

A. 等强度原则　　B. 等条件原则　　C. 等同性原则　　D. 以上都是

5. 电焊常见缺陷有(　　)。

A. 焊缝尺寸不符合要求　　　　　　　　B. 咬边和弧坑

C. 夹渣和焊穿　　　　　　　　　　　　D. 以上都是

二、活动评价

评分标准见表 1-4-10,在考核记录栏中简述扣分的缘由。

表 1-4-10　　　　引弧、平敷焊考核评分表

评定成绩：　　　　　　时间：　　　　　　地点：　　　　　　教师：

作业项目	考核内容	配分	评分标准	考核记录	扣分	得分
引弧、平敷焊训练	(1) 进行焊接参数的选择 (2) 知悉平敷焊焊接时的注意事项 (3) 进行引弧操作	100	能根据平焊的实际情况准确选择各种参数(15 分)			
			能严格按照平敷焊的操作要求进行操作(70 分)			
			能严格按照划擦法和直击法进行引弧练习(10 分)			
			按照质量要求进行质量检查(5 分)			
分数合计		100				

任务五　钣金手工成型工艺的操作

活动一　弯　曲

活动描述

在本次活动中,学生在理解角形弯曲和弧形弯曲的基础知识和基本操作工艺的基础上,观察教师的示范操作,并按照角形弯曲和弧形弯曲的操作规范,进行 S 形件、n 形件、弧形件和翼子板的正确操作。

学习目标

◇ 能根据作业单对铁板进行各种形状的弯曲作业。

◇ 能正确、合理使用工具和遵守安全操作规程。

学习地点

基础教学区。

学习准备

教学设备(含资料)：台虎钳、工作台、圆管、多媒体设备。

工量具：划针、钢锉、铁皮剪刀、钢直尺、木板、扁冲、钣金锤、钢直尺等。

材料：0.8mm 薄板、焊片。

劳动保护用品：纱手套。

知识准备

一、弯曲变形的特点

板料弯曲时，变形的区域在零件的圆角部分，平直区域基本不变形。变形区域的内层受压缩短，外层材料受拉伸长，中性层在材料厚度正中，其长度不变。板料弯曲时的变形如图 1-5-1 所示。

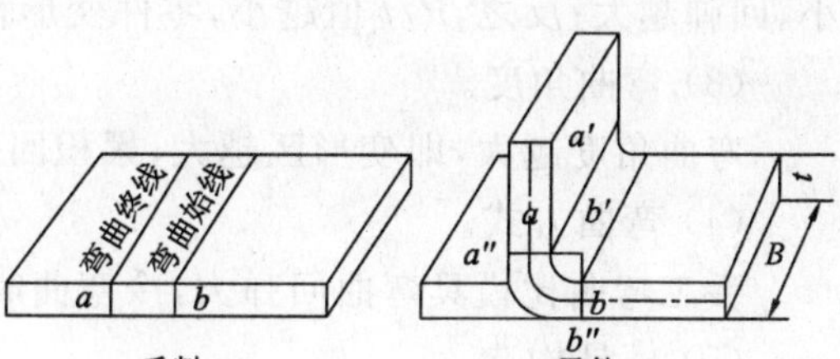

图 1-5-1　板料弯曲时的变形

1. 最小弯曲半径

最小弯曲半径是指弯曲零部件的内弯曲半径所允许的最小值，用 R_{min} 表示。部分材料的最小弯曲半径数值见表 1-5-1。

表 1-5-1　　部分材料的最小弯曲半径　　单位：mm

材　料	退火状态		冷作硬化状态	
	弯曲线的位置			
	垂直纤维	平行纤维	垂直纤维	平行纤维
铝	0.1t	0.35t	0.5t	1.0t
紫铜	0.1t	0.35t	1.0t	2.0t
软黄铜	0.1t	0.35t	0.35t	0.8t
半硬黄铜	0.1t	0.35t	0.5t	1.2t
磷铜	—	—	1.0t	3.0t
08、10、Q195A、Q125A	0.1t	0.4t	0.4t	0.8t
15、20、Q235A	0.1t	0.5t	0.5t	1.0t
25、30、Q255A	0.2t	0.6t	0.6t	1.2t
35、40、Q275A	0.3t	0.8t	0.8t	1.5t
45、50	0.5t	1.0t	1.0t	1.7t
55、60	0.7t	1.3t	1.3t	2.0t

注：① 当弯曲线与纤维方向成一定角度时，可取垂直和平行纤维方向两者的中间值。

② 对于冲裁或剪切后没有退火的弯曲零部件，应作为硬化的金属选用。

③ 表中 t 为板料厚度。

2. 弯曲件的回弹

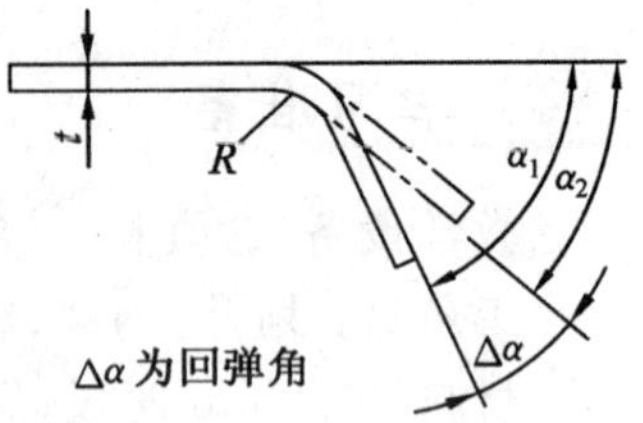

图 1-5-2 弯曲件的回弹

板料在塑性弯曲中有弹性变形，当弯曲零部件从模具中被取出后，由于弹性变形的恢复使工件产生角度和弯曲半径的变化，这种现象叫做回弹，如图 1-5-2 所示。

影响回弹的因素如下：

（1）材料力学性能。

材料的弹性极限 δ 越高，回弹越大。

（2）弯曲程度。

变形程度用材料的相对弯曲半径 R/t 表示，相对弯曲半径 R/t 值越大，零件变形程度越小，回弹越大；反之，R/t 值越小，零件变形程度越大，回弹越小。

（3）弯曲角度。

弯曲角度越大，即变形区越大，累积回弹越大。

（4）弯曲方式。

手工弯曲比模具弯曲回弹大，冷弯曲时弯曲件的回弹比热弯曲时的回弹大。

（5）模具构造。

V 形件凹模槽口的厚度和上模工作面的宽度都对回弹有影响，U 形件模具间的间隙越小，回弹越小。

（6）弯曲形状。

V 形件一般比 U 形件回弹大。

二、角形弯曲

角形弯曲是指将金属材料按设定的角度进行平面的折弯。

首先按展开图下料，划出弯曲线，然后将其放在规铁上，并压上压铁，要注意板料的弯曲线与规铁、压铁的棱边重合，并用相应的装置夹紧，如可在台钳上用两根角钢将板料夹住或用弓形夹和两根方钢夹紧板料。

板料弯曲时先用手锤或木锤将板料的两端稍加弯曲成一定的角度，以便固定板料，再一点接一点地从一端向另一端移动敲击，锤击时用力应轻和均匀，零部件的弯曲角度应分多次锤击而成。

如果零件尺寸不大，折弯工作可在台虎钳上进行。将板料夹持在台虎钳上，使折弯线恰好与钳口衬铁对齐，夹持力度合适。当弯折工件在钳口以上较长或板料较薄时，应用左手压住工件上部，用木锤在靠近弯曲部位轻轻敲打，如果敲打板料上方，易使板料翘曲变形；若板料在钳口以上部分较短，可用硬木垫在弯角处，再用力敲打硬木，如图 1-5-3 所示。

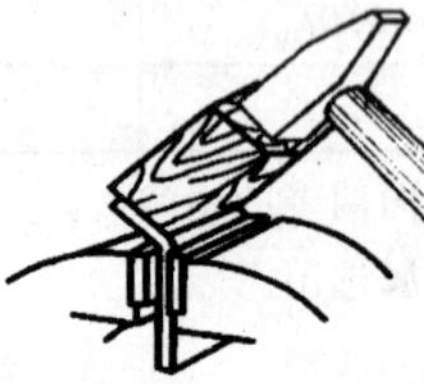

图 1-5-3 用硬木做垫

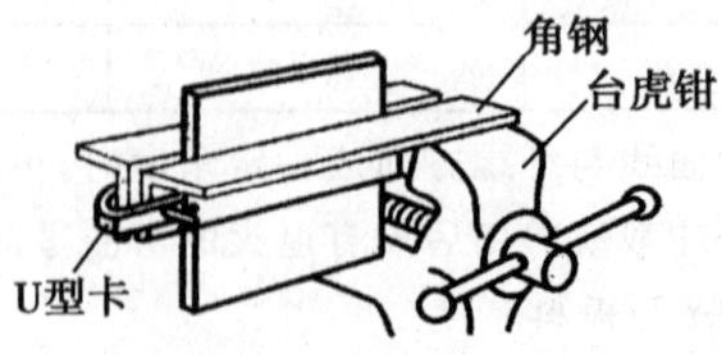

图 1-5-4 借助角钢或简易夹具加工

提示

钳口上段工件较短时不应用铁锤直接敲打，因为直接敲打会造成零件表面的不平整。

如果钳口宽度较零件宽度小，可借助夹持工具完成弯曲，如图 1-5-4 所示。

工件的边缘需要弯折时，可以直接利用平台的直角边缘作基准，用木锤敲击板料伸出平台棱边部分进行弯折，如图 1-5-5 所示。弯制各种形状的工件时，可用木垫或金属垫作辅助工具。

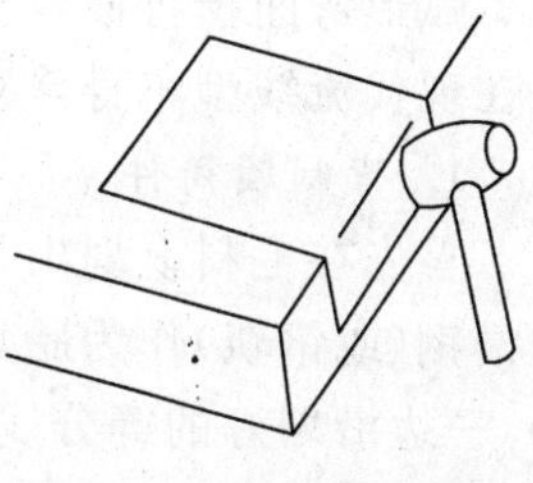

图 1-5-5　工件边缘的弯曲

1. U 形件的弯曲程序

U 形工件的弯曲程序为：首先按图 1-5-6(a)展开下料，并在板料上划好弯曲线；然后用两块平整的规铁将工件夹紧在台虎钳上，规铁上边棱对准第一条弯曲线，用拍板（或锤子）轻敲，弯曲成直角，如图 1-5-6(b)所示；最后用角钢和长方形规铁棱对准第二条弯曲线将工件夹紧在虎钳上，弯曲第二个直角，如图 1-5-6(c)所示。

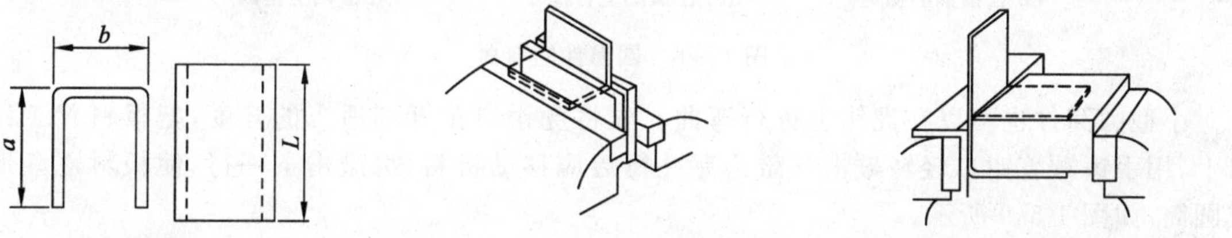

(a) 工件零件图　(b) 用两块平整的规铁将工件夹紧在虎钳上　(c) 用长方形规铁将工件夹紧在虎钳上

图 1-5-6　U 形工件的弯曲

2. 口形件的弯曲程序

口形工件的弯曲程序为：首先按图 1-5-7(a)展开下料，并在板料上划好弯曲线；然后用两块平整的规铁将工件夹紧在台虎钳上，规铁上边棱对准 a(或 b)棱弯曲线，用拍板（或锤子)轻敲，弯曲成直角，如图 1-5-7(b)所示；再用长方形规铁将工件弯曲成 U 形，如图 1-5-7(c)所示；最后，用方形规铁弯曲 c、d 棱，完成口形合拢，如图 1-5-7(d)所示。

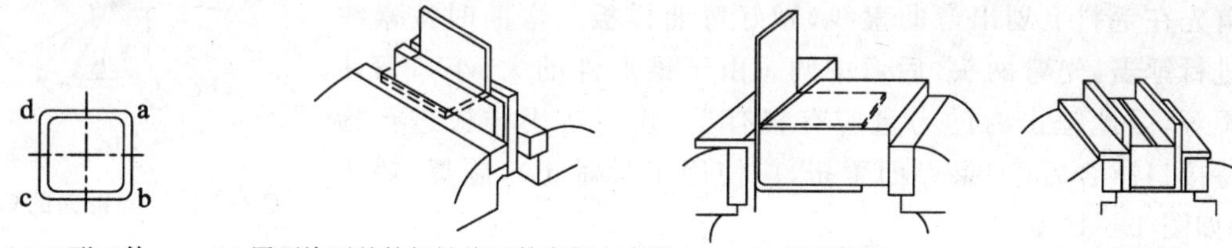

(a) 口形工件　(b) 用两块平整的规铁将工件夹紧在虎钳上　(c) U形弯曲　(d) 封口

图 1-5-7　口形工件的弯曲

提示

口形工件弯曲时的注意事项：

① 规铁要高出垫板 2～3mm。

② 锤击时用力要均匀，并有向下压的分力，以免把工件拉出而跑线。

三、弧形弯曲

弧形弯曲指将板料按设定的要求弯曲成圆弧或圆筒形状。这在汽车车身修复时，特别是在现代流线型车身修复时应用得较多。

1. 弯制圆筒件

首先在毛料上划出与弯曲轴线平行的等分线，作为弯曲时的基准线，然后准备一段合适的槽钢(或钢轨)作为胎具。弯曲时，先将毛料的两端预弯，然后在槽钢或钢轨上一边逐步转动，一边沿划好的等分线敲击毛料，使板料逐渐弯曲，如图 1-5-8(a)所示；再在铁砧上进行合拢，如图 1-5-8(b)所示，当钢板边缘接触时，进行施焊；再在槽钢或钢轨上敲打成圆；最后在圆钢上整圆，如图 1-5-8(c)所示。

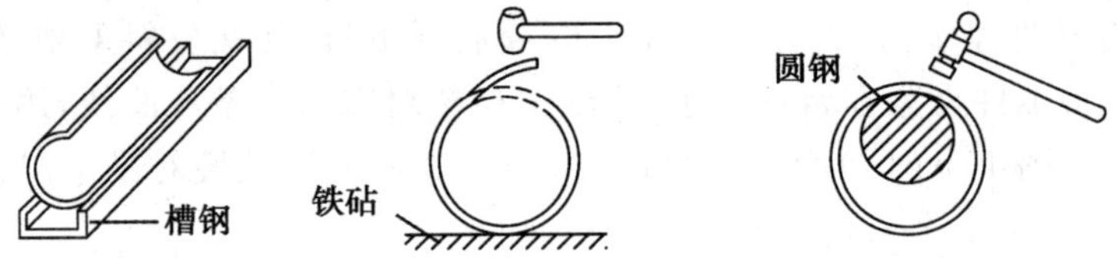

(a) 在槽钢上初弯　(b) 在铁砧上合拢　(c) 在圆钢上整圆

图 1-5-8　圆筒件的弯曲

小型圆筒件也可以在虎钳上进行弯曲。先将虎钳口张开到适当的开度，把板料置于钳口上，用手锤顺着钳口轻轻敲击。敲击完一行后应移动板料，再敲击下一行，使板料逐渐形成圆筒，如图 1-5-9 所示。

(a) 初步弯曲　(b) 初步合拢　(c) 合拢

图 1-5-9　在虎钳上弯曲圆柱面

2. 弯制圆锥件

首先在毛料上划出弯曲素线，做好弯曲样板。弯曲时按素线方向进行锤击，先弯两头，后弯中间。由于锥形件的大、小口弯曲半径不等，因此锤击时的力量应有轻有重，并不断用样板进行检查。待接口重合后(如果界面歪扭，应使用工具矫正)，施焊、矫正成型，如图 1-5-10所示。

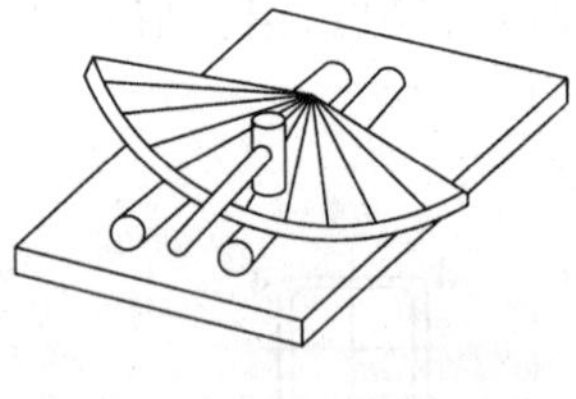
图 1-5-10　圆锥面的弯曲

活动实施

一、弯 S 形件

依划线夹持板料，弯成 α 角，然后将方衬垫垫入 α 角，再弯折 β 角，其操作顺序如图 1-5-11 所示。

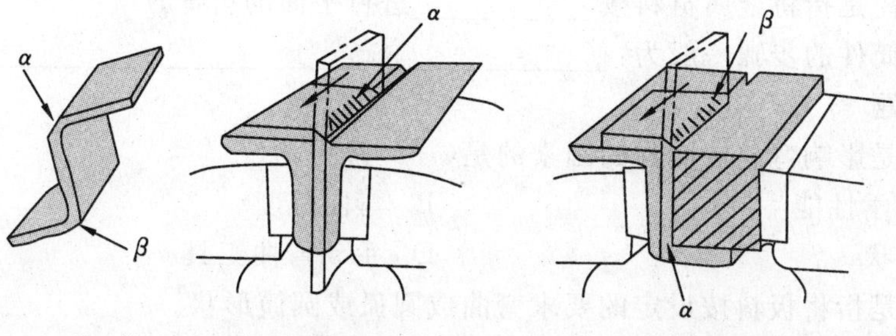

(a) S 型工件　(b) 第一步：依划线夹入角铁衬垫，弯成 α 角　(c) 第二步：方衬垫垫入 α 角，对准划线再弯折 β 角

图 1-5-11　弯 S 形件

二、弯 n 形件

先将板料弯成 α 角，再用衬垫弯成 β 角，最后弯成 θ 角。弯曲封闭的盒子时，其方法步骤与弯形件大致相同，最后夹在台钳上，使缺口朝上，再向内弯折成形，如图 1-5-12 所示。

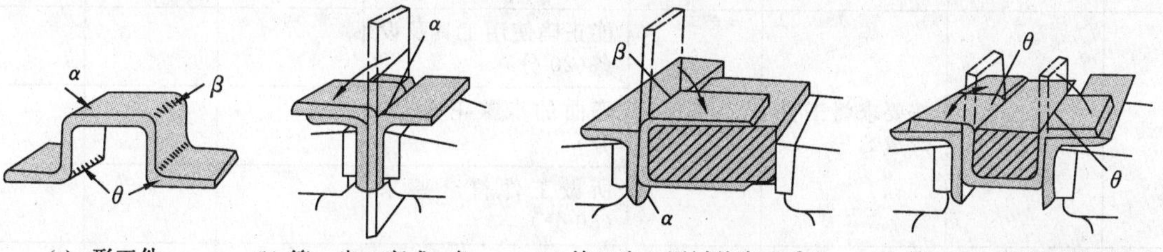

(a) n形工件　(b) 第一步：弯成 α 角　(c) 第二步：用衬垫弯成 β 角　(d) 第三步：用衬垫弯成 θ 角

图 1-5-12　弯 n 形件

三、弧形弯曲

以圆柱面弯曲为例，首先在板料上划出若干与弯曲轴线平行的等分线，作为弯曲时的基准线，然后用槽钢作为胎具，将板料从外端向内弯折。当钢板边缘接触时，将对接缝焊接几点。将零件在圆钢管上敲打成形，再将接缝焊牢。锤击时，应尽量使用木锤，以防板料变形，如图 1-5-8 所示。

四、翼子板的弯曲

如图 1-5-13 图所示，用垫铁和手锤配合进行弯曲，一手持垫铁在工件背面垫托，垫铁的边缘要对准弯折线，另一手持手锤从正面弯折线处敲击，边敲击边移动垫铁，循序渐进，使工件边缘逐渐形成弯曲。

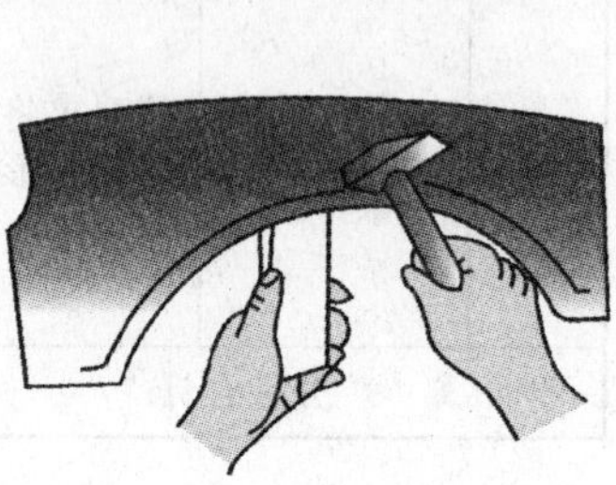

图 1-5-13　翼子板的弯曲

巩固与评价

一、活动巩固

(一) 填空题

1. 板料弯曲是钣金成型的基本操作工艺，一般有两种形式，即＿＿＿＿＿＿和＿＿＿＿＿＿。

2. 板料弯曲时，变形的区域在零件的＿＿＿＿＿＿，＿＿＿＿＿＿基本不变形。

3. 角形弯曲是指将金属材料按__________进行平面的折弯。

4. 弯制圆筒件的步骤一般为：____________、____________、____________。

(二) 选择题

1. 下列不是影响弯曲件回弹的因素的是(　　)。

A. 材料力学性能　　B. 弯曲程度

C. 弯曲形状　　D. 手动弯曲工具

2. (　　)是指将板料按设定的要求弯曲成圆弧或圆筒形状。

A. 角形弯曲　　B. 弧形弯曲　　C. 口形弯曲　　D. U 形弯曲

二、活动评价

评分标准见表 1-5-2,在考核记录栏中简述扣分的缘由。

表 1-5-2　　弯曲操作考核评分表

评定成绩：　　时间：　　地点：　　教师：

序号	作业项目	考核内容	配分	评分标准	考核记录	扣分	得分
1	弯 S 形件	按要求将工件弯成 S 形	100	能正确使用工具及设备(20 分)			
				弯曲的步骤正确(50 分)			
				所做工件符合要求(30 分)			
2	弯 n 形件	按要求将工件弯成 n 形	100	能正确使用工具及设备(20 分)			
				弯曲的步骤正确(50 分)			
				所做工件符合要求(30 分)			
3	弧形弯曲	按要求将工件弯成弧形	100	能正确使用工具及设备(20 分)			
				弯曲的步骤正确(50 分)			
				所做工件符合要求(30 分)			
分数合计			300				

活动二　拱　曲

活动描述

在本次活动中,学生在理解冷拱曲和热拱曲的基础知识和基本操作工艺的基础上,观察教师的示范操作,并按照冷拱曲和热拱曲的操作规范,进行顶杆手工拱曲和胎模手工拱曲的正确操作。

学习目标

◇ 能熟知拱曲工艺的几种方法。

◇ 能进行胎模拱曲操作。

◇ 能正确合理使用工具和遵守安全操作规程。

学习地点

基础教学区。

学习准备

教学设备(含资料):台虎钳、工作台、圆管、多媒体设备。

工量具:划针、钢锉、铁皮剪刀、钢直尺、木板、扁冲、钣金锤、钢直尺等。

材料:0.8mm 薄板、焊片。

劳动保护用品:纱手套。

知识准备

手工拱曲所需的工具有手锤、木锤、顶杆、顶铁、顶木、木砧、胎模、喷灯、射吸式焊炬等,拱曲用设备为步冲机。

一、拱曲件展开尺寸的确定

拱曲件展开尺寸由于受板料厚度、拱曲程度和操作手法等各项因素的影响,难以准确计算。

提示

在实际生产中常采用实际比量法和近似计算法来确定拱曲件展开尺寸。实际比量法是用纸按实物或胎模的形状压出皱褶,附在实物或胎模上,然后沿实物或胎模的边缘把纸剪下来,再按纸的展开尺寸加减适当的余量即可得到该零件的展开尺寸。

二、冷拱曲

冷拱曲是通过使板材的周边起皱向里收缩,将板材的中间部位展开打薄向外拉,如此反复多次,使板材逐渐成为凹凸面的零件。拱曲零件因为边缘收缩而变厚,如图 1-5-14 所示。冷拱曲的操作方法通常有顶杆手工拱曲、胎模手工拱曲、步冲机拱曲等。

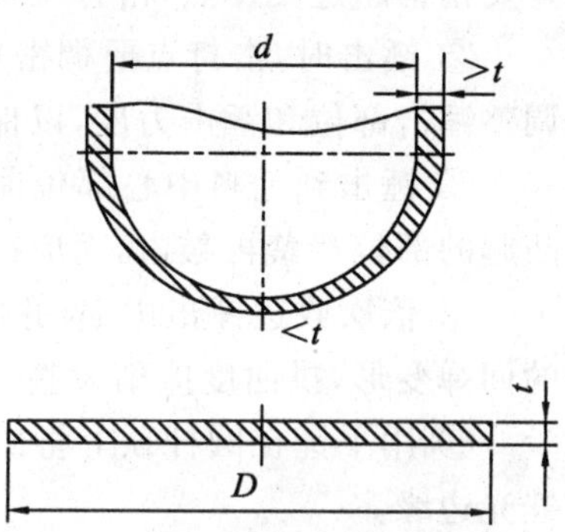

图 1-5-14　拱曲件的厚度变化

三、热拱曲

热拱曲是通过对毛料进行局部加热,使其冷却收缩变形而得到的,一般适用于板料较厚、形状比较复杂以及尺寸较大的拱曲零件。加热可采用喷灯、焊炬进行。热拱曲原理如图 1-5-15 所示。

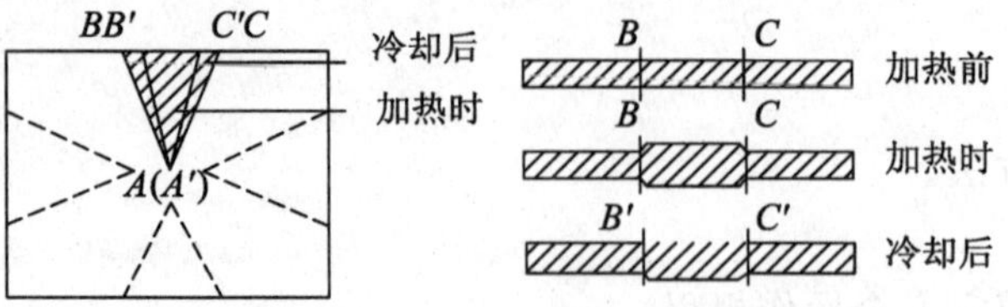

(a) 三角形加热

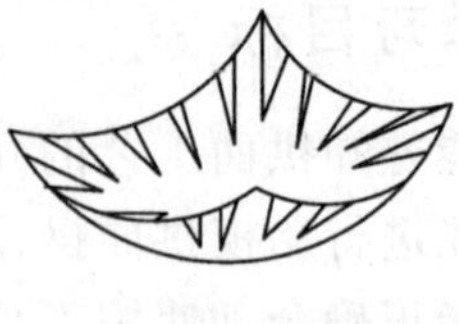

(b) 热拱曲后零件的形状

图 1-5-15　热拱曲原理

对毛料 ABC 三角区域进行局部加热，其受热后要向周围膨胀，但由于该区域处于高温状态，其屈服强度远比四周未加热部位的屈服强度低，所以其加热部位不但不能膨胀伸展，反而其纤维被压缩变短，材料的厚度增加，ABC 区域冷却后缩小为 $A'B'C'$。如果沿毛料的四周对称而均匀地进行分区加热，便可以使其收缩成所需要的拱曲零件。

提示

热拱曲的程度与加热点的数量、加热温度呈正相关，加热点越多、越密，加热温度越高，热拱曲程度就越大。

活动实施

一、顶杆手工拱曲

顶杆手工拱曲法适用于制作拱曲深度较大的零件，主要是利用顶杆和手工锤击的方法制成拱曲零件。半球形零件的拱曲如图 1-5-16 所示。

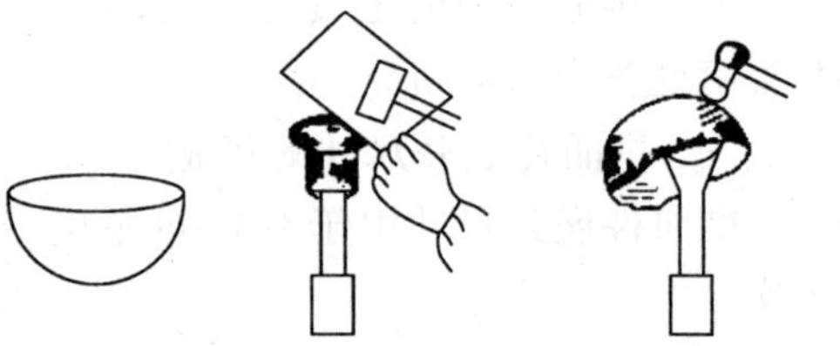

(a) 零件　　(b) 皱缩　　(c) 伸展中部或修光

图 1-5-16　半球形零件的拱曲

用顶杆手工拱曲法制作的零件材料应具有良好的塑性，以满足制作中板材延展、收缩的需要。在加工过程中如出现硬化现象，应及时采用退火方法消除才能继续拱曲。其操作过程如下：

① 拱曲时，首先将板材的边缘制出皱褶，然后在顶杆上将边缘的皱褶敲平，使板料的边缘因增厚而向内弯曲，此时，再用木锤轻而均匀地锤击板料中部，使其伸展拱曲。锤击的位置要稍稍超过支撑点，击打位置要准确，否则容易打出凹痕。

② 锤击时，击打点要稠密均匀，锤击力要均匀适度，边锤击边旋转毛料，根据目测随时调整锤击部位和锤击力度，以保证表面光滑、均匀。

③ 锤击到毛料中心部位时，不能集中在一点锤击，以防止毛料中心伸展过度而凸起。凸起的部位严禁再敲击，而应锤击凸起周围的部位，使毛料均匀伸展，消除凸起。

④ 依次收边锤击中部，并配合中间的样板检查，使拱曲达到要求。考虑到修光时产生的回弹变形，拱曲度应稍大些。

⑤ 用平锤在圆杆顶上将拱曲成型的零件进行修光，然后按要求划线，并切除多余材料，锉光边缘。

二、胎模手工拱曲

胎模手工拱曲适用于尺寸较大、深度较浅的零件，如图 1-5-17 所示。其操作过程如下：

① 将毛料压紧在胎模上，用手锤从边缘开始逐渐向中心部位锤击，如图 1-5-17(a)所示。

② 每锤击一下即转动毛料，使其周围变形均匀，由外向内逐渐进行，如图 1-5-17(b)所示。

③ 拱曲继续向中心进行，直至达到所需的拱曲度，如图 1-5-17(c)所示。

④ 在厚橡皮上伸展毛料，如图 1-5-17(d)所示，最后用平头锤在球形顶杆上去除皱纹并修平整。

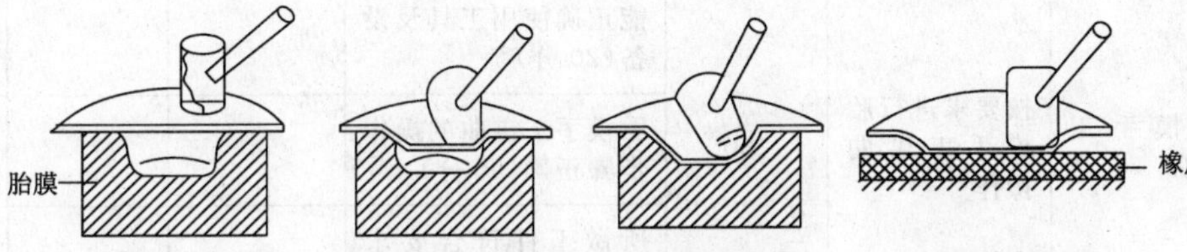

(a) 在胎膜上从边缘向中心逐步锤击(一)　(b) 在胎膜上从边缘向中心逐步锤击(二)　(c) 在胎膜上从边缘向中心逐步锤击(三)　(d) 在厚橡皮上伸展

图 1-5-17　胎膜手工拱曲

巩固与评价

一、活动巩固

(一) 填空题

1. 拱曲分为________和________两种，可以根据需要采用不同的拱曲方法。

2. ________是通过对毛料进行局部加热后，使其冷却收缩变形而得到的，一般适用于板料较厚、形状比较复杂以及尺寸较大的拱曲零件。

3. 热拱曲的程度与加热点的数量、加热温度呈________，加热点越多、越密，加热温度越高，热拱曲程度就________。

(二) 选择题

1. 将板料加工成为凹凸曲面形状零件的加工方法称为(　　)。

A. 弯曲　　B. 拱曲　　C. 拔缘　　D. 卷边

2. 下列不是冷拱曲通常操作方法的是(　　)。

A. 顶杆手工拱曲　　B. 胎模手工拱曲

C. 弧形拱曲　　D. 步冲机拱曲

3. 在拱曲加工过程中如果出现硬化现象，应及时采用(　　)方法消除才能继续拱曲。

A. 淬火　　B. 回火　　C. 渗碳　　D. 退火

二、活动评价

评分标准见表 1-5-3，在考核记录栏中简述扣分的缘由。

表 1-5-3　　　　　　　　　　　**拱曲操作考核评分表**

序号	作业项目	考核内容	配分	评分标准	考核记录	扣分	得分
1	顶杆手工拱曲	按要求进行顶杆手工拱曲操作	100	能正确使用工具及设备(20分)			
				顶杆手工拱曲的操作步骤正确(50分)			
				所做工件符合要求(30分)			
2	胎模手工拱曲	按要求进行胎模手工拱曲操作	100	能正确使用工具及设备(20分)			
				胎模手工拱曲的操作步骤正确(50分)			
				所做工件符合要求(30分)			
分数合计			200				

活动三　收边与放边

活动描述

在本次活动中,学生在理解无波折收边、有波折收边、收缩机收边、打薄放边、拉薄放边和型胎放边的相关知识及基本操作工艺的基础上,观察教师用起皱钳收边和打薄放边的示范操作,并根据板件的变形情况,合理运用工具,在教师的指导下,确认收边与放边方法,完成规定的板件收边与放边工艺。

学习目标

◇ 能进行薄板收边操作。
◇ 能进行薄板放边操作。
◇ 能正确合理使用工具和遵守安全操作规程。

学习地点

基础教学区。

学习准备

教学设备(含资料):台虎钳、工作台、圆管、多媒体设备。

工量具:划针、钢锉、铁皮剪刀、钢直尺、木板、扁冲、钣金锤、钢直尺等。

材料：0.8mm 薄板、焊片。

劳动保护用品：纱手套。

知识准备

一、收边

收边是利用角形材料某一边收缩引起的长度减小、厚度增大来制造凸曲线弯边零件的方法，如图 1-5-18 所示。

收边的原理是使毛料的纤维收缩变短，如图 1-5-19 所示。首先在毛料的边缘起皱，使纤维沿纵向长度变短，然后在防止皱纹向两侧伸展恢复的情况下将皱纹消平。

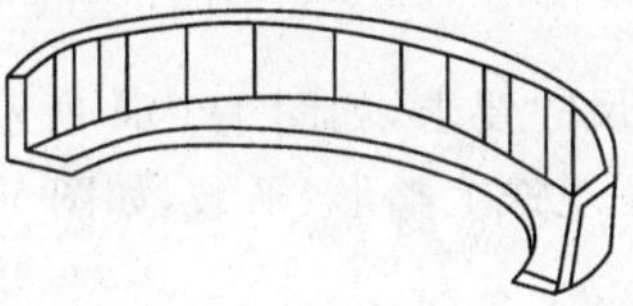

图 1-5-18 收边零件

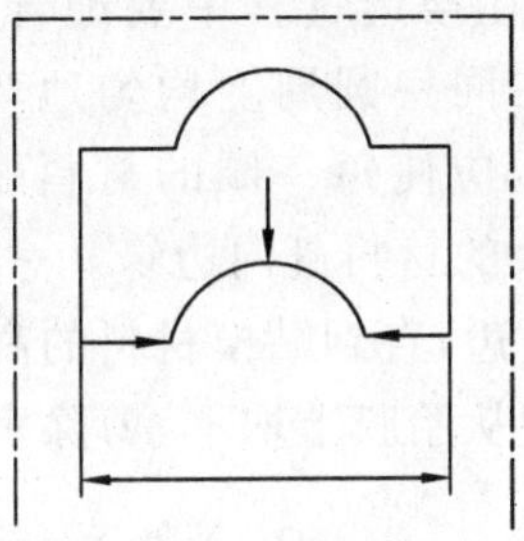

图 1-5-19 收边原理

常用的收边工具有手锤、木锤、胶木锤、起皱钳、起皱模、铁砧、规铁等。

常用的收边方法有起皱钳收边、起皱模收边、搂弯收边、收缩机收边等。

1. 无波折收边

先在薄板上画出落料剪切线和收边轮廓线，落料后将薄板放在钢衬上沿收边轮廓线向内边锤击并旋转毛坯，如图 1-5-20(a)，循序渐进直至完成桶盖边缘的收缩，如图 1-5-20(b)，这是无波折收边的一种典型操作方法。

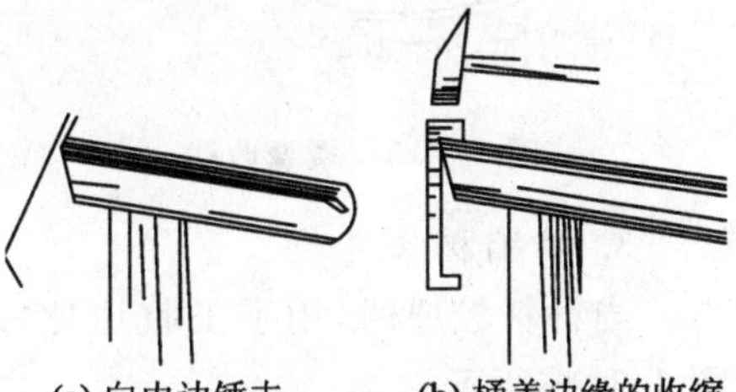

(a) 向内边锤击　(b) 桶盖边缘的收缩

图 1-5-20 无波折收边的操作方法

2. 有波折收边

(1) 起皱钳收边。

用起皱钳先使收缩边起皱，也可用钣金锤打薄沿边轮廓线，摞出折线，再将毛坯置于铁砧上用木锤将起皱敲平，如图 1-5-21 所示。

锤击时应注意从波折的顶点开始，并保证锤击力度轻而均匀。要注意避免因用力过大造成锤痕和使薄板发生延展变形。

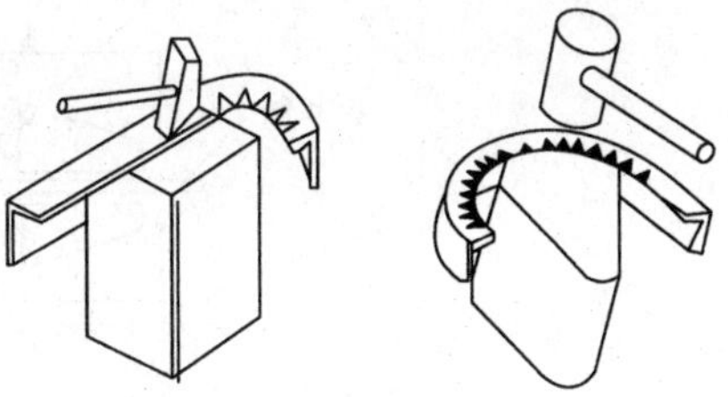

图 1-5-21 用锤子敲打收边

起皱钳可以用钢筋自制，但表面要光滑无毛刺，以免在起皱时损伤薄板。

(2) 起皱模收边。

对于毛料较厚的零件，可采用起皱模起皱。起皱模用硬木制成，起皱时，将零件置于起皱模上，用錾口锤起皱，锤击出波纹，然后在规铁或铁砧上敲平。敲平的方法与起皱钳收边敲平的方法相同。

(3) 搂弯收边。

盆形件的收边，可采用搂弯收边法成型。此种成型是拉收结合，以收为主，其收边效率较高，质量较好。其工艺过程如下：

① 将毛料在型胎上定位，并用夹具卡紧，如图 1-5-22 所示。

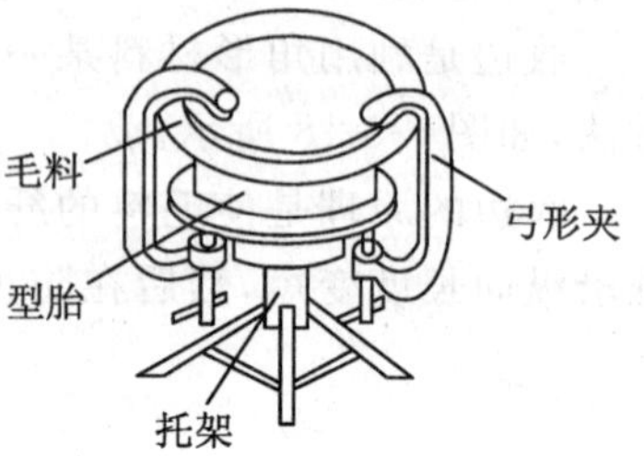

图 1-5-22 毛料在型胎上固定

② 用顶棒或铁砧顶住毛料，用木锤敲打顶棒顶住的部分，将毛料从根部击弯，并应使其弯边的根部先贴模。应注意木锤和顶棒在搂边过程中要配合协调，沿圆周方向逐渐移动，使毛料在同一圆周上均匀地弯曲，如图 1-5-23 所示。在搂边过程中，应使每一圈的材料贴模后再进行下一圈的收缩，并把多余的材料赶向边缘。

③ 继续搂边，直到贴模材料的高度符合零件的尺寸要求，如图 1-5-24 所示。

④ 将零件从胎膜上取下，剪除多余的材料，并在规铁上整形、平皱，如图 1-5-25 所示。

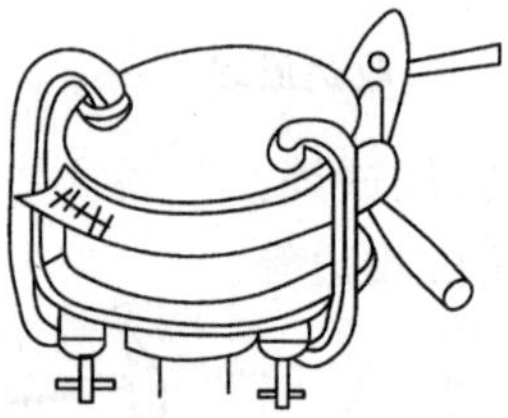
图 1-5-23 搂弯收边

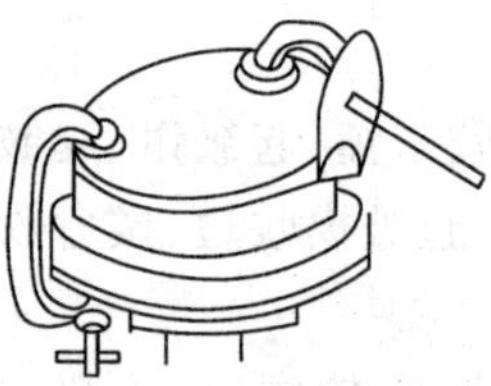
图 1-5-24 继续搂边

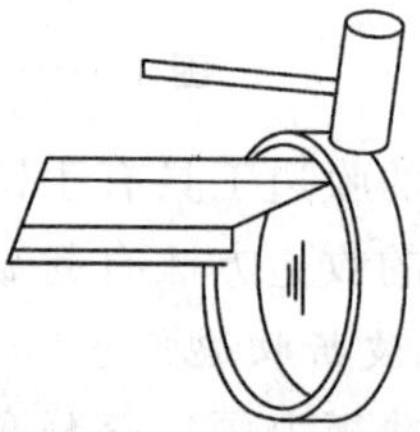
图 1-5-25 在规铁上矫正

3. 收缩机收边

当材料较厚时，用手工收边比较费力，这时可采用收缩机收边。收缩机的工作原理如图 1-5-26 所示。

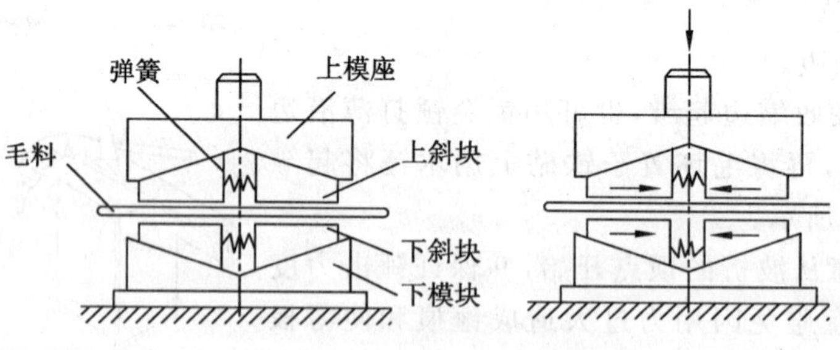

图 1-5-26 收缩机收边工作原理

当上、下模相碰后，楔形斜块紧压材料向内运动，使材料纤维受压缩力的作用而变短，达到收边的目的。收缩机的收缩次数为 140～150 次/min，效率较高。图 1-5-27 所示为盆形件在收缩机上收边示意图。

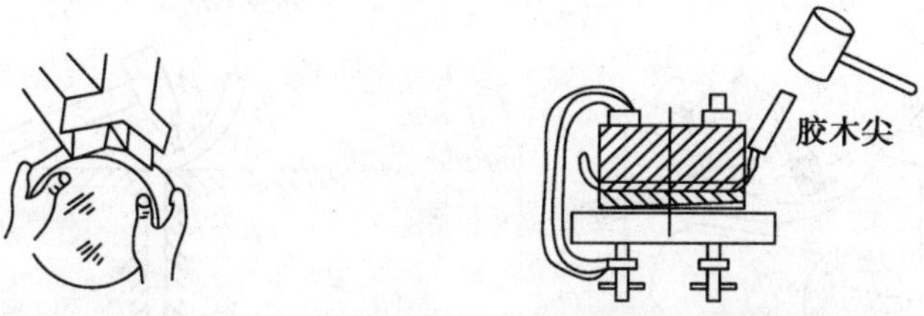

(a) 在收缩机上收边　　　　(b) 顶靠弯边垫胶木修整

图 1-5-27　盆形件在收缩机上收边示意图

二、放边

放边是利用角形件某一边材料变薄伸长来制造曲线弯边零件的方法，放边成型的工件如图 1-5-28 所示。

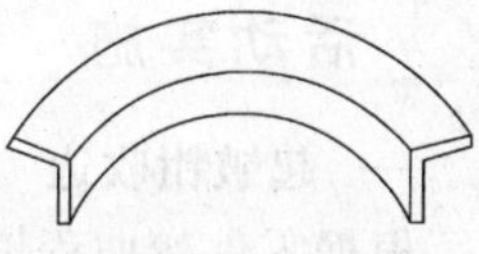

图 1-5-28　放边工件

常用的放边工具包括：手锤、木锤、胶木锤、平台、铁砧、规铁、顶杆、厚橡皮板和软木墩等。

常用的放边设备是空气式点击锤，如图 1-5-29 所示，适用于 2mm 以下的软钢板、铜板、铝板锤击展放。工作时，锤头的轴线要与砧座轴线重合。

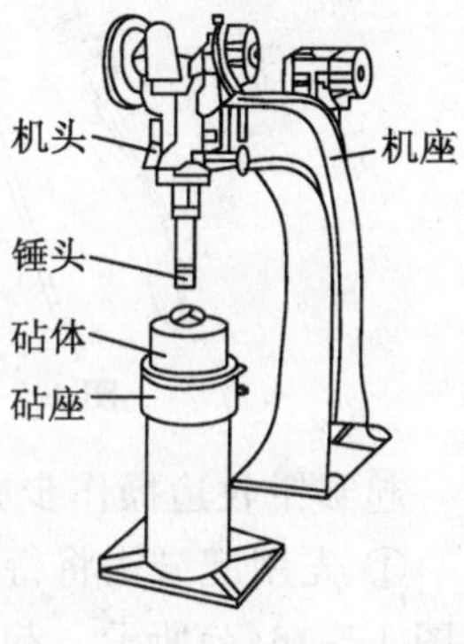

图 1-5-29　空气式点击锤

常用的放边方法有三种：打薄放边、拉薄放边和型胎放边。

1. 打薄放边

制造凹曲线弯边的零件，可用直角型材或直角形毛坯放在平台、铁砧或规铁上锤放边缘，使边缘的厚度变薄，面积增大，弯边伸长，越靠近角材外边缘，锤击伸长越大，越靠近内边缘，伸长越小，这样直线角材就能逐渐被锤放成曲线弯边的零件。打薄放边能使毛料得到较大的延伸变形，放边效果较为显著，但毛料变薄不均匀，表面质量不高，如图 1-5-30 所示。

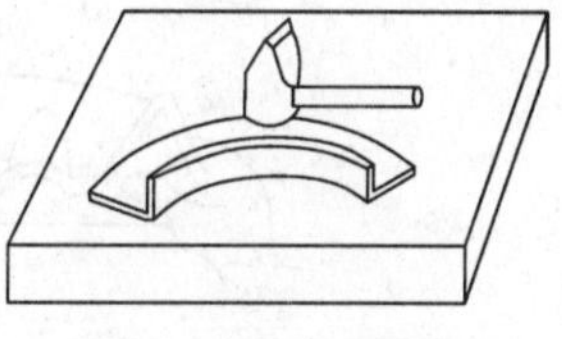

图 1-5-30　打薄放边

2. 拉薄放边

拉薄放边就是将毛料置于厚橡皮或软木墩上锤打放边部位，如图 1-5-31 所示。因为橡胶和软木墩比较软且有弹性，所以在锤打时材料被伸展拉长。用拉薄放边的方法获得的工件厚薄均匀，表面质量较高，但锤放效果较差，在变形过程中易产生拉裂，故适用于毛料较薄的零件。

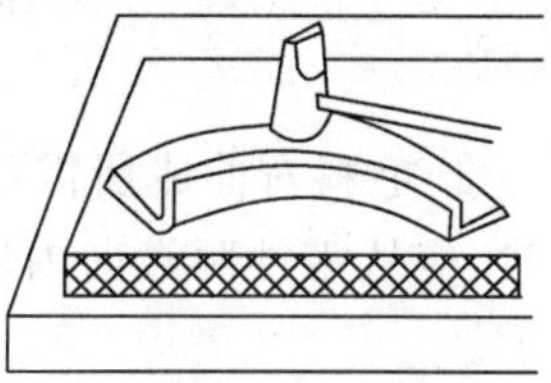

图 1-5-31　拉薄放边

3. 型胎放边

对弯边高度较大、展放量大的凹曲线弯边零件，可采用型胎放边法拉放。将板材夹在型胎上，用木锤敲击顶木，顶木冲击板材使其伸展。型胎放边如图 1-5-32 所示。

型胎放边应从型胎的两边开始，逐渐向中间靠近，外缘不动，从弯边根部开始顶放，如图 1-5-33 所示，使平面上的材料展放成垂弯边，最后将弯边敲至贴模。

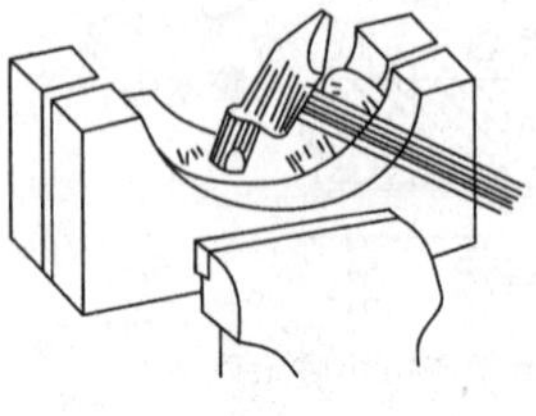

图 1-5-32　型胎放边

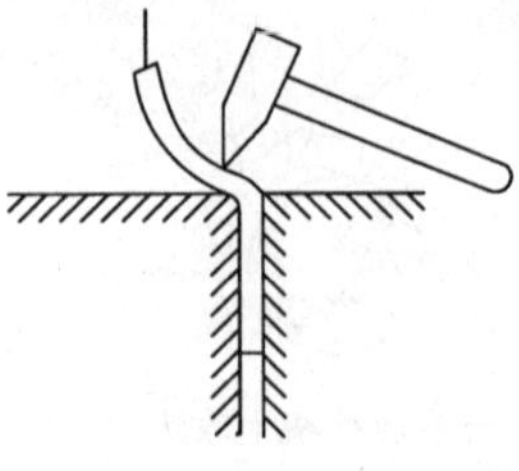

图 1-5-33　从弯边根部顶放

活动实施

一、起皱钳收边

根据零件弯曲程度的大小，用起皱钳（图 1-5-34）在收边部位折起若干个皱，再在铁砧或规铁上逐个收平皱边，如图 1-5-35 所示。

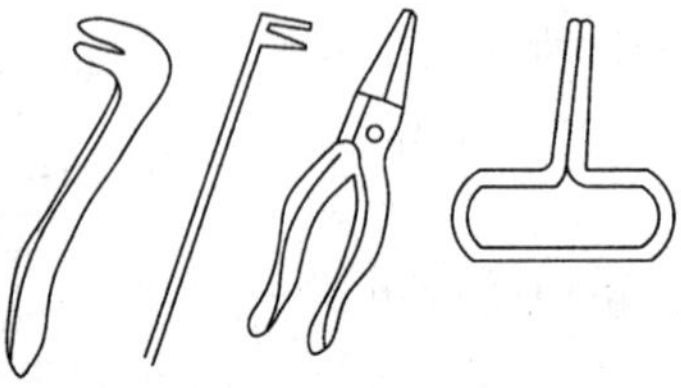

图 1-5-34　起皱钳的样式

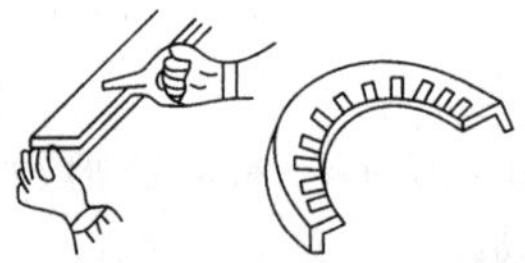

图 1-5-35　起皱钳收边

起皱钳收边操作步骤如下：

① 先用起皱钳将待弯的毛料内侧边缘起皱，使毛料内侧边缘缩短而使毛料弯曲变形，如图 1-5-36(a)所示。起皱尺寸要适当，皱褶的宽度 a、长度 L、隆起高度 H、皱褶间距 c、内边缘的宽度 B 及其相互关系如图 1-5-36(b)所示。

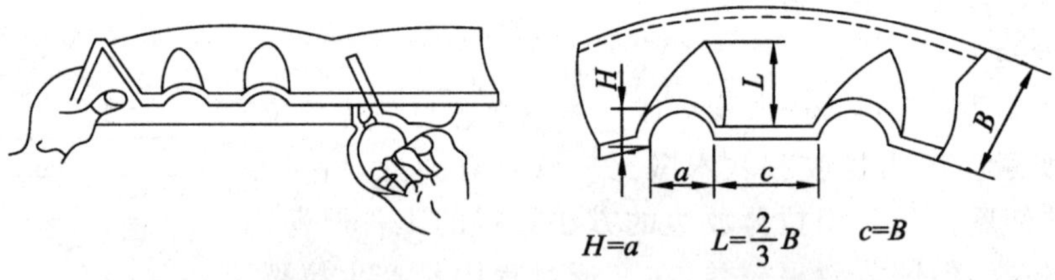

(a) 毛料内侧边缘起皱　(b) 起皱尺寸

图 1-5-36　起皱

② 毛料弯曲成所需形状后，再在规铁或铁砧上用木锤锤击、敲平，使皱折消除。敲平的同时，应从零件两端向内加力，以提高收边效率，收边后在平台上矫正收边平面，如图 1-5-37 所示。

③ 在收边过程中，如因变形程度较大而使加工硬化现象严重时，应及时退火处理，防止零件出现裂纹。

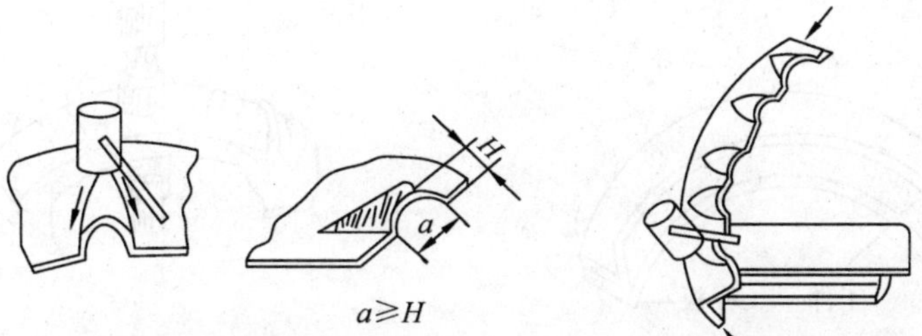

(a) 消除皱褶的顺序　　(b) 在顶铁上收边

图 1-5-37　消除皱褶收边

二、打薄放边

打薄放边工艺及操作步骤如下：

① 先计算出零件的展开尺寸，然后划线并剪切出展开板料。

② 在板料上划出弯曲线，按线将其弯成角形件，并将边缘毛刺去除，如图 1-5-38 所示。

③ 在平台、铁砧或规铁上锤放弯曲平面的外缘。锤放时，所用锤头端面应光滑，以防止击出坑痕；锤击点要外密内疏，锤痕要呈放射状，锤放边应与铁砧表面平行并贴紧，锤放方法如图 1-5-39 所示。

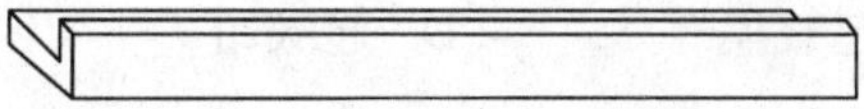

图 1-5-38　弯成角形件

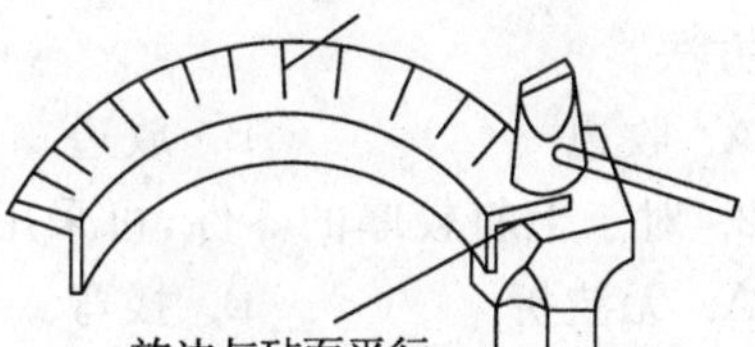

图 1-5-39　锤放方法

④ 锤放范围应在锤放面宽度靠外边缘 3/4 的范围内，弯边根部圆角 R 处严禁锤击，否则会使工件产生扭曲变形，如图 1-5-40 所示。

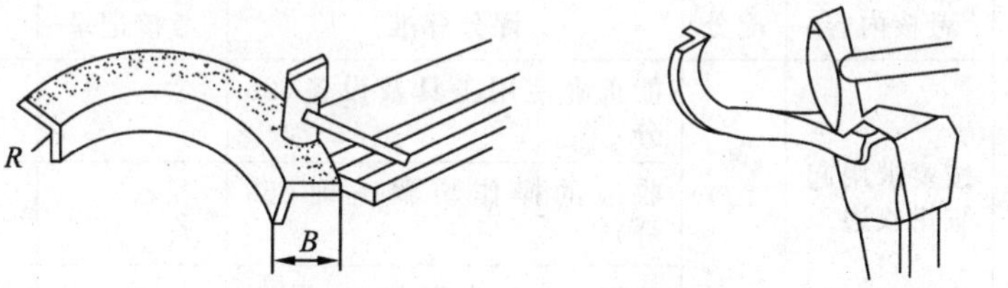

(a) 在边缘3/4处开始锤击　　(b) 锤击圆角R处导致工件扭曲

图 1-5-40　锤放部位

⑤ 有直线段的角材工件在直线段内不能敲打。

⑥ 锤放中如发现加工硬化现象，应及时进行退火处理，以防止工件出现裂纹。

⑦ 在放边过程中，应随时用样板检查工件外形，尽量避免放边过量，否则不易修正。待工件达到要求后进行矫正和修整，如图 1-5-41 所示。

当放边工件的放边宽度较宽、放边量较大时，可采用放边质量好、效率高的空气式点击锤放边，如图 1-5-42 所示。

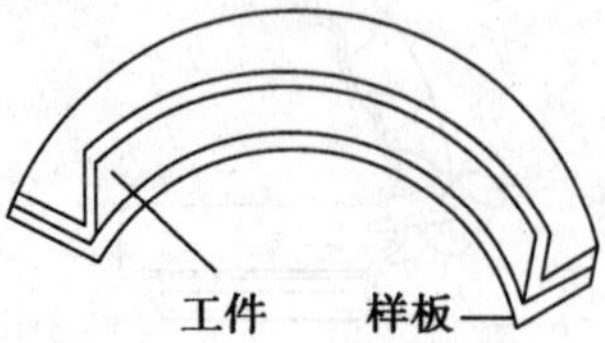

图 1-5-41 用样板检查

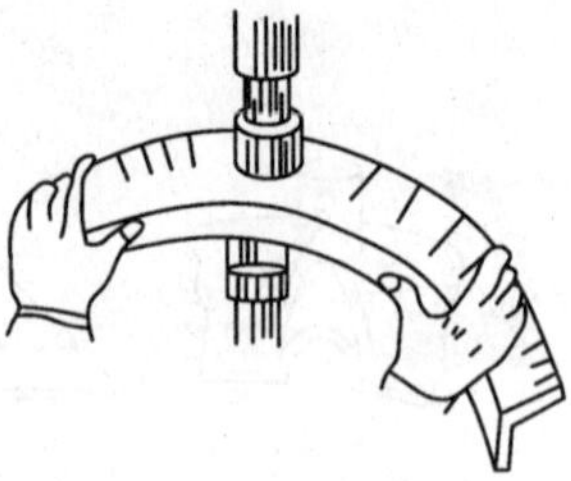

图 1-5-42 空气锤放边

巩固与评价

一、活动巩固

(一) 填空题

1. 常用的收边方法有____________、____________、____________和____________等。

2. 常用的放边方法有三种，即____________、____________和____________。

3. 对弯边高度较大、展放量大的凹曲线弯边零件，可采用____________拉放。

(二) 选择题

1. (　　)是利用角形材料某一边收缩引起的长度减小、厚度增大来制造凸曲线弯边零件的方法。

A. 收边　　B. 放边　　C. 卷边　　D. 弯曲

2. 对于毛料较厚的零件，可采用(　　)收边。

A. 无波折　　B. 搂弯　　C. 起皱模　　D. 起皱钳

二、活动评价

评分标准见表 1-5-4，在考核记录栏中简述扣分的缘由。

表 1-5-4　收边与放边操作考核评分表

评定成绩：　　时间：　　地点：　　教师：

序号	作业项目	考核内容	配分	评分标准	考核记录	扣分	得分
1	用起皱钳收边	按要求用起皱钳收边	100	能正确使用工具及设备(20分)			
				收边的操作步骤正确(50分)			
				所做工件符合要求(30分)			
2	打薄放边	按要求对工件打薄放边	100	能正确使用工具及设备(20分)			
				放边的操作步骤正确(50分)			
				所做工件符合要求(30分)			
分数合计			200				

活动四　卷　边

活动描述

为了增加零件边缘的刚度和强度，可将零件边缘卷曲为卷边。在本次活动中，学生在理解夹丝卷边、空心卷边的相关知识和基本操作工艺的基础上，观察教师夹丝卷边和空心卷边的示范操作，并根据板件的变形情况，合理运用工具，在教师指导下，正确运用卷边方法，完成规定的板件卷边工艺。

学习目标

◇ 能熟知卷边的形式、目的和操作过程。
◇ 能进行手工卷边的操作作业。
◇ 能正确使用工具和遵守安全操作规程。

学习地点

基础教学区。

学习准备

教学设备(含资料)：台虎钳、工作台、圆管、多媒体设备。
工量具：划针、钢锉、铁皮剪刀、钢直尺、木板、扁冲、钣金锤、钢直尺等。
材料：0.8mm 薄板、焊片。
劳动保护用品：纱手套。

知识准备

一、卷边

卷边分为夹丝卷边和空心卷边两种。夹丝卷边是在零件的边缘卷边内嵌入一根钢丝，以增强零件边缘的刚度。钢丝的粗细应根据零件的受力情况及零件的尺寸大小来决定，一般钢丝的直径是板料厚度的 3 倍以上。包卷钢丝的边缘应不大于钢丝直径的 2.5 倍，如图 1-5-43(a)、(c)所示。空心卷边是将零件的边缘卷曲成圆管状，如图 1-5-43(b)所示。

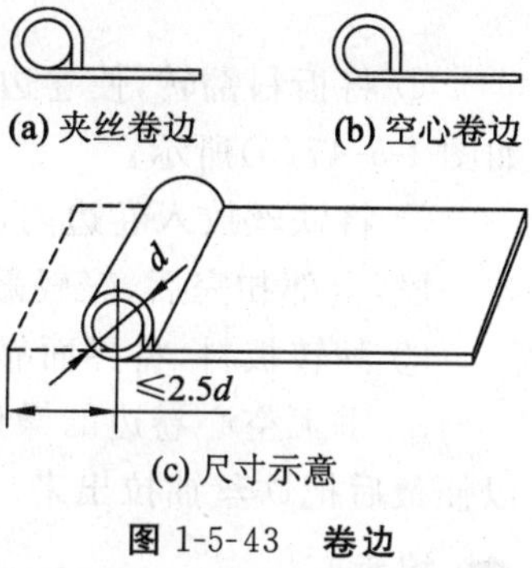

图 1-5-43　卷边

二、卷边零件展开长度的计算

卷边零件的展开长度等于卷曲部分长度与直线部分长度之和。图 1-5-44 所示为卷边展开尺寸的计算，其展开长度 L

为：$L=L_1+\frac{d}{2}+L_2$

其中　$L_2=\frac{3}{4}\pi(d+t)=2.36(d+t)$

所以　$L=L_1+\frac{d}{2}+2.36(d+t)$

式中：L 为卷边零件展开长度；L_1 为板料直线部分长度；L_2 为卷曲部分(270°)展开长度；d 为钢丝直径；t 为板料厚度。

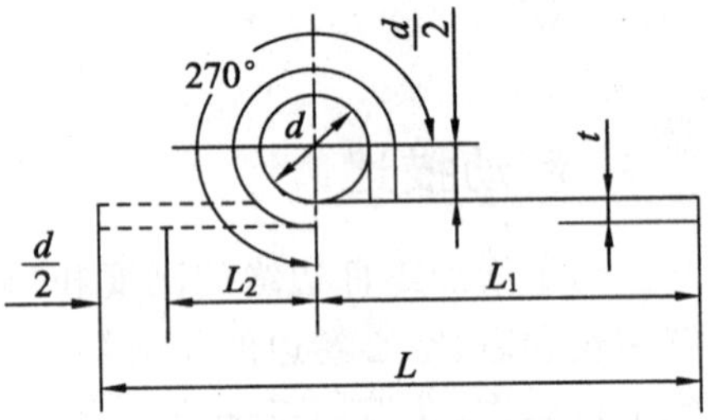

图 1-5-44　卷边展开尺寸的计算

活动实施

按照以下步骤，完成卷边作业内容，并注意操作要点。

① 根据计算出的加工余量，在板料上划出两条卷边线，如图 1-5-45 所示。

② 将板料放在平台(或方铁、轨道等)上，使其 L_2 尺寸长度的 1/3 露出平台，左手压住板料，右手用木锤或方木敲击露出平台部分的边缘，使其向下弯曲成 85°～90°，如图 1-5-46(a)所示。

③ 将板料向平台外伸弯曲，直至平台边缘对准第二次卷边线为止，即使露出平台部分等于 L_1，并使第一次敲打的边缘靠上平台，如图 1-5-46(b)、(c)所示。

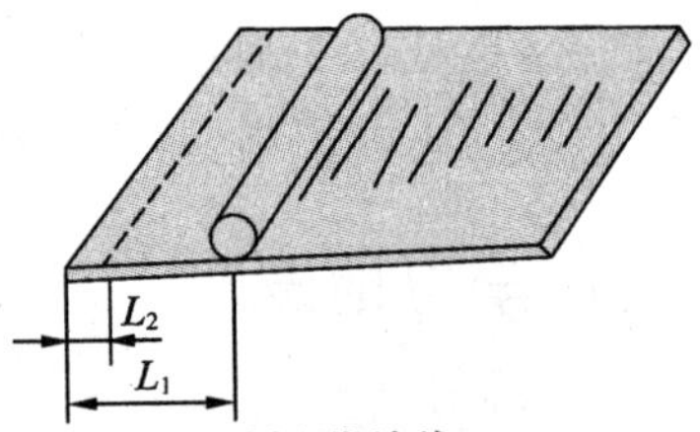

划出卷边线

图 1-5-45　卷边步骤(1)

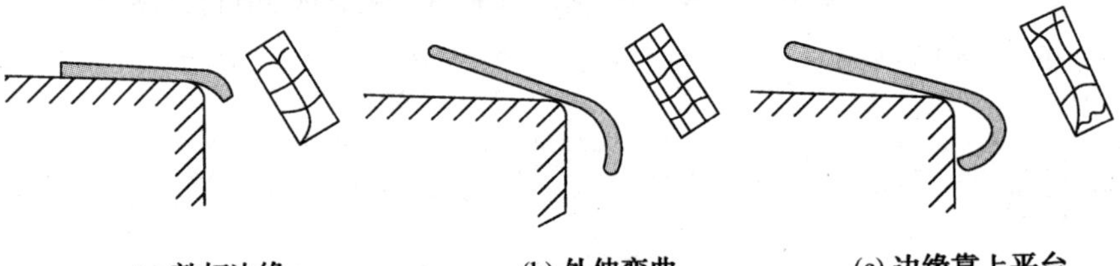

(a) 敲打边缘　(b) 外伸弯曲　(c) 边缘靠上平台

图 1-5-46　卷边步骤(2)

④ 将板料翻转，使卷边朝上，轻而均匀地敲打卷边向里扣，使卷曲部分逐渐成圆弧形，如图 1-5-47(a)所示。

⑤ 将铁丝放入卷边内，放时先从一端开始，以防铁丝弹出，先将一端扣好，然后放一段扣一段，全部扣完后，轻轻敲打，使卷边紧靠铁丝，如图 1-5-47(b)所示。

⑥ 翻转板料，将界面靠住平台的边角，使界面咬紧，如图 1-5-47(c)所示。

⑦ 手工空心卷边的操作过程与夹丝卷边的一样，只是应使卷边与铁丝不要靠得太紧，以便最后把铁丝抽拉出来。

提示

若工件形状复杂，在平台上不便于操作，可用砧座和手锤配合进行卷边。

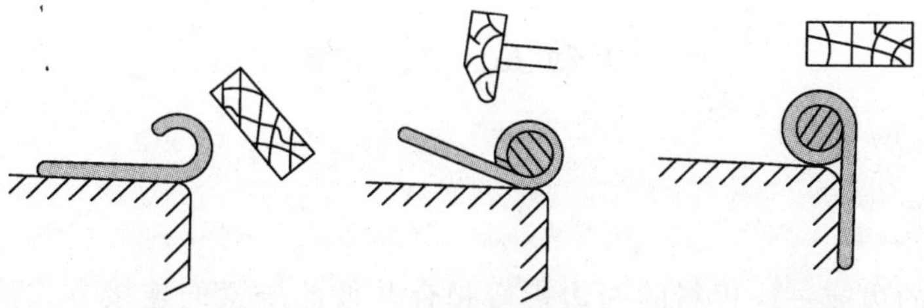

(a) 做成圆弧形　　(b) 卷边紧靠铁丝　　(c) 咬紧接口

图 1-5-47　卷边步骤(3)

巩固与评价

一、活动巩固

(一) 填空题

1. 为了增加零件边缘的________和_______,将零件边缘卷曲为卷边。

2. 卷边分为__________和__________两种。

3. 在卷边零件展开长度的计算中,卷边零件的展开长度等于_______________与___________之和。

4. 若工件形状复杂,在平台上不便于操作,可用________和________配合进行卷边。

5. 手工空心卷边的操作过程与夹丝卷边的一样,只是应使卷边与铁丝不要靠得_________,以便最后把__________抽拉出来。

(二) 选择题

1. (　　)是在零件的边缘卷边内嵌入一根钢丝,以增强零件边缘的刚度。

A. 空心卷边　　B. 搂弯收边　　C. 起皱模折皱　　D. 夹丝卷边

2. 夹丝卷边中,包卷钢丝的边缘应不大于钢丝直径的(　　)倍。

A. 2　　B. 2.5　　C. 3　　D. 3.5

二、活动评价

评分标准见表 1-5-5,在考核记录栏中简述扣分的缘由。

表 1-5-5　　卷边操作考核评分表

评定成绩:　　时间:　　地点:　　教师:

序号	作业项目	考核内容	配分	评分标准	考核记录	扣分	得分
1	夹丝卷边	按要求进行夹丝卷边操作	100	能正确使用工具及设备(20 分)			
				夹丝卷边操作步骤正确(50 分)			
				所做工件符合要求(30 分)			
2	空心卷边	按要求进行空心卷边操作	100	能正确使用工具及设备(20 分)			
				空心卷边操作步骤正确(50 分)			
				所做工件符合要求(30 分)			
分数合计			200				

活动五　咬　缝

活动描述

将两块板料的边或一块板料的两边折弯扣合并彼此压紧的连接方式称为咬缝，也称为咬接。在本次活动中，学生在理解咬缝的相关知识和咬缝的基本操作工艺的基础上，观察教师咬缝的示范操作，并按照操作规范，在教师指导下，正确运用咬缝方法，进行五节90°圆管弯头咬缝的正确操作。

学习目标

◇ 能熟知咬缝形式和过程。
◇ 能熟练进行卧式单扣咬缝的操作。
◇ 能在教师指导下进行立式单扣咬缝和卧式双扣咬缝的操作。
◇ 能正确合理使用工具和遵守安全操作规程。

学习地点

基础教学区。

学习准备

教学设备(含资料)：台虎钳、工作台、圆管、多媒体设备。
工量具：划针、钢锉、铁皮剪刀、钢直尺、木板、扁冲、钣金锤、钢直尺等。
材料：0.8mm薄板、焊片。
劳动保护用品：纱手套。

知识准备

咬缝常用的工具有手锤、木锤、拍板、规铁、角铁、方钢、圆钢等。

一、咬缝的种类及用途

咬缝的形式按结构分为挂扣、单扣和双扣；按形状分为立扣和卧扣；按位置分为纵扣和横扣。

常用咬缝的种类及用途见表1-5-6。

表 1-5-6　　咬缝的种类及用途

序号	种类	结　构	特点及应用举例
1	立式单咬缝	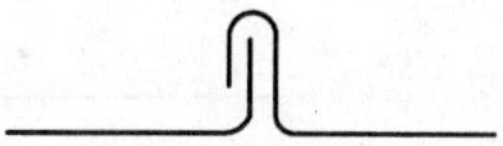	接合强度不高，用于房盖上铁瓦及多节弯头对接
2	立式双咬缝	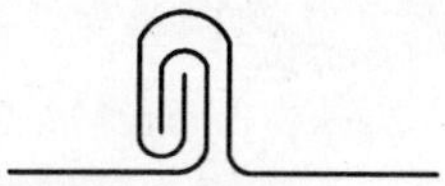	咬缝较困难，用于刚度大且牢靠处，如水槽的连接等
3	卧式单咬缝		既有一定强度，又平滑，应用较广，如盆、桶、水壶等
4	卧式双咬缝		强度大，牢靠，用于屋顶水槽的连接等
5	角式双咬缝	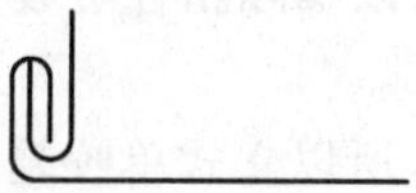	具有较大的连接强度，用于角形的连接处，如壶、桶底部连接
6	匹兹堡咬缝	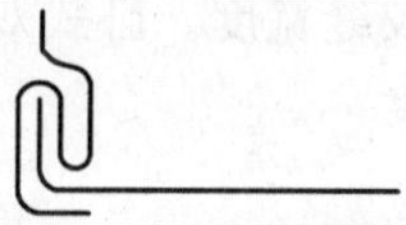	外表面平整、光滑、刚性好，适用于矩形弯管和各种罩壳结构连接

二、咬缝方法

1. 咬缝余量

咬缝下料时，应留出咬缝余量，咬缝余量是根据咬缝宽度和扣合层数计算的。

咬缝宽度与板厚有关，一般厚度在 0.5mm 以下的板料，其咬缝宽度为 3～4mm；厚度为 0.5～1mm 的板料，咬缝宽度为 5～7mm；板厚在 1mm 以上的板料，宜用焊接而不用咬接。

2. 咬缝口的余量计算。

(1) 卧缝咬口的余量计算。

如图 1-5-48 所示，对于卧式单咬缝，若咬缝口 A 设在 S 段中间，则板Ⅰ和板Ⅱ的余量 δ 相等($\delta=1.5S$)，如图 1-5-48(a)所示。若咬缝口 A 设在 S 段右侧，则板Ⅰ的余量 $\delta=S$，而板Ⅱ的余量 $\delta=2S$，如图 1-5-48(b)所示。对于卧式双咬扣，若咬缝口 A 设在 S 段右侧，则板Ⅰ的余量 $\delta=2S$，而板Ⅱ的余量 $\delta=3S$，如图 1-5-48(c)所示。

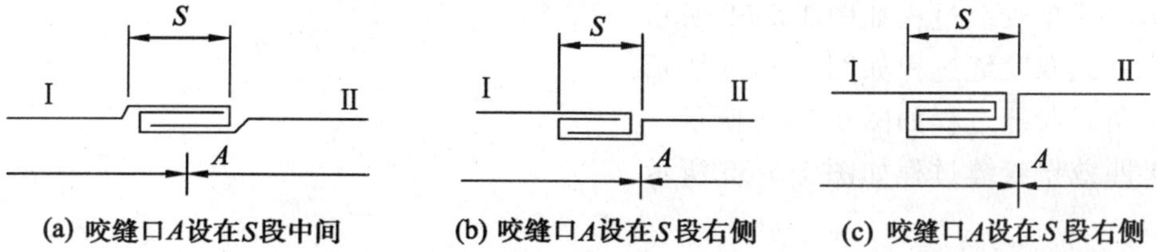

(a) 咬缝口 A 设在 S 段中间　　(b) 咬缝口 A 设在 S 段右侧　　(c) 咬缝口 A 设在 S 段右侧

图 1-5-48　卧缝咬口的余量

（2）角接咬口的余量计算。

咬口为外单角咬口时，板Ⅰ的余量 $\delta=2S$，板Ⅱ的余量 $\delta=S$，如图 1-5-49(a)所示；当咬口为内单角咬口时，板Ⅰ的余量 $\delta=3S$，板Ⅱ的余量 $\delta=S$，如图 1-5-49(b)所示。

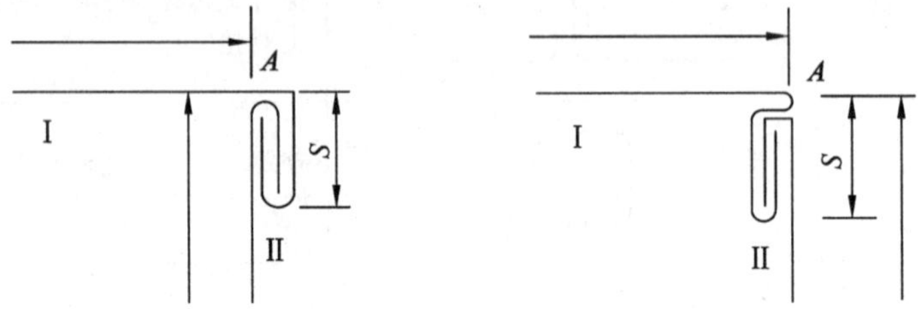

(a) 咬口为外单角咬口　　(b) 咬口为内单角咬口

图 1-5-49　角接咬口的余量

3. 扣合层数

扣合层数决定于咬缝结构。立式单咬缝、角式咬缝的扣合层数为 3 层；卧式单咬缝，扣合层数看似 4 层，但其中一层为有效尺寸，所以实际扣合层数为 3 层；立式双咬缝、卧式双咬缝扣合层数均为 5 层。

因为 1mm 以下的板厚通常都忽略不计，所以立式单咬缝、角式单咬缝、卧式单咬缝的咬缝余量一边为一个咬缝宽度，另一边为 2 个咬缝宽度。卧式双咬缝、立式双咬缝的咬缝余量一边是 2 个咬缝宽度，另一边是 3 个咬缝宽度。

4. 操作方法

（1）卧式单咬缝过程如图 1-5-50 所示。

（2）卧式双咬缝过程如图 1-5-51 所示。

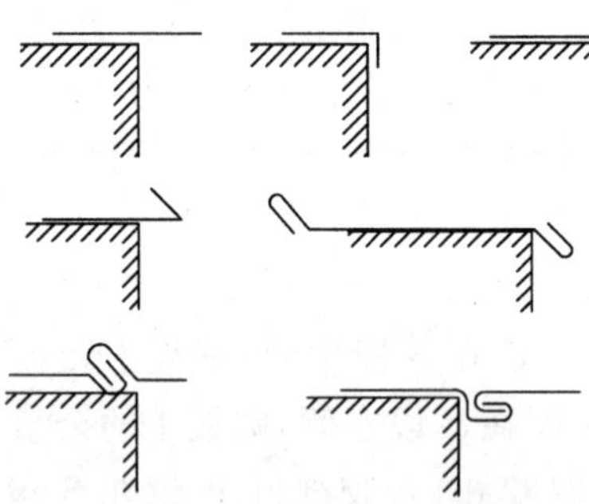

图 1-5-50　卧式单咬缝过程

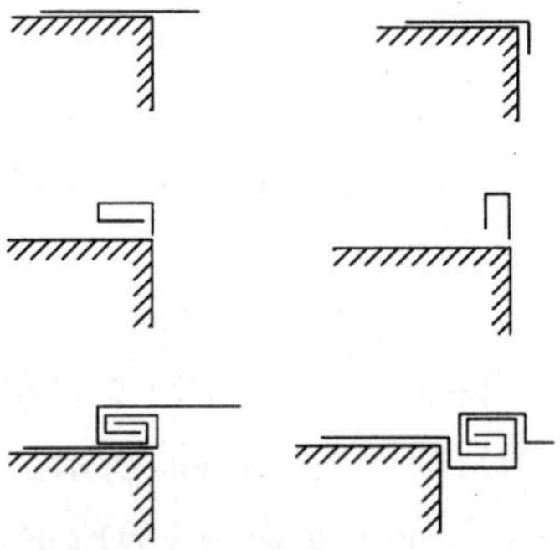

图 1-5-51　卧式双咬缝过程

（3）立式单咬缝过程如图 1-5-52 所示。

（4）立式双咬缝过程如图 1-5-53 所示。

（5）角式咬缝过程如图 1-5-54 所示。

（6）匹兹堡咬缝过程如图 1-5-55 所示。

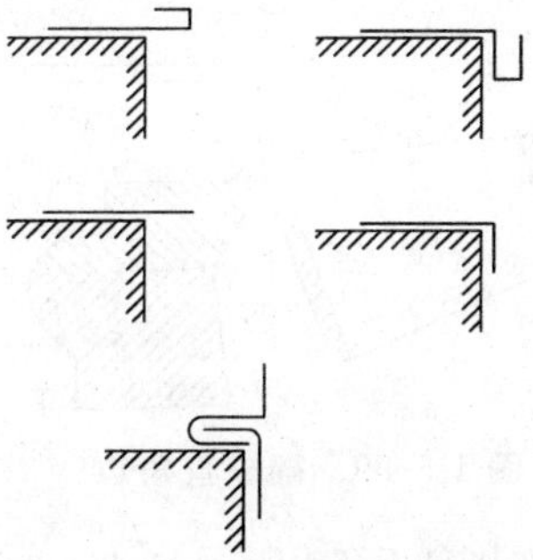

图 1-5-52 立式单咬缝过程

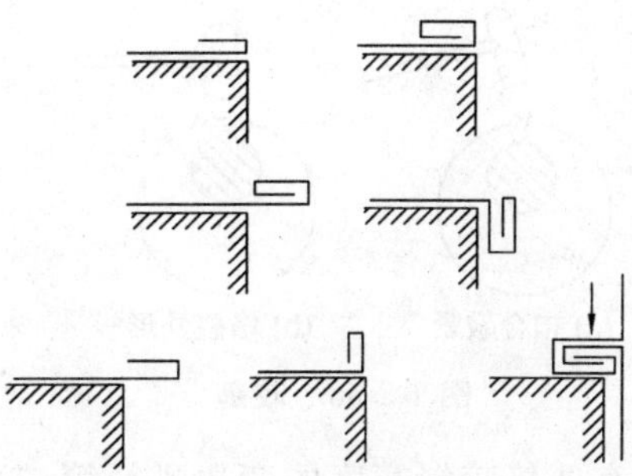

图 1-5-53 立式双咬缝过程

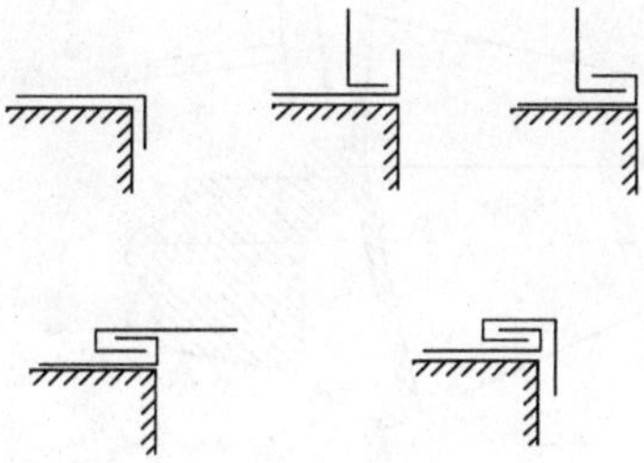

图 1-5-54 角式咬缝过程

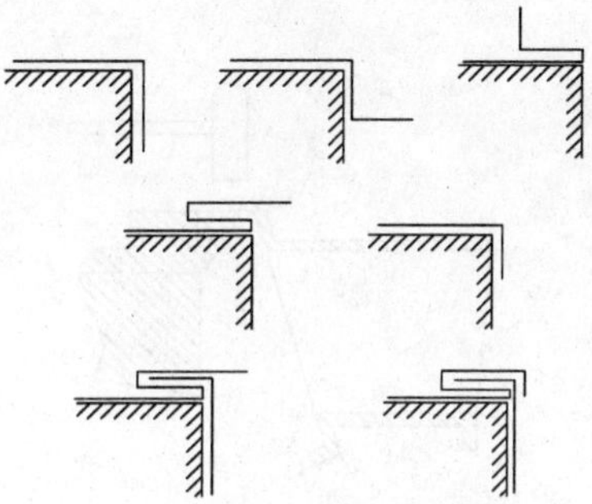

图 1-5-55 匹兹堡咬缝过程

活动实施

按照以下步骤，完成五节 90°圆管弯头咬缝（图 1-5-56）作业，并注意操作要点。

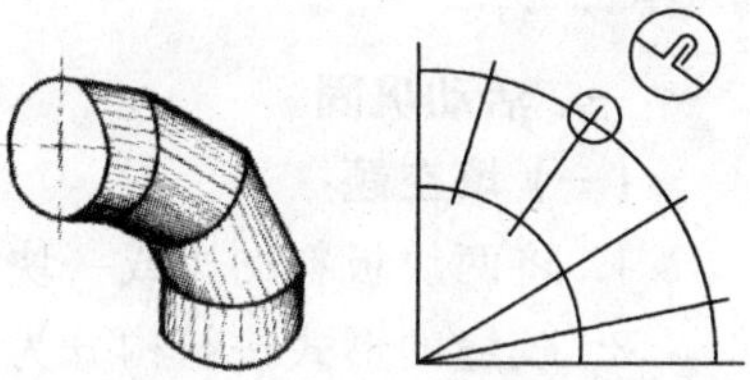

图 1-5-56 五节 90°圆管弯头咬缝

① 将毛料放在平台或铁砧上，按弯曲线用木锤将毛料弯成 90°，如图 1-5-57(a)所示。

② 将板料翻转，用木锤使 90°弯边进一步压弯，但不能把弯边折死，其间隙应不小于板料的厚度，如图 1-5-57(b)所示。再将板料前移，敲弯制成防缩扣，如图 1-5-57(c)所示。板的另一边用相同方法制出，注意方向相反。

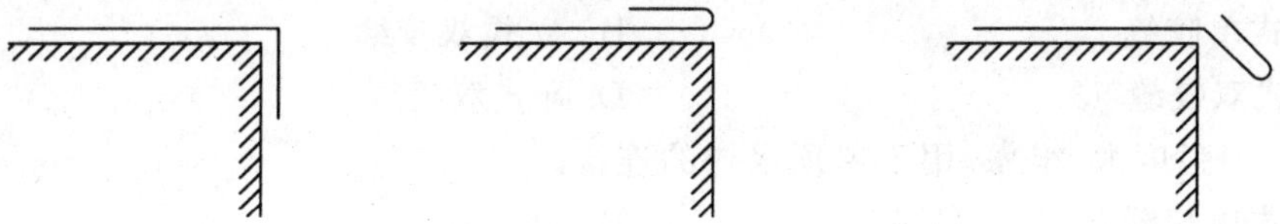

(a) 弯成90°　(b) 压弯　(a) 制成防缩扣

图 1-5-57 咬缝制作

③ 把板料圈圆，两边扣合并用木锤敲紧，如图 1-5-58(a)所示，并在圆钢或方钢上修整圆管外形，如图 1-5-58(b)所示。

④ 将圆管与圆管对接咬缝，按弯曲线将圆管斜口向外翻成直角弯边，如图 1-5-59 所示。

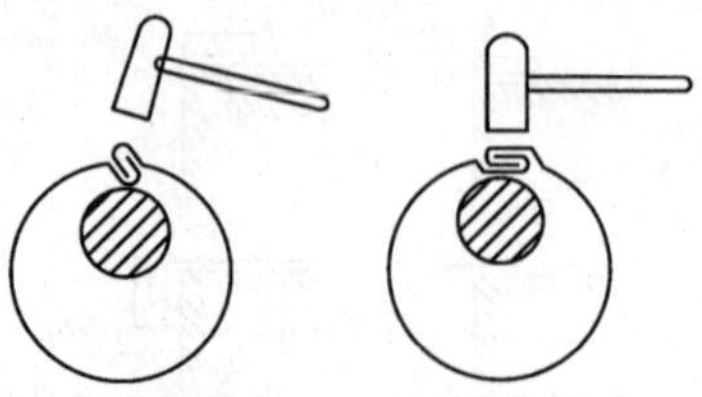

图 1-5-58　咬缝

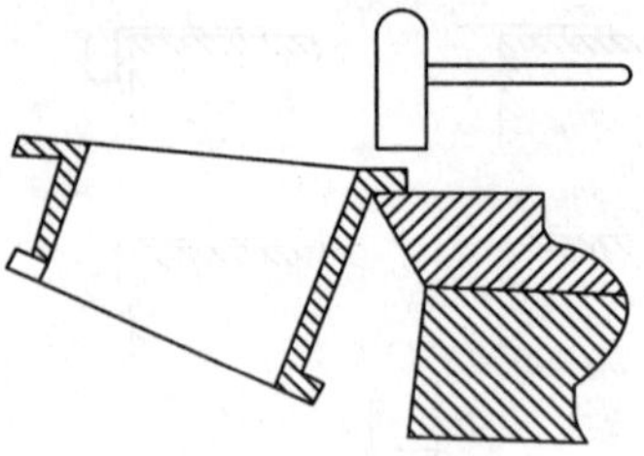

图 1-5-59　翻成直角边

⑤ 将留有 2 倍咬缝宽度的弯边进行第二次弯边，如图 1-5-60 所示。

⑥ 将互相配合的短斜管合在一起，放在平台上，将外拔缘的边向里敲弯咬紧，如图 1-5-61 所示。

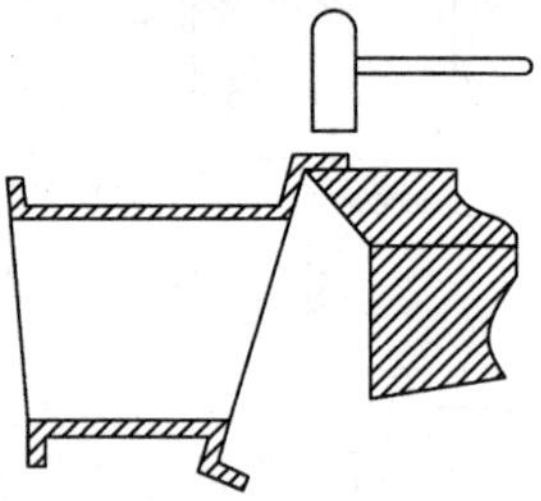

图 1-5-60　第二次弯边

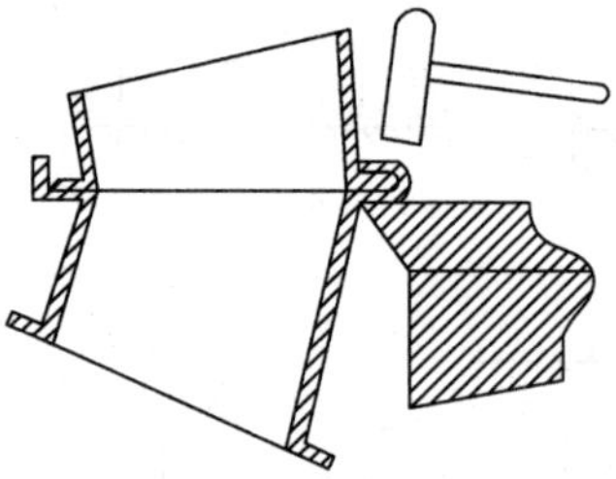

图 1-5-61　对接咬缝

巩固与评价

一、活动巩固

(一) 填空题

1. 将两块板料的边或一块板料的两边折弯扣合并彼此压紧的连接方式称为______。

2. 咬缝的形式按结构分为_______、______和_______；按形状分为_______和______。

3. 咬缝下料时，应留出__________，咬缝余量是根据____________和______________计算的。

(二) 选择题

1. (　　)用于角形的连接处，具有较大的连接强度，如壶、桶底部连接。

A. 立式单咬缝　　B. 立式双咬缝

C. 角式双咬缝　　D. 卧式双咬缝

2. (　　)强度大，牢靠，用于屋顶水槽的连接。

A. 立式单咬缝　　B. 卧式双咬缝

C. 角式双咬缝　　D. 卧式双咬缝

3. (　　)用于刚度大且牢靠处，咬缝较困难。

A. 立式双咬缝　　B. 卧式双咬缝

C. 角式双咬缝　　D. 卧式双咬缝

二、活动评价

评分标准见表 1-5-7，在考核记录栏中简述扣分的缘由。

表 1-5-7　　　　　　　　咬缝操作考核评分表

评定成绩：　　　　　　时间：　　　　　　地点：　　　　　　教师：

序号	作业项目	考核内容	配分	评分标准	考核记录	扣分	得分
1	卧式单咬缝	按要求进行卧式单咬缝操作	100	能正确使用工具及设备(20分)			
				卧式单咬缝的操作步骤正确(50分)			
				所做工件符合要求(30分)			
2	卧式双咬缝	按要求进行卧式双咬缝操作	50	能正确使用工具及设备(10分)			
				卧式双咬缝的操作步骤正确(20分)			
				所做工件符合要求(20分)			
3	角式双咬缝	按要求进行角式双咬缝操作	50	能正确使用工具及设备(10分)			
				角式双咬缝的操作步骤正确(20分)			
				所做工件符合要求(20分)			
分数合计			200				

活动六　拔　缘

活动描述

拔缘是利用收边和放边的方法，使板料的边缘弯曲成弯边。在本次活动中，学生在理解自由拔缘和型胎拔缘的相关知识和操作工艺的基础上，观察教师薄板外拔缘和圆筒形零件拔缘的示范操作，并按照拔缘操作规范，在教师指导下，正确运用拔缘方法，进行薄板外拔缘和圆筒形零件拔缘的正确操作。

学习目标

◇ 能进行薄板外拔缘操作。

◇ 能进行圆筒形零件拔缘操作。

◇ 能正确合理使用拔缘工具和遵守安全操作规程。

学习地点

基础教学区。

学习准备

教学设备(含资料):台虎钳、工作台、圆管、多媒体设备。

工量具:划针、钢锉、铁皮剪刀、钢直尺、木板、扁冲、钣金锤、钢直尺等。

材料:0.8mm 薄板、焊片。

劳动保护用品:纱手套。

知识准备

拔缘按操作方法可分为自由拔缘和型胎拔缘。自由拔缘一般用于塑性好的薄板料在常温状态下的弯边零件;型胎拔缘多用于厚板料、孔拔缘进行弯边的零件。拔缘的工具除放边、收边所用的工具外,还应有不同形状的砧座和型胎等。

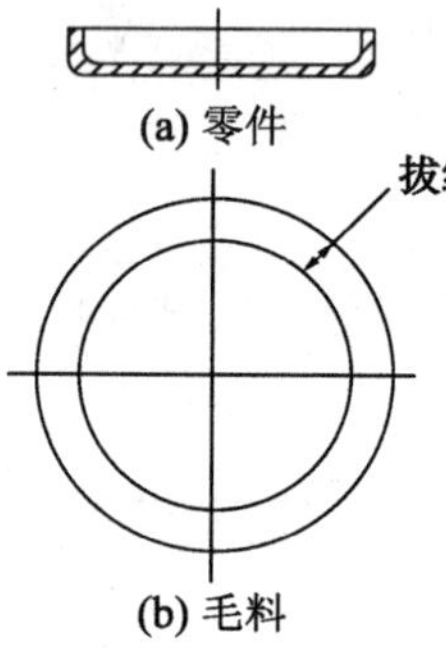

图 1-5-62　外拔缘零件

一、自由拔缘

1. 外拔缘的操作工艺

(1) 按零件要求下料并去除边缘的毛刺,划出拔缘宽度线。外拔缘零件及毛料如图 1-5-62 所示。

(2) 按照零件拔缘宽度线,用木锤在铁砧上敲击根部轮廓线,如图 1-5-63 所示。

(3) 在弯边上用起皱钳或起皱模制出皱褶,如图 1-5-64 所示。

(4) 将皱褶逐个打平,使弯边收缩成凸边,如图 1-5-65 所示。

(5) 按图纸或零件要求划线并修剪余料。

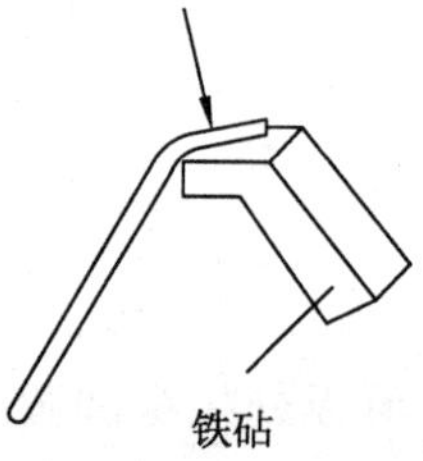

图 1-5-63　敲击轮廓线

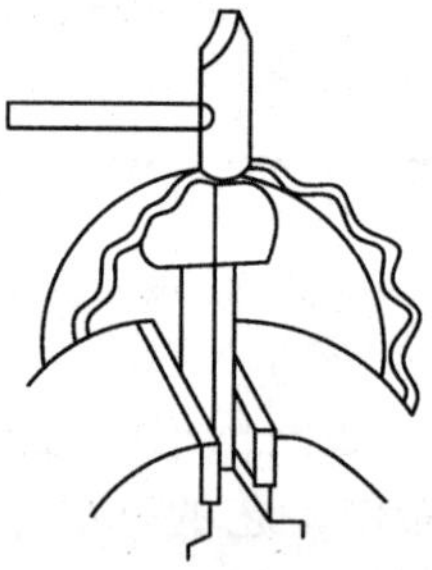

图 1-5-64　制作皱褶

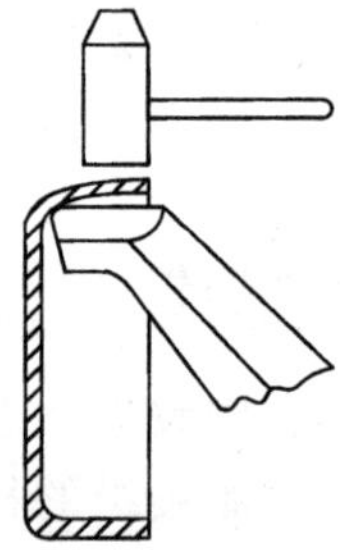

图 1-5-65　打平皱褶

操作注意事项如下:

① 拔缘时,每次弯边不能过急,每一周的弯角一般不应超过 30°,图 1-5-66 所示为弯边角度。

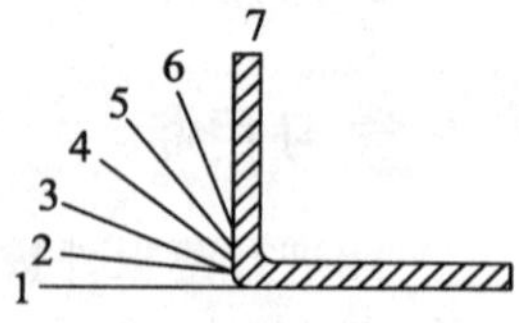

图 1-5-66　弯边角度

② 弯边宽度大于 100mm 时应先用顶铁按弯曲线敲出根部轮廓线,如图 1-5-67(a)所示;然后再采用搂弯收边的工艺,逐步增加其宽度,直至成型,如图 1-5-67(b)所示。

③ 在拔缘过程中,锤击的力度与锤击点的分布要均匀,以防止裂纹的产生。

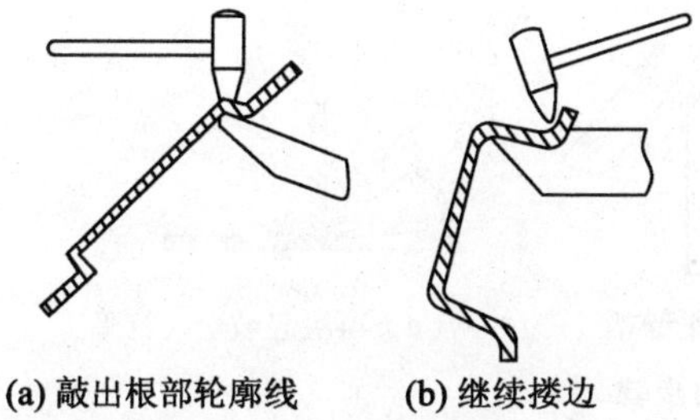

图 1-5-67　弯边宽度较大的零件

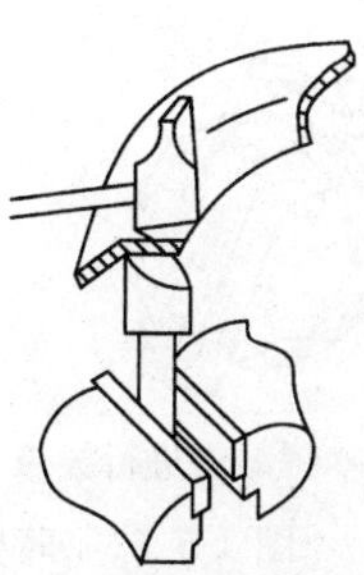

图 1-5-68　敲出根部轮廓线

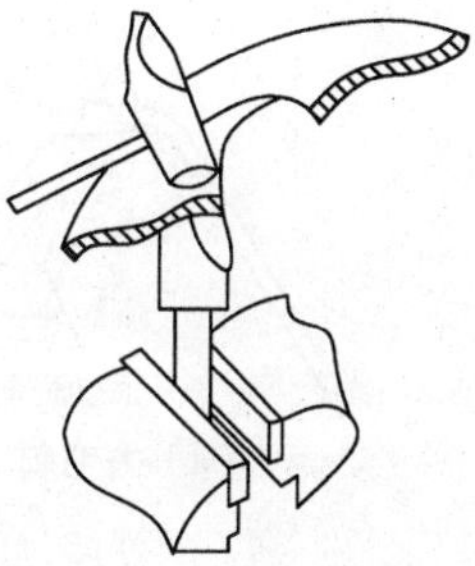

图 1-5-69　打薄拔缘

2. 内拔缘的操作工艺

(1) 按零件要求计算展开尺寸并下料，去除毛料边缘毛刺并磨光，然后划出拔缘宽度线。

(2) 在有合适圆角的顶铁上用木锤制出根部，如图 1-5-68 所示。

(3) 调整毛料与顶铁的角度，用铝锤或胶木锤排开毛料边缘直到拔缘宽度。图 1-5-69 为打薄拔缘。

(4) 在厚胶皮上将弯边拉薄，直至拔缘零件的尺寸符合要求。

(5) 在顶铁上修整圆角及弯边，并去除多余的材料。

二、型胎拔缘

1. 型胎外拔缘

拔缘前，先在毛料的中心焊装一定位钢套，将毛料在型胎上定位，如图 1-5-70 所示。拔缘时，常采用将毛料加热的方法，加热温度至 750～780℃，然后按自由拔缘的操作过程一次弯边成型。

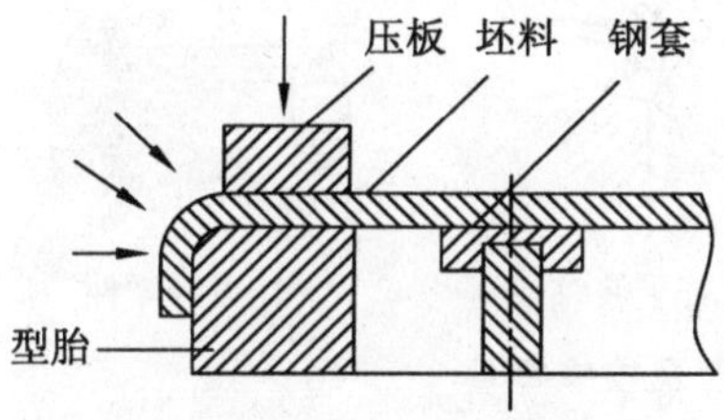

图 1-5-70　型胎外拔缘

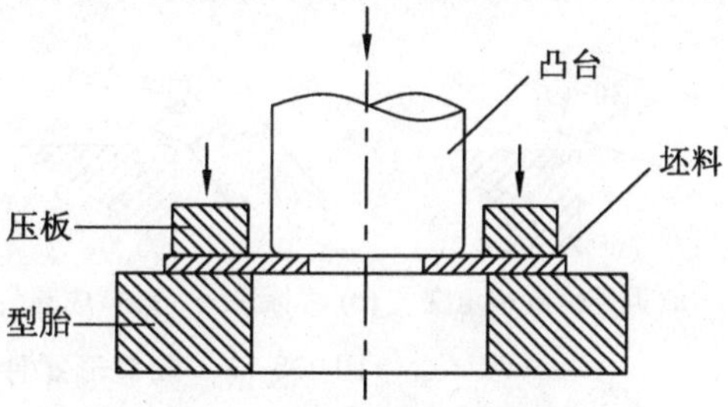

图 1-5-71　型胎内拔缘

2. 型胎内拔缘

在材料塑性变形的极限范围内可用木锤或凸模一次冲击成型，如图 1-5-71 所示。

活动实施

一、薄板外拔缘

薄板外拔缘的步骤如图 1-5-72 所示，具体步骤如下：

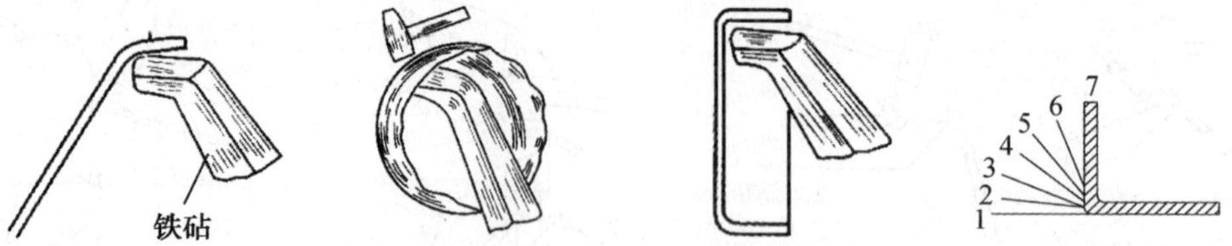

（a）去毛刺　（b）木锤敲击进行拔缘　（c）打平皱褶　（d）再次起皱褶、打平

图 1-5-72　薄板外拔缘的步骤

① 计算出毛料直径 D。计算方法：毛料计算直径 D 等于零件内腔直径加上两倍拔缘宽度。实际下料直径可略小于计算直径。

② 在毛料上划出内圆与外环的分界线(即外缘宽度线)，然后按毛坯直径剪切圆毛料，去毛刺，如图 1-5-72(a)所示。

③ 在铁砧上，按照零件外缘宽度线，用木锤敲击进行拔缘，如图 1-5-72(b)所示。

④ 首先将毛料周边弯曲，在弯边上制出皱褶，再打平皱褶，使弯边收缩成凸边，如图 1-5-72(c)所示。

⑤ 再次起皱褶、打平，使弯边再次收缩。如此反复多次，即可获得所需外拔缘件，如图 1-5-72(d)所示。

提示

拔缘时，捶击点的分布要稠密，捶击力的大小要均匀，不能操之过急。捶击力不均匀可能使弯边形成细纹皱褶或发生裂纹。

二、圆筒形零件拔缘

圆筒形零件拔缘的步骤及拔缘零件如图 1-5-73 所示。

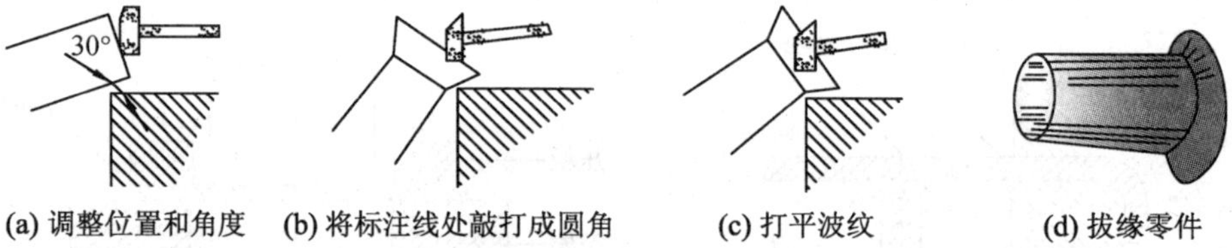

(a) 调整位置和角度　(b) 将标注线处敲打成圆角　(c) 打平波纹　(d) 拔缘零件

图 1-5-73　圆筒形零件拔缘的步骤及拔缘零件

① 用钢锉锉光板料边缘毛刺。

② 划出拔缘的标记线。

③ 将制件靠在平台或砧座的边棱上，标记线和边棱对齐，使伸出部分与砧座的平面保持 30°左右的夹角，如图 1-5-73(a)所示。

④ 在铁砧上用锤子将标注线处敲打成圆角，如图 1-5-73(b)所示。敲击用力要适当，击点要均匀，以免产生裂纹；敲击一周后，将工件压低一些，使已形成的凸缘和铁砧仍保持一定角度，然后进行第二次敲击；再敲击一周后，压低制件，进行第三次敲击。一般情况下，经过三次敲击，拔缘便可完成。

⑤ 最后打平波纹，使弯边收缩，如图 1-5-73(c)所示。

提示

内拔缘的方法与外拔缘基本相似，但在拔缘过程中，由于材料受拉减薄，容易产生裂纹，所以拔缘前锉去毛刺很重要。

巩固与评价

一、活动巩固

(一) 填空题

1. __________就是利用收边和放边的方法，使板料的边缘弯曲成弯边。

2. 拔缘按操作方法可分为__________和__________。

3. __________在材料塑性变形的极限范围内可用木锤或凸模一次冲击成型。

4. 拔缘时，捶击点的分布要稠密，捶击力的大小__________，不能操之过急。捶击力不均匀可能使弯边形成__________。

(二) 选择题

1. 拔缘时，每次弯边不能过急，每一周的弯角一般不应超过(　　)。

A. 30°　　B. 45°　　C. 60°　　D. 90°

2. 弯边宽度大于(　　)mm 时应先用顶铁按弯曲线敲出根部轮廓线，然后再采用搂弯收边的工艺，逐步增加其宽度，直至成型。

A. 30　　B. 50　　C. 200　　D. 100

二、活动评价

评分标准见表 1-5-8，在考核记录栏中简述扣分的缘由。

表 1-5-8　　拔缘操作考核评分表

评定成绩：　　时间：　　地点：　　教师：

序号	作业项目	考核内容	配分	评分标准	考核记录	扣分	得分
1	薄板外拔缘	按要求进行薄板外拔缘操作	100	能正确使用工具及设备(20分)			
				薄板外拔缘的操作步骤正确(50分)			
				所做工件符合要求(30分)			
2	圆筒形零件拔缘	按要求进行圆筒形零件拔缘操作	100	能正确使用工具及设备(20分)			
				圆筒形零件拔缘的操作步骤正确(50分)			
				所做工件符合要求(30分)			
分数合计			200				

活动七　制　筋

活动描述

在钣金件表面上制出各种凸筋，可以提高其刚度和使用性能，增加美感。在本次活动中，学生在理解制筋的基础知识和制筋的操作工艺的基础上，观察教师用扁冲制筋的示范操作，并按照制筋操作规范，在教师指导下，正确运用制筋方法，进行用扁冲制筋的正确操作。

学习目标

◇ 能熟知制筋的形式及操作过程。

◇ 能正确合理使用工具和遵守安全操作规程。

学习地点

基础教学区。

学习准备

教学设备(含资料)：台虎钳、工作台、圆管、多媒体设备。

工量具：划针、钢锉、铁皮剪刀、钢直尺、木板、扁冲、钣金锤、钢直尺等。

材料：0.8mm 薄板、焊片。

劳动保护用品：纱手套。

知识准备

筋的横断面一般为圆弧形和三角形，还有方形、梯形等形式，如图 1-5-74 所示。

手工制筋适用于单件生产和修配，简易的手工制筋方法有两种，即用扁冲制筋和用简易模具制筋，如图 1-5-75 所示。

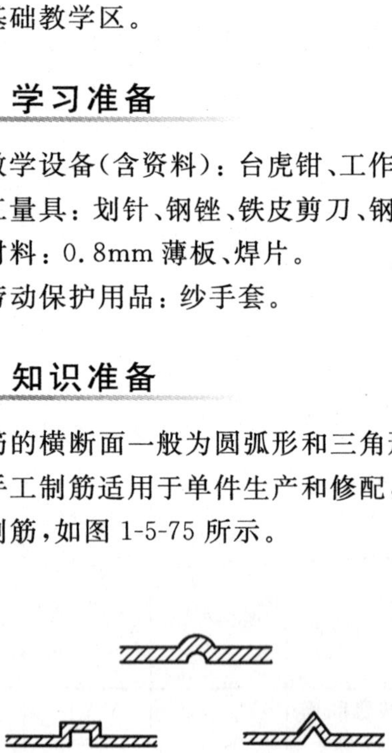

图 1-5-74　常见的筋条截面形状

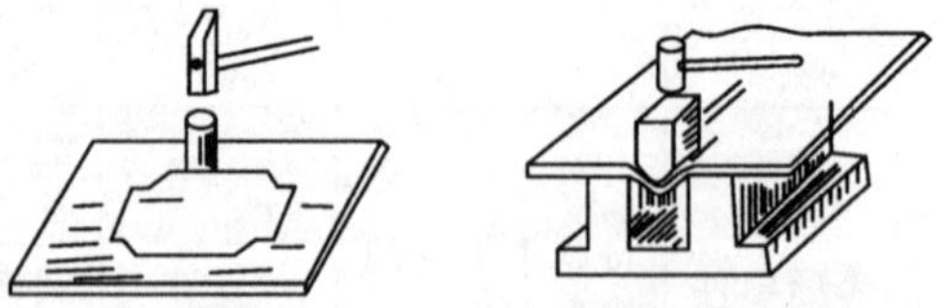

(a) 用扁冲制筋　(b) 用简易模具制筋

图 1-5-75　手工制筋方法

活动实施

按照以下步骤，完成扁冲制筋工艺作业。

① 在坯料上划出制筋棱线的标记线。

② 在平台上铺一块较厚(5～10mm)的橡胶垫，将制件放在橡胶垫上。

③ 操作者手持扁冲对准标记线，捶击扁冲。

④ 每冲击一次，要沿标记线移动一次扁冲，移动距离不可超过扁冲的宽度，以便冲痕前后相衔接。

⑤ 沿整个标记线冲击一次后，再重复冲击若干次，直至达到所需筋深度为止。

⑥ 最后，去掉橡胶垫，直接在平台上轻轻冲击一次，使筋棱形成整齐的线条，用木锤将非制筋部分的表面整平即可。

巩固与评价

一、活动巩固

(一) 填空题

1. ________可以提高板件的刚度和使用性能，增加美感。

2. 筋的横断面一般为________、________、________、________等形式。

3. 手工制筋一般有两种操作方法，即________和____________。

4. 制筋操作中可以在平台上铺一块____________。

(二) 选择题

1. 手工制筋适用于(　　)和修配。

A. 单件生产　　B. 多件生产　　C. 批量生产

2. 制筋时，每冲击一次，要沿标记线移动一次扁冲，移动距离不可超过(　　)的宽度。

A. 橡胶垫　　B. 扁冲　　C. 手锤

3. 车身上，(　　)部位应用了制筋工艺。

A. 车门立柱　　B. 发动机罩　　C. 车顶

二、活动评价

评分标准见表 1-5-9，在考核记录栏中简述扣分的缘由。

表 1-5-9　　制筋操作考核评分表

评定成绩：　　时间：　　地点：　　教师：

序号	作业项目	考核内容	配分	评分标准	考核记录	扣分	得分
1	扁冲制筋	按要求进行扁冲制筋操作	100	能正确使用工具及设备(20 分)			
				用扁冲制筋的操作步骤正确(50 分)			
				所做工件符合要求(30 分)			
2	简易模具制筋	按要求进行简易模具制筋操作	50	能正确使用工具及设备(10 分)			
				用简易模具制筋的操作步骤正确(20 分)			
				所做工件符合要求(20 分)			
分数合计			150				

项目二 车身检测与校正

项目学习目标

- 能认知车身分类和车身的结构特点。
- 能正确使用车身测量工具及检测车身尺寸。
- 能在车身损伤检验后，做出准确的判断并制定出修理方案。
- 能根据车身拉伸方案，利用车身校正仪对碰撞损坏车身进行校正。

任务一 汽车车身结构的认知

活动一 轿车车身结构的认知

活动描述

在本次活动中，学生通过观看教学视频和在教师的指导下，了解轿车的分类、车身结构等知识，掌握轿车各组成部分的名称、作用、结构、材料以及它们之间的连接方式，能够认出各类轿车的品牌和车型。

学习目标

◇ 能查阅用户手册，列举出各种类型的轿车车身。
◇ 能描述轿车的车身结构，熟悉轿车各部件的名称、作用、结构、材料。
◇ 能识别轿车的品牌和车型，能对各品牌轿车的车身进行比较。

学习地点

整车拆装区。

学习准备

教学设备(含资料)：轿车两台、多媒体设备、车身挂图、维修手册。

知识准备

一、汽车车身的组成和功用

汽车车身是驾驶人的工作场所，也是容纳乘员和货物的场所。汽车车身一般由壳体、车身前后各结构件、车门及其附件、车身内外装饰件、座椅及车身附件等构成。为保证行车安全，在车上还装置有安全带、安全气囊及座椅头枕等。

随着新技术、新工艺、新材料的开发与研究，汽车正以安全、节油、舒适、耐用等技术为主导，以适应世界经济发展为潮流，以精致的艺术性获得美的感受而点缀着人们的生活。为此，汽车车身应具有以下基本功用：

(1) 为乘客提供舒适的乘坐条件，减少汽车行驶时产生的振动、噪音等不适因素。

(2) 保证汽车行车安全。

(3) 为运载、装卸货物提供方便。

(4) 借用车身外部形状引导气流，提高汽车动力性、燃料经济性和行驶稳定性。

二、轿车的分类

1. 按轿车承载方式分类

轿车车身按承载方式可分为非承载式车身和承载式车身。

(1) 非承载式车身特点。

非承载式车身也称为车架式车身。这种形式的车身是以弹性组件与车架相连，车身主要承受自重、货物、乘员的重量引起的载荷以及行驶时的空气阻力和惯性力，其他的载荷则由车架承受。

由于车身与车架的连接件能吸收一部分由地面和发动机传来的振动和噪声，所以能提高乘坐的舒适度。非承载式车身广泛用于客车及货车，有些高级轿车也采用这种形式的车身。

图 2-1-1 为典型的车架式车身结构示意图，轿车的壳体与车架是可分离的两个部分。车架承受汽车运行时所受到的载荷，车身通过减振装置与车架相连接，基本上不承受载荷。20 世纪 80 年代以后，车身的结构发展为以无车架整体式(即承载式)结构为主。

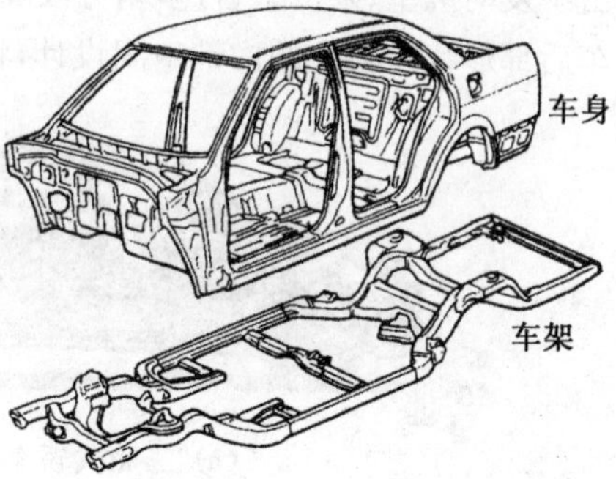

图 2-1-1 车架式车身结构

(2) 承载式车身特点。

承载式车身又称为整体式车身，车身代替车架来承受全部载荷。承载式车身虽然没有独立的车架，但由于车身主体与类似于车架功能的车身底板采用焊接等方式制成整体刚性框架，使整个车身(底板、骨架、车顶等)均参与承载，这样分散开来的承载力分别作用于各个车身结构件上，车身整体刚度和强度同样能够得到保证。

当车身整体或局部承受适度载荷时，汽车壳体不易发生永久变形，由各个车身结构件组成的刚性壳体，在承受载荷时“牵一发而动全身”，依据作用力与反作用力平衡法则，“以强济弱”地自动调节，使整个壳体在极限载荷内始终处于稳定平衡的状态。

图 2-1-2 为典型的承载式车身结构示意图。整体车身不再依靠车架承受载荷，而是将汽车的动力系统、行驶系统等主要部件直接安装在车身的指定位置上。由于车身无车架，所以可以大大减轻汽车自身质量，降低整车重心高度，使地板高度降低，方便乘员上下车；但是由于汽车行驶中的振动和噪声会直接传给车身，从而影响了汽车的舒适性。因此，必须采取更为有效的防振、隔振措施，装备有隔噪声和防振设备来消除这些缺点，以充分发挥整体式车身的优势。

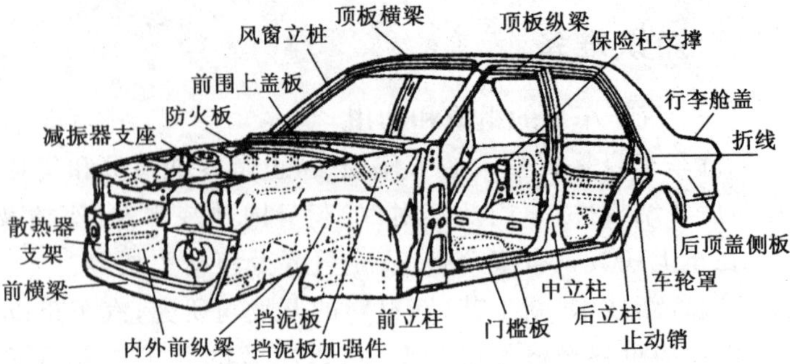

图 2-1-2　整体式车身结构

2. 按轿车车身尺寸分类

(1) 紧凑型轿车。又称为经济型小排量轿车，车身属于最小级别，通常采用 4 缸以下的小型发动机，质量较小，燃油经济性高。

(2) 中高级轿车。通常采用 4 缸、6 缸、8 缸发动机，具有中等的质量和外形尺寸，一般采用整体式车身结构。

(3) 豪华轿车。是轿车中尺寸最大的，因为它的尺寸比较大，所以质量也比较大，通常采用高性能的 V8 发动机。

3. 按车身厢体结构分类

轿车根据车身厢体结构可分为三厢式和两厢式两种，如图 2-1-3 所示。三厢式是一种最为流行的有代表性的车型，车身为封闭、刚性结构，有四个以上侧窗、两排以上座位和两个以上车门。由于发动机室、乘员室、行李箱分段隔开形成相互独立的三段布置，故称为三厢式轿车。两厢式轿车后部形状按较大的内部空间设计，将乘客室与行李箱布置于同一段，故称为两厢式轿车。

(a) 三厢式轿车　　(b) 两厢式轿车

图 2-1-3　三厢式和两厢式轿车

4. 按车身背部结构分类

(1) 折背式车身。这是指车身的背部有折线条的车身形式，也被称为浮桥式车身、船形车身等，如图 2-1-4 所示。其主要特征是车身由明显的头部、中部和尾部三部分组成，大多数布置有两排座位，这种轿车按车门数可分为二门式和四门式。

(2) 直背式车身。这种车身的后风窗和行李箱连接近似平直，比折背式更趋流线型，有利于降低空气阻力，且使行李箱的空间加大。这种车型也叫做快背式、溜背式车身等，如

图 2-1-5 所示。

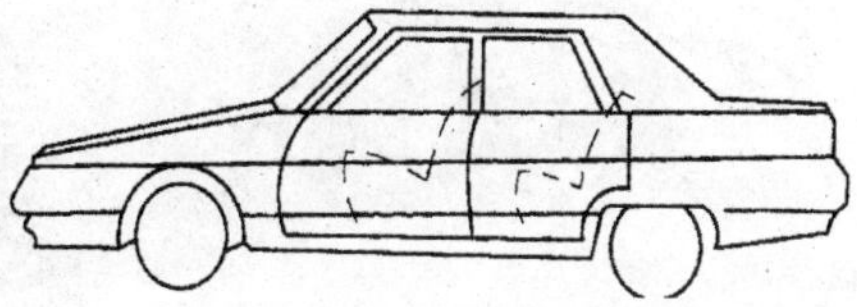

图 2-1-4　**折背式车身**

图 2-1-5　**直背式车身**

(3) 舱背式车身。这种形式的车身顶盖较折背式长，后背角度比直背式小，行李箱与后窗演变为一个整体的背部车门。这种车型也叫做半快背式车身，如图 2-1-6 所示。

(4) 短背式车身。这种车身由于背部很短而使整车长度缩短，从空气动力学的角度考虑也是有利的；同时，这种形式的车身可减少车辆偏摆，有利于车辆的稳定性。这种车型也叫做鸭尾式车身，如图 2-1-7 所示。

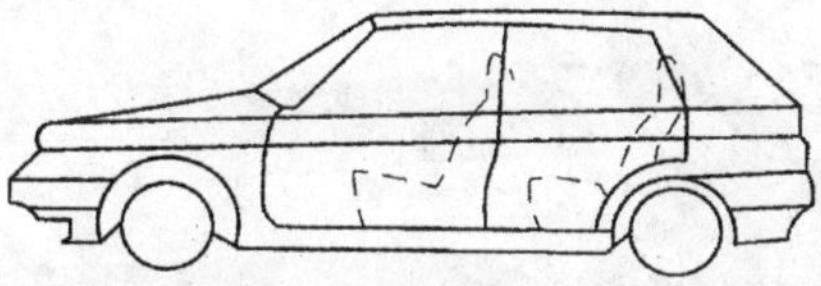

图 2-1-6　**舱背式车身**

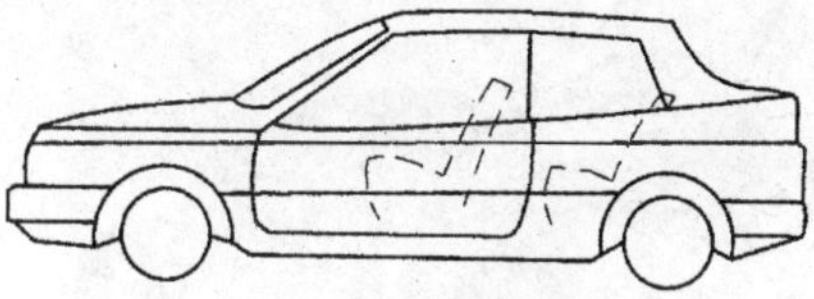

图 2-1-7　**短背式车身**

5. 按轿车车身结构分类

(1) 普通轿车。这种车一般有前座和后座，适合 4 人或 5 人乘坐，并可分为 2 门和 4 门轿车，如图 2-1-8 所示。

(a) 2 门轿车　　(b) 4 门轿车

图 2-1-8　**2 门和 4 门轿车**

(2) 硬顶轿车。这种车有前座和后座，金属顶盖，通常以没有门柱或中立柱为特征，如图 2-1-9 所示，它也可以分为 2 门和 4 门轿车。

(3) 敞篷车。目前敞篷车具有塑料顶棚，它可以升起或落下。像硬顶轿车一样，敞篷车没有门柱，根据需要可以制造成有或者没有后窗，如图 2-1-10 所示，它有 2 门和 4 门形式。这种车身壳体还可分为两种结构：一种是由底板、侧壁、前壁和后壁四大部件所构成的；另一种是由底板、前壁和侧壁三大部件所构成的。

图 2-1-9　硬顶轿车

图 2-1-10　敞篷轿车

(4) 掀背式轿车。这种汽车分为 3 门和 5 门形式，车尾部有行李舱，行李舱盖向上开启，如图 2-1-11 所示。

(5) 旅行车。这种车分为 3 门和 5 门形式，如图 2-1-12 所示。顶部向后延伸至全车长，车后部有宽敞的行李舱，尾门是行李舱的入口。

图 2-1-11　掀背式轿车

图 2-1-12　旅行车

(6) 多功能车。这种车通常采用四轮驱动，如图 2-1-13 所示，离地间隙比一般轿车高，常划归到越野车一类，可在雪地和泥泞路面顺利行驶。

图 2-1-13　多功能车

图 2-1-14　厢式车

(7) 厢式车。这种车的厢形车身宽大，因而内部空间较大，如图 2-1-14 所示。全尺寸厢式车通常采用全周边式车架和前置发动机、后轮驱动的形式。微型厢式车体形较小，通常采用整体式车身结构和前置发动机、前轮驱动的形式。

图 2-1-15　客货两用车

(8) 客货两用车。这种车通常称为皮卡，如图 2-1-15 所示，它的驾驶室和车架通常是独立的。大多数客货两用车采用前置后驱的形式，有些采用四轮驱动。

三、认识轿车车身

轿车车身结构主要由发动机罩、翼子板、保险杠、立柱(如前柱、中柱、后柱)、门槛板、车顶盖、行李箱盖和车门等部件组成,另外还包括前围板、减震器支座、散热器支架等。轿车车身的基本组成如图 2-1-16 所示。

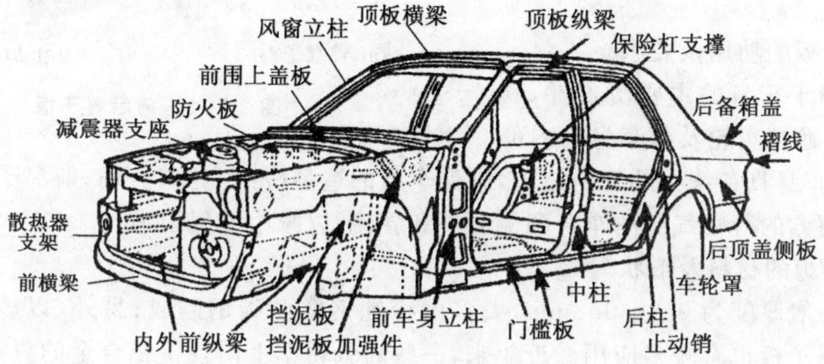

图 2-1-16　轿车车身的基本组成

1. 发动机罩

(1) 发动机罩的结构。

发动机罩位于车辆前端上部,并处于两侧翼子板之间,是发动机舱的维护盖板。轿车的发动机罩主要由发动机罩铰链、支撑杆、锁头、锁座、发动机罩锁开启拉索等部件组成,其结构如图 2-1-17 所示。

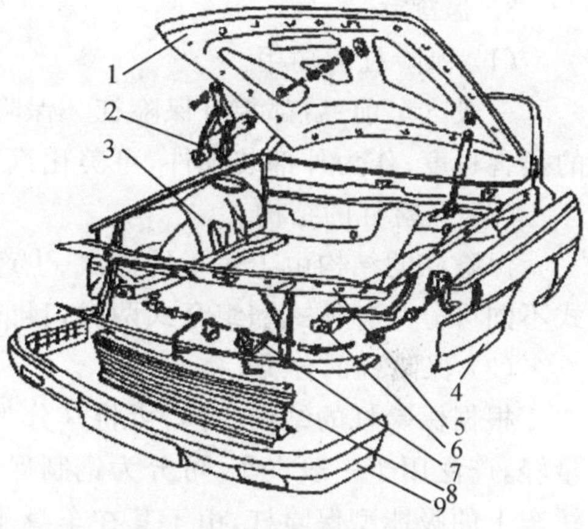

1—发动机罩　2—发动机罩铰链(与气动杆联用)　3—前挡泥板　4—前翼子板　5—发动机罩锁板　6—前纵梁　7—发动机罩锁　8—散热器面罩　9—保险杠

图 2-1-17　发动机罩的结构

(2) 发动机罩的功用。

发动机罩是发动机室的重要组成部分,由于平时维护发动机时会经常开闭发动机罩,而且发动机罩位于风窗玻璃之前,碰撞时会对驾驶员构成很大的威胁,因此,要求发动机罩应具有足够的刚度、安全性和密封性。

发动机罩应具备以下功用:

① 密封:用于保护发动机免受灰尘、杂物和水汽的侵袭。

② 美观:作为前车身表面覆盖件,完成整车的造型。

③ 导流:充当车身前部的导流板,以减小行车的空气阻力。

④ 隔音:具备隔音、减震以及吸收发动机噪声的功能。

(3) 发动机罩的材料。

发动机罩通常由冷轧钢板或者高强度钢板制成,也有用铝合金、玻璃纤维和塑料制成,多采用双面镀锌结构。

2. 翼子板

翼子板是遮盖车轮的车身外板，是车身非常重要的结构件。翼子板有前翼子板和后翼子板两种类型，如图2-1-18所示。

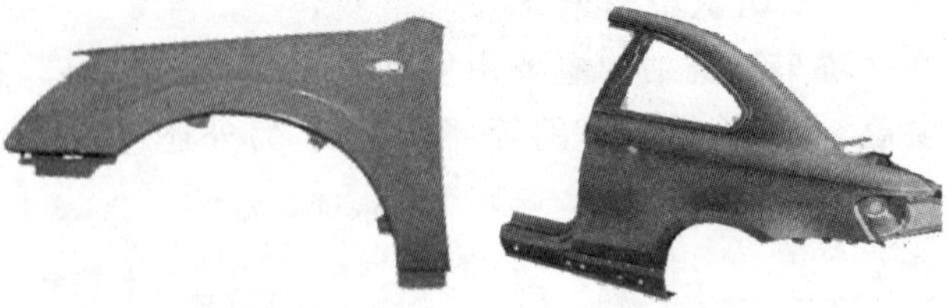

(a) 前翼子板　(b) 后翼子板

图 2-1-18　前后翼子板

(1) 翼子板的功用及要求。

翼子板属于车身的主要覆盖件，其主要功用有：遮挡车轮及前车身的内部结构件，使前车身具备统一的车身造型，确保车身的造型线条完美、流畅；前翼子板将发动机罩以上及正前方的行驶气流向车身两侧分流和导流，以减小空气阻力。

(2) 翼子板的材料及形状。

翼子板一般厚度为0.6～0.8mm，大多由冷轧钢或低碳钢制成；另外，以玻璃纤维和塑料为材质的翼子板也有较多应用。近年来，一些高级轿车上出现了铝合金的翼子板。

翼子板的外边形状由车身造型确定，前部取决于灯具的形式和布置，后部取决于后门和后部覆盖件的形状，上部取决于发动机罩的尺寸和布置，下部与车轮相配合。

3. 保险杠

(1) 保险杠的功用。

一般汽车前、后都装有保险杠。保险杠的主要功能是：保护车身；减轻对被撞物体或人的损害程度；作为外部装饰件，可美化汽车的外形。

(2) 保险杠的结构。

保险杠的结构由于轿车的档次、生产厂家、型号的不同而不同。按部件的多少和组成方式不同可分为整体式和组合式两类，目前多数轿车配用的都是组合式保险杠。

(3) 保险杠的分类。

根据保险杠的结构不同，可将其分为普通型和吸能型两类。普通型保险杠结构简单，质量轻，广泛用于一般汽车，可分为钢制保险杠和整体成型树脂型保险杠两种。而多用于高级轿车上的吸能型保险杠，由于其在车身碰撞时可使保险杠支架具有很好的吸能功能，保证了车身保险性能，提高了安全系数，并与车身造型相协调，所以应用广泛。吸能型保险杠根据其加设的防冲击装置不同，可分为直接吸能型和筒状吸能型两种形式。

① 普通型保险杠。

钢制保险杠：常用厚度为2mm左右的钢板冲压成型，表面镀铬。为了增加安全性，也有的钢制保险杠将保险杠的钢支架安装在车身纵梁等部位，外侧装上合成树脂材料制成的保险杠面罩，如图2-1-19(a)所示。

整体成型树脂型保险杠：与车身造型制成一体，使用材料为聚丙烯树脂，特点为质量轻、容易注塑成型。

② 吸能型保险杠。

直接吸能型保险杠：将泡沫塑料或橡胶等吸收冲击能量好的材料填充于保险杠支架和面罩支架中，构成具有一定能量吸收功能的保险杠，当汽车受到轻度冲击时，靠填充材料受冲击压迫后的瞬间变形直接吸收能量，如图2-1-19(b)所示。

筒状吸能型保险杠：利用活塞中的油和空气，靠液压油的阻尼作用吸收冲击能量，以空气弹簧的压缩来减轻冲击，如图 2-1-19(c)所示；或利用硅油作为阻尼剂，并通过两端套管的面积差起缓冲复原的作用，如图 2-1-19(d)所示。

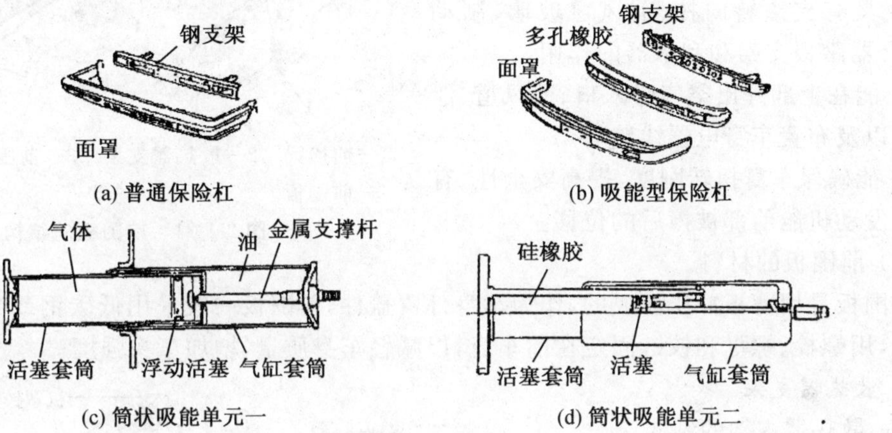

图 2-1-19　**保险杠**

4. 车门

(1) 车门的结构。

车门通常由门外板、骨架、门内板、内饰板、密封条、车门铰链和车门锁总成等部件组成。车门及附件，门内外板和骨架通常用焊接或粘接的方式接合在一起。为提高侧面抗碰撞的强度，门内通常还设有防撞杆(梁)。车门上通常装有车窗玻璃、玻璃升降器、门锁以及相关电控装置、按钮和开关等。车门通过铰链与门柱相连接，车门铰链通过螺栓或焊接方式固定在立柱和门框上，结构如图 2-1-20 所示。

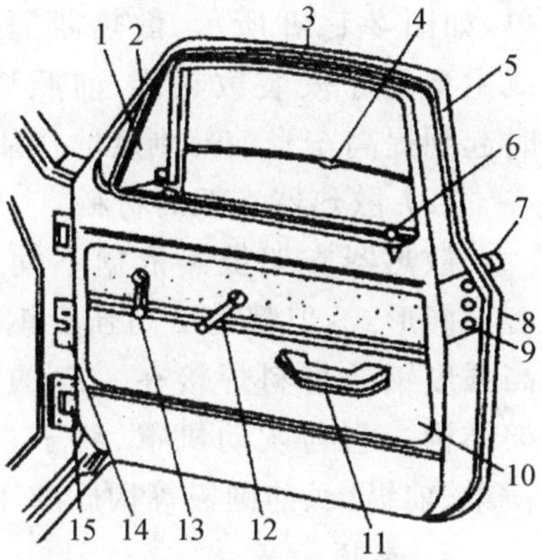

1—三角通风窗　2—门内框
3—门外框　4—升降玻璃
5—密封条　6—内部锁止按钮
7—门外锁手柄　8—门锁
9—定位榫舌　10—内门框覆件
11—内扶手　12—门锁内手柄
13—玻璃升降器手柄
14—车门开度限位器 15—门铰链

图 2-1-20　**车门的结构**

(2) 车门的材料。

汽车上所有的车门都是由各种超高强度钢制成的。超高强度钢不同寻常的高强度是由于在加工过程中产生的特殊细化的晶粒形成的，所以其质量相对较轻，具有很好的塑性，可减少燃料消耗；并且能承受更大的载荷，增强吸收碰撞的能力。

5. **前围板**

(1) 前围板的功用。

轿车车身前围板总成位于乘客室前部，通过防火板使发动机室与乘客室分开。前围板总成(图 2-1-21)不仅决定着发动机室和乘客室的扭转强度，而且决定了乘客室的舒适性和安全性，所以在结构上既要兼顾到车身整体的强度及刚度，又要考虑到发动机室和乘客室内空间大小、环境、布置以及附件的安装等。因此，要求前围板总成具有以下功能：

① 良好的隔热、防振和隔音效果。

② 作为安装基础，具有支撑和安装仪表板等附件的功用。

③ 具有支撑转向柱、前风窗玻璃、制动器、离合器踏板支架和刮水器的作用。

④ 能在上部开出空气吸入口、通风道、泄水通道以及布置车身电器线路等。

⑤ 能确保车身扭转刚度，提高安全性，有效控制发动机舱前部被撞后的位移。

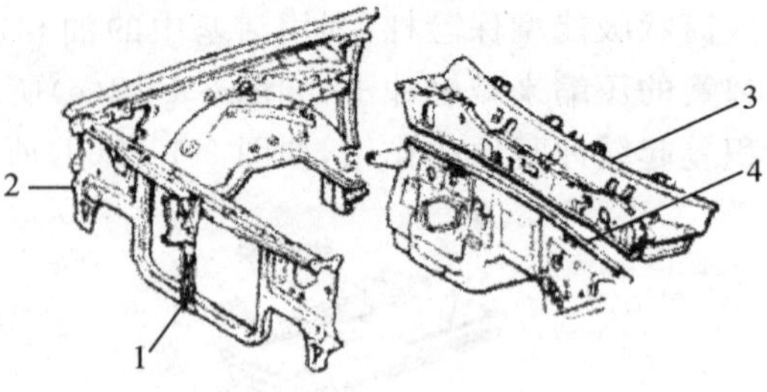

1—前横梁　2—散热器支架　3—前围上盖板　4—前围板

图 2-1-21　前围板的结构

(2) 前围板的材料。

前围板是用薄板冲压而成的，作为车身外覆盖件，前围板一般采用低碳钢或高强度钢制造而成，用螺栓、螺母和铰链固定在前车身，以减轻车身质量，增加车身强度。

6. 散热器支架

(1) 散热器支架的结构。

散热器支架的结构相对比较简单，如图 2-1-22 所示，散热器框架总成主要用于安装散热器、前照灯，同时起到提高车身前部刚度的作用。

(2) 散热器支架的材料。

散热器支架虽然依据不同车型有不同形式，但都是由高强度钢或超高强度钢的材料焊接在一起构成框架结构。它与发动机罩、翼子板、前横梁、前纵梁、前围板等构成前车身，用以承受较大的载荷，保证前轮定位。

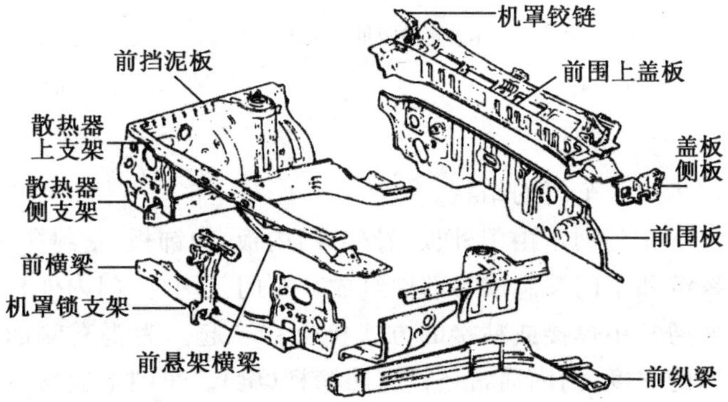

图 2-1-22　散热器支架

7. 车顶

车顶板是乘客舱顶部的盖板，通常焊接在立柱上。车顶板上可以装备天窗、换气窗或天线等，车顶和天窗的结构如图 2-1-23 所示。车顶主要由车顶板、车顶内衬、横梁(可能有前横梁、后横梁、加强肋)、密封条等组成，有的车型还备有车顶行李架。

图 2-1-23　车顶和天窗的结构

8. 行李箱盖

行李箱盖如图 2-1-24 所示。轿车的行李箱盖主要由行李箱锁、行李箱盖板、行李箱铰链、行李箱密封条等零件组成，部分轿车的行李箱盖还带有车型品牌标志等。

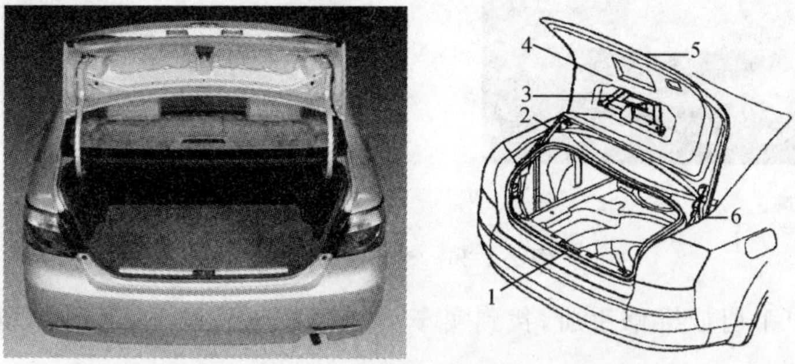

1—行李箱盖锁　2—行李箱盖支撑　3—警示牌

4—行李箱盖内板　5—行李箱盖　6—行李箱盖铰链

图 2-1-24　轿车行李箱和行李箱盖

为了提高行李箱盖的强度和吸能效果，在行李箱内板上装有加强肋。行李箱盖内、外板件的结构形式加大了维修的难度，行李箱盖以铰接方式连接在上部后盖板上，行李箱盖上通常留有安装后牌照的位置，有时还安装部分尾灯。

活动实施

(1) 根据用户手册或维修手册，写出图 2-1-25 所示轿车车身各部件名称。

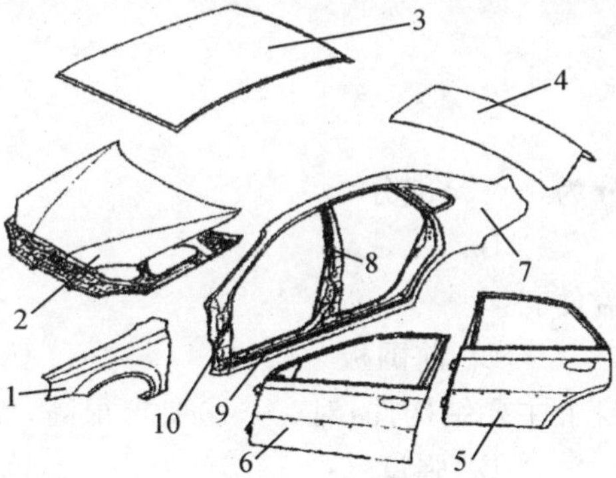

1—　　2—　　3—　　4—　　5—

6—　　7—　　8—　　9—　　10—

图 2-1-25　轿车车身的组成部件

(2) 使用用户手册或维修手册，识别品牌轿车。

通过查阅用户手册或维修手册，找到实车上如图 2-1-26 所示的标牌，填写出图中汽车的品牌。

汽车品牌：　　　　汽车品牌：

图 2-1-26　汽车品牌认知

通过查阅用户手册或维修手册，找到实车上如图 2-1-27 所示的标牌，填写出图中汽车的车型。

汽车车型：　　　　汽车车型：

图 2-1-27　汽车车型认知

巩固与评价

一、活动巩固

(一) 选择题

1. 轿车的车身一般可分为(　　)部分。

A. 二　　B. 三　　C. 四

2. (　　)是车身外覆盖件。

A. 前纵梁　　B. 前围板　　C. 散热器框架

3. 保险杠作为汽车车身上主要结构件，对(　　)要求很高。

A. 刚度　　B. 强度　　C. 塑性和韧性

4. 发动机罩是发动机室的重要组成部分，主要有密封、美观和(　　)等功用。

A. 防护　　B. 遮挡　　C. 导流

5. 车身的车架必须有足够的(　　)，在发生碰撞时能保持汽车其他部件的正常位置。

A. 坚固度　　B. 塑性　　C. 抗冲击能力

(二) 判断题

1. 前围板总成具有良好的隔热、防振和隔音效果。(　　)

2. 行李箱盖安装加强肋，主要是为了提高行李箱盖的强度和吸能效果。(　　)

3. 轿车车身前围板位于乘客室前部，通过车颈板使发动机室与乘客室分开。(　　)

4. 保险杠主要有保护车身，减轻对被撞物体或人的损害程度以及装饰、美化、保护汽车外部的作用。　　（　　）

5. 因为考虑视野等要求，车身中柱一般上部做得比较粗大，下部焊接在底板上，并且做得细小。　　（　　）

二、活动评价

评分标准见表 2-1-1，在考核记录栏中简述扣分的缘由。

表 2-1-1　　轿车车身结构认知考核评分表

评定成绩：　　时间：　　地点：　　教师：

序号	作业项目	考核内容	配分	评分标准	考核记录	扣分	得分
1	选择劳保用品	写出活动所需的劳保用品	10	写错或漏写劳保用品一项扣 2 分，扣完为止			
2	认知车身结构	描述轿车车身各部件的功用、结构、要求和材料	20	描述错误一项扣 2 分，扣完为止			
3	认知轿车分类	描述轿车的分类	10	描述不完整、不清楚扣 10 分			
4	认知轿车品牌	识别轿车的各类品牌	5	识别轿车品牌错误扣 5 分			
5	认知轿车车型	识别各种轿车车型	5	识别轿车车型错误扣 5 分			
6	完成相关习题	完成轿车车身结构认知的相关习题	50	轿车车身组成部件错写一题扣 2 分			
				轿车品牌、轿车车型错写一题扣 2 分			
				选择题、判断题错写一题扣 2 分			
				书写不清楚、字迹不规范扣 2 分			
分数合计			100				

活动二　客车车身结构的认知

活动描述

在本次活动中，学生在观看教学视频的基础上，了解客车的车身结构、分类等知识；通过教师的讲解，掌握客车各组成部分的名称、作用、结构、材料、加工工艺以及它们之间的连接方式；能够对各种类型的客车进行比较。

学习目标

◇ 能查阅用户手册，列举出各类客车车身。

◇ 能描述客车的车身结构，熟练认识客车各部件的名称、作用、结构、材料。

◇ 能识别各种类型的客车，会对各种客车车身进行比较。

学习地点

整车拆装区。

学习准备

教学设备(含资料)：客车两台、多媒体设备、车身挂图、维修手册。

知识准备

客车是用于载运乘客及其随身行李的商用车辆，而通常所说的大客车是指载客 45 人及以上的乘用车辆。客车在我国汽车的生产数量中占有相当大的比重，在城市、公路、旅游、商务等各种场合应用广泛；尤其豪华型大客车，近年来发展非常迅速，在现今客运中起着重要的作用。

一、客车车身的结构

早期国产大客车底盘是采用载货车辆的通用底盘改装而成的，其技术结构为发动机前置、后轮驱动、行架式大梁，特点是质心高，噪音大，安全性、舒适度与行驶稳定性低。

现代大客车多采用专门设计的专用底盘，采用整体式承重框架并采用预应力蒙皮，可有效地吸收外界的冲击能量，保护乘客安全。由于降低了车辆的质心，因而行驶的安全性与稳定性有所提高。

现在的客车多为发动机后置、横置，后轮驱动。发动机后置使车厢内的主要部分远离振动和噪声源，使车厢内部容积完整、流畅，改善了乘坐环境和驾驶员的工作条件，有利于长途行驶。车厢布局整体性强，乘坐环境大大改善，有助于安置较大的行李箱和其他辅助设备，如空调等。特别是高档大客车，驾驶区域的设计有其完整的理论和实践依据，可最大限度地减少驾驶人的疲劳感。车内各种设施更注重乘员的舒适性，一般有卫生间、音像系统，有的车还设有厨房、会议间等。

二、客车车身的分类

1. 根据车长分类

小型客车车长小于 6m，中型客车车长为 6～9m，大型客车车长为 9～12m，铰接式客车车长大于 14m，如图 2-1-28 所示。

(a) 小型客车

(b) 中型客车

(c) 大型客车

(d) 铰接式客车

图 2-1-28　客车车身按长度分类

2. 根据用途分类

(1) 城市客车车身。

城市客车由于站距短，乘客上下车频繁，因此车身底板离地高度一般较小，乘客门较多或尺寸较大。为了增大过道宽度和站立面积，座位多采用单双排座(1+2)的布置形式，车内高度相对较大；为保证站立乘员的视野，车顶的凸度一般较小，如图 2-1-29(a)所示。为了缓解城市公共交通压力，提高客车的面积利用率，目前城市双层客车也较多。

(2) 长途客车车身。

长途客车由于旅客乘坐时间长，客流量比较稳定，因此一般只有一扇乘员门，如图 2-1-29(b)所示。为保证座椅的乘坐舒适性和人人有座，座椅布置较密集，且一般采用高靠背。为了使底板下有较大的行李空间，底板离地高度一般在 1m 以上。

(3) 旅游客车车身。

旅游客车与长途客车没有本质上的差别，但其外观、舒适性等往往更豪华和讲究，更注重乘员的居住性。为观光方便，旅游客车的视野与城市客车一样开阔，如图 2-1-29(c)所示。

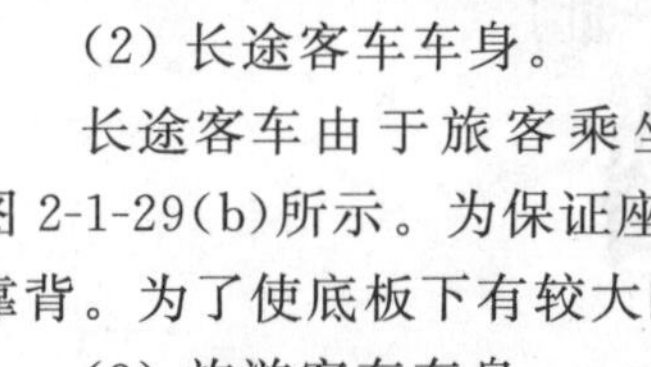

(a) 城市客车

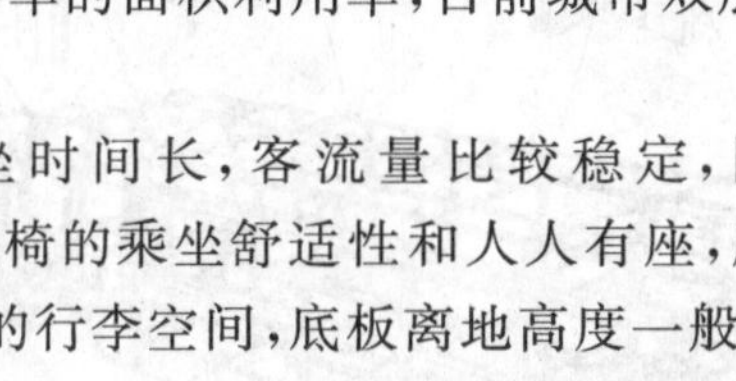

(b) 长途客车

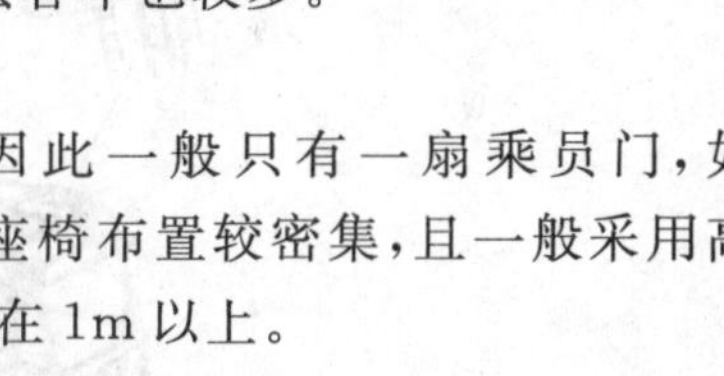

(c) 旅游客车

图 2-1-29　客车车身按用途分类

3. 根据座位数分类

小型客车小于 9 座，中型客车为 10～19 座，大型客车多于 20 座。

4. 根据承载型式（车身受力程度）分类

(1) 非承载式车身。

非承载式车身是直接在底盘的车架上组装而成的，车架边梁两侧的悬伸梁（俗称牛腿）用螺栓与边梁相连，底横梁支撑在悬伸梁上，车厢侧立柱与底横梁焊接。为弥补悬伸梁与车架边梁上平面度的误差及缓和路面对车身的冲击和振动，在底横梁及悬伸梁之间安装有橡胶缓冲垫，如图 2-1-30 所示。

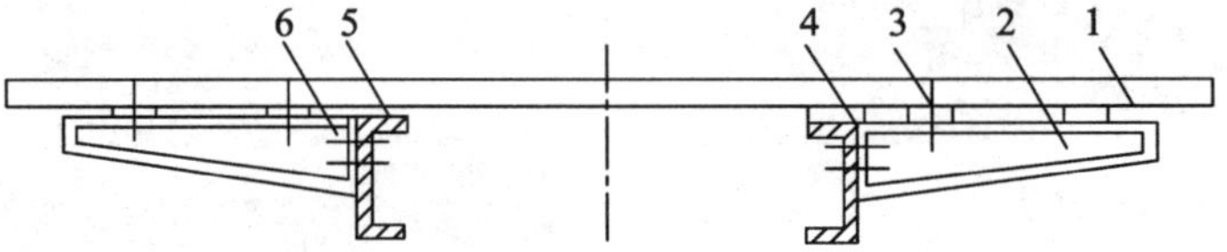

1—底横梁　2—悬伸梁　3—底横梁与悬伸梁连接螺栓

4—橡胶缓冲垫　5—车架边梁　6—车架与悬伸梁连接螺栓

图 2-1-30　悬伸梁与底横梁、车架的连接

采用这种结构的车身，当汽车在崎岖不平的路面上行驶时，载荷主要由车架来承担，车架产生的变形则由橡胶缓冲垫的挠性所吸收；而冲压成形的金属薄板，用加强板通过铆接方式将这些金属薄板连接成为车身构件。这类车身构件重量较轻，维修方便，而刚度较小，所以车身是非承载式的。目前国产客车大多采用这种结构，如图 2-1-31 所示。

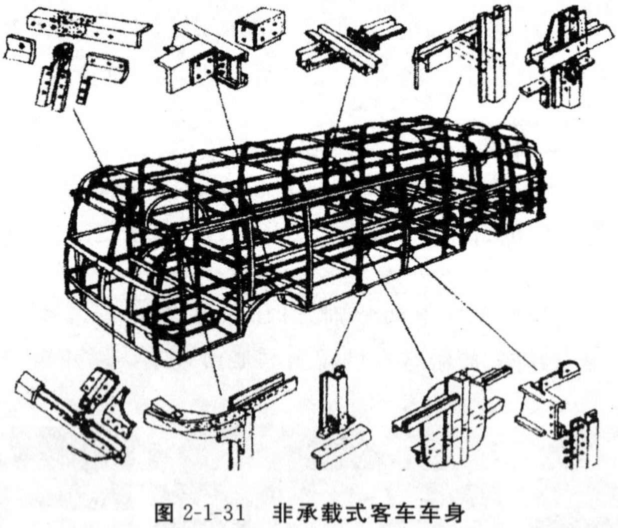

图 2-1-31　非承载式客车车身

(2) 半承载式车身。

半承载式车身是一种过渡性结构，其车身下部底架的强度和刚度要比非承载式车身的底架低，车身骨架（立柱）的下端与底架纵梁两侧悬伸的横梁刚性相连，车身下部与底架组成一整体，如图 2-1-32 所示，因此车身也能分担一部分弯曲和扭曲载荷，所以称为半承载式。其优点是可以降低整车重量。

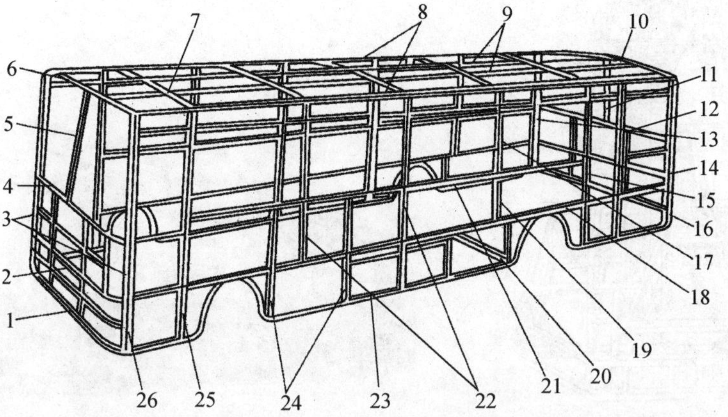

1—前围裙边梁　2—前围搁梁　3—前围立柱　4—风窗框下横梁　5—风窗中立梁　6—风窗框上横梁　7—顶盖横梁　8—上边梁　9—顶盖纵梁　10—后窗框上横梁　11—后窗中柱　12—后窗框下横梁　13—后围立柱　14—后围搁梁　15—门立柱　16—后围裙边梁　17—后围搁梁　18—侧围搁梁　19—腰立柱　20—斜撑　21—腰梁　22—侧围立柱　23—侧围裙边梁　24—腰立柱　25—侧围立柱　26—门立柱

图 2-1-32　半承载式车身

(3) 承载式车身。

为了进一步减轻客车的自身重量并使车身结构更趋合理，在有些客车上采用无车架的承载式结构。根据客车车身上下受载程度的不同，又可将承载式车身分为基础承载式车身和整体承载式车身两种，如图 2-1-33 所示。

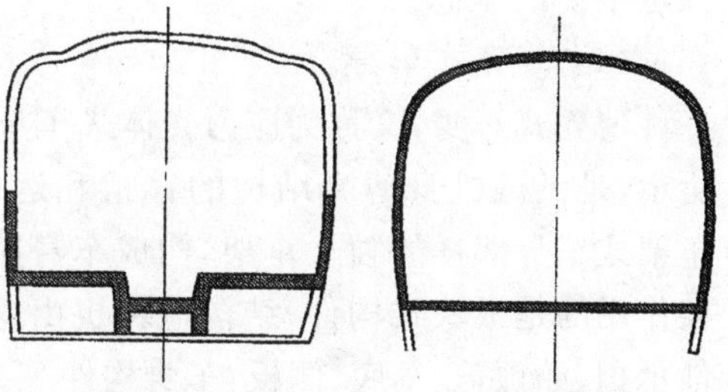

(a) 基础承载式车身　　(b) 整体承载式车身

图 2-1-33　大客车承载式车身示意图

① 基础承载式车身。

基础承载式车身底架一般用异型钢管在胎具上焊接而成，如图 2-1-34 所示，外蒙皮用 0.8mm 左右薄板采用预应力蒙皮的方法，以保证车身表面平整和顺，外观挺拔。

基础承载式车身在结构上使车身侧围腰线以下部分，包括窗台梁以下到地板的侧壁骨架和底部结构，设计成为车身的主要承载件，而其顶盖和窗柱均为非承载件。所以此种车身窗立柱较细，侧窗开口大，视野开阔，通透感强；地板下面的空间较大，地板离地面高度也较大。这种结构的底部纵向和横向构件一般可采用薄壁钢或薄板来制造，其高度可达 0.5m 左右，因此可充分利用车身地板下面的空间来作为行李箱。但因底部结构的截面高度较大，导致车身地板离地距离较大，因此这种结构的车身一般只用于长途客车或旅游客车上。

基础承载式车身采用空间框架结构，其特点是采用凹形地板（通道平面离地高度约为 1.2m，乘客座椅下的平台比通道平面高出 150mm），因此当前后和两侧遭到撞击时，乘客均处于遭受冲击部位的上方，故其安全性较好。

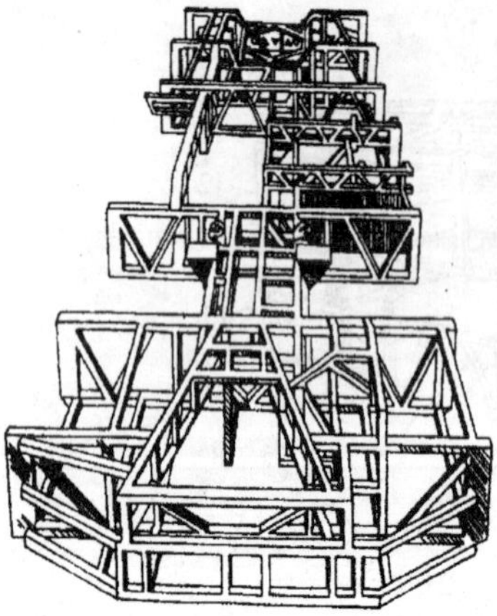

图 2-1-34　基础承载式车身底架

图 2-1-35　整体承载式车身结构

② 整体承载式车身。

整体承载式车身结构如图 2-1-35 所示。为了降低大客车的高度，省去了基础承载式底架，而将车身与底部建成一个整体的空间框架，载荷由车身上下部结构形成的整体空间框架承受，整个车身均参与承载。当车身承受载荷时，各构件以强济弱，可使整个车身壳体达到稳定平衡的状态。

(4) 薄壳式车身。

薄壳式车身，又称为应力壳体式车身，如图 2-1-36 所示，是飞机机身薄壳结构的移植和运用，它没有像车架式车身那样的独立车架，构成车身整体并取代车架作用的是板块式构件，结构应力也由这些板块式构件承担，如顶盖、车底、侧板、车身构件等。

薄壳式车身结构具有整体刚度好、材料消耗少、壳体重量轻、工艺性好和生产效率高等许多优点，但其承载能力要受车身整体尺寸的限制。

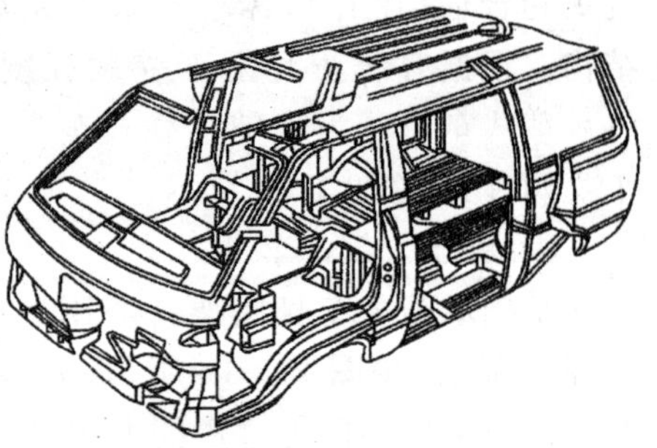

图 2-1-36　薄壳式车身

薄壳式客车车身的车底用优质钢板冲压而成。为确保车底承载能力和装配发动机及底盘各总成的需要，一般还加焊了加强结构。车内底板同样覆盖以隔声、绝热、密封为目的的地板装饰材料。薄壳式车身广泛应用于旅行客车。

(5) 复合式结构车身。

这是一种将薄壳式和骨架式结构的优点融为一体的复合式结构车身，通常是第二立柱与最末立柱之间为框架结构，前围和后围为薄壳式结构。

除了以上分类方法和形式外，大客车车身也有按车身材料、发动机布置形式、豪华程度等分类的方法。弄清不同形式车身的特征，有针对性地采取维修工艺，对保证维修质量是极其重要的。

三、客车车身的组成

客车车身主要由车身本体、车门、车窗、座椅、车身内外附件、散热器总成、燃油箱、排气管与消声器、通风及空调管道、发动机罩、驾驶室地板、挡泥板等组成。

1. 车门

(1) 车门的要求。

车门是汽车上使用次数最多的部件，需成千上万次地打开、关闭，因此车门的强度必须足够大，能在汽车受到碰撞时保持关闭状态以保护驾驶人和乘客不受伤害。另外，车门必须密封性良好，能将水、风和噪声隔在外面以保持汽车内部干燥和安静。

(2) 车门的类型。

车门是乘员上下车的通道，其上还装有门锁、玻璃、玻璃升降器、把手等附属设施。客车车门分为推拉门、折叠门、上掀门等，如图 2-1-37 所示。

(a) 推拉门　(b) 折叠门　(c) 上掀门

图 2-1-37　客车车门

(3) 车门的结构

车门框架是车门的主要钢架，铰链、玻璃、把手等部件都安装在车门框架上，如图 2-1-38 所示。车门板是车门框架上外面板，它可以用钢、铝、纤维玻璃等制成。车门玻璃安装在车门玻璃升降导槽内，可沿其导轨上、下移动，在导槽内滑动升降，并起到密封作用。车门上的车门铰链与门锁用来承受车门总成的全部质量，行驶时产生的振动载荷则由车门的铰链和门锁吸收。

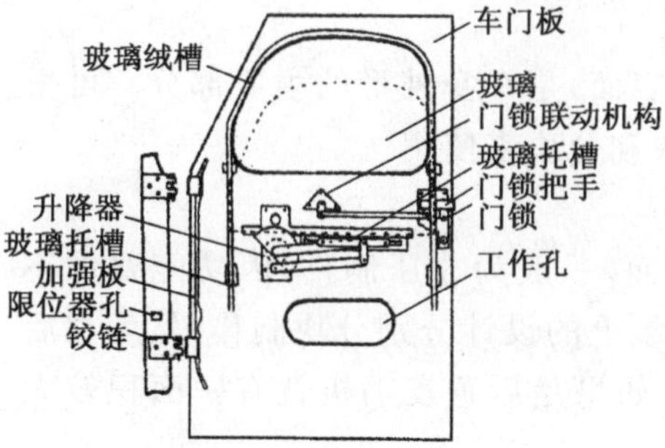

图 2-1-38　客车车门的结构

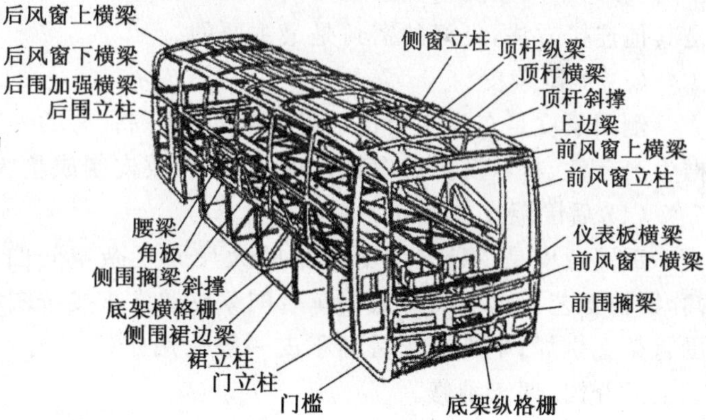

图 2-1-39　车身骨架

2. 车身本体

客车车身本体主要由车身蒙皮和骨架等部分组成。车身蒙皮是车身覆盖件，车身的刚度依赖于车身骨架。骨架是由抗扭刚度较强的异型钢管焊接构成的，客车车身骨架如图 2-1-39 所示。

车身蒙皮与骨架的连接方式主要有两种：铆接与焊接。承载式大客车车身蒙皮通常有两种：一种是应力外蒙皮，蒙皮与骨架一起承载；另一种为预应力蒙皮(张拉蒙皮)，蒙皮内部存在的张拉应力使其光滑平整。常用预应力蒙皮的工艺手段来增强骨架的强度和减少噪声。

客车的外形主要是长方体结构，其内、外层分别由内、外蒙皮覆盖，即内覆盖件和外覆盖件。客车的覆盖件较为简单，主要是用金属薄板压制或手工敲制的方法制造。

内覆盖件虽有色调、材料、位置和车内顶盖护板、左右侧围护板等差别，但在结构特征上较为统一。外覆盖件(车身蒙皮)通常采用0.8～1.0mm厚的冷轧薄钢板或1.5mm厚的铝板，虽然它是一个整体，但按其位置可分为前围蒙皮、顶盖蒙皮、侧围蒙皮、后围蒙皮，如图2-1-40所示。

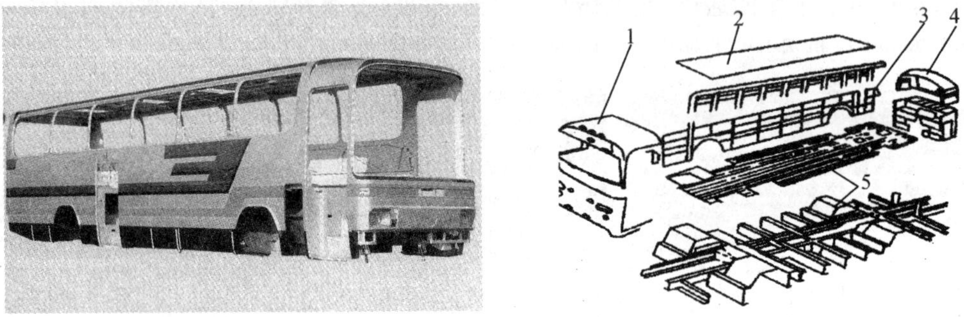

1—前围蒙皮　2—顶盖蒙皮　3—侧围蒙皮　4—后围蒙皮　5—底盘骨架

图2-1-40　车身蒙皮

(1) 前围蒙皮。

前围蒙皮面积较小，但外形较复杂，常有一些孔、肋等结构，属空间曲面。

(2) 顶盖蒙皮。

顶盖蒙皮通常是由右侧蒙皮、左侧蒙皮、中间蒙皮组成。顶盖结构要求顶盖与骨架之间密封良好，中间蒙皮与侧蒙皮之间以及蒙皮与骨架之间的连接尤其重要，无论是采用焊接还是其他连接方法，良好的密封是最主要的。

(3) 侧围蒙皮。

侧围蒙皮是车身主要覆盖件，覆盖在侧围骨架的外表面，是车身外形的主要部分。可根据生产条件、材料及大客车档次的需要，将蒙皮制成整块和分块来使用。

(4) 后围蒙皮。

后围蒙皮是一种多维变曲率的大尺寸复杂空间曲面，一般为非压制件，因功能要求不高，所以工艺要求不高。低档车后围蒙皮通常直接按图纸上的设计分别分块制作，然后在后围骨架上拼焊；中高档车后围蒙皮一般采用张拉工艺。如果是后置发动机就有一面积较大的上掀开门，便于维修。

3. **车身附件**

车身附件的功能是用来隐蔽粗糙的未能加工的边缘，有些则兼有功能性作用。车身附件主要有仪表板(图2-1-41)、车顶内衬总成、内外装饰条、散热器前面罩、地毯、密封条、风窗刮水器、风窗洗涤器、遮阳板、后视镜等部件。大多数附件用塑料卡夹或小螺钉固定。

图2-1-41　客车仪表板

4. **座椅**

座椅是车身内部的重要装置之一。汽车上的座椅有斗式和长条式两种。座椅由坐垫、座椅靠背、头枕、头枕导杆、倾斜度调节器等组成，坐垫和靠背应具有一定的弹性。用高强度螺栓将座椅固定在地板上，通过倾斜度调节器使座椅实现向前或向后倾倒以及调节坐垫和靠背的倾斜角度，如图 2-1-42 所示。

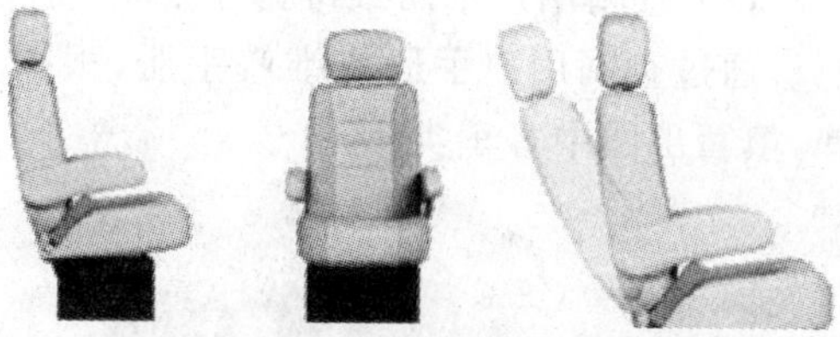

图 2-1-42　**带有倾斜度调节器的座椅**

座椅上的座罩一般用布、人造革或皮革制成，包在座椅总成上。某些座椅还配有弹性悬架和减振器，可对其弹性悬架加以调节以便在乘员不同的体重作用下仍能保证坐垫离地板的高度适当。在有的客车车厢中还设置适应夜间长途行车需要的卧铺。

5. **车窗**

车窗结构通常为曲面封闭式，在车身的窗框与风窗玻璃之间，用橡胶密封条连接。密封条起着密封与缓冲的作用，以防止车身受力时因窗框变形而导致玻璃损坏。

客车的前风窗玻璃大多采用曲面或柱面玻璃，以改善视野和外观。目前为考虑安全，前、后窗玻璃都采用安全玻璃，这种玻璃有钢化玻璃、区域钢化玻璃和夹层玻璃三种。

客车的侧窗结构按启闭方式可分为提窗结构、摇窗结构和移窗结构三种。提窗和摇窗结构是根据薄板冲压构件焊接的车身骨架结构特征而设计的，这种结构的密封性、防振性都较差，其侧窗下沿以下的骨架及蒙皮易于锈蚀，因此已很少采用。

现在客车的侧窗多采用移窗结构，使用钢化或区域钢化玻璃，玻璃大多为茶色，带有隔热层，这样可使车内保温并有安闲宁静的舒适感。

对于空调车或具有完善的冷气、暖气、通风及空调设备的高级客车常常将车窗设计成不可开启式，车窗均为封闭式结构，以提高车身的密封性。

活动实施

(1) 根据用户手册或维修手册，写出图 2-1-43 所示客车车身各部件名称。

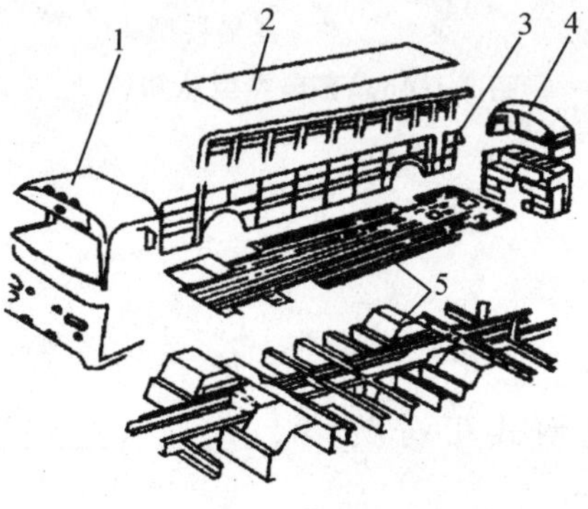

1—　　2—　　3—　　4—　　5—

图 2-1-43　**客车车身的组成部件**

(2) 查阅用户手册或维修手册，识别客车类型

通过查阅用户手册或维修手册，根据如图 2-1-44、图 2-1-45 和图 2-1-46 所示的客车标牌，填写出图中客车类型。

客车类型：

客车类型：

图 2-1-44　客车类型认知(1)

客车类型：

客车类型：

图 2-1-45　客车类型认知(2)

客车类型：

客车类型：

图 2-1-46　客车类型认知(3)

巩固与评价

一、活动巩固

(一) 填空题

1. 客车车身根据承载型式可分为：________、________、________、________和________。

2. 客车根据车长可分为：________、________、________和________。

3. 客车根据用途可分为：________、________和________。

4. 客车根据座位数可分为：__________、__________和__________。

5. 客车车身主要由____________和____________等组成。

(二) 判断题

1. 客车车身主要由车身蒙皮和骨架等组成。　(　　)
2. 薄壳式车身有像车架式车身那样的独立车架。　(　　)
3. 客车车身根据上下承载程度不同，可分为基础承载式和整体承载式。　(　　)
4. 车身蒙皮与骨架连接方式有铆接、焊接和粘接等方式。　(　　)
5. 车身蒙皮按其位置可为前盖蒙皮、顶盖蒙皮、侧围蒙皮和后围蒙皮。　(　　)

二、活动评价

评分标准见表 2-1-2，在考核记录栏中简述扣分的缘由。

表 2-1-2　　客车车身结构认知考核评分表

评定成绩：　　时间：　　地点：　　教师：

序号	作业项目	考核内容	配分	评分标准	考核记录	扣分	得分
1	选择劳保用品	写出活动所需的劳保用品	10	写错或漏写劳保用品一项扣 2 分，扣完为止			
2	认知车身结构	描述客车车身各部件的功用、结构、要求和材料	20	回答不完整或描述不清楚扣 10 分			
				描述错误一处扣 2 分，扣完为止			
3	认知客车车型	描述各类客车的类型并对各种客车车身进行比较	20	回答不完整或描述不清楚扣 10 分			
				描述错误一处扣 2 分，扣完为止			
4	完成相关习题	完成客车车身结构认知的相关习题	50	客车车身的组成部件写错或漏写一空格扣 2 分			
				客车类型错写或漏写一题扣 2 分			
				填空题错写或漏写一题扣 1 分			
				判断题错写或漏写一题扣 2 分			
	分数合计		100				

活动三　货车车身结构的认知

活动描述

在本次活动中，学生在观看教学视频和在教师的指导的基础上，了解货车的车身结构、制造材料等知识，熟悉货车的分类方法，掌握货车各部件的名称、结构、作用和它们之间的连接方式。

学习目标

◇ 能查阅用户手册，熟悉货车的分类方法。
◇ 能描述货车的车身结构，熟悉货车各部件的名称和结构。
◇ 能识别各种类型的货车，会对各类货车车身结构进行比较。

学习地点

整车拆装区。

学习准备

教学设备（含资料）：货车两辆、多媒体设备、车身挂图、维修手册。

知识准备

货车是一种主要为载运货物而设计和装备的商用车辆，也是可以用来牵引挂车或其他车辆的汽车。绝大部分货车都以柴油引擎作为动力来源，也有部分轻型货车使用汽油、石油气或者天然气为发动机燃料。

一、货车车身的结构特点

货车的正式名称为载货汽车，又称作卡车，属于商用车辆类别，是运载货物和商用的一种汽车形式，包括自卸卡车、牵引卡车、越野卡车和各种专为特殊需要制造的车辆。货车车身几乎都属于非承载式，主要由驾驶室、货厢、车架等组成。

二、货车的分类

我国对货车的分类很多，有按总质量分类的，有按发动机的排气量分类的，新的国家标准《汽车和挂车类型术语及定义》将货车归入商用车大类，并将货车细分为普通货车、多用途货车、全挂牵引车、越野货车、专用作业车和专用货车。下面还有几种分类方法：

1. 按驾驶室与货厢的连接关系分类

货车的驾驶室和货厢的结构主要从各自的功能和造型考虑，而不需要过多考虑对来自不平路面冲击和振动的承受能力。它们与车架一般采用弹性连接，通常按驾驶室与货厢的连接关系分为如下形式：

(1) 分体式。

这是绝大多数货车车身的形式，驾驶室、货厢和车架各成一体。驾驶室常以三点支承在车架上，为减少驾驶室振动和车架歪扭变形对驾驶室的影响，其中两点往往采用弹簧或橡胶衬垫的浮式连接。货厢大多为前栏板固定、侧栏板和后栏板可翻的栏板式货台，栏板通常为钢板冲压件采用点焊连接组合而成的整体式钢结构。

(2) 连体式。

这种形式车身的驾驶室与货厢连为一体，是微型和轻型货车中的一种结构形式。这类车往往由轿车和小型客车变形而来，其车身一般也是由原形演变而来的应力壳体式车身结构。另有一类由轿车和小型客车变形而来的载货车，车身虽为分体式，但驾驶室和货厢在造型上还是追求一体化的效果，而且驾驶室和货厢也都是薄壳式结构。

2. 按驾驶室与发动机的相对位置分类

载货车上的发动机一般都是前置的，发动机中置和后置的货车一般是由其他车型变形而来的，而且也极少见。就发动机前置而言，按其与驾驶室的相对位置可分为如下形式：

(1) 长头式。

长头式车身的发动机布置在驾驶室之前，单独有凸出的发动机罩，如图 2-1-47(a)所示。这种形式车身的发动机维修方便，操纵机构也较简单，汽车在路况较差的情况下通过性较好。其缺点是轴距和总长相对较大，视野较差。所以长头式车身多用于中型和重型货车。

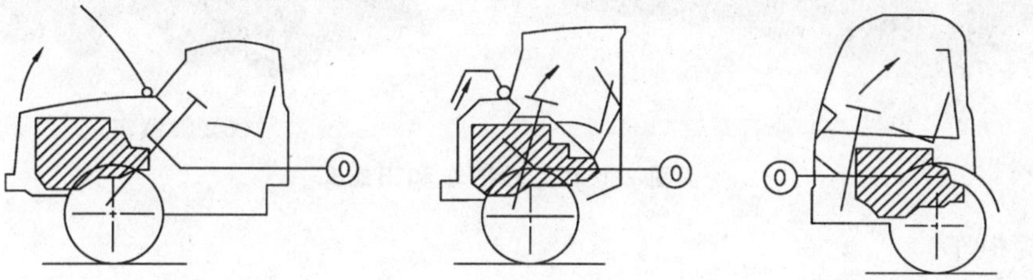

(a) 长头式货车　(b) 短头式货车　(c) 平头式货车

图 2-1-47　长头式、短头式、平头式货车

(2) 短头式。

短头式车身是将发动机的一小部分伸入到驾驶室内，如图 2-1-47(b)所示。汽车的轴距略为缩短，驾驶室内部较拥挤，发动机维修不如长头式方便，总的特点与长头式没有太大的差异。

(3) 平头式。

这种形式车身的驾驶室布置在发动机之上，如图 2-1-47(c)所示。汽车的轴距和总长较短，机动性好，视野良好，面积利用系数(载货面积与总面积之比)高。为了避免驾驶室内夏天比较闷热等情况发生，驾驶室须加强隔热、通风、隔振、缓冲和密封等措施。目前，由于结构的改进使平头式车身的优点比较显著，因而它们在现代轻型、中型货车上得到了广泛的采用，甚至在重型货车和汽车列车上采用平头式车身的数量也在不断增多。

3. 按货车车身结构的分类

(1) 一般货车。

一般货车指驾驶室与车体本身固定联结一体的车辆，大致分为两类：框式、倾卸式。这两类车体又包含了开放式、半密式、全密式三种，如图 2-1-48 所示。

(a) 开放式货车　(b) 半密式货车　(c) 全密式货式

图 2-1-48　开放式、半密式、全密式货车

在运载货物过程中，应用较多的还有其他特殊用途货车，如沙石车和田螺车等，如图 2-1-49所示。沙石车又称泥头车，俗称土方车，主要用来运送泥土和建筑废料，也有用来运送煤、矿石等。田螺车是一种用来运送混凝土的货车，因其可转动的圆筒而得名。

(a) 沙石车

(b) 田螺车

图 2-1-49　沙石车和田螺车

（2）货柜车。

货柜车，也称集装箱车，可分为三部分：车头、车架和集装箱，如图 2-1-50 所示。

图 2-1-50　货柜车

（3）平板货车。

如图 2-1-51 所示，平板货车是公路运输的一种常见车辆，因为其装卸大型、重型货物比较方便，而且比相同规格的其他种类车型可以装载更多的货物，所以深受运输单位的欢迎。在运输车辆中，平板货车一般分为两种：一种是平板，一种是高低板。平板一般是 4～13m长，13m 以上的多为高低板。

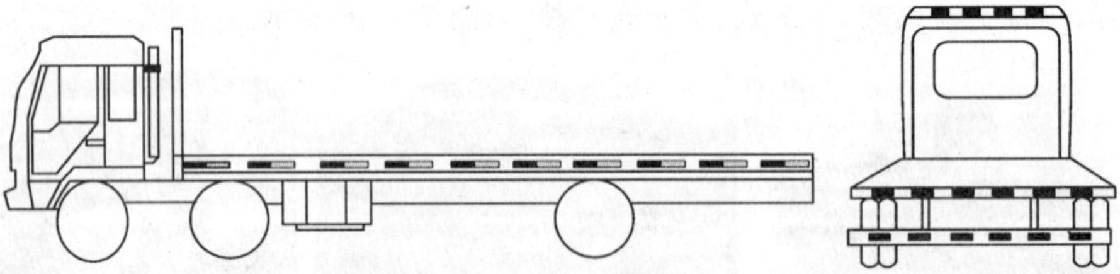

图 2-1-51　平板货车

三、货车的组成

货车包括车身、车身附件及车架。货车车身通常由驾驶室和货厢两部分组成，如图 2-1-52 所示。货车驾驶室包括驾驶室壳体、车门及附件、前后挡风窗、驾驶员座椅等，货厢可分为传统式货厢、封闭式货厢、自卸式货厢、专用车货厢以及特种车货厢等多种形式。

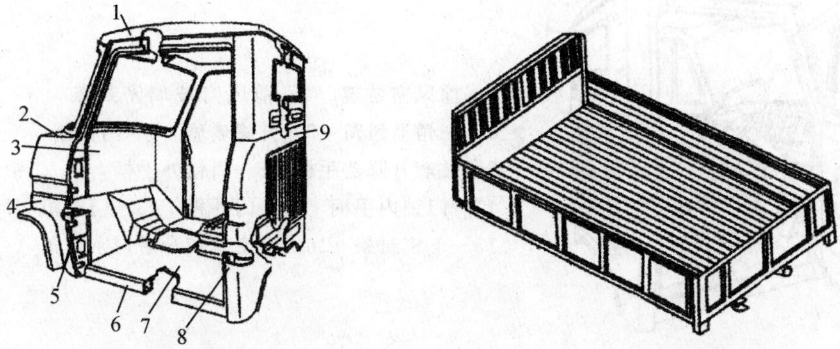

(a) 驾驶室　　　　(b) 货厢

1—顶盖　2—前围上盖板　3—前围板　4—前围左侧盖板　5—左前立柱
6—左门槛　7—地板　8—左后立柱　9—后围板

图 2-1-52　货车的组成

1. 车架

车架是一个独立的部分，车身及发动机、转向机构、悬架等各种装置都固定在车架上。目前大部分货车使用的是车架式车身，车架为梯形车架。

梯形车架包含两根纵梁和与之相连接的一些横梁，如图 2-1-53 所示。梯形车架的强度好，在许多货车上能看到。在一些小型货车上还使用如图 2-1-54 所示的梯形车架，但由于它的舒适性差，现已较少使用。

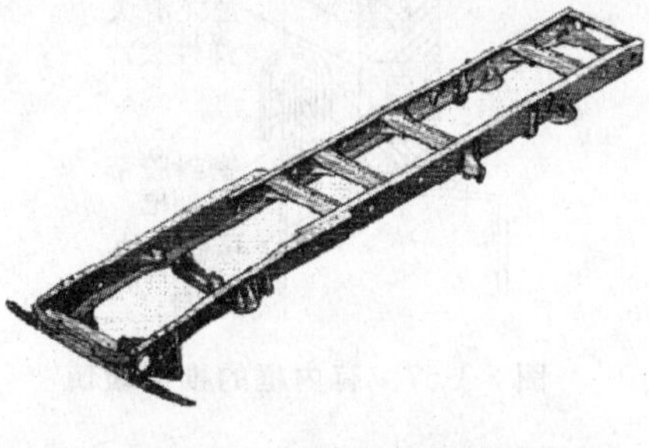

图 2-1-53　大中型货车用梯形车架

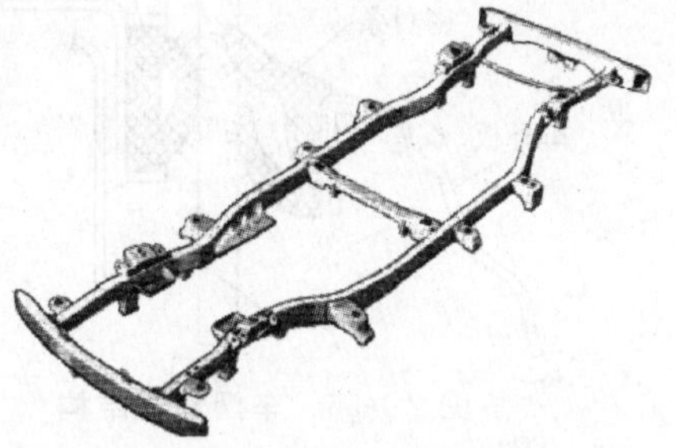

图 2-1-54　小型货车用的梯形车架

车架式车身通常用螺栓固定在车架上，为了减少乘坐室内的噪声和振动，车身与车架之间除放置特制的橡胶垫块外，还安装了减振器，将振动、噪声减至最小。

2. 车门

车门是车身的重要组成部件之一，其各部件如图 2-1-55 所示。其形式按其开启方式可分为：顺开式、逆开式、水平滑移式、上掀式、折叠式和外摆式等。

货车车门是通过车门铰链与车身牢固地连接在一起的，车门的内护板上有扶手、门锁、车窗按钮等，塑料制成的密封条安装在内护板与车门框架之间，以防止风雨和噪声进入。当车门关闭时，密封条被挤压产生部分变形，可防止空气和水渗入。

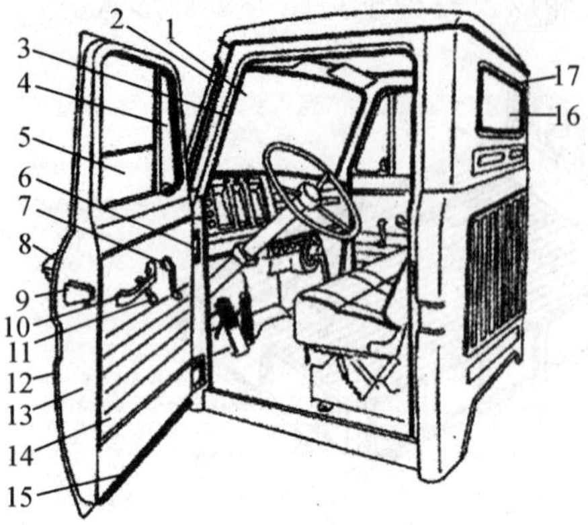

1—前风窗玻璃　2—前风窗玻璃密封条　3—车门密封条
4—三角通风窗　5—升降玻璃　6—门铰链
7—玻璃升降器手柄　8—门锁外手柄　9—门锁　10—扶手
11—门锁内手柄　12—门外板　13—门内板　14—内护板
15—下密封条　16—后窗　17—后窗密封条

图 2-1-55　货车车门及车窗

3. 车窗

（1）风窗。

汽车的前后风窗通常采用有利于视野而又美观的曲面玻璃，玻璃的各边缘通过一定的方式固定在车门上部窗框内的玻璃导槽内，为了防止玻璃滑动处漏雨、透风，除了在玻璃导槽中镶嵌有一定弹性的密封绒条以限制其前后移动外，在玻璃内外侧还分别装有弹性极佳的密封条，如图 2-1-56 所示。

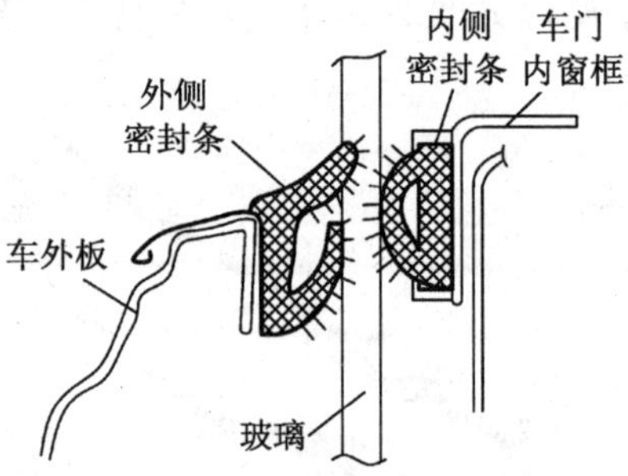

图 2-1-56　车门窗框结构

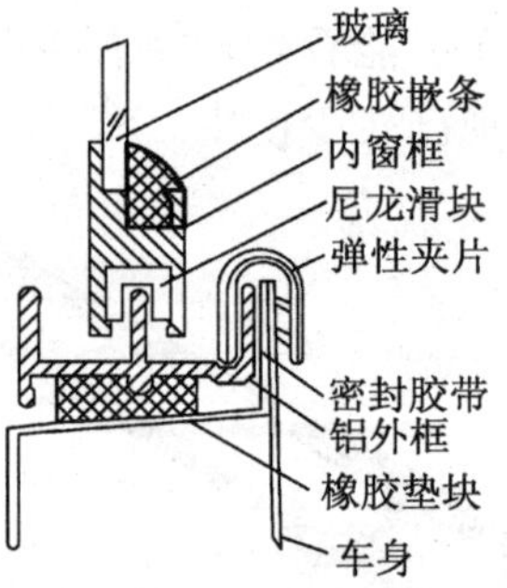

图 2-1-57　有内框的推位玻璃

（2）侧窗。

货车侧窗大多采用推拉式的玻璃，其装配形式可分为有内框和无内框两种。

① 有内框推拉玻璃。

有内框推拉玻璃用橡胶嵌条固定住玻璃，如图 2-1-57 所示。外框通过橡胶垫块、弹性夹片、密封胶带和黏合剂等固定在车身上。内框与外框接触部分装有摩擦阻力小的尼龙滑块和减振弹片，使玻璃推动自如，降低了振动和噪声，并获得了良好的安全性、可靠性和密封性。

② 无内框推拉玻璃。

无内框推拉玻璃因其结构简单、密封性好、噪声低，所以使用广泛。无内框推拉玻璃都是在外框槽内镶装橡胶密封条，起到玻璃导槽和密封、减振的多重作用。无内框推拉玻璃按外框与车身的连接方式不同可分为两种，一种如图 2-1-58(a)所示，外框与车身用双面不干胶黏结，它的密封与固定的作用比一般橡胶密封条可靠得多，但只能使用一次。另一种如图 2-1-58(b)所示，外框用密封件橡胶嵌条与车身连接。

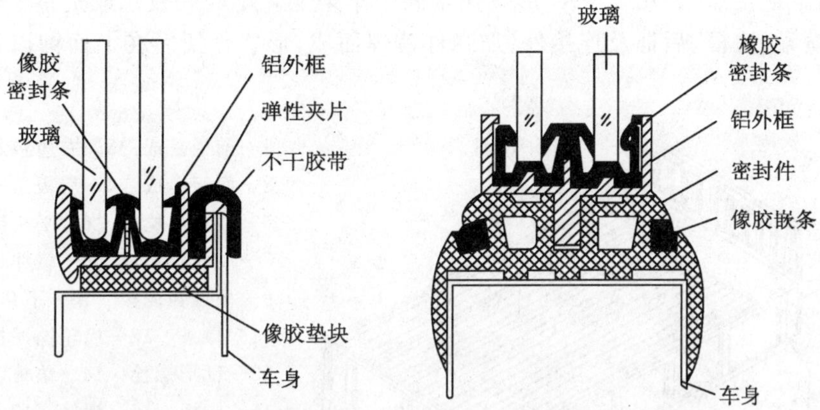

(a) 外框与车身用双面不干胶黏结　　(b) 外框与车身用密封件橡胶嵌条连接

图 2-1-58　无内框的推拉玻璃

4. 车厢

车厢是货车用于装载货物的集装箱或箱式货车车厢，如图 2-1-59 所示，有集装箱式、栏板式和平板式三种。

(a) 集装箱式车厢　　(b) 栏板式车厢　　(c) 平板式车厢

图 2-1-59　集装箱式、栏板式、平板式车厢

(1) 集装箱式车厢。

集装箱式车厢是利用型材或冲压的构件制成框架，再覆以蒙皮而形成的封闭壳体，主要用于运送特定的货物。为提高强度和使蒙皮不致产生振动，几乎所有表面都制成波纹筋，加之与底板刚性连接，可使整个壳体具有很大的刚度和承载能力。

(2) 栏板式车厢。

栏板式车厢的周围装有可开启的栏板。较短的车厢为单开式，一般为后栏板能打开，其余车厢栏板均为固定式，这种车厢底板离地高度较低，汽车的轮罩突入底板内并与两侧栏板连接。较长的车厢为三开式，即三面栏板均可开启，左右栏板和后栏板均借助若干个铰链安装在底板上，并用栓杆和栓钩互相扣紧。

车厢前端的防护架也是栏板式车厢的组成部分，它与车厢底板固定在一起，防止货物在运输中前移而危及驾驶室。

图 2-1-60 所示为东风 EQ1090 型汽车车厢，它是以钢为骨架的钢木结构，由底板总成、左右边板总成和前板总成、后板总成等组成。车厢前部左右各有一个弹性连接点，后部左右各有一个固定连接点，并用 7 个 U 形螺栓紧固于车架上。车厢底板总成是整个车厢的基础，它由纵梁、横梁、边框、后框及连接件、加强件铆焊而成，形成骨架后在上面铺以钢、木相间的底板。

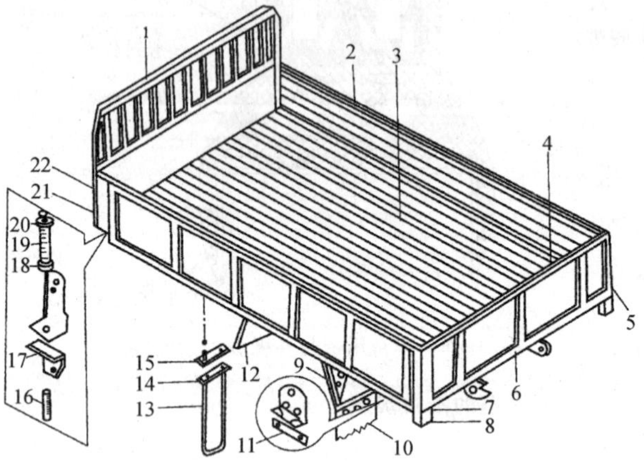

1—前板总成　2—右边板总成
3—底板总成　4—后板总成
5—左右后栓杆　6—平头销
7—反光器总成　8—缓冲块总成
9—橡胶挡泥板　10—下角铁
11—撑条　12—后轮挡泥板
13—U 形螺栓　14—垫板
15—压板　16—螺杆　17—托架
18—弹簧座　19—弹簧
20—支撑板　21—螺栓
22—左边板总成

图 2-1-60　东风 EQ1090 型汽车车厢

(3) 平板式车厢。

平板式车厢主要用于承运集装箱，与其他各类货车车厢相比，其区别在于平板四周装有集装箱锁，是专为防止集装箱在运输过程中发生倾翻和位移而设置的。

活动实施

(1) 根据用户手册或维修手册，写出图 2-1-61 所示货车车身各部件名称。

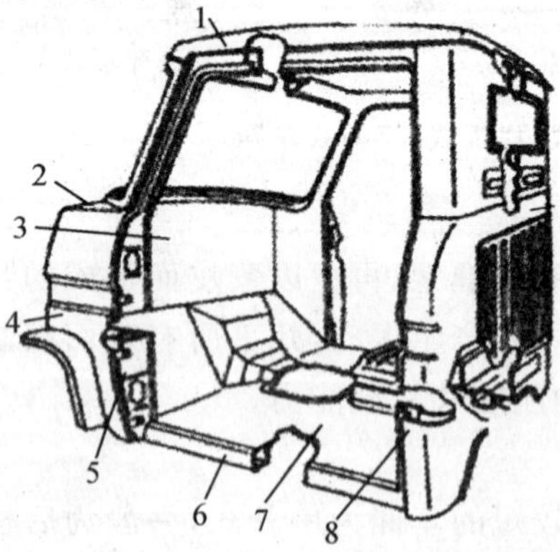

1—　　2—
3—　　4—
5—　　6—
7—　　8—

图 2-1-61　货车车身的组成部件

(2) 使用用户手册或维修手册，识别货车类型。

通过查阅用户手册或维修手册，根据图 2-1-62 和图 2-1-63 所示，填写出图中货车类型。

货车类型：

货车类型：

图 2-1-62　**货车类型认知(1)**

货车类型：

货车类型：

图 2-1-63　**货车类型认知(2)**

巩固与评价

一、活动巩固

(一) 填空题

1. 货车按车身结构可分为______、______和______。

2. 货车按驾驶室与货厢的连接关系可分为______和______。

3. 货车按驾驶室与发动机的相对位置分为______、______和______。

4. 货车车身主要由______、______和______等组成。

5. 货车车门按其开启方式可分为______、______、______和______、______、______。

(二) 判断题

1. 货车是没有承载式车身结构的。（　）

2. 货车主要由驾驶室、货厢、车架等组成。（　）

3. 车厢按结构可分为集装箱式、栏板式和平板式三种。（　）

4. 货车侧窗大多采用推拉式的玻璃，其装配形式可分为有内框和无内框两种。（　）

5. 货车车身与车架之间的橡胶垫块是为了乘坐货车的舒适性而设计的。（　）

二、活动评价

评分标准见表 2-1-3，在考核记录栏中简述扣分的缘由。

表 2-1-3　　货车车身结构认知考核评分表

评定成绩：　　时间：　　地点：　　教师：

序号	作业项目	考核内容	配分	评分标准	考核记录	扣分	得分
1	选择劳保用品	写出活动所需的劳保用品	10	写错或漏写劳保用品一项扣 2 分，扣完为止			
2	车身结构认知	描述货车车身各部件的功用、结构、要求和材料	20	回答不完整或描述不清楚扣 10 分			
				描述错误一处扣 2 分，扣完为止			
3	货车车型认知	描述各类货车的类型并对各种货车车身进行比较	20	回答不完整或描述不清楚扣 10 分			
				描述错误一处扣 2 分，扣完为止			
4	完成相关习题	完成与货车车身结构认知相关的习题	50	货车车身部件错写或漏写一项扣 2 分			
				货车车型错写或漏写一题扣 2 分			
				填空题错写或漏写一题扣 1 分			
				判断题错写或漏写一题扣 2 分			
分数合计			100				

任务二　汽车车身的测量

活动一　车身的机械测量

活动描述

在本次活动中，学生在理解所修车型的结构、测量原理、仪器的使用方法和对受损车身测量方法的基础上，观察教师的示范操作；在教师指导下，操作者按照作业工单和制造厂家的车辆维修手册规定，协同本组其他同学，利用机械测量工具对受损车身进行测量，得出数据，对照标准数据进行分析；要求工作过程中遵循现场工作管理规范。

学习目标

◇ 能熟悉车身的主要结构零部件及它们的装配关系。

◇ 能正确分析碰撞引起损伤的实际原因及碰撞后对车辆产生的影响。

◇ 能掌握常用机械测量的方法，会识读车身数据图。

◇ 能通过机械测量方法对损伤汽车进行测量，确定损伤汽车的尺寸。

◇ 能描述汽车车身测量过程中所使用工量具的名称、种类、用途及其使用方法，并正确使用。

学习地点

车身测量区。

学习准备

教学设备(含资料):广本雅阁轿车一辆、多媒体设备、广本雅阁车身数据图等。

工量具:机械式通用测量系统、卷尺、常用工具等。

劳动保护用品:安全帽、防护眼镜、工作服、安全鞋、手套。

知识准备

一、车身机械测量的重要性

汽车车身测量是车身修理中不可缺少的一个重要环节,通过车身测量可以获知车身损伤变形的状况,可以控制车身修复过程中的情况,可以实现车身修复后的验收;由此可见,车身测量在车身修理中占据着极其重要的地位,并且也是影响车身修理质量的关键。而车身机械测量就是车身修理中最常用的车身测量方法之一。

车身机械测量往往贯穿车身修理作业的全过程,一般可分为作业前、作业中和竣工后三个阶段。修理作业前的测量,旨在判别车身损伤状态,把握变形程度的大小,并为确定修理方案提供可靠依据。修理作业过程中的测量,有助于对修复过程的质量进行有效的控制。修理竣工后的测量,可为车身修复后的验收和质量评估提供可靠的数据。

二、车身机械测量的基本要素

点、线、面是车身机械测量的基本要素,掌握车身测量的点、线、面三个基本要素,是高质量完成车身机械测量任务的关键。

1. 控制点

车身测量的控制点,用于检测车身损伤及变形的程度。车身设计与制造中设有多个控制点,可以用来测量车身上各个控制点之间的尺寸,这些控制点不仅是在生产工艺上留下来的基准,同样也是车身测量时的定位基准。如果在控制点上测量出的测量值超出规定的极限尺寸,就应对其进行矫正,使其恢复到标准规定的范围之内。

2. 基准面

基准面是一个假想平面,如图 2-2-1 所示,与车身底板平行。基准面被用来作为车身所有垂直尺寸测量的参照面,汽车高度尺寸数据就是从基准面得到的测量结果。

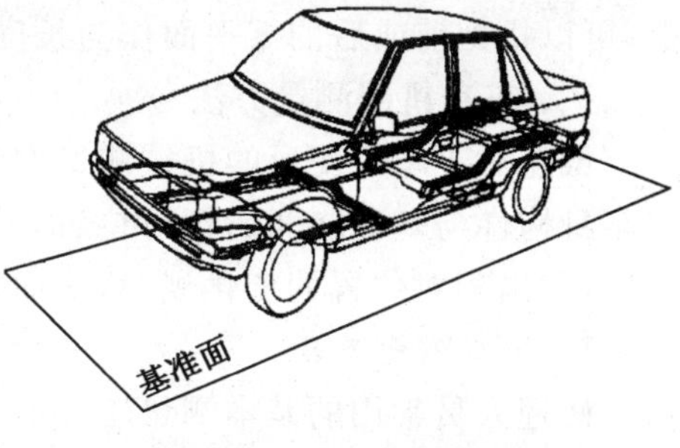

图 2-2-1　车身的基准面

由于基准面是一个假想平面,基准高度可增加或减小以使测量读数更方便。因此在实际的测量过程,只要找到一个与基准面平行的平面作为测量的基准面,而读取高度数值时只需考虑所有的测量值与标准值的差值即可,而不用关心基准面在哪里。

由于测量基准面和车辆的基准面不一定相同，为了方便找到测量基准面，一般的做法是用四个高度相同的主夹具，将车身的夹持部位完全落入主夹具钳口内，并且把夹具锁紧，就以这时的车辆高度作为测量高度基准，而不用找到真正的车辆高度基准。

3. 基准中心线和中心面

中心面是三维测量的宽度基准，通过基准中心线将汽车分成左右对等的两部分，如图 2-2-2 所示，汽车所有的宽度尺寸都是以中心面为基准测得的。

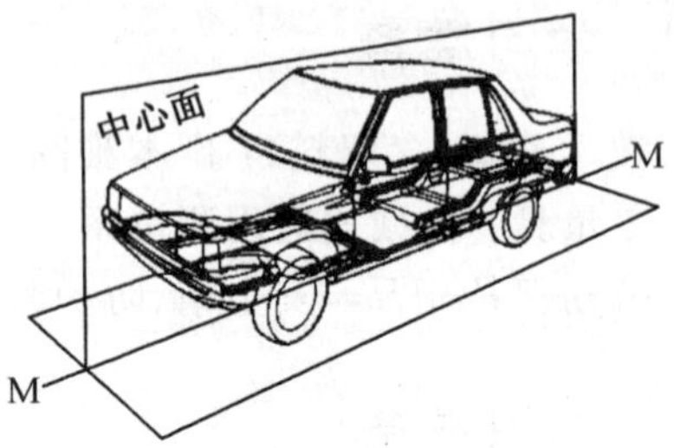

图 2-2-2　车身的基准中心线和中心面

大部分汽车都是对称的，对称意味着汽车右侧尺寸与左侧尺寸是完全相同的，车身结构的一侧是另一侧完全对称的镜像。如果汽车不对称，就要通过对照车身数据图，对车身进行不断测量和矫正。

在使用机械测量方法找中心面时，要在车身中部没有变形的部位找到两个没有变形的测量孔，将底部测量头对准要测量的孔，通过尺上的宽度读数可以知道两个孔到中心线的宽度，调整测量组件直到两个宽度读数相同并与标准数据一致。再找另外两个没有变形的测量孔，重复以上操作，通过两对左右对称的测量点就能把车辆的中心面(线)找到。

4. 零平面

为了正确分析汽车损坏的状况，一般将汽车看作一个矩形结构并将其分成前、中、后三部分，如图 2-2-3 所示，三部分的基准面称作零平面。在实际测量中，零平面也叫零点，是长度的基准。不论车架式车身还是整体式车身结构，中部区域是一个具有相当大强度的刚性平面区域，在碰撞时汽车中部受到的影响最小。这一刚性中部区域可用来作为观测车身结构对中情况的基础，所有的测量及对中观测结果都与零平面有关。

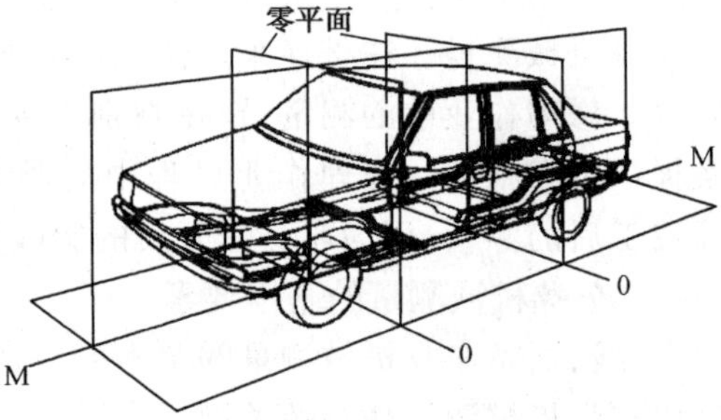

图 2-2-3　车身的零平面

在实际测量工作中，高度基准面一般使用车身校正仪的平台平面，宽度中心面是车辆的中心面，与测量系统的中心面重合或平行。长度的基准不在平台或测量尺上，而是在车身上，可以找到前或后的零平面作为长度基准，来测量其他测量点的长度数据。

三、车身机械测量方法

虽然对于车身变形的机械测量方法较多，但都是依靠测量工具采集相关的技术数据，判定车身构件与基准之间的相对位置，并且以实际测得的状态参数为依据，进行数据的分析、比较，找出相对位置的变化规律，从而判断车身变形的具体状况。

1. 基本测量工具

修理人员常用的基本测量工具有钢板尺和卷尺，这两种尺可以测量两个测量点之间的距离。只要对钢卷尺头部进行如图 2-2-4 所示的处理后，再插入控制孔后测量，就可以提高测量精度。

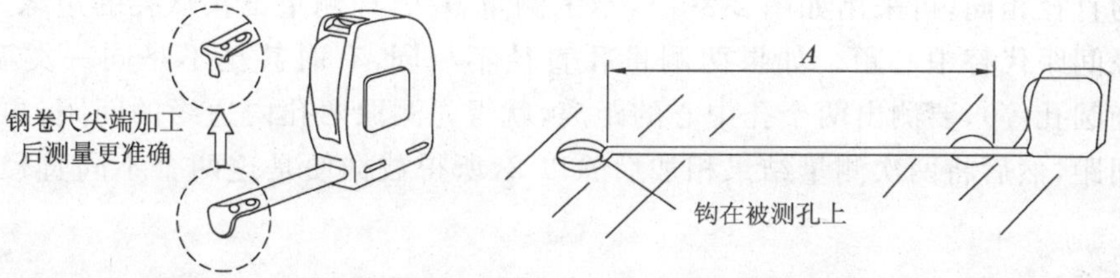

图 2-2-4 用钢卷尺测量

用钢卷尺测量孔的中心距时，可从孔的边缘开始测量，以便于读数。但应注意，只有当两孔的直径相等并且孔本身没有变形时，才能以孔的边缘间距代替中心距，如图 2-2-5 所示。当两孔的直径不等时，中心距应按下式计算：$A=B+(R-r)$ 或 $A=C-(R-r)$，如图 2-2-6 所示。虽然钢卷尺的使用方法简便易行，但测量精度低、误差大，仅适用于那些要求不高的场合。

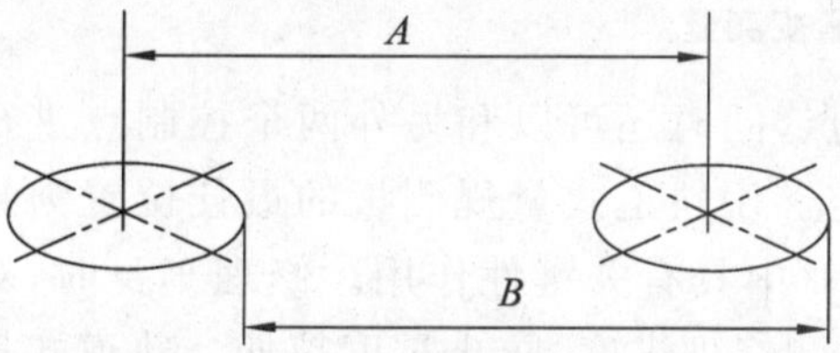

图 2-2-5 孔径相等时测量

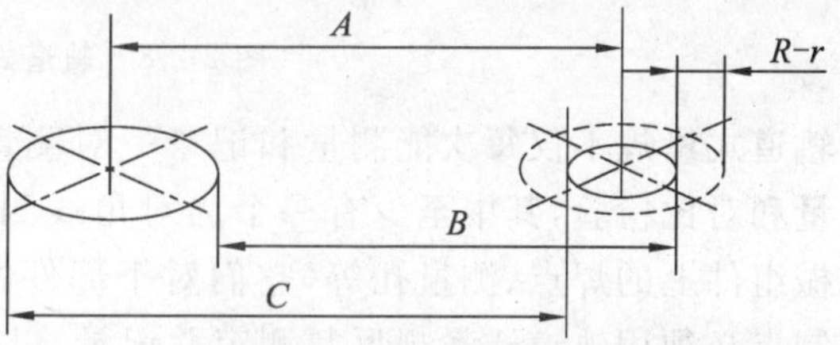

图 2-2-6 孔径不等时测量

2. 轨道式量规

在测量中，如果两个测量点之间不在同一平面或其间有障碍时，就很难用钢卷尺测量两点间的直线距离，这就需要使用轨道式量规。使用如图 2-2-7 所示的轨道式量规，可以根据不同位置，将测量头探入控制点内，使用起来非常方便。

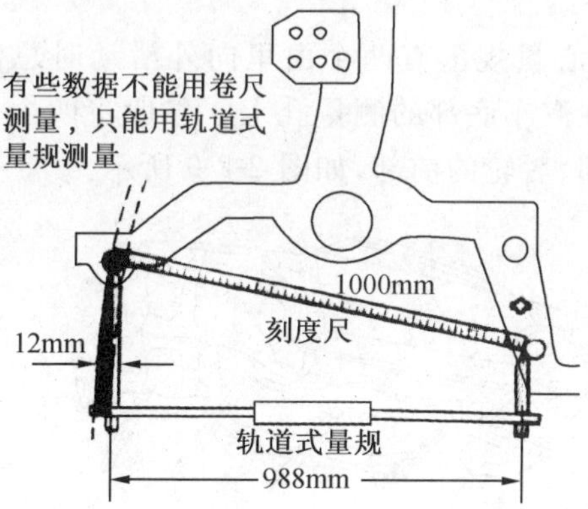

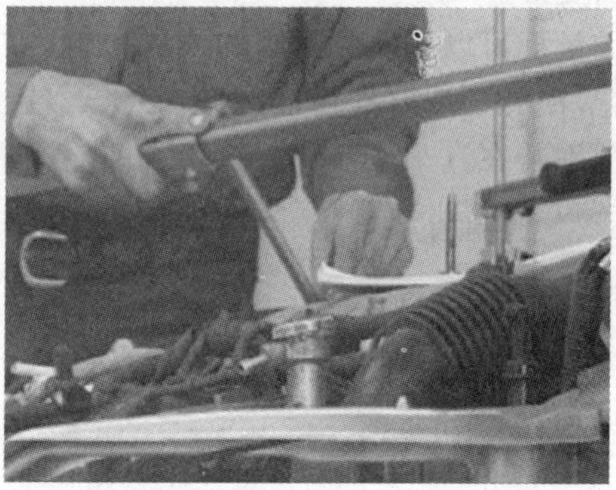

图 2-2-7 轨道式量规

在车身构造中，大多数的控制点实际上都是孔和洞，而测量尺寸一般是孔中心至孔中心的距离，即两个测量孔的中心距。

用轨道式量规对测量孔进行测量，当测量孔直径小于轨道式量规的锥头时，测量头的锥头能起到自定心的作用，如图 2-2-8 所示。当测量孔直径大于轨道式量规的锥头，如果此时两测量孔的直径相同，可采用如图 2-2-5 所示的测量方法，即测量锥头从孔的边缘开始测量，以孔的边缘间距代替中心距。如果两测量孔直径不相同，有时甚至不是同一类型的孔（圆孔、方孔、椭圆孔等），要测出两个孔中心的距离，就得先测取两孔内边缘的间距，再测取两孔外边缘的间距，然后将两次测量结果相加后除以 2，所得数据便是这两个不同直径测量孔的中心距。

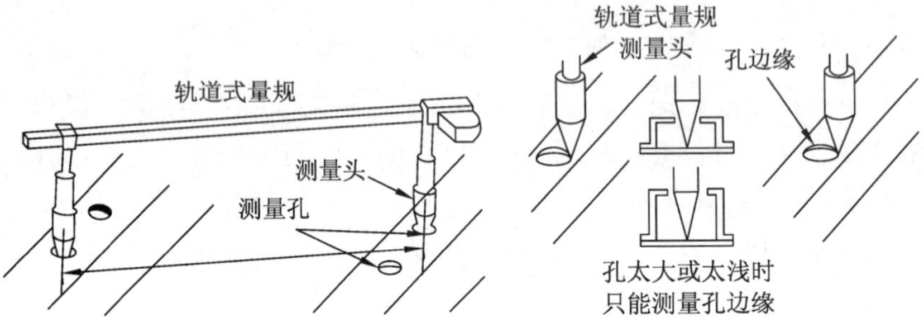

图 2-2-8　轨道式量规测量

轨道式量规不仅每次能测量和记录一对测量点，同时还可以和另外两个控制点进行交叉测量和对比检验，其中至少有一个为对角线测定。用轨道式量规测量的最佳位置为悬架和机械组件上的焊点、测量孔等，它们对于部件的对中具有关键性作用。修理车身时，对关键控制点必须用轨道式量规反复测定并记录，以监测修理进度，防止过度拉伸。轨道式量规可以对车身上部进行测量，也可以对车身下部和车身侧面尺寸进行测量。

3. 中心量规

当车身或车架在汽车纵向轴线的对称度发生变化时，就很难用钢卷尺或轨道式量规对变形的车身或车架作出准确判断；如果使用中心量规就可以很好地解决这类测量问题。

中心量规的结构同轨道式量规很相似，但它不是用来测量实际尺寸，而是用以判别车身是否弯曲变形。

中心量规可以安装在汽车的不同位置，在中心量规上有两个由里向外滑动时总保持平行的横臂，横臂顶端有挂钩，可使中心量规悬挂在汽车底部的测量孔上。一般将四个平行中心量规分别装在汽车最前端、最后端、前轮的后部、后轮的前部，如图 2-2-9 所示。

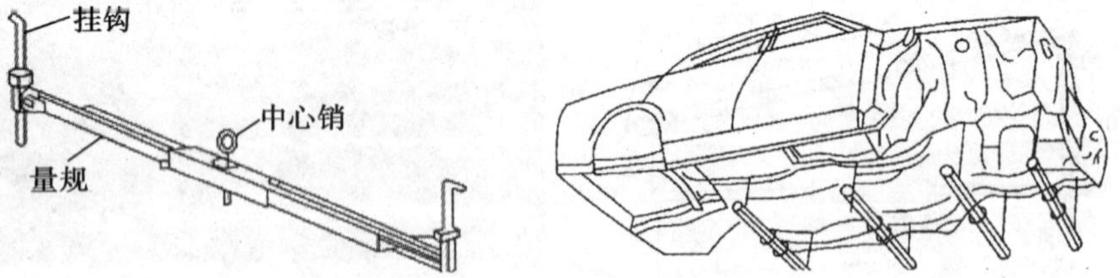

图 2-2-9　中心量规及其安装

安装好中心量规后，通过检查四个中心量规上的中心销是否处于同一轴线，四个中心量规是否互相平行，就可以很容易地判断出车身是否有弯曲、翘曲或扭曲变形，如图 2-2-10 所示。

使用中心量规诊断车身变形，有其规律可循。例如，当中心销发生左右方向的偏离时，如图 2-2-11 所示，可以判断为左右方向上有弯曲；当中心销发生上下方向的偏离时，如图 2-2-12 所示，说明车身上下方向有弯曲；当中心量规不平行时，如图 2-2-13 所示，则说明车身产生了扭曲变形；如果中心量规一边高、一边低，如图 2-2-14 所示，则可判定车身有侧倾变形损伤。

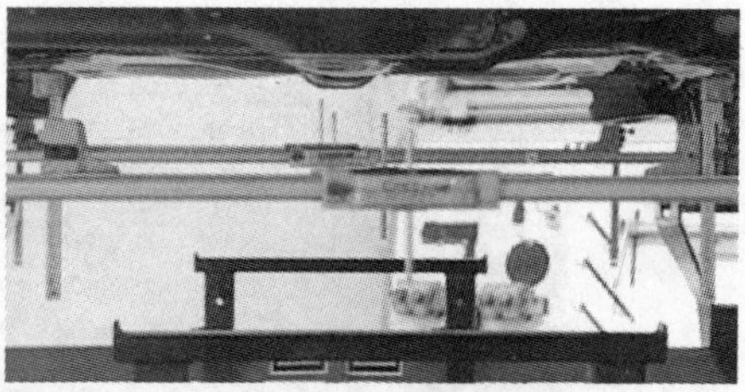

图 2-2-10　中心量规测量

图 2-2-11　车身发生左右弯曲时量规的情形

图 2-2-12　车身发生上下弯曲时量规的情形

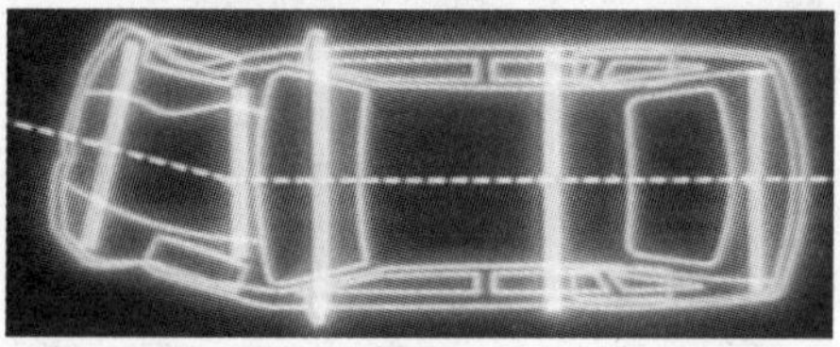

图 2-2-13　车身发生扭曲时量规的情形

图 2-2-14　车身发生侧倾变形时量规的情形

中心量规测量的原理是找到车辆的基准面、中心面和零平面等基准，找出它们的偏移量，在车身修理中只能做一个大体的分析，它不能显示测量的具体数据。具体到每一个尺寸的变形量的测量，则需要使用三维测量系统来测量，而专用测量系统和机械式通用测量系统就是目前应用较多的三维测量系统。

4. 专用测量系统

专用测量系统根据车身上的主要测量点的三维空间尺寸，制作出一套包含主要测量控制点的测量头（也称为定位器）。在车身变形后，可以通过车身上每个主要控制测量点与它专用测量头的配合情况来确定测量点的数据是否变化，直到主要测量控制点的位置与专用测量头完全吻合后，就能够确定测量点的尺寸已经恢复到位。

一套标准的测量头是由十几个或更多既可单独使用又可一起使用的专用测量头组成的，如图 2-2-15 所示。很多测量头既可以与固定不动的机械部件结合使用，也可以和能够移动的部件结合使用。

一套测量头只能用来测量一个型号的汽车，它具有专用性，所以就限制了应用范围。随着当前车辆的车型越来越多，专用测量系统已经不能满足现在车身修理的需要，许多汽修企业出于降低维修成本、使用方便等原因，逐渐选用机械式通用测量系统。

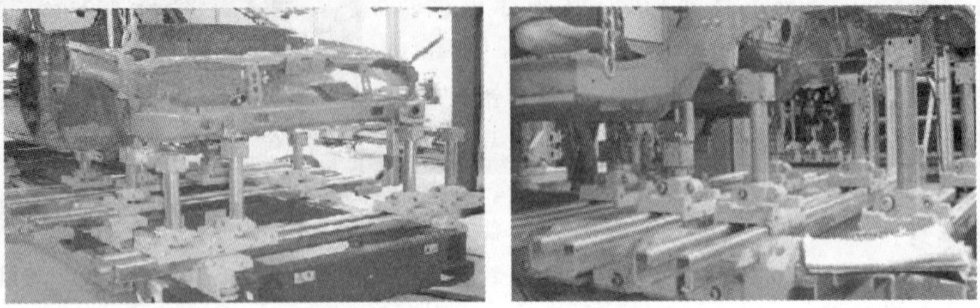

图 2-2-15　使用专用测量头测量车身

5. 机械式通用测量系统

机械式通用测量系统，如图 2-2-16 所示，在现代车身修理中被广泛应用。在测量时只要将机械式通用测量系统围绕车辆移动，不仅能检查车辆所有测量点，而且能快速确定车辆上每个测量点的位置。

图 2-2-16　机械式通用测量系统

机械式通用测量系统主要由梯形尺及横尺(图 2-2-17)，门形立尺及上横尺(图 2-2-18)，测量头(图 2-2-19，包括大锥 A、中锥 B、小锥 C、转换头 F、直角块 G、门缝探测器、弹簧等)和安装各种用途量尺的垂直标尺固定器(图 2-2-20)，垂直标尺筒(图 2-2-21)、标尺柱、E 形套筒(图 2-2-22)等组成。

图 2-2-17　梯形尺及横尺

图 2-2-18　门形立尺及上横尺

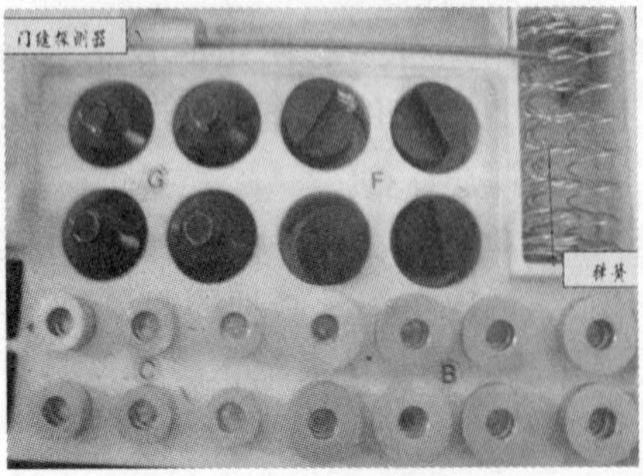

图 2-2-19　测量头

图 2-2-20　固定器

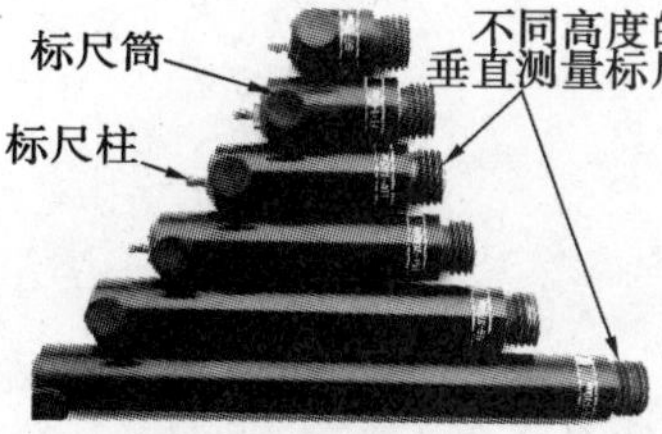

图 2-2-21 垂直标尺筒和标尺柱

图 2-2-22 E 形套筒

这些车身测量工具一般都是用铝合金制造的,在使用过程中要特别注意,必须轻拿轻放,以保证测量系统的测量工具不被损坏。机械式通用测量系统的精确度主要取决于测量头的位置和精确性,它的测量精度可达到 1mm,具有实时读取测量数据的特点。

在测量时,首先要建立起车辆和测量系统的基准,在测量平台上安装好梯形尺、横尺,将测量头或固定器安装在横尺上,就可以同时测量受损车辆上的基准点和测量点。

在测量基准点时,用测量头测量出基准点的实际数据,对照车身数据图上基准点的标准数据,如果实测数据与标准数据的差值超过±3mm,则表明车辆上的基准点可能变形。变形后的基准点必须经过校正,恢复到受损前的标准值,才能对其他点进行测量。

从车身数据图上找出各个测量点的位置,选择并安装好各测量点所需的测量头、固定器等测量工具,来测量车身上的各个测量点,将实测数据与车身数据图上所标的相应测量点的标准数据进行对比,以此来判定车身部件是否变形,校正工作是否准确,或者新更换部件的定位是否精确。

四、车身机械测量注意事项

1. 安全操作

测量工具、测量设备应符合安全操作规程,人员防护要符合要求。在整个车身测量作业中所需的安全防护用品包括工作帽、工作服、安全鞋、棉手套、护目镜等。

2. 车身固定

主要是正确牵制、夹持、固定车身到校正平台,为后面的测量和拉伸做好准备工作。

3. 使用规范性

主要是正确安装和使用机械测量系统,应按照说明书的规范要求操作,严禁违规操作。

4. 车身测量方法

首先要正确设置车辆和测量系统基准,然后才正确测量车身各测量点。此处要注意的是:各测量点要找准确,应认真对照车身数据图和实际车身;测量工具的选择要正确;测量资料识读要准确。

5. 车身数据的使用

要会识读车身数据图,具有查找车身测量点位置、车身测量工具、车身控制测量标准数据的能力。

6. 车身测量结果分析

要正确比较测量数据和标准值,从而判断车身的变形情况。应注意的是车身尺寸图中标注的尺寸误差一般要求是低于±3mm,所以测量时也应确保误差在±3mm 以内。正确地测量后发现某点某一方向的尺寸与标准值相比超过±3mm,则可判断该点所在的车身部分向某个方向发生了变形。

活动实施

一、明确任务，完成下列作业

(1) 各小组按照教师布置的任务，进行操作前准备。

(2) 各小组按照任务要求实施操作，完成表 2-2-1 工作任务单。

表 2-2-1　　机械测量数据记录表

测　量　点			实测资料	标准数据	两者差值
第一对点	左侧数据	长度			
		宽度			
		高度			
	右侧数据	长度			
		宽度			
		高度			
第二对点	左侧数据	长度			
		宽度			
		高度			
	右侧数据	长度			
		宽度			
		高度			
第三对点	左侧数据	长度			
		宽度			
		高度			
	右侧数据	长度			
		宽度			
		高度			
第四对点	左侧数据	长度			
		宽度			
		高度			
	右侧数据	长度			
		宽度			
		高度			
第五对点	左侧数据	长度			
		宽度			
		高度			
	右侧数据	长度			
		宽度			
		高度			
第六对点	左侧数据	长度			
		宽度			
		高度			
	右侧数据	长度			
		宽度			
		高度			
车身损坏分析					

二、车身数据图的识读

机械式通用测量系统在测量时，需要通过识读车身数据图，从图中找出基准点和各个测量点。经过实际测量后，将测量值与车身数据图上标注完好的车辆的标准值进行比较，通过对比就可以判断出车辆受损的程度，而测量值与标准值之间的差值就可说明车身受损的方向和大小，所以说掌握车身数据图的识读方法非常重要。

虽然不同公司提供的数据图在形式上可能有所不同，但是基本的数据信息是相同的，都能反映出车身上测量点的长、宽、高的三维数据（即车身标准尺寸）和各测量点的位置（这些都是车身的特殊位置，有可能是孔、特殊螺栓、螺母、板件边缘或其他部位）。

下面以广本雅阁轿车的车身资料图（图 2-2-23）为例，来学习解读车身数据图中的内容。该图左侧代表车身底部数据图的前方，右侧为车身底部数据图的后方。

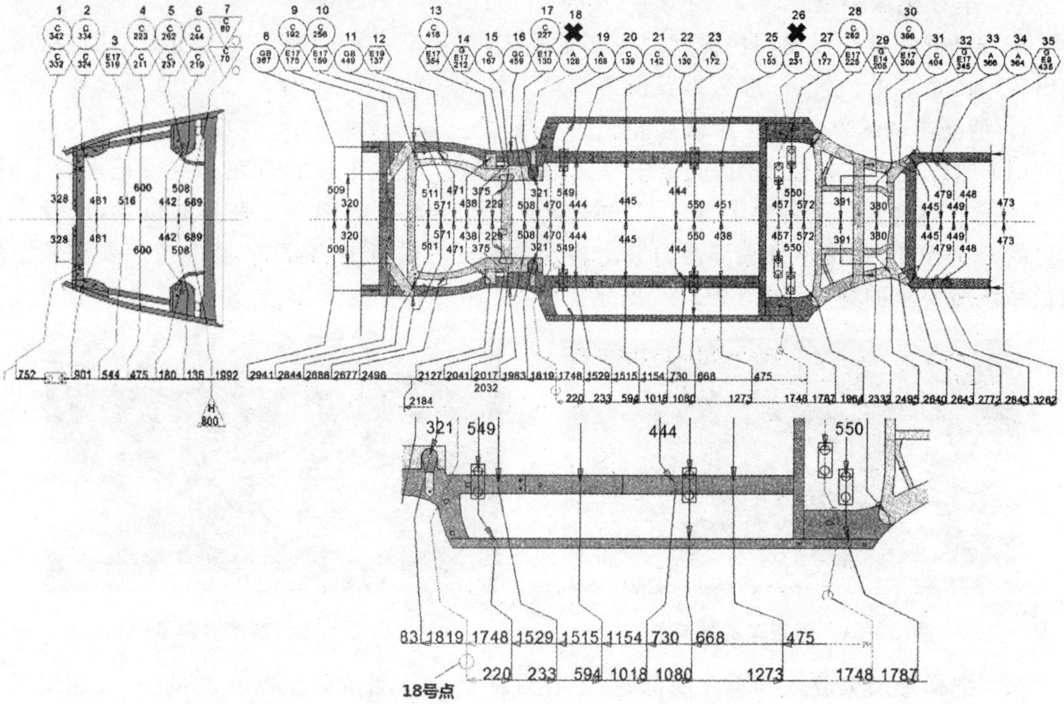

图 2-2-23　本田雅阁轿车车身数据图

1. 宽度数据

在俯视图的中心部位有一条线把车身一分为二，这条线就是车身中心线，即中心面的投影。图中 1～35 的数字表示车身上的测量点，反映出广本雅阁车身底部共有 35 个测量点，每个测量点从中心线到车身左右最边缘之间所标的数字，就是该测量点的左右宽度数据。

2. 高度数据

在数据图的上方有一排图示，有圆圈、六角形和三角形等，内部有 A、B、C 和 E 等字母和数字。圆圈表示测量点是一个孔，六角形表示测量点是一个螺栓，三角形表示测量部件的表面。A、B、C、E 等字母表示测量时所用测量头的型号。数字表示高度数值，有时同一个点有两个高度值，这是因为在测量有螺栓时或拆掉螺栓后的高度是不同的。

3. 长度数据

在 18 号、26 号测量点位置有两个黑色的“×”符号，表示这两点是长度方向的基准。以车身后部 26 号点为长度基准，得到汽车前部各个测量点的长度数值；以车身前部 18 号点为长度基准，得到汽车后部各个测量点的长度数值。

例如，我们要找 18 号点的长、宽、高数据，首先要找到 18 号点在车身上的位置，这样就可以读出 18 号点左、右测量点分别到中心面(线)的宽度数据为 470mm。在数字 18 的下方圆圈内有字母 A 和数字 128，表示用 A 形测量头测量 18 号圆孔时，高度数值是 128mm。18 号点长度方向尺寸的读数要从前基准和后基准开始，要注意标注尺寸时箭头的方向，18 号点的长度数据值是 1748mm，是以后基准为参考的，如果以前基准为参考，则读数为 220mm。

三、车身机械测量

车身机械测量选择使用机械式通用测量系统，根据广本雅阁轿车的车身数据图，从图上找出各个测量点的位置、标准数据及所需测量工具。

1. 调整车辆基准与测量系统基准

(1) 通过查阅车身数据图，确定车身夹持的位置。事故车被安置在车身校正平台上时，要尽量把车辆放置在平台的中部。调整好车身夹持位置上的四个主夹具的位置，以及夹具钳口的开合程度，要使车身底部裙边完全落入主夹具的钳口中，高度的基准按照要求调整到测量系统所要求的高度，如图 2-2-24 所示。

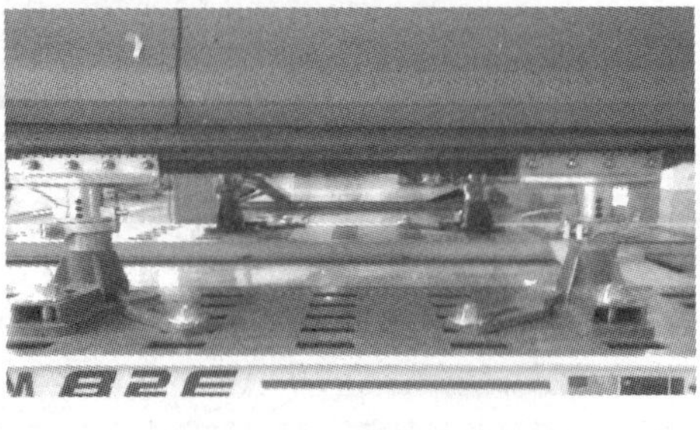

图 2-2-24 固定车身的夹具

图 2-2-25 基准点测量

(2) 把梯形尺架放入到车身底部，在中心线杆上安装测量固定器和测量头(按照图纸说明选择合适的测量头)，选择车身中部四个测量基准点，按图 2-2-25 所示来进行定位测量。根据广本雅阁车身数据图所示，选择标有“×”符号位置上的 18 号点和 26 号点为基准点。

(3) 观察基准点的资料：18 号点，圆圈表示测量点是一个孔，A 锥，高度为 128mm，宽度为 470mm。根据数据图的高度尺寸，选择 110～185mm 范围的标尺筒柱组件，600mm 的中心线杆，测量头选用 A 锥。

(4) 取 600mm 的中心线杆，将垂直标尺固定器安装到中心线杆上，并把垂直标尺固定器的刻线对准中心线杆的 470mm 尺带上，拧紧垂直标尺固定器的螺钉。

(5) 取 110～185mm 的标尺筒柱组件，拔出标尺柱，在标尺筒中放入弹簧，将标尺柱重新插入标尺筒，挤压弹簧至一定的变形后，拧紧螺钉，锁紧标尺柱。

(6) 将A锥插入标尺柱上，将标尺筒旋入垂直标尺固定器中。

(7) 将中心线杆安放到梯形尺架上，并慢慢滑动至基准点底部。注意：中心线杆有左右之分，一定要将贴有“左边”标志的一侧与汽车左侧对应。

(8) 移动梯形尺架和中心线杆直到A锥对齐基准点的中心，松开标尺筒上的螺钉，使适配块刚好能被标尺柱通过弹簧紧紧顶到基准点上，如图2-2-26所示。

图2-2-26　基准点18号点的测量

(9) 取第2根中心线杆，按照上述步骤重复操作，将车辆后部的基准点26号点对齐。

(10) 滑动梯形尺架左右两侧的尺带，使左侧尺带的0点与车辆后部26号基准点的垂直标尺固定器的刻线对齐；右侧尺带的0点与车辆前部18号基准点的垂直标尺固定器的后侧对齐，如图2-2-27所示。

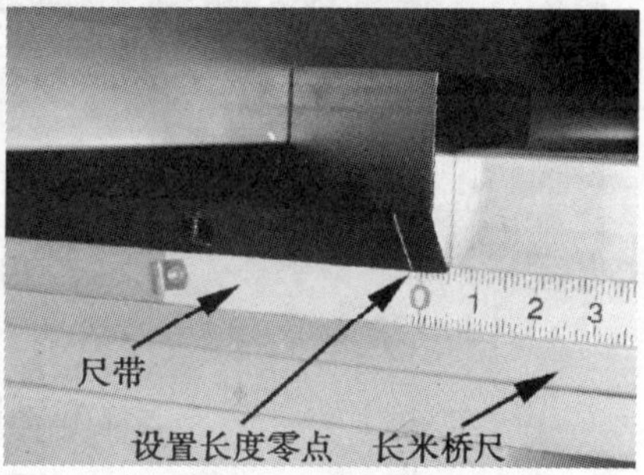

图2-2-27　设置长度基准

这是依据汽车后部碰撞则要选择前面的基准点作为长度基准点来设定的，因为这时汽车前部未受到碰撞，没有损坏。相反，如果是汽车前部受到碰撞，则应选择后面的基准点作为长度基准点，因为此时汽车后部完好无损。

2. 车身底部测量

(1) 根据车辆的损坏情况，确定要测量的点，在车身上找出要测量的点后，在车身数据图纸上找出相应的标准数据。

(2) 根据车身数据图的提示，选择正确的测量杆和测量头。将其安装在中心线杆(横尺)上，将测量头与要测量的测量孔配合。测量头的选择正确与否非常重要，若选择不当，测量的高度数据将是错误的。

(3) 从梯形尺架上读出长度数据，从中心线杆(横尺)上读出宽度数据，从不同高度的测量杆上读出高度资料，如图2-2-28所示。要测量点的三维数据由此可得到，将之与标准数据对比，就可以知道数据的偏差。

图 2-2-28　宽度和高度数据的读取

3. 车身侧面的测量

根据图纸的要求把门形立尺安置在梯形桥尺上，设置好立尺的长度基准。在立尺上安装刚性量规的固定座，把刚性量规安装好，如图 2-2-29 所示。将标尺安装在刚性量规上，把标尺筒安装在长标尺上，然后再根据图纸的要求选择合适的测量头对侧面测量点或测量面进行数据测量和对比测量。

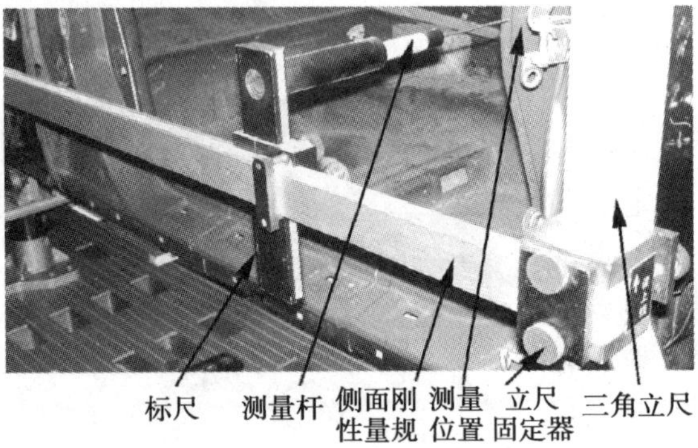

图 2-2-29　测量车身侧面尺寸

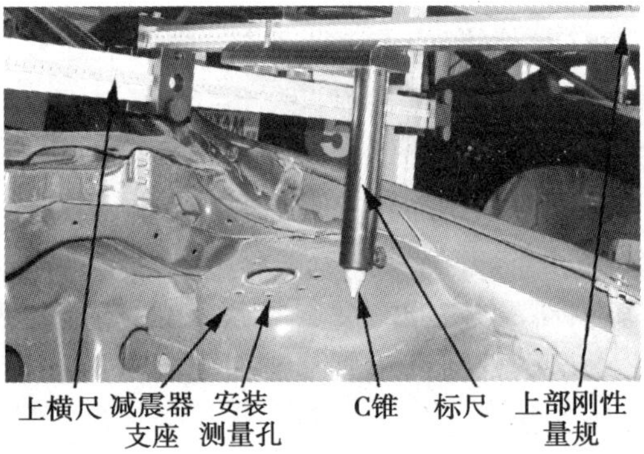

图 2-2-30　测量车身上部尺寸

4. 车身上部的测量

根据图纸的要求把门形立尺放置在梯形桥尺上，设置好立尺的长度基准。调整上横尺高度的基准，把上横尺安装到两个立尺上，然后把刚性量规安装在上横尺上。在刚性量规上安装标尺座，选择合适的标尺筒、标尺柱和测量头，然后安装在标尺座上就可以对上部发动机室或行李舱的尺寸进行测量，如图 2-2-30 所示。

巩固与评价

一、活动巩固

(一) 填空题

1. 整体式轿车的车身控制点分为__________个部位。
2. 车身维修测量分为作业前、___________和竣工后三个步骤。
3. 汽车车身组成的刚性壳体在载荷内处于平衡状态被称作____________。
4. 通用测量系统有超声波式、激光式和__________。

(二) 判断题

1. 轿车车身强度要求中部结构比前、后部结构坚固。（　　）

2. 汽车车身的变形是由碰撞引起的。（　　）

3. 机械式通用测量系统可以测量各种复杂零、部件全方位的尺寸。（　　）

(三) 多项选择题

1. 车身测量基本要素中必须遵守(　　)原则。

A. 零平面　　B. 控制点　　C. 中心线

D. 中心面　　E. 基准面

2. 直接能在车身上获得点与点之间距离的测量方法叫测距法，它所用的量具主要有(　　)。

A. 钢卷尺　　B. 轨道式量规　　C. 中心量规

3. 车身测量基准可采用(　　)。

A. 参数法　　B. 对比法　　C. 测量法

二、活动评价

评分标准见表 2-2-2，在考核记录栏中简述扣分的缘由。

表 2-2-2　机械测量考核评分表

评定成绩：　　时间：　　地点：　　教师：

序号	作业项目	作业内容	配分	评分标准	考核记录	扣分	得分
1	读取车身数据图	选择轿车车型	5	轿车车型选择错误，该项按 0 分处理			
		读取车型数据	5	车型数据读取，每读错一处扣 1 分，扣完为止			
2	选用测量工具	选用车身底部测量工具	5	选用工具，每错选一次扣 1 分，扣完为止			
		选用车身上部测量工具	5	选用工具，每错选一次扣 1 分，扣完为止			
		选用车身侧面测量组件	5	选用工具，每错选一次扣 1 分，扣完为止			
3	建立车身基准	选择基准点	5	选错基准点，该项按 0 分处理			
		选用测量工具	5	选用测量工具，每错选一次扣 1 分，扣完为止			
		机械测量	5	操作步骤错误一次扣 1 分，扣完为止			
		记录测量数据	5	漏写、错写测量数据每一处扣 1 分，扣完为止。			
4	测量车身数据	调整中心基准	5	中心基准调整错误，该项按 0 分处理			
		测量车身底部	5	操作步骤错误一次扣 1 分，扣完为止			
		测量车身上部	5	操作步骤错误一次扣 1 分，扣完为止			
		测量车身侧面	5	操作步骤错误一次扣 1 分，扣完为止			
		记录测量数据	5	漏写、错写数据每一处扣 1 分，扣完为止。			

续表

序号	作业项目	作业内容	配分	评分标准	考核记录	扣分	得分
5	检验测量结果	对比标准数据与测量数据	10	测量结果错误，该项按0分处理			
6	评价相关习题	完成相关习题	10	做错或漏做一题扣1分，扣完为止			
7	安全和清理场地	整理工具设备维护清理场地	5	未能符合要求，该项按0分处理			
		安全生产	5	因操作不当，造成重大事故发生，该项按0分处理			
分数合计			100				

活动二　车身的电子测量

活动描述

发生撞击、翻车后的汽车几何尺寸变化，除了进行机械测量外，还可以进行电子测量。在本次活动中，学生在理解所修车型的结构、超声波电子测量系统的使用方法和对受损车身测量方法的基础上，观察教师的示范操作；按照作业工单和制造厂家的车辆维修手册规定，协同本组其他同学，利用超声波电子测量系统对受损车身进行测量，得出实测数据，对照电子测量系统中的标准数据进行分析。要求工作过程中遵循现场工作管理规范。

学习目标

◇ 能熟悉丰田凯美瑞车身的主要结构零部件及它们的装配关系。

◇ 能正确分析碰撞引起损伤的原因及碰撞后对车辆产生的影响。

◇ 能掌握超声波电子测量系统的测量方法，会识读车身图纸。

◇ 能对损伤车身进行电子测量，将实测值与标准值进行对比并作分析。

◇ 能描述汽车车身电子测量过程中所使用工量具的名称、用途及其使用方法，并能正确使用。

学习地点

车身测量区。

学习准备

教学设备（含资料）：丰田凯美瑞车身一台、超声波电子测量仪、多媒体设备等。

工量具：常用工具等。

劳动保护用品：安全帽、护目镜、工作服、安全鞋、手套。

知识准备

一、车身电子测量的重要性

修理人员在对受损车辆进行损坏诊断检查时，通过目测方式，明显的车身损坏通常不容易被遗漏，但远离碰撞部位的损坏常常被忽略。因此，对受损车辆进行损坏诊断时，除了使用目测方式外，还应使用精确的测量系统来测量，为后续车身的校正打下良好的基础。可以说，车身测量工作是车身修复程序中必不可少的操作，在事故车的损坏评估、校正、板件更换及安装调整等工序中，发挥着至关重要的作用。

车身测量是车身钣金维修之前的一个必要程序，小到用常用测量工具测量，大到用专业的测量设备和软件进行测量，都对后期的车身钣金维修起着重要的作用。在维修过程中，可以采用先进的测量设备进行车身测量，从而快速、便捷地测量出受损车身各个基准点、测量点的数据，再将测量到的数据与原车标准数据进行比较，从而判断车身的损坏情况。电子测量系统是当前最先进的车身测量设备之一，它是在机械式测量系统的基础上发展而来的，通过使用各类传感器和计算机，使得测量工作变得更精确、更高效。

二、电子式测量系统

电子式车身测量系统使用计算机和传感器来迅速、便捷地测量车身结构的损坏情况，性能好的电子测量系统能够在车身拉伸和矫正过程中给出实时的测量数据。在该测量系统中，计算机数据库储存了大量的不同厂家、不同年代的车身数据，这些标准的车身数据可以随时被调出，系统自动地将实际的测量值与标准值进行比较，并在计算机屏幕上显示出来，不用再去人工查阅资料手册或测量值。虽然电子式测量系统的类型比较多，但目前应用最广泛的是超声波电子式测量系统，因为它操作简便，可以实现瞬时测量，能使测量精度达到±1mm 以内，保证了测量的稳定和结果的准确。

三、超声波测量系统

1. 超声波测量系统的工作原理

超声波测量系统（图 2-2-31）一次可以测量多个测量点，能同时对几个点进行测量监控。选择持续测量实时监控模式，系统便会自动每隔很短时间就发射一次超声波进行测量，并把最新的测量结果传给计算机，通过显示器进行实时显示。测量时各测点之间不会相互干扰，系统每隔 1～2 秒会自动重新测量一次，将环境对它的影响降低到最小。

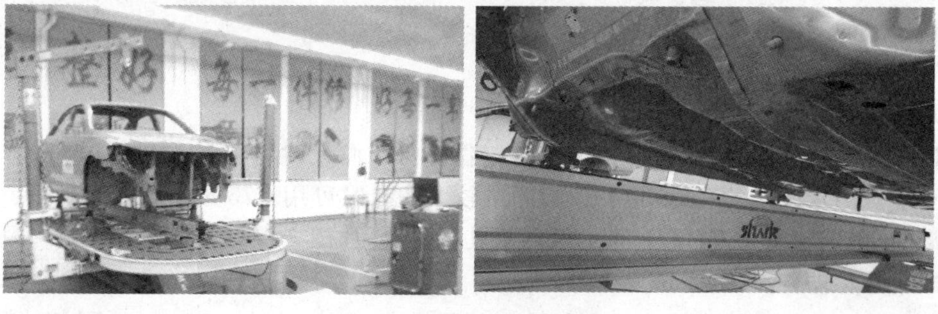

图 2-2-31 超声波测量系统

超声波测量系统在操作中不用调节水平，计算机会自动找正，而且不会因为发射器、接收器的位置移动而改变数据，可以实现车辆碰撞修理前的预检、测量、定损，修理中的测量监控，修复后的数据存储及打印等工作。

2. 超声波测量系统的基本组成

超声波测量系统主要由控制柜(包括计算机，也称主机)、超声波发射器、超声波接收器及各种测量组件等组成，如图 2-2-32、图 2-2-33 和图 2-2-34 所示。

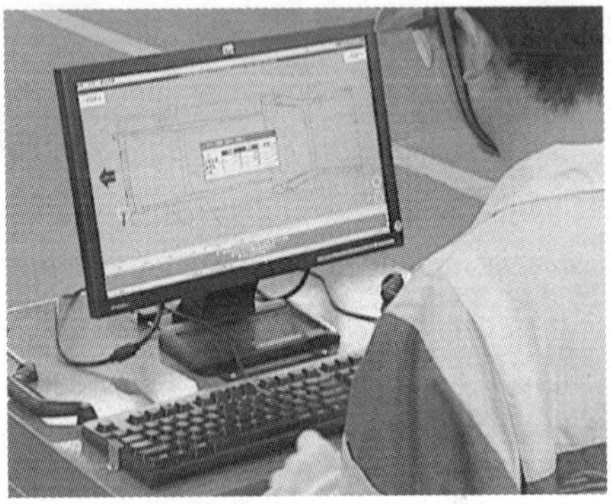

图 2-2-32　主机

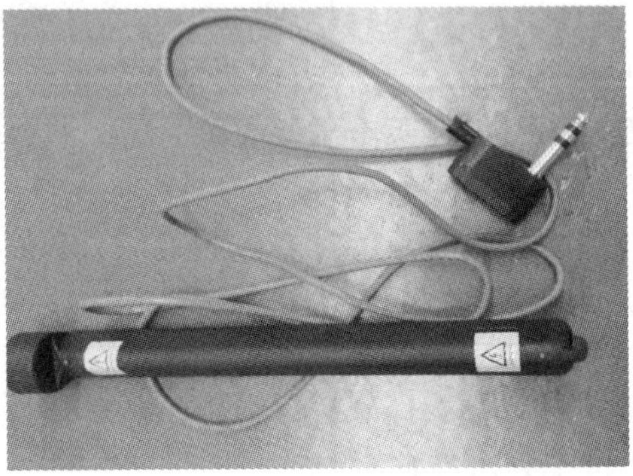

图 2-2-33　超声波发射器和接收器

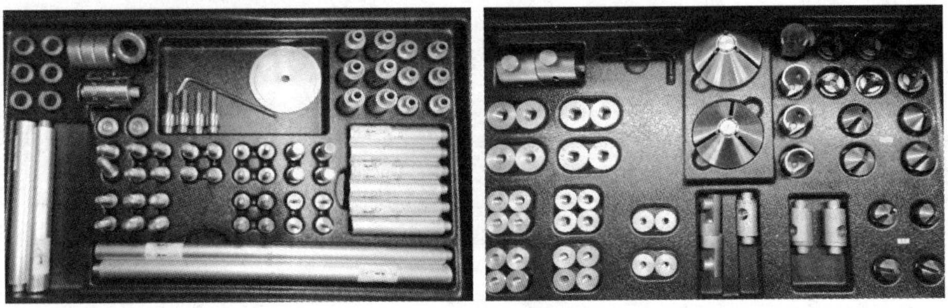

图 2-2-34　各种测量组件

超声波发射器有上、下两个发声源，同时发射超声波，将测量头及加长杆(测量接杆)等安装到车身的某一测量点上，发射器发送出超声波，由于声音是进行等速传播的，超声波测量系统在测量横梁上的上、下两排 48 个接收器就能够快速地接收超声波，精确地测量超声波在车辆上不同基准点之间传播所用的时间。计算机根据每个接收器的接收情况自动计算出每个测量点的三维数据。

3. 超声波测量系统的主要部件

(1) 测量头。

测量头主要用于测量车身定位孔、车身定位螺母。测量时将测量头 C75、C30、C20 安装在定位孔上。测量较小的孔时可用 C20，测量较大的孔时可用 C75 或 C30，而测量点为车身上的螺母时，则用测量头 CH1 上的三爪夹紧其螺母头，如图 2-2-35 所示。

(2) 螺栓安装头。

螺栓安装头用于测量车上多种螺母孔上的测量点，配有 8mm～16mm 系列各种粗牙、细牙螺栓，如图 2-2-36 所示。

图 2-2-35　**测量头 C75、C30、CH1**

图 2-2-36　**螺栓安装头**

（3）测量头转换器。

测量头转换器与部分测量头相配合，在测量车身侧面的测量点时起变化测量方位的作用，如图 2-2-37 所示。

图 2-2-37　**测量头转换器**

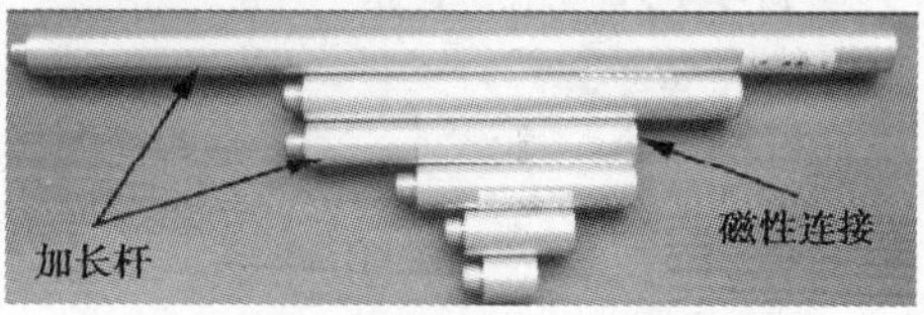

图 2-2-38　**加长杆**

（4）加长杆。

加长杆头部有磁性，可吸附在测量组件下部，用于延伸测量点高度，长度标准有 25S、50S、100S、200S、400S 等，如图 2-2-38 所示。

（5）测量头适配器。

测量头适配器是螺纹件配合件，将螺栓安装头插入适配器孔后，再旋入车身测量点的螺纹孔中，起到保护和定位的作用，如图 2-2-39 所示。

图 2-2-39　**测量头适配器**

（6）发射器。

测量头及测量头转换器安装在车身上的测量点上，而发射器则安装在测量头及测量转换器上。发射器发送超声波，以声音为介质进行测量，如图 2-2-40 所示。

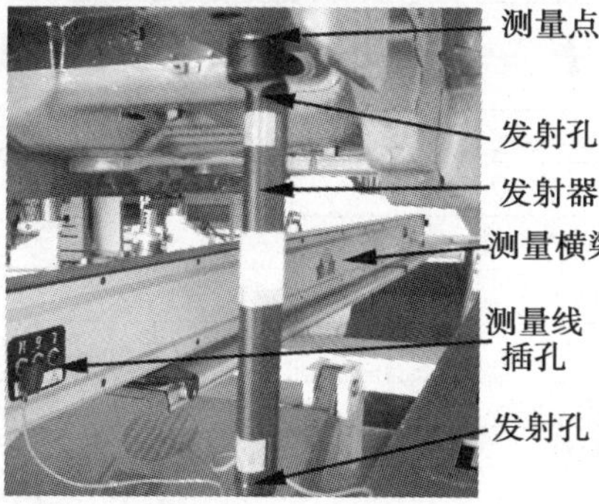

图 2-2-40　**发射器**

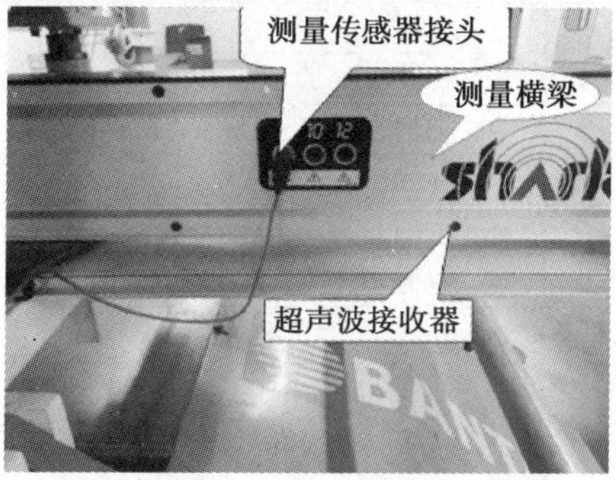

图 2-2-41　**接收器**

(7) 接收器。

装置在测量横梁上的上、下两排 48 个接收器，可快速、精确地接收测量声波，通过计算机对每个接收器(图 2-2-41)接收到的信息进行自动计算，得出每个测量点的三维数据。

四、超声波测量系统的操作步骤

(1) 进入系统。

(2) 记录用户信息。

(3) 根据事故车的类型选择汽车公司、汽车品牌、生产年代，从数据系统内调出相应的车型数据图。

(4) 选择测量基准点、测量点。

(5) 安装基准点的测量组件。

(6) 安装测量点的测量组件。

(7) 进行实时监控测量。

活动实施

一、阅读任务，完成下列作业

(1) 各小组按照教师布置的任务，将如图 2-2-42 所示的受损车辆进行车身测量前准备。

(2) 各小组接受工作任务单，阅读电子测量记录表，明确工作任务，将测量数据填入表中，并做相应分析，如表 2-2-3 所示。

图 2-2-42 受损车辆

表 2-2-3　　工作任务单

电子测量记录表				
测　量　点		长度测量值	宽度测量值	高度测量值
a 点	左侧			
	右侧			
b 点	左侧			
	右侧			
__点	左侧			
	右侧			
__点	左侧			
	右侧			
__点	左侧			
	右侧			
__点	左侧			
	右侧			
需校正________点宽度标准数据			左：	右：
分析结论：				

二、超声波测量系统的使用

1. 开机进入测量系统

打开计算机后，在显示的系统中输入用户信息，包括车辆信息和车主信息；根据事故车的类型选择汽车公司、汽车品牌、生产年代，从数据系统内调出相应的车型数据图。

首先点击计算机屏幕上电子测量(Shark)图标，进入超声波测量系统，如图 2-2-43 所示；然后按键盘上 F1 键，跳过 Shark 接口和输入客户信息接口；根据所测车辆点击选定汽车品牌为“广汽本田”，车型为“雅阁”，年代为“2003”，如图 2-2-44 所示；接着进入雅阁车型数据图。

图 2-2-43 进入超声波测量系统

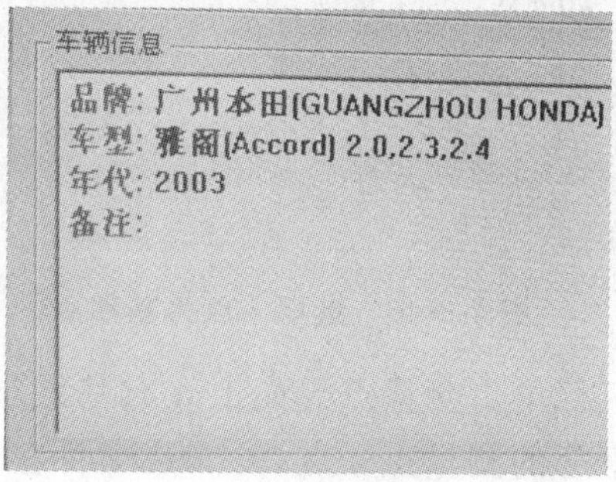

图 2-2-44 选定本田雅阁 2003 款

注意此时界面出现的雅阁车型数据图是带有悬架系统的，而实际要测量的雅阁车身为无悬架的车身，所以要选择无悬架的数据图。按键盘上的“Page Down”键，选定无悬架车身的数据图，此时界面显示为测量点界面，如图 2-2-45 所示。

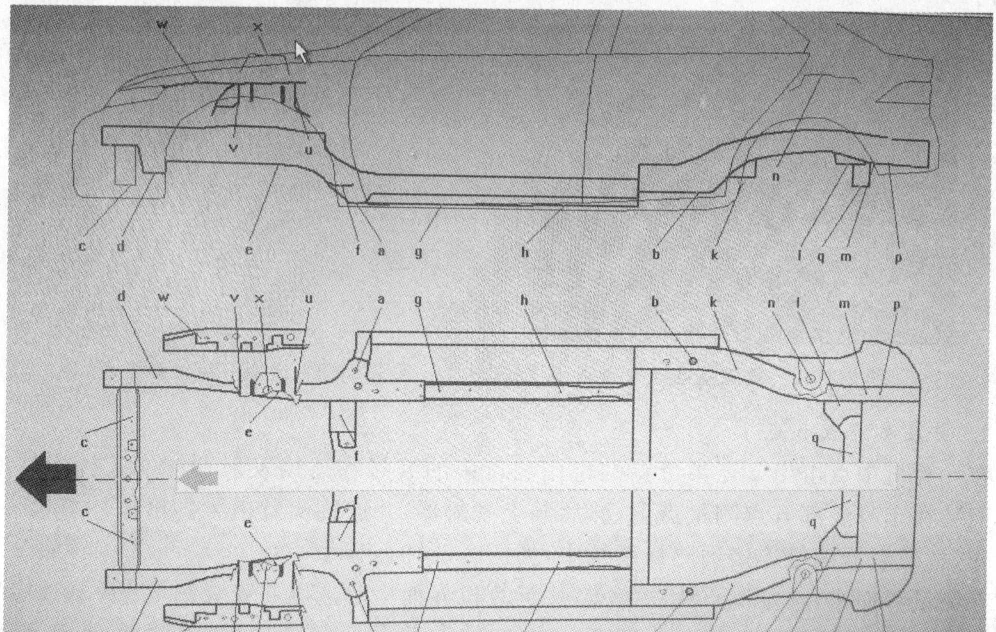

图 2-2-45 选定无悬架的数据图

2. 安装基准点A点

用鼠标单击测量点界面上A点基准点，计算机界面会有提示对话框(图2-2-46)，框中显示出测量点名称：“a、右、无悬架”，选用：“C30”。C30就是A点的测量组件，在控制柜中取出两个C30的测量头，如图2-2-47所示。

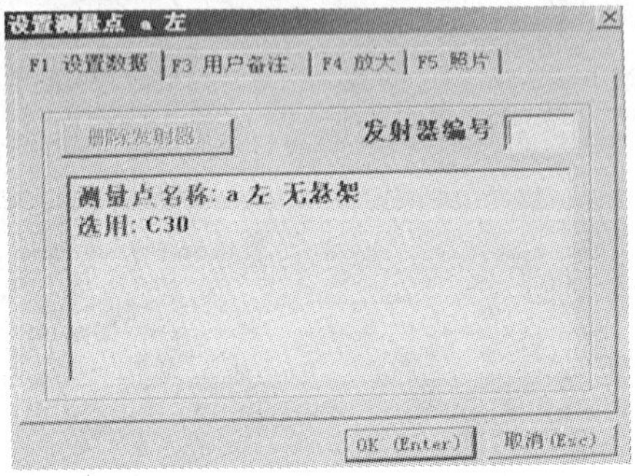

图2-2-46 选取a点为基准点

图2-2-47 在控制柜中取出C30

用鼠标单击测量点界面上a点基准点，选取并安装测量组件C30，用内六角扳手旋入雅阁车架下部的测量点a点，先安装车身左侧a点的C30测量头，后安装车身右侧a点的C30测量头。将发射器上有插孔的一端装在C30下部；有插头的一端插入测量横梁的测量传感器接头孔内，如图2-2-48所示。

测量所用的横梁上的测量传感器接头孔，左侧为奇数号列，右侧为偶数号列。测量a点时，可将车身左侧发射器插入测量横梁的奇数号孔内，车身右侧发射器插入测量横梁的偶数号孔内。

图2-2-48 安装基准点a点

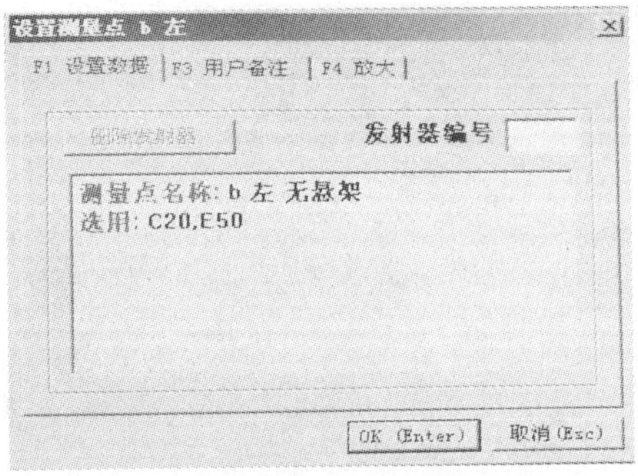

图2-2-49 选取b点为参考点

3. 安装参考点b点

在计算机中点击出b点参考点的选用测量头的编号和连接发射器的加长杆配件型号，将它们装在车身底部b点测量点上，然后装上发射器，并连接测量横梁。再按计算机界面提示操作，把发射器编号连接到测量系统中，如图2-2-49所示。

在测量界面中，选定b点为参考点，按计算机界面提示选用并安装测量头C20和连接杆E50，如图2-2-50所示，用内六角扳手将它们安装到雅阁车架下部的测量点b点上，如图2-2-51所示，连接杆E50尾部装上发射器，发射器插线插入测量横梁上的连接插孔内，并将插孔编号输入到测量点接口上的发射器编号框内。

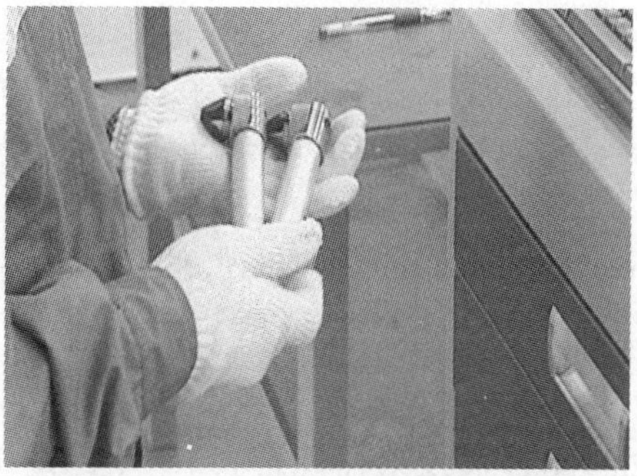

图 2-2-50　取出 b 点测量组件

图 2-2-51　安装 b 点

4. 测量基准点 a 点

在实际测量操作中，要先选择两对没有损坏的测量点作为基准点和参考点，这些点要尽量选在车上没有碰撞的区域。如果汽车前部发生碰撞，则选择车身后部的点作为基准点；如果汽车后部发生碰撞，则选择车身前部的点作为基准点；如果车身中部发生碰撞，则要对车身中部进行整修，直到车身中部四个基准点被修复。

选择没有损坏的两测量点 a 点和 b 点作为本田雅阁车身的基准点和参考点，在装好它们的测量组件，并与测量系统连接完后，就可以操作计算机进入系统测量阶段。按下键盘上的 F1 键，这时计算机就自动开始测量基准点 a 点，如图 2-2-52 所示，并将测量结果显示在计算机屏幕上，如图 2-2-53 所示。

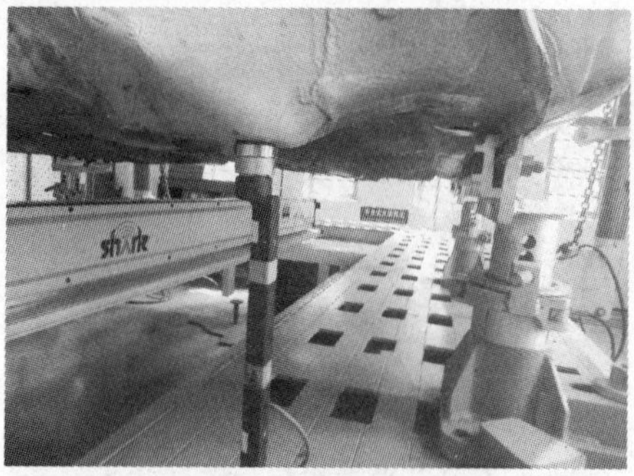

图 2-2-52　测量基准点 a 点

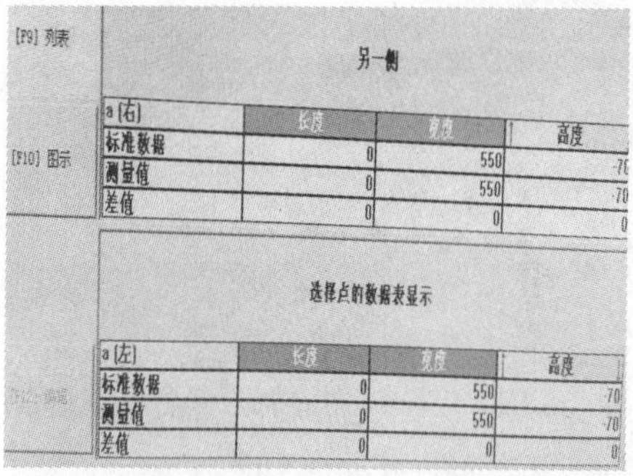
[F9] 列表

[F10] 图示

另一侧

a (右)	长度	宽度	高度
标准数据	0	550	-70
测量值	0	550	-70
差值	0	0	0

选择点的数据表显示

a (左)	长度	宽度	高度
标准数据	0	550	-70
测量值	0	550	-70
差值	0	0	0

图 2-2-53　基准点 a 点测量资料

5. 测量参考点 b 点

按下 F1 键，这时计算机就开始测量基准点 b 点，把测量结果信息认真填写到相应数据表中，如图 2-2-54 所示。测量完 a、b 两点后，对比测量数据和标准数据，如发现两者差值在±3mm 之内，就说明基准点 a、参考点 b 的位置未变形，不需要进行拉伸校正，反之则要拉伸校正。

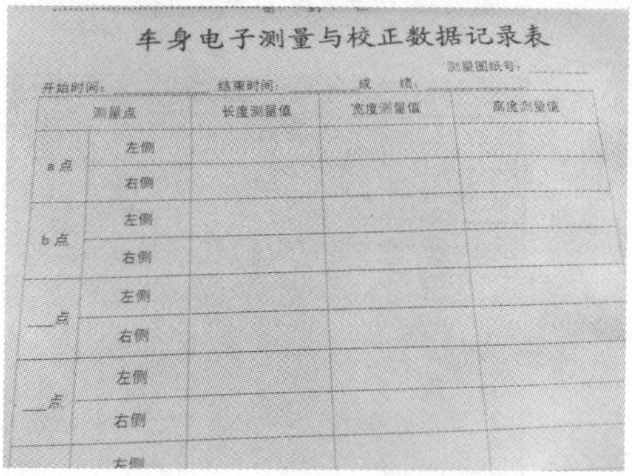
车身电子测量与校正数据记录表

测量图纸号：

开始时间：　　结束时间：　　成　绩：

测量点		长度测量值	宽度测量值	高度测量值
a 点	左侧			
	右侧			
b 点	左侧			
	右侧			
___点	左侧			
	右侧			
___点	左侧			
	右侧			
	左侧			

图 2-2-54　记录 a、b 点测量结果

6. 安装并测量 k 点

用鼠标单击测量点接口上测量 k 点，如图 2-2-55 所示。选取并安装测量组件 T25、M14F、

E100，如图 2-2-56 所示，用内六角扳手将它们装到雅阁车架下部的测量点 k 点上，如图 2-2-57 所示（旋入螺栓时一定要对准螺纹孔）。将发射器上有插孔的一端套装在 M14F 的下部，如图 2-2-58 所示；有插头的一端插入测量横梁的测量传感器接头孔内，并将插孔的序号输入计算机。

同样按 F1 键后进行测量，等测量结果自动出来后，将测量数据填在工作任务单上，如图 2-2-59 所示。

这样 k 点的测量过程完成。如果需要再测量其他测量点，只要先点击在测量点界面对话框上的“删除发射器”按键，然后再取下 k 点的测量组件及发射器即可，如图 2-2-60 所示。

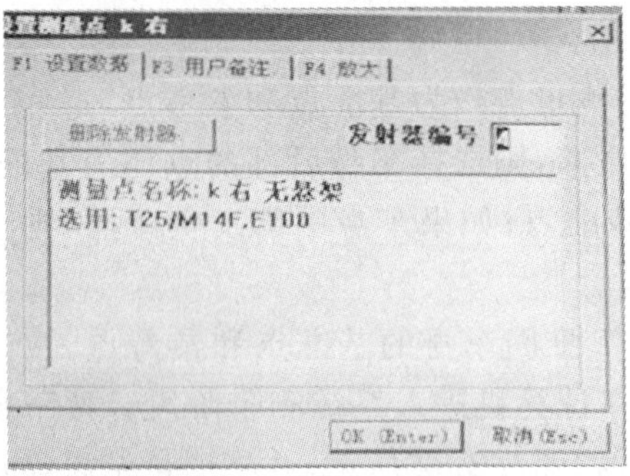

图 2-2-55　k 点计算机接口

图 2-2-56　k 点测量组件

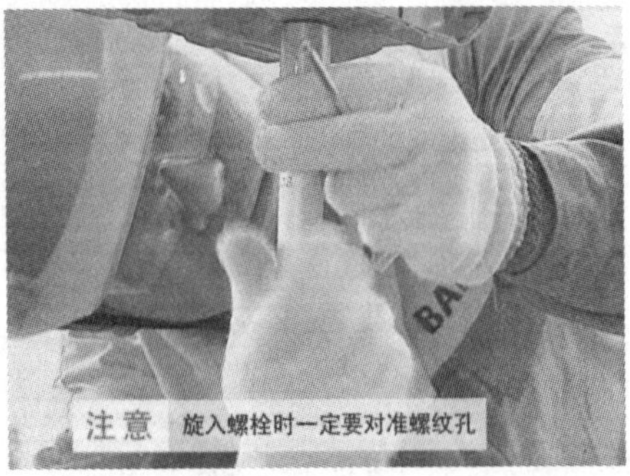

图 2-2-57　安装 k 点

图 2-2-58　安装 k 点发射器

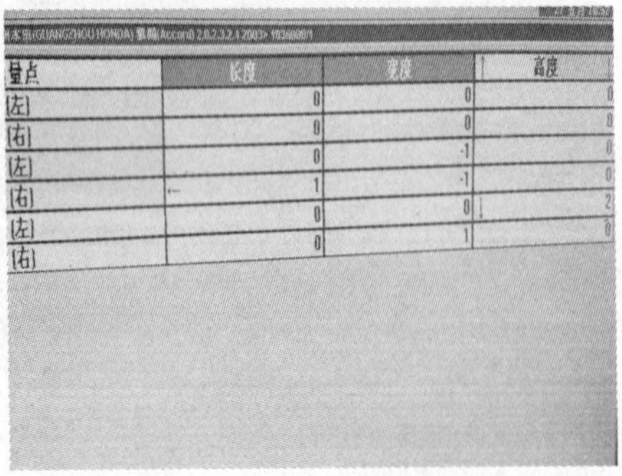

图 2-2-59　k 点的测量结果

图 2-2-60　拆卸 k 点测量组件

7. 安装并测量 h 点

安装 h 点测量组件时，由于 h 点在车身前部，安装有困难，为保证安装效果，此时可站到校正平台上进行操作。

点击 h 点，根据测量点界面测量点 h 点对话框的提示，在控制柜中选用测量头 C30，如图 2-2-61 所示。将它们组装好并安装在 h 点上，如图 2-2-62 所示。用与 k 点相同的测量方法操作计算机，进行电子测量并记录测量数据。

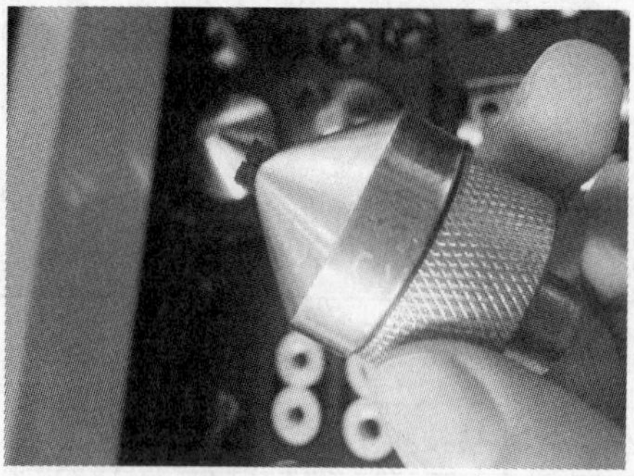

图 2-2-61　选用 h 点测量组件

图 2-2-62　安装 h 点测量组件

如果还需要测量其他测量点，安装和测量的方法如同 C 点、D 点一样进行操作。

8. 收拾现场

按 5S 要求收拾现场，“5S”是指整理、整顿、清扫、清洁和素养。拉伸完毕后，清理场地，收拾工具等物品，并达到 5S 工作要求。经教师检查合格后方可离开实训场地。

巩固与评价

一、活动巩固

（一）选择题

1. 车身测量的基准主要以基准面、（　　）和零平面为参考。

A. 中性面　　B. 中心面　　C. 对称面

2. 中心面将汽车分成左、右对等的两大部分，是三维测量的（　　）基准。

A. 宽度　　B. 长度　　C. 高度

3. （　　）不仅能够同时测量所有基准点，而且还能使一部分测量更容易、更精确。

A. 机械式通用测量系统　　B. 电子测量系统　　C. 超声波测量系统

4. （　　）的测量精度可以达到 1mm，测量准确，可以瞬时测量，操作方便、精度高。

A. 机械式通用测量系统　　B. 电子测量系统　　C. 超声波测量系统

5. （　　）表示测量点是一个孔，（　　）表示测量部件的表面，（　　）表示测量点是一个螺栓。

A. △　　B. ○　　C. ⬡

（二）判断题

1. 车身测量基准和使用直尺测量数据一样，要有一个零点作为测量尺寸的起始点。（　　）

2. 中心量规最常用的是自定心量规，它不能测量实际尺寸。（ ）

3. 麦弗逊撑杆式中心量规可以检测出减振器支座或车身上部部件相对于中心面和基准面的不对中情况。（ ）

4. 在开始任何测量工作前，首先要拆下可以拆卸的损坏部件，如机械部件和车身覆盖件等。（ ）

5. 车身前部受损后，必须进行发动机罩及前端部件的修复或更换，修复过程和装配后必须进行测量。（ ）

二、活动评价

评分标准见表2-2-4，在考核记录栏中简述扣分的缘由。

表2-2-4　电子测量考核评分表

评定成绩：　　时间：　　地点：　　教师：

序号	作业项目	作业内容	配分	评分标准	考核记录	扣分	得分
1	进入测量系统	选择轿车车型	5	轿车车型选择错误，该项按0分处理			
		选择车型数据图	5	未选定无悬架的车型数据图，该项按0分处理			
2	测量基准点	选择基准点	6	选错基准点，该项按0分处理			
		选用测量组件	6	选用测量组件，每错选一次扣2分，扣完为止			
		安装测量组件	6	安装测量组件，每错装一次扣2分，扣完为止			
		开始测量过程	6	操作步骤错误一次扣2分，扣完为止			
		记录测量数据	6	漏写、错写测量资料一处扣2分，扣完为止。			
3	测量测量点	选择测量点	6	选错基准点，该项按0分处理			
		选用测量组件	6	选用测量组件，每错选一次扣2分，扣完为止			
		安装测量组件	6	安装测量组件，每错装一次扣2分，扣完为止			
		开始测量过程	6	操作步骤错误一次扣2分，扣完为止			
		记录测量数据	6	漏写、错写测量资料一处扣2分，扣完为止。			
4	检验测量结果	比较标准数据与测量数据	10	实测数据误差大于±3mm，每处扣2分，标准数据有误每处扣2分，扣完为止			
5	评价相关习题	完成相关习题	10	做错或漏做一题扣1分			

续表

序号	作业项目	作业内容	配分	评分标准	考核记录	扣分	得分
6	安全整理清洁	整理工具,设备维护,清理场地	5	操作有误每项扣1分,扣完为止			
		安全生产	5	因操作不当,造成重大事故发生,该项按0分处理			
分数合计			100				

任务三　汽车车身的检验与校正

活动一　汽车车身的检验

活动描述

在本次活动中,学生在掌握机械测量或电子测量方法的基础上,按照制造厂家的车辆维修手册规定和工作任务书,对测得的数据参照标准数据进行分析,并据此进行车身检验和维修。学生通过观察教师的示范操作,进行正确操作。

学习目标

◇ 掌握车身损伤的判别方法。

◇ 掌握车身损伤的常见检验方法。

◇ 能对车身的碰撞损伤进行分析。

◇ 能在进行车身损伤检验后做出准确的车身损伤判别,并在此基础上制定出修理方案。

◇ 自觉遵守作业过程的个人安全防护和企业现场规章制度。

学习地点

车身检验区。

学习准备

教学设备(含资料):待检验车辆一辆、维修手册、安全操作规程。

工量具:常用工具、钢板尺、卷尺等。

劳动保护用品:安全帽、护目镜、工作服、安全鞋、手套等。

知识准备

一、车身检验的重要性

车身修理要贯彻“视情修理”的原则，即依据车辆技术鉴定的结果，视不同的情况按不同作业范围和深度进行。

车身修理的一般工艺流程为：进厂检验→钣金件分类及材料、配件的准备→修理及加工成型→连接与装配→竣工检验。

进厂检验是指汽车在进厂维护和修理时，根据作业范围和驾驶员报修项目进行检验，将最终检验结果填写在报修单上，作为维修人员维修和竣工检验的主要依据。竣工检验是指在车身修复后，由检验人员对维修质量进行检验，根据检验结果，将不合格的部件或项目回馈给钣金维修人员，再由钣金维修人员进行返修或调整，直至检验合格。由此可见，无论是车身修理前，还是车身维修过程中或修复竣工后，都需要对车身进行检验。

二、碰撞损伤的分析

事故车的车身变形和损伤大多是由碰撞所造成的，而在维修前的车身检验就是判别车身损伤情况。认真检验受损的车身，对车身损伤状况做细致的检查与精确测量，是确定最佳修理方法和工作步骤的基础。

1. 碰撞损伤形式分析

(1) 损伤的性质。

车身损伤的形态根据其原因可以分为直接损伤、波及损伤、诱发性损伤和惯性损伤。

直接损伤是指车身与其他物体直接碰撞而导致的损坏，直接损伤的主要损坏形态以擦伤、撞痕、撕裂为主。

波及损伤是指冲击力作用于车身上并分解后，其分力在通过车身构件过程中所形成的损伤。根据力的可传递性，碰撞力在分解、传播、转移的过程中，比较容易通过强度或刚度高的构件；但对于刚度较弱的构件，就十分容易形成不同程度的损伤。波及损伤的特征是在某些薄弱环节上形成以弯曲、扭曲、剪切、折叠为主要形态的损坏，如图 2-3-1 所示。

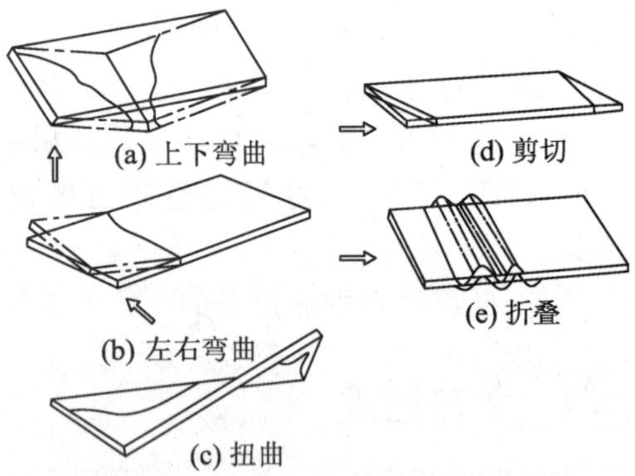

图 2-3-1　波及损伤的几种形式

诱发性损伤是指一个或一部分车身构件发生了损坏或变形以后，同时引起与其相邻或装配在一起的其他构件的变形。与波及损伤不同的是，构件在受碰撞过程中并不承载冲击或很少承载冲击，而主要是关联件的压迫、拉伸导致其损坏。其特征也以弯曲、折叠、扭曲等为主。

惯性损伤是指装配于车身上的发动机、底盘各总成和载运的人员及货物等，在汽车运动状态发生急剧变化时，产生的惯性力使汽车受损。例如，汽车在猛烈碰撞时，发动机会被抛出车外；紧急制动时，货物的惯性会导致驾驶室变形。惯性损伤的主要特征是撞伤、拉断、撕裂、局部弯曲变形等。

(2) 结构性损伤。

为保证乘客的安全，车身在结构设计上使用某些部件来吸收大部分撞击能量。其中比较典型的是轿车的前、后车身都设计有抗挤压区，如图 2-3-2 所示，在受到撞击时，这些抗挤压区就会按照预定的形式折曲，这样传到车身结构的碰撞能量在传送时就被大大减小直至消散。具体地说，来自前方的碰撞冲击被前部车身的抗挤压区吸收，如图 2-3-2(a)所示；来自后方的碰撞冲击被后部车身吸收，如图 2-3-2(b)所示；而来自侧面的冲击则被减振钢板、顶盖侧梁、中心支柱和车门吸收。这些缓冲结构所具备的衰减冲击能量的功能使得乘客得到较好的保护。试验证明，车身前部的这些缓冲结构，可以在汽车正面碰撞时(50 km/h)，使前车身压缩约 30%～40%，而乘客室仅收缩 1%～2%。

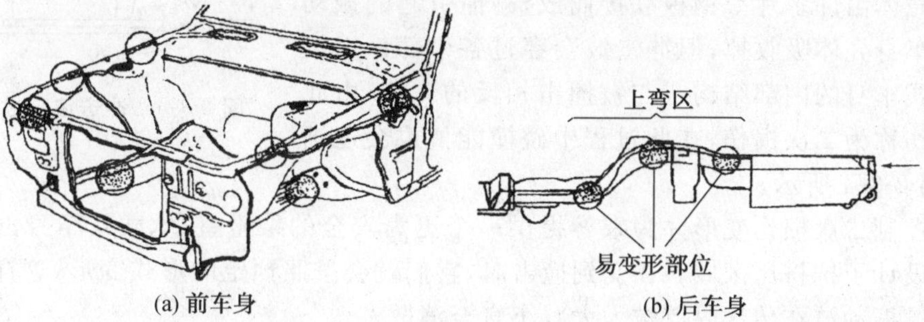

(a) 前车身　　(b) 后车身

图 2-3-2　车身的抗挤压区

这种用来吸收冲击能量的部件的变形和损伤称之为结构性损伤。诊断过程中，应特别注意这种变形的规律与特征，并按汽车厂商的规定制订合理的维修方案。

(3) 应力集中。

当车身构件在外力的作用下拉伸或压缩时，材料内部会同时产生一定的内应力。所谓内应力是指物质在受到外部负载时，内部分子或原子之间产生的抵抗变形的能力，可以理解为内部阻力。

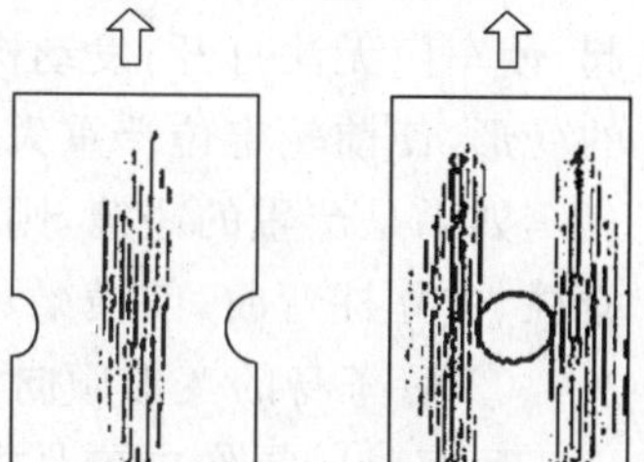
图 2-3-3　应力集中现象

当物体受到外部负载时，应力在物体内的分布状态因结构而异，但往往会集中在有特殊形状的地方，如图 2-3-3 所示的实验，将两块塑料薄膜按图所示的形状分别裁好，然后按图中箭头所示方向，向外均匀地拉伸塑料薄膜两端，此时就可以比较清晰地观察到塑料薄膜在不同部位产生的呈条纹状的变形现象。其中，两边开有半圆形缺口的塑料薄膜变形多发生于中部区域；中心有圆形孔的塑料薄膜的变形多发生于两边。图中所标的竖线，象征性地反映了两种结构受力时所形成的应力及其分布上的差异。图中线条的长短与疏密，即表示了应力的分布状态。

物体受到外部作用力时，往往是应力集中区首先破坏。因此车身构件上的许多部位，就是根据上述原理有选择地布置了应力集中点。例如，在前段纵梁和翼子板支撑上预制的结构突变和缺口，目的就在于利用应力集中使构件变形或破坏，以此吸收冲击能量而减少其他部位的损伤。

通常把这些应力变形结构称作“卷褶区”，并称这种类型的构件为卷褶型支撑件。对这类构件的修复通常只允许矫正或更换，而不能进行随意加固。

除了上面所提到的正常应力集中以外，车身上也会时常发生一些非正常的应力损伤现象。比较典型的是普通客车乘客车门框的断裂，介于汽车的前、后桥之间的车门很容易造成应力集中，使车门的上、下边框与门柱的交结处断裂。属于这种性质的变形，可在搞清损伤缘由的基础上，采取一些增强措施予以补救。

2. 碰撞损伤变形倾向分析

(1) 车身的变形倾向。

碰撞冲击波作用于车身的各个构件上，使冲击能量不断地被吸收、衰减，最终以不同的变形体现出来。

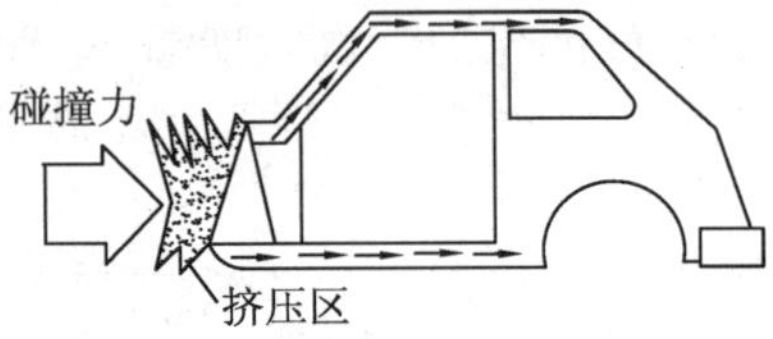

图 2-3-4　冲击波穿过各个部件

车身壳体由许多片薄钢板联接而成，碰撞引起的振动大部分被车身壳体吸收掉，但冲击波会穿过各个部件以至影响整体式车身的内部结构或与被撞击相反的一侧，由此造成的损伤称为二次损伤，在此过程中碰撞能量也会逐渐消散，如图 2-3-4 所示。

为了控制二次损伤变形并为乘客提供一个更为安全的乘坐室，承载式车身汽车在前部和后部都设计了抗挤压区域。在受到撞击时，它们就会按照预定的形式变形，这样传到车身结构的碰撞振动波在传送时就被大大减小直至消散。

① 前车身的变形倾向。

正面碰撞一般会使车辆前部的保险杠及其支架受到直接损伤，并首先波及散热器框架、翼子板、发动机罩锁支架等，由此还会造成前轮定位失准等。

如果碰撞力更大些会使直接损伤的范围进一步扩大，造成翼子板与车门相互挤压在一起，使车门无法打开；发动机罩的铰链变形并抵住前围板；前段纵梁发生弯曲并引起前横梁的变形，使前轮定位严重失准。

如果是严重的碰撞，则会使保险杠、翼子板、散热器、前纵梁等严重损坏，冲击力会使前立柱、中立柱弯曲，前横梁、发动机支架等错位，并诱发车门下垂、车身底板和前围板拱曲等。

② 后车身的变形倾向。

后车身的损伤主要是由于倒车或追尾事故造成的，其变形规律和损伤倾向与前车身大致相同。

后车身吸收碰撞能量的缓冲点，位于如图 2-3-5 所示加圈部位，它能使车身在发生追尾事故时首先变形。当追尾碰撞力作用于车身后端时，先由 A 点吸收部分冲击能量；更大的冲击能量则主要由 B 段的弧形拱起来吸收，C 点也因此发生关联变形。

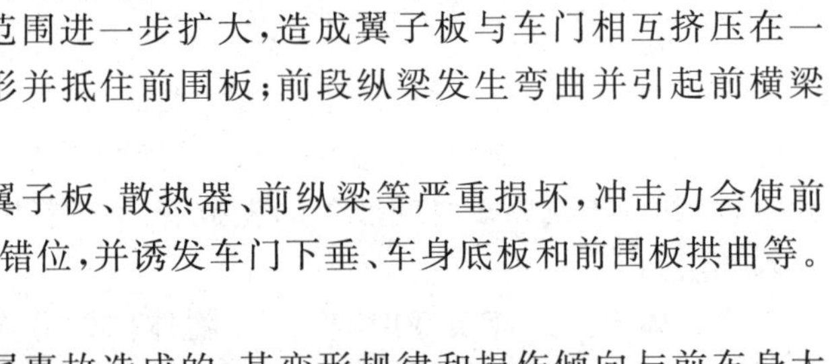

(a) 后纵梁左右位置吸能点　(b) 后纵梁上下位置吸能点

图 2-3-5　车身抗挤压区

由此可知，追尾碰撞不仅会使保险杠、行李箱等发生严重损坏，也会使拱形梁弯曲、后悬架失准。当然，更大冲击力的波及作用，同样也会导致车身壁板、底板、后围板乃至车顶、窗柱、门柱等的变形。

③ 车身侧向碰撞的变形倾向。

即使较为轻度的侧向碰撞也会使车身壁板受到损伤；较为严重的碰撞还有可能使车门、中柱、车顶等发生变形，使前、后车身偏移等。尤其是前车身或后车身受到垂直方向上的重度碰撞时，所产生的冲击波还会转移到车身的另一侧，如图 2-3-6 所示。而且，如果前车身的中部(相当于横梁的位置)受到冲击，将使车轮被推向内侧并导致悬挂横移，轮距、轴距、前轮定位参数等也随之改变，造成的危害也会更大些。侧向碰撞有时还会影响到发动机、转向系统部件的正确装配。

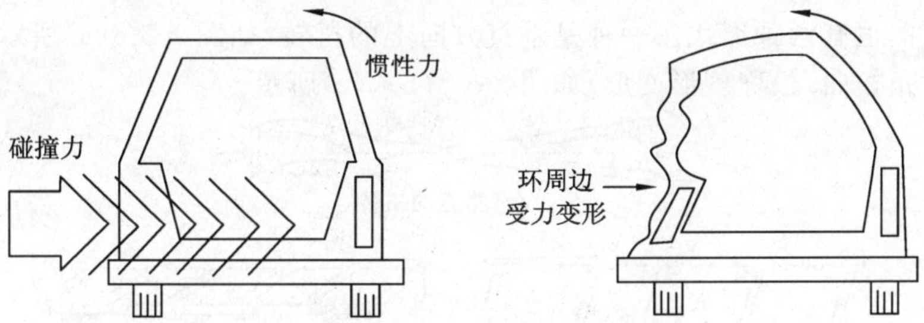

图 2-3-6 侧面碰撞造成另一面损伤

对于车身中间部分发生的碰撞，其冲击力的转移也会殃及车顶，主要传递路径是中柱和前后窗柱。然而，对车顶伤害最大的还是车体倾翻或落体的砸击。这种冲击不仅使顶盖、顶梁和边梁弯曲，而且还会使前、后窗柱和中柱变形。

(2) 车架的变形倾向。

汽车车架的变形主要因碰撞、翻车、超载而致。一般可以分为弯曲、扭曲两大类，但在实际变形中往往还伴有皱褶类的损伤，它是几种简单变形的综合体现。

① 车架的弯曲。

车架的弯曲有两种形式，一种是垂直方向上的弯曲，如图 2-3-7(a)所示，另一种是水平方向上的弯曲，如图 2-3-7(b)所示。非承载式车身的车架承担着吸收能量的主要任务。为此，大多数边梁式车架的前部都具备能够抗冲击的非直线型缓冲结构。采用扭矩盒设计方案的车架具有良好的抗弯、抗扭能力。

当汽车受到正面碰撞时，车架前部的缓冲区首先发生变形，同时使前部覆盖件损坏或位移，严重时还会使车门的启闭受阻、转向传动失灵。车架前部弯曲，理所当然地还会造成车轮定位失准、轴距误差过大，如图 2-3-7(a)所示。

侧面碰撞则会导致车架纵梁的水平弯曲，使车架实际纵向轴线与理论中心线偏离，轴距误差过大是主要的表面特征。如果确认前、后桥的装配位置无误的话，通过测量两边的轴距差，即可对其作出定量的诊断，如图 2-3-7(b)所示。

较为严重的碰撞，不仅使车架发生弯曲变形，还会使装在车架上的翼子板出现皱褶，这是由于金属材料受到挤压的缘故。与挤压变形共生的拉伸现象也一并存在，而过度拉伸就有可能使车架钢板被撕裂。

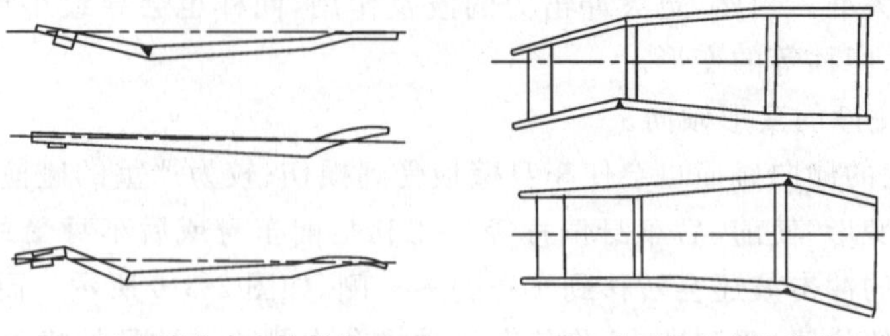

图 2-3-7　车架弯曲的类型

② 车架的扭曲。

车架的扭曲也有两种形式。一种是垂直方向上的扭转，如图 2-3-8(a)所示；另一种是水平方向上的对角扭曲，也称菱形变形，如图 2-3-8(b)、(c)所示。

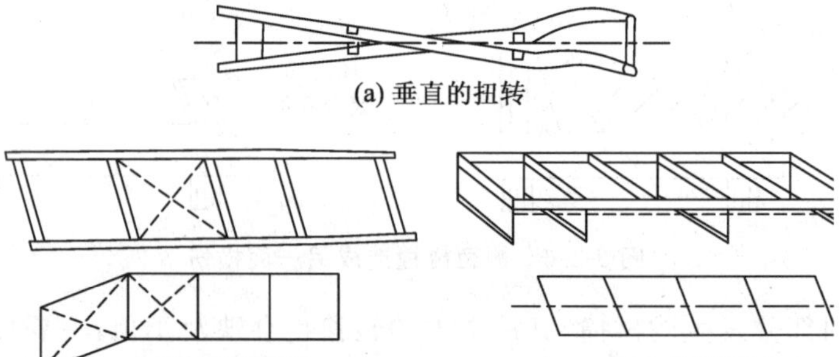

图 2-3-8　垂直的扭转和菱形变形

当车架的前、后角受到碰撞时，由于着力点与车架中心线偏离，使车架纵梁的受力不平衡，由此导致纵梁的相对位置发生前后错位，车架横梁与纵梁的夹角也相应变化。外观上，发动机室盖及后备箱盖发生错位，在接近后车轮罩的相互垂直的钢板上或在垂直钢板接头的顶部可能出现皱褶，如图 2-3-9 所示。同时，在乘坐室及后备箱底板上也可能出现皱褶和弯曲。对于对角扭曲的诊断，可通过对角线对比法测得。

当车架的一角在垂直方向受到剧烈冲击时，如高速上、下台阶或重载状态下过度颠簸等，都有可能使载荷大大超过车架的扭转刚度，而导致车架发生永久性的扭转变形。受此损伤后，汽车的一角会比正常情况高，而相反的一角则会比正常情况低，如图 2-3-10 所示。

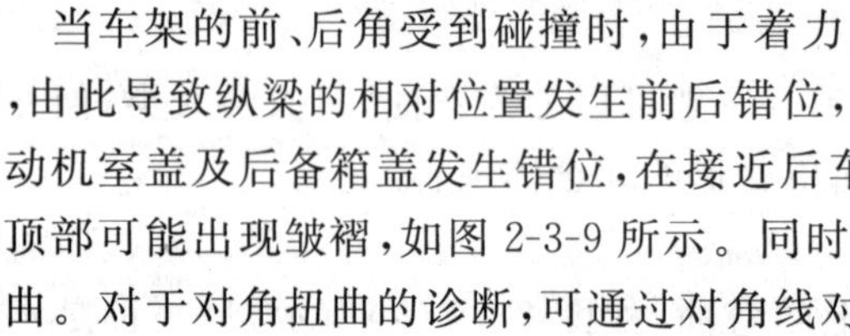

图 2-3-9　影响整个车架准直的水平方向上的对角扭曲

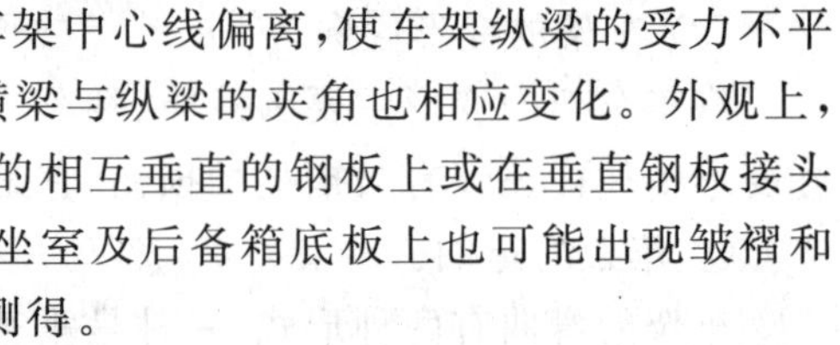

图 2-3-10　使整个车身发生错位的扭转变形

较为严重的扭转变形，可使车身的四周离地高度发生变化。因为这时车架所形成的扭转力已经达到了足以克服空载状态下悬架弹力的程度。所以，若将这种现象误诊断为悬架方面的故障，即使几经处理，其四周离地高度也很难达到相等。同样，也不能将悬架弹簧的弹力不一，误诊断成车架的扭转变形。在检验车身的离地高度时，一定要先排除悬架弹簧的弹力不均的问题。

三、车身损伤的判别

车身损伤的判别包括确定损伤范围、损伤程度、损伤类型以及车身结构是否整体变形等几个方面。

1. 确定损伤范围

首先应了解汽车的整个碰撞过程，如碰撞部位、碰撞方向、碰撞时的车速、碰撞的物体及碰撞次数等，这对车身损伤的判别至关重要。确定损伤范围时，应先找到最初遭受冲击的地方（也就是最初的损伤部位），可通过涂层的剥落程度及钣金件的伤痕来判定。然后沿着冲击力传播的方向系统地检查各部件的损伤情况，包括车身附件以及车身以外的其他总成和部件，如车轮、悬架、发动机等。

检查时要着重注意车身结构中的一些应力集中区域，这些部位是在车身设计中特别设置的。在碰撞冲击力的作用下，它们会按预先设定的方式变形，吸收冲击能量，保持车厢的形状不变，从而保护车内乘员的安全。

最后确定车身上所有的损伤部件，以及它们之间的连接和装配关系。

2. 确定损伤程度和类型

确定出车身上所有的损伤部件后，应对损坏部位进行分析，以确定损伤程度和类型。车身构件的直观损坏靠目测就可查看清楚，它可分为直接损伤和间接损伤两种类型。如果车身构件损伤程度过大，损坏部位还会出现第三种类型的损伤，即加工硬化。

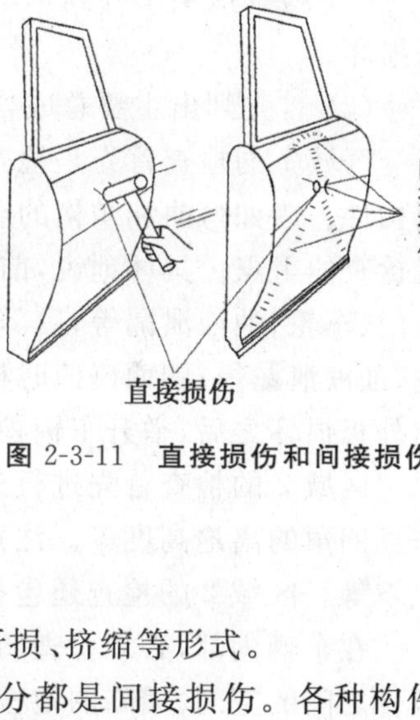

图 2-3-11　直接损伤和间接损伤

（1）直接损伤。

直接损伤是由碰撞物体与车身钢板受损部位直接接触而造成的，如图 2-3-11 所示。它通常以擦伤、划痕或断裂的形式出现。在所有的损伤中，直接损伤通常只占一小部分，但在修理时却需要花费很多时间。

（2）间接损伤。

间接损伤是由直接损伤引起的，如图 2-3-11 所示，主要有折损、挤缩等形式。

大多数碰撞都会同时造成直接损伤和间接损伤，并且大部分都是间接损伤。各种构件所形成的间接损伤没有本质区别，所以可采用一些基本的方法来修理大多数车身。不过由于受损部位的尺寸、硬度和位置的不同，所用的修理工具也有所不同。

（3）加工硬化。

只要将金属板塑性变形，就会产生加工硬化。当车身钢板在受到损坏变形时，折损部位会加重加工硬化的程度，所以这些部位是首先需要修整的，并且是修复作业中主要的修整对象。

3. 确定车身结构是否整体变形

汽车碰撞较为严重时，引起的车身损伤往往不光是车身构件的直观损坏，同时还会造成车身结构的整体变形。碰撞不严重的车身的整体变形靠目测往往观察不到（车身的整体变形量一般较小),主要依赖对车身结构进行精确的测量。

在撞损较为严重的车身上,其结构的整体变形也是较复杂的,往往是多种变形同时发生并综合到一起的情况较多。利用测量工具对车身结构进行测量时,一般都是先测定车身长度方向的尺寸,然后再判定是否有上下弯曲和左右弯曲,最后检查是否有扭曲和菱形变形,这是判定车身是否有整体变形常用的一种检查顺序。

4. 车身损伤检查顺序

美国汽车制造商和汽车工业协会汽车碰撞修理分会提出对损坏进行"分区"分析的方法,该方法按照经验把汽车分为5个按顺序检查的区域。

区域1　一次损坏,指直接碰撞区。一次损坏是可见的,不需要测量。

区域2　二次损坏,指车身残留损坏区。

区域3　包括机械零件、所有动力传动系统零件和附件的损坏。

区域4　乘员舱。车厢的各种损坏,包括内饰、灯、附件、控制装置和饰层的损坏。

区域5　车身外部零部件和外饰。

使用分区检查应遵循下列原则:

(1) 检查应从车前到车后(追尾碰撞从车后到车前)。

(2) 检查应从车外到车里。首先列出外板、装饰板,然后列出车身下部结构嵌板和附件的损坏。

(3) 首先列出主要总成,然后列出比较小的部件及未包含在总成里的部件。

区域1的检查首先是检查直接碰撞区的车身外板、塑料镶板、玻璃、漆面和外板下的金属构件。诸如弯曲和皱褶的金属板件、开裂的涂层和密封件、崩开的点焊和撕裂的金属等都是检查的重点。具体地说,前部碰撞时检查保险杠系统、散热器护栅、发动机罩、车灯、玻璃、车门、车轮、油液泄漏等;后部碰撞时检查后保险杠系统、后翼子板、行李舱盖、车灯、玻璃、车轮、油液泄漏等;侧面碰撞时检查车门、车顶盖、玻璃、立柱、底板、支撑件、油液泄漏等。在列出外板损坏之后,举升车辆检查车底板、发动机托架、结构支撑件、纵梁等。

区域2的检查首先进行外观的检查,观察车辆车身的总体线型、板件之间的相互关系、车辆四角的离地高度等。注意下垂的车门、不能弥合的缝隙和配合不良的后备箱盖和发动机罩等。区域2的检查还包括使用各种测量工具进行测量。

在车辆内部,必须检查转向管柱和转向操纵件。仪表板和低一些的板件、密封条和车门板件之间的空间、塌陷的地板组件、形状受到破坏的后窗台和受到拉伸的点焊部位也必须检查其损伤情况。

要确定车身下部受到的所有的损伤,必须检查车辆的基准线、中心线和其他所需的参考线。

在完成这一步的检查和测量之后,应记录所有检查结果。检查结果应该能显示出车辆受到的损伤程度有多大,还有车身底部的状况、冲击的角度以及外力是怎样进入车辆内部的。所有有关的信息都应该输入到诊断表格上。完成所有检查后应认真完成损伤检查报告。

应该认识到,发生在整体式车辆上的损伤情况与发生在传统的车身和车架上的损伤情况是不一样的,它们对于某一程度的冲击的反应不同。这就是为什么要有系统地安排并进

行仔细诊断和检查的原因,目的是为了不错过任何损伤的区域。在对整体式的车辆进行诊断时,必须注意其车身结构特点:

（1）结构件采用薄板金属。

（2）在车辆上大量使用镀层钢、高强度钢、铝和塑料件。

（3）车身上的结构件用于连接机械零部件。

（4）在损伤分析时能用更多的控制点来进行观察。

（5）结构件上使用的循环公差小于 3mm。

（6）采用了更多的被动安全性的设计。

（7）采用前轮驱动、齿轮齿条转向器、麦弗逊式悬架系统。

（8）冲击力被传递到了临近的更大面积的板件上。

（9）乘客车厢被设计得在受到严重冲击时仍能完好无损。

活动实施

一、目测检验车身损伤

在大多数情况下,在碰撞部位能够观察出结构损坏的迹象。用目测检查后,进行总体估测,从碰撞的位置估计汽车受到撞击力的大小及方向,判断碰撞如何扩散并造成损坏。在估测中,先探查汽车上是否有扭转和弯曲变形,再设法确定出损坏的位置及各种损坏是否由同一碰撞引起。

1. 车身上容易识别的损坏变形部位

在碰撞中碰撞力穿过车身刚性大的部件,如车身前立柱、车顶纵梁、地板主纵梁等箱形截面梁,如图 2-3-12 所示,最终传递深入至车身内部损坏薄弱部件。因此,要找出汽车损坏,必须沿着碰撞力扩散的路径,按顺序一处一处地进行检查,确认出变形情况。检查中要特别仔细观察板件连接点有没有错位断裂,加固材料(如加固件、盖板、加强筋、连接板)上有没有裂缝,各板件的连接焊点有没有变形,油漆层、内涂层及保护层有没有裂缝和剥落,以及零件的棱角和边缘有没有异样等。这样,损坏部位就容易被识别出来。

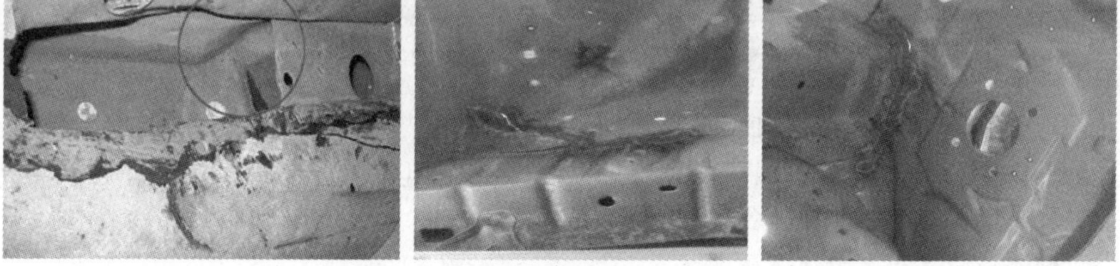

图 2-3-12　车身上容易识别的损坏处

（1）板件的连接部位。

加固材料(如加固件、盖板、加强筋、连接板)上的缝隙,各板件的连接焊点等部位在碰撞中容易发生变形,如图 2-3-13 所示。

(2) 零件的棱角和边缘。

车架部件(如侧边构件)的损坏程度,可以从其凹面上严重的凹痕或扭结形式来判断,而不是以部件凹面的另一面出现弯曲变形来确定。

此外还有一点要特别注意的是,同样的碰撞力,若碰撞点部件刚性不同,碰撞后的损坏情况就不一样。当碰撞点部件的刚性较小时,碰撞点附近的损坏迹象比较显著,当能量通过附近的结构逐渐消散时,其损坏迹象很小。反之,有时碰撞点上的损坏迹象虽然很小,而能量却穿过碰撞点而传递至车身内部很深的部位而产生“内伤”。

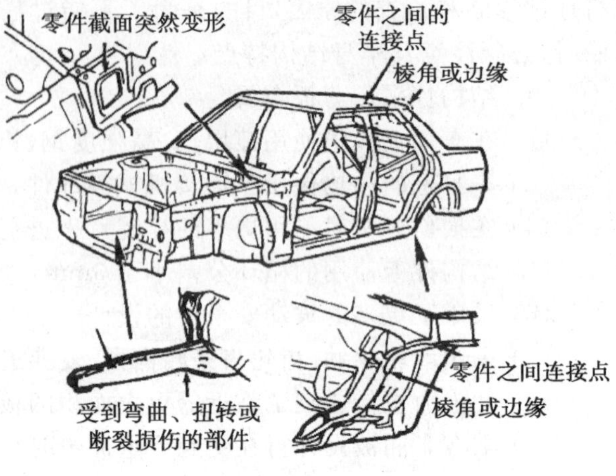

图 2-3-13　车身容易发生变形的部位

2. 检查车身部件的间隙和配合

在车身上的车门、翼子板、发动机罩、行李舱盖、车灯之间的配合间隙都有一定的尺寸要求,通过观察和测量它们之间间隙的变化可以判定发生了哪些变形。如图 2-3-14 所示为对比左右翼子板与发动机罩的间隙情况。车门是以铰链装在车身立柱上的,这就可通过简单地开关车门及观察车门的准直来确定车身立柱是否受到损坏,如图 2-3-15 所示为通过测量

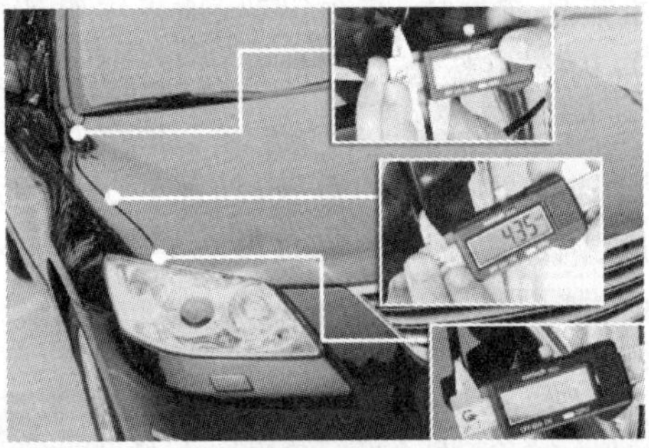
图 2-3-14　对比翼子板与发动机罩间隙

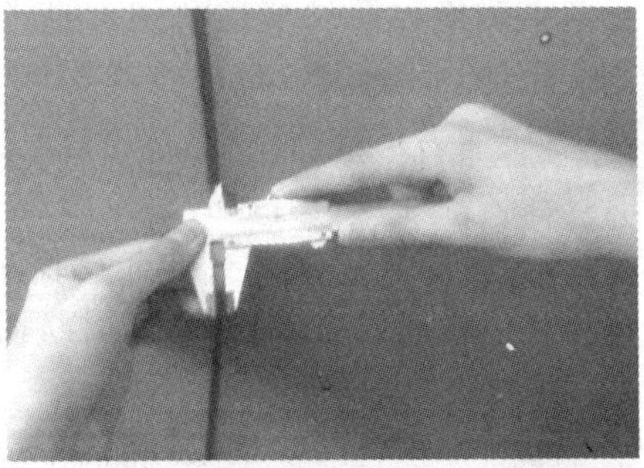
图 2-3-15　对比车门配合间隙

和对比车门间隙来确定车门的损坏变形情况。

在前部碰撞事故中,了解损坏最重要的是检查后车门与后顶侧板之间的间隙及水平差异;另一个较好的方法是比较汽车发动机罩与翼子板左侧与右侧的间隙。

3. 检查汽车惯性损坏

当汽车受到碰撞时,一些质量大的部件的惯性会转化成巨大的作用力,使其向相反方向移动而发生冲击,产生损坏,这就需要对固定件、周围部件及钢板进行检查。对于车架式车身而言,车身安装在橡胶垫上以减小其惯性,但是剧烈的碰撞仍会引起车身和车架的错位,破坏车身上的橡胶垫。

此外,在碰撞中由于惯性等原因,仪表板、转向盘、转向支柱和座位靠背将受到损坏。行

李舱中的行李也可能成为引起行李舱地板、行李舱盖和后顶侧板损坏的另一项原因。

二、修理方案的确定

在对车身损伤进行检验，做出准确判别的基础上，即可确定修理方案，其主要内容包括以下几方面：

1. 应考虑的主要问题

对车辆进行损伤论断后，就需要制订科学的修复方案，这一阶段的主要工作是：针对直接损伤部位、间接受损部位及惯性受损部位，确定具体的修复方式；根据车身各部位材料的应用情况，确定需要采用的焊接工艺；考虑在矫正拉伸过程中如何使用辅助支撑定位，以确保顺利修复；考虑在实施焊接换件作业中如何对所需更换部件进行准确定位，以避免在焊接完毕后再对所更换部件位置进行矫正。

2. 确定修复方案的原则

制订修复方案时，除了要考虑降低维修成本之外，还要综合考虑整体维修质量，比如局部拉伸时如何保证周边部位不受到影响，切割和焊接时如何保证金属内部结构尽量不发生较大的变化，以及使用何种钻孔、打磨工具不会对安装造成影响。凡是与整体修复方案有关的因素，考虑得越周详越好，这样才能在后续的工作中有备无患。

3. 维修方案对技术人员的要求

要掌握科学、高效的修理工艺，技术人员必须了解最新汽车的车架结构、车架对碰撞能量的吸收和传递等方面的知识。除此之外，技术人员对车辆碰撞损伤程度的确认、需要更换的部件、需要修理的部件、修理方式的确定、设备工具的选用以及各种操作规范化等方面的知识都必须熟知，才能确保修复效果最佳化，进而提高客户满意度。

4. 车漆未受损伤的维修方案

确定维修方案需要视情况而定，择优而取。在碰撞部位损伤并不严重的情况下，就需要根据具体情况，确定采用传统钣金喷涂方案或者新兴的凹陷修复技术。实际上，只要车漆未受损伤，大多数情况下都可以采用凹陷修复技术。

凹陷修复技术主要针对尚未损伤车漆的凹陷，由于保留了原有车漆，避免了烤漆所造成的漆雾、漆流、色差、色变、橘皮等缺陷，从而最大限度地保留了车辆原有价值，这是传统钣金技术无法比拟的。

5. 车身严重损坏的维修方案

(1) 当汽车发生严重损坏，几乎没有一处完好的地方，车身整体被判定为无法修复时，可按照用户需求进行整车车身的更换。从损坏的车上拆下可用的总成和零件，对发动机等主要总成进行全面检查和修理，换用新的轿车车身总成和需要更换的全部零件，按照整车装配工艺重新装配。

(2) 当汽车发生碰撞时，损伤只发生在局部，那么只对车身局部进行更换，就可以达到省事、省时和降低成本的目的。例如，轿车车身上的翼子板，只要在车身上拆下损坏后的翼子板，再将新的翼子板按照原来的位置装上去，即可达到修复车身的目的。当然在修复中，伴随着汽车和其他零部件总成的拆卸和更换，应达到重新修配和恢复原有功能的目的。拆卸损坏后的车身钣金件，可视损坏程度的轻重，决定重新单独修复或当废铁处理，如能修复，待修复后可作为备件以备更换。

巩固与评价

一、活动巩固

(一) 填空题

1. 汽车碰撞损伤情况的检验是________的前提和依据。

2. 通过汽车碰撞后的变形损坏情况来确定汽车被碰撞的________和碰撞力的________。

3. 以等速行驶而质量相近的汽车,碰撞面积大时________,碰撞面积小时________。

4. 车架左右弯曲通常是由侧面来的碰撞所引起的,一般都发生在汽车的________或________。

5. 汽车的前方或后方遭受猛烈的碰撞,可致使________损伤。

6. 汽车车身损伤部位分布是有规律性的,可以用________检测出来。

7. 对于关键控制点,在汽车修理过程中必须________,监视维修过程,防止过度。

8. 汽车碰撞时所受力的大小与其运动状态、________、________,碰撞后的运动状态等有很大的关系。

9. 了解碰撞对车身的损伤规律,准确地判定车身损伤状况将直接影响维修的________和经济性。

10. 车辆在碰撞时,直接碰撞力是________,对车身的损伤有________。

(二) 判断题

1. 正面碰撞程度较轻时,一般会使汽车车前部保险杠及其连接支架受到损坏,并首先波及前纵梁。 ( )

2. 单就车身来讲,碰撞损伤的变形量只有通过测量才能准确地判断。 ( )

3. 在对车辆进行修理时,车身检验是修复前的主要内容。 ( )

4. 目测法可以有效而准确地判断汽车损伤所在,效率也高。 ( )

5. 校正的准则是沿碰撞力的相反方向对损伤部位施加拉力或推力。 ( )

6. 车架上下弯曲通常是汽车前方或后方被直接碰撞所引起的。 ( )

7. 汽车的某一角受到来自前方或后方的碰撞就会产生扭转变形。 ( )

8. 碰撞点在汽车前端较高部件时,就会促使汽车车身后部向上弯曲。 ( )

9. 在进行损伤诊断检查时,通过目测方式一般不会遗漏掉所有的损伤。 ( )

10. 顶部损坏大多是由于落物或汽车翻滚造成的,所以不仅局限于车顶板,还有可能造成车顶侧梁、后侧围板和车窗发生损坏。 ( )

(三) 选择题

1. ( )是汽车碰撞检验的第一项基本步骤。

A. 目测确定碰撞的部位、撞击方向和估算碰撞力的大小

B. 了解受损汽车车身结构类型

C. 沿碰撞能量传递路线检查部件的损坏

2. 通过开关车门及观察车门与门框的配合来确定( )是否受到损伤。

A. 门槛板　　B. 车门门框　　C. 车身立柱

3. 钣金维修人员常用的基本测量工具有钢直尺和(　　)。

A. 卷尺　　B. 量规　　C. 角尺

4. 在车辆翻滚时,车身立柱和(　　)会发生弯曲,立柱也会被损坏。

A. 车门门框　　B. 车顶板　　C. 门槛板

5. 以相同速度行驶而质量相近的汽车,碰撞损伤的状况与(　　)有关。

A. 碰撞部位

B. 碰撞方向

C. 碰撞面积

D. 碰撞力的大小

6. 汽车在高速行驶下撞击到隔离墩时,或汽车的后侧角遭受碰撞时,则(　　)。

A. 车架会产生菱形变形

B. 车架会产生上下弯曲变形

C. 车架会产生扭转变形

D. 车架会产生断裂

7. 汽车发生扭转变形时,其表现为(　　)。

A. 车顶部可能出现皱褶

B. 车窗后移或发动机罩前移

C. 车轮挡板圆顶处车架向上提升

D. 汽车的一角比正常时高,与之对应的另一角则比正常时低

8. 车架左右弯曲变形可通过(　　)来判别。

A. 查看钢梁的内侧或外侧有无皱褶现象

B. 车架与车身间出现裂缝

C. 车顶盖与车身的错位情况

D. 发动机盖、水箱等部位严重变形

E. 发动机后移、悬架变形

F. 汽车侧面损伤情况

9. 车架的(　　)通常发生在车架前部或后部设计的弯曲处。

A. 左右弯曲　　B. 上下弯曲

C. 菱形变形　　D. 断裂变形

E. 扭转变形　　F. 前后悬架变形

10. 车架断裂就会引起(　　)。

A. 车门下垂

B. 车窗后移

C. 车顶盖与车身错位

D. 车身外壳表面会比正常位置低

二、活动评价

评分标准见表 2-3-1,在考核记录栏中简述扣分的缘由。

表 2-3-1　　　　　　　　汽车车身检验考核评分表

评定成绩：　　　　时间：　　　　地点：　　　　教师：

序号	作业项目	考核内容	配分	评分标准	考核记录	扣分	得分
1	选择劳保用品	选出活动所需的劳保用品	5	选错或漏选用品一项扣 1 分			
2	目测损坏专案	确定损伤范围	5	描述错误，该项按 0 分处理			
		确定损伤程度	5	描述错误，该项按 0 分处理			
		分析车架变形	5	分析错误，该项按 0 分处理			
		分析车身变形	5	分析错误，该项按 0 分处理			
		检查损坏部位	5	操作错误，该项按 0 分处理			
		检查部件间隙	5	操作错误，该项按 0 分处理			
		检查惯性损坏	5	操作错误，该项按 0 分处理			
3	确定修理方案	确定拆卸构件	5	分析错误，该项按 0 分处理			
		确定更换构件	5	分析错误，该项按 0 分处理			
		制定修复工作程序	5	制定程序错误，该项按 0 分处理			
		确定修理后检查方法	5	确定方法错误，该项按 0 分处理			
4	评价相关习题	完成相关习题	35	填错或漏填每空格扣 1 分			
5	安全清理场地	整理工具、清理场地、安全生产	5	造成重大事故发生，该项按 0 分处理			
分数合计			100				

活动二 汽车车身的拉伸与校正

活动描述

在本次活动中，学生在理解所修车型的结构、测量原理、拉伸设备的使用方法和对受损车身测量方法的基础上，观察教师的示范操作，并按照任务书和制造厂家的车辆维修手册规定，协同本组其他同学，根据受损车辆的修理方案，实施拉伸和矫正作业。工作过程中要求遵循现场工作管理规范。

学习目标

◇ 能通过对测量数据的分析，制定车身拉伸方案，确定拉伸的位置。
◇ 能正确使用车身校正仪对车身进行拉伸作业。
◇ 能结合拉伸和敲击，对车身进行应力释放。
◇ 能按照车身维修手册对受损部位的修复进行检验。
◇ 能自觉遵守作业过程的个人安全防护和企业现场规章制度。
◇ 能遵守劳动保护与环境保护的规定。

学习地点

车身测量区。

学习准备

教学设备(含资料)：平台式车身校正仪、举升机、维修手册、安全操作规程等。

工量具：常用工具、钢板尺、电子测量系统、卷尺等。

劳动保护用品：安全帽、工作服、防护眼镜、耳罩、安全鞋、手套、垫脚布、座椅套、方向盘套、车轮挡块等。

知识准备

一、车身校正的重要性

车辆受到严重撞击后，车身的外覆盖件和结构件都会发生变形。车身外覆盖件的损坏可以用锤子、垫铁和外形修复机来修理，但车身结构件的损坏修理仅仅依靠这些工具是无法完成的。车架式车身的车架和整体式车身的结构件是非常坚固与坚硬的，强度非常高，对于这些部件的整形，必须通过车身校正仪的巨大液压力量才能进行修复操作，使用车身校正设备可以快速、精确地修理这些损坏的结构件。

车身校正的重点是“精确地恢复车身的尺寸与状态”。因为车身(特别是整体式车身)是车辆的基础，汽车的发动机、悬架、转向系统等都是安装在车身上的，如果这些部件安装点的尺寸没有校正到原尺寸，那么就会影响车辆的性能。

在车身校正时，消除由于碰撞而造成的车身和车架上的变形和应力也是非常重要的。并不是所有的变形部件都可以校正后再继续使用，有些部件特别是高强度和超高强度钢制造的部件，其变形后内部的应力相当大，而且用常规的方法无法完全消除这些应力，所以就不能校正，只能更换。

二、车身校正设备

车身修理中为达到较好的修复效果，必须使用有能力完成多种基本修复功能的校正设备。车身校正设备种类繁多，下面就介绍几种常见的校正设备。

1. 地框式车身校正仪

地框式车身校正仪适合于小型的车身维修车间使用，在建造修理车间地面时要把地框系统的锚孔或轨道用水泥固定在车间地板上，如图 2-3-16 所示。

车辆可以直接在地框系统上或使用支架固定在地框系统上进行修理。车辆在地框系统上拉伸校正时要进行固定，其拉伸时所需的紧固力必须满足在拉力的大小和方向上同时保持平衡的要求。

图 2-3-16　地框式车身校正仪

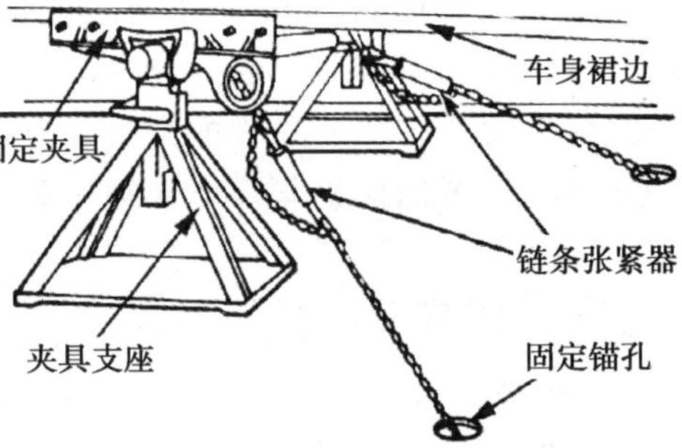

图 2-3-17　地框式车身校正仪的固定

地框式车身校正仪在拉伸校正操作中配有手动或气动液压泵，并且还应配有一些液压顶杆(液压油缸)。用一根链条把顶杆连在汽车和支架上，通过支架把顶杆和链条支承在槽架上。利用支承夹钳，将汽车支撑在汽车台架上。车辆要安全紧固在支座的夹钳上，如图 2-3-17所示，链条一端连着支承夹钳，另一端钩住支架或轨道板，用链条张紧器拉紧链条。一般在车身下部的四个位置都要进行这样的固定，以确保车辆在拉伸校正中保持稳定。

在拉伸时需将液压顶杆装在顶杆座上，以便液压顶杆能够在需要的方向上施力。把液压顶杆升到需要的高度，把链条拉紧并锁紧链条，将链条钩在支架上。支架、液压顶杆及汽车上的拉伸点必须与拉伸方向成一条直线。将液压泵与液压顶杆连接，并把空气软管连接到气动液压泵上，启动液压泵使链条拉紧，接着就可以进行拉伸校正了。

2. L 形简易校正仪

L 形简易校正仪的拉伸装置装配有液压系统，在可移动的立架和支柱之间，用链条和夹钳拉伸车身的损坏部分，如图 2-3-18 所示。因为容易搬运，这种装置很容易被安放在车身损坏部位的牵引方向上。但是这种类型的装置只能在一个方向上拉伸，如图 2-3-19 所示，因此，它只适用于一些小的碰撞修复，对于复杂的碰撞变形不能进行精确的修复。

图 2-3-18　L 形简易校正仪

图 2-3-19　L 形简易校正仪的拉伸

3. 框架式车身校正仪

框架式校正仪使用专用测量头，可以快速地把车身变形点拉伸到标准的位置上，达到车身修复的目的，如图 2-3-20 所示。但是由于现代车辆的多样性，导致了车身形式不断变化，修理时要配备的专用测量头也随之增加，修理的成本随之增高。因此，现在在校正修理中开始越来越多地使用平台式车身校正仪。

图 2-3-20　框架式车身校正仪

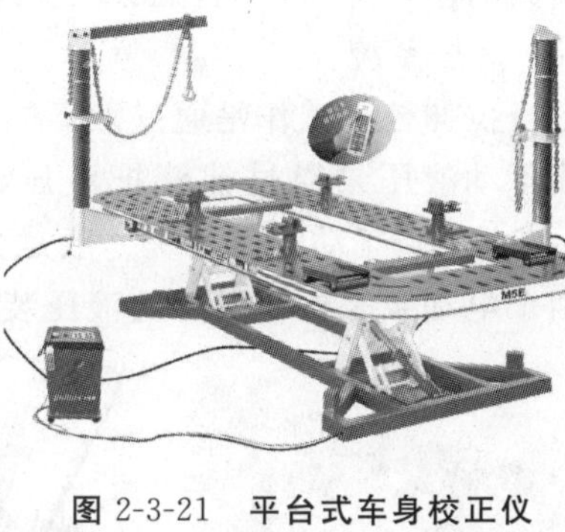

图 2-3-21　平台式车身校正仪

4. 平台式车身校正仪

平台式车身校正仪可以对各种类型、型号的车身进行有效校正，如图 2-3-21 所示。平台式车身校正仪形式有多种，但一般配有一个或多个塔柱进行拉伸校正。这种拉伸塔柱为车身修理人员提供了很大的自由度，可在绕车身的任何角度、任何高度和任何方向进行拉伸。很多平台式车身校正仪都有液压倾斜装置或平台液压升降装置，配合使用上车系统，可将车身拉到校正平台的一定位置上。平台式车身校正仪同时配备有机械式或电子式通用测量系统，通过测量系统精确的测量，可指导拉伸校正工作准确、高效地进行。

平台式车身校正仪主要由以下部分组成：

(1) 平台。

平台式车身校正仪的平台是车身修复的主要工作台，拉伸校正、车身测量、板件更换等工作都在平台上完成。

(2) 上车系统及平台升降系统。

通过上车系统和平台升降系统可以把受损车辆放置在校正平台上。上车系统包括上车板、拖车器、车轮支架等，如图 2-3-22 所示。平台升降系统如图 2-3-23 所示，通过操控液压

图 2-3-22 上车系统

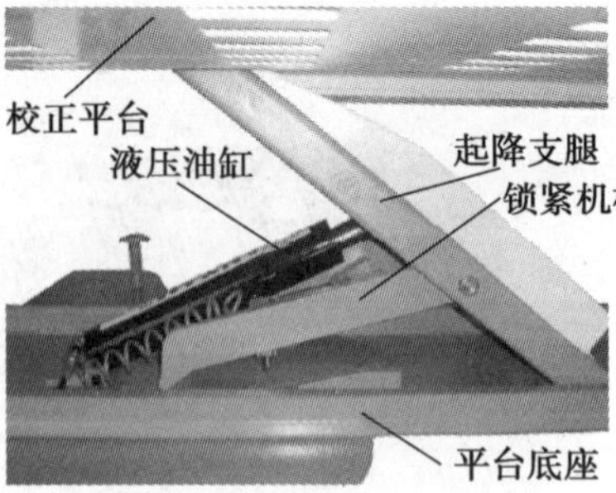

图 2-3-23 平台升降系统

油缸推动起降支腿升降，带动校正平台上升或下降到一定的高度。校正平台可以实现整体或倾斜的升降。

(3) 夹具。

修理前，固定在平台上的夹具将车辆紧固在平台上，车辆、平台和夹具成为一个刚性的整体，车辆在拉伸操作时不能移动，如图 2-3-24 所示。为满足不同车身下部固定位置的需要，夹具结构有多种，双夹头夹具可以夹持比较宽的裙边部位，防止拉伸中损坏夹持部位；单夹头夹具的钳口开口很宽，能够夹持车架。

(4) 液压系统。

车身拉伸校正工作是通过液压的强大力量把变形的车身拉伸到位。校正仪上的电动液压泵或气动液压泵通过油管把液压油输送到塔柱内部的油缸中，推动塔柱顶杆上升，如图 2-3-25 所示。气动液压系统一般是分体控制的，而电动液压系统一般是集中控制的，由一个或两个电动泵来控制所有的液压装置，这样效率更高，故障率更低，工作更平稳。

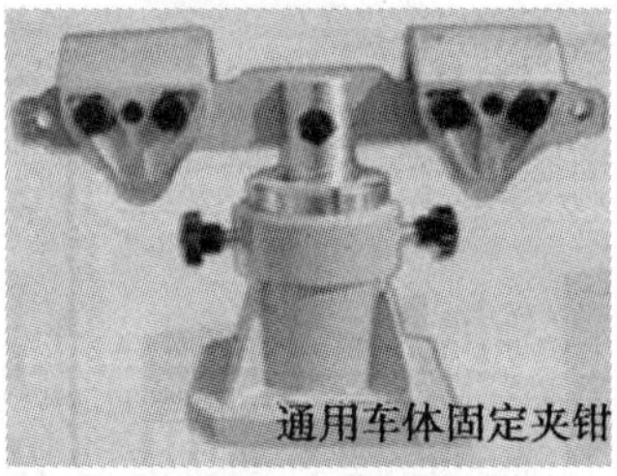

图 2-3-24 夹具

(a) 电动液压泵

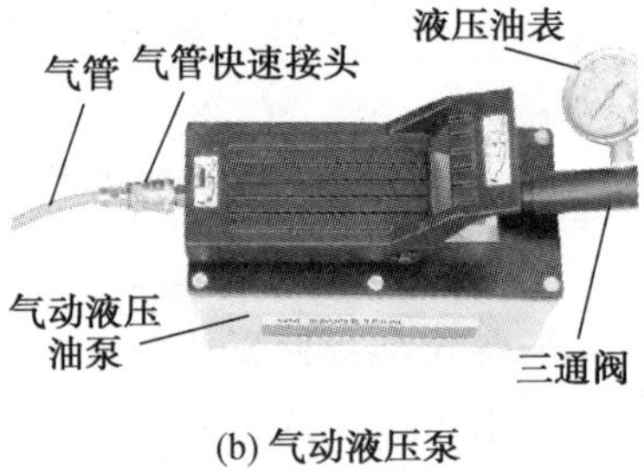

(b) 气动液压泵

图 2-3-25 电动液压泵和气动液压泵

(5) 塔柱拉伸系统。

损坏的车身拉伸校正是通过塔柱(图 2-3-26)实现的。塔柱内部有油缸，液压油推动油缸活塞，活塞推动塔柱的顶杆，顶杆上升伸出塔柱的同时拉动链条，在顶杆的后部有链条锁紧窝把链条锁住，通过导向环将拉力的方向改变成需要进行拉伸的方向，导向环通过固定手轮固定在塔柱上。

(6) 钣金工具。

在对车身进行拉伸校正前，要选择车身校正仪的钣金工具(如图 2-3-27 所示的夹紧夹具、拉伸夹具、拉钩、尼龙绳、链条等)来组合使用。

图 2-3-26　塔柱

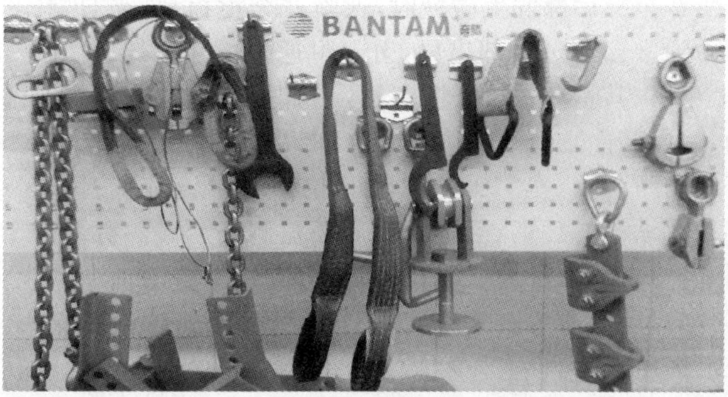

图 2-3-27　车身拉伸所用夹具、拉钩、链条等

(7) 测量系统。

配合使用三维测量系统进行测量，可让车身的拉伸校正工作更精确、更高效。

三、车身的校正方法

1. 车身前部损坏的校正

一辆汽车的前部被碰撞，如果它的前部横梁、翼子板、前挡泥板损坏严重，就需要进行更换。如果散热器框架和前纵梁受到严重损坏，前立柱向后变形，就需要按照与碰撞方向相反的方向对前纵梁和前立柱进行拉伸，在前立柱尺寸恢复后，再把需要更换的前纵梁拆除。

在修理时，对发动机室部位的尺寸可以使用点对点测量来对比，依据测量中给出的尺寸，校正好其对角线尺寸。用校正设备和工具对挡泥板上加强筋和前纵梁同时进行拉伸将更有效，如图 2-3-28 所示。拉伸中最好使用三维测量系统，因为在损坏部位的长度、宽度和高度都发生变化(特别是高度变化)的情况下，使用三维测量可以确保校正尺寸的正确性。在拉伸时如果拉伸效果不好，还可以一边拉伸一边用液压顶杆从里边推压，如图 2-3-29 所示。

图 2-3-28　对车身前部拉伸校正

图 2-3-29　液压顶杆的使用

2. 车身后部损坏的校正

与车身前部相比，车身后部的板件结构更复杂，损坏可能扩散得更厉害，因此，对车身后部损坏的检验必须更加精确。

在车身后部发生碰撞时，保险杠会被损坏，而且碰撞力通常会通过后部纵梁，引起附近的板件损坏，造成“上弯”。其次，轮罩也将变形，引起后侧围板向前移动，造成部件之间的间隙变化。如果碰撞十分严重，还将影响到车顶、车门或中立柱。拉伸时将钣金工具固定在后纵梁的后部、后地板或后顶盖侧板后端部分，如图 2-3-30 所示，一边进行拉伸，一边测量车身下面每一部分的尺寸，通过观察车身板件的配合和间隙情况来决定修理程度。

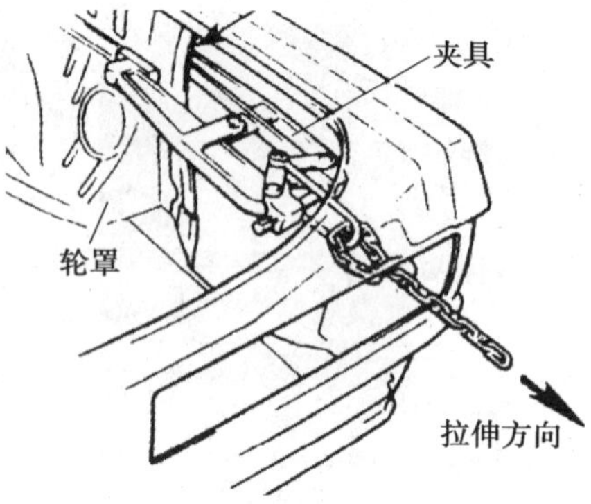

图 2-3-30 对车身后部拉伸校正

3. 车身侧面损坏的校正

汽车受到来自一侧的碰撞后，门槛板中心位置受到严重损坏，门槛纵梁弯曲，地板变形，车身前、后部弯曲，使车身扭曲成香蕉状。修理这种类型的损坏，可使用与拉直一根弯铁丝一样的方法，将车身的两端拉开，再将凹下去的车身侧面部件(门槛板、中立柱等)向外拉伸，如图 2-3-31 所示。

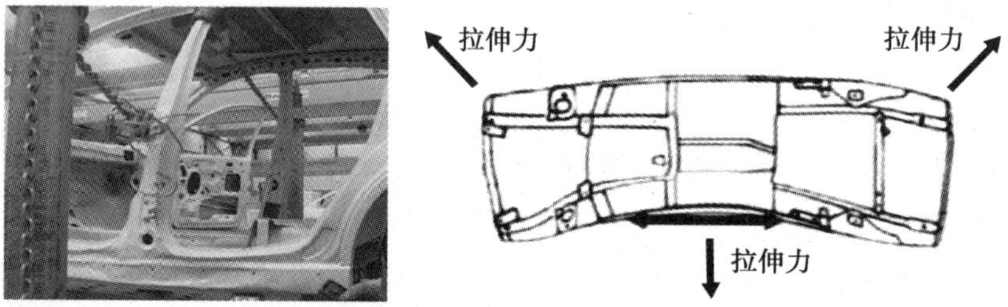

图 2-3-31 对中立柱拉伸校正

4. 其他校正方法

(1) 向上校正方法。

汽车车身有些部件受到向下的碰撞力导致向下的弯曲变形，可用车身校正仪上的斜拉臂装置完成向上的拉伸校正工作，如图 2-3-32 所示，但是斜拉臂的拉伸力较小，只能拉伸车顶等需要校正力比较小的部位。对于需要拉伸力比较大的部位可以用液压顶杆来辅助向上顶伸，如图 2-3-33 所示。

图 2-3-32 斜拉臂向上拉伸

图 2-3-33 液压顶杆向上顶伸

(2) 向下校正方法。

汽车车身有些部件会向上变形，需要用下拉式装置向下进行拉伸。有时拉伸要在车身底下塞上垫块加以支撑，然后通过下拉式装置将车身高端向下拉，这样可修复车身，如图 2-3-34 所示。当用下拉式装置向下拉伸时，塔柱上的链条(导向环)必须处在最低位置。

图 2-3-34　向下拉伸

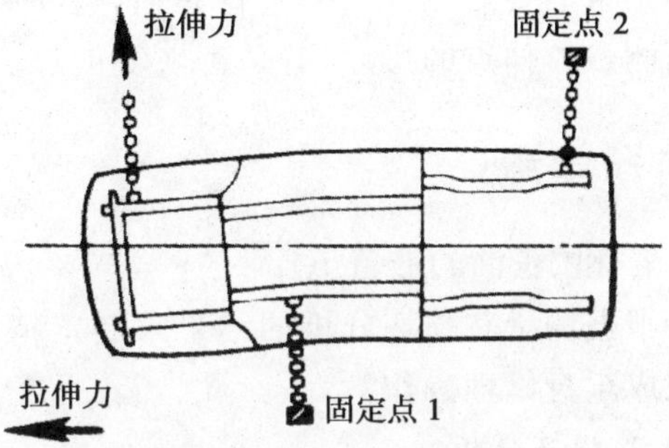

图 2-3-35　侧向弯曲的校正

(3) 侧向弯曲的校正。

侧面碰撞会造成车身侧面弯曲损坏。对车身侧面进行校正时，因为拉伸力较大，所以一定要在车身下面用夹具将车身固定住。如图 2-3-35 所示，在 1、2 两点位置上进行固定，1 点受力最大，所以这一点一定要夹得安全可靠。如果 2 点夹得不牢靠，在侧向进行拉伸时车辆可能会移动。

(4) 减振器支座的校正。

在有些碰撞中，减振器支座会变形，必须进行校正，否则会影响车辆的行驶性能。将减振器专用夹具固定在减振器支座上，用塔柱、链条、钣金工具或液压顶杆来进行校正，如图 2-3-36 所示。

图 2-3-36　减振器支座的拉伸校正

减振器支座修理的好坏对整个车身的行驶性能非常重要。

车轮定位参数是由减振器支座的安装点来决定的。通过测量获知减振器支座的变形方向及大小，然后决定拉伸的方向，配合车身尺寸拉伸。如果两个减振器支座都向左或向右倾斜，就可以通过在两个支座上均安装牵引板，并装上牵引带，来进行拉伸校正。

四、车身校正注意事项

1. 安全操作

安全操作包括使用工具、设备符合安全操作规程以及人员防护要符合要求。在整个拉伸校正作业中所需的安全防护用品包括工作帽、工作服、安全鞋、棉手套、护目镜等。

2. 合理的拉伸工艺

合理的拉伸工艺主要包括正确确定拉伸点、正确选用拉伸工具、合理选用固定点、拉伸基本操作规范等。拉伸应遵循基本程序以及车身校正仪塔柱拉伸的基本操作规范。

3. 规范使用仪器设备

重点是正确使用车身校正仪，应按照说明书的规范要求操作，同时应注意说明书中禁止的操作行为。

4. 拉伸品质合格

拉伸结束后要对拉伸结果进行评估，检验有没有准确恢复车身尺寸。所以在拉伸后一定要重新测量拉伸点的尺寸，看是否恢复正常。

活动实施

一、车身校正前的准备工作

先要根据测量和损坏分析的结果来制定精确的碰撞修理程序（工艺），然后按照已定好的程序完成车身修理操作。

1. 车身损坏分析

拉伸校正前一定要对车身进行详细的测量和车身损坏分析，如果损坏分析得不够详细、不够彻底，修复计划做得不太完善，那么在车身修复过程中就会发现新的损坏情况，修复的方法及工序也将随之改变，这会浪费大量的人力、物力和时间。所以说车身损坏分析做得越彻底、越精确，则整个车身修复工作的质量、效率就越高。

2. 车身部件的拆除

在拉伸校正开始之前，应该拆去车上妨碍校正的部件。有些外覆盖件需要拆卸，有些机械部件也要拆卸。因为整体式车身的损坏容易扩散到较远处，而且经常扩散到一些意想不到的地方，有些甚至就藏在这些部件或系统里面。只有拆除这些部件后才能更好地找出损坏。当然在拆卸前，也要仔细研究车身结构和损坏情况，并非胡乱地拆卸，而是通过分析决定拆卸什么，保留什么。例如，接近车身需要修理部位的部件必须要拆除。

二、车身上校正平台

只有将妨碍上平台的车身外覆盖件和机械部件拆卸后的车身，才可以上校正平台。先使用平台式车身校正仪上的液压升降系统，控制液压油缸使起降支腿下降，把校正平台整体降到最低位置，然后再将上车系统中的车轮支架与车身的车轮轮毂连接起来，利用液压杆撑起车身，让车轮支架放置在拖车器上，这样整个车身借助于拖车器可以被推动。拉动拖车器，带动车身一起经过上车板后，使车身被推到校正平台上的合适位置，如图 2-3-37 所示。

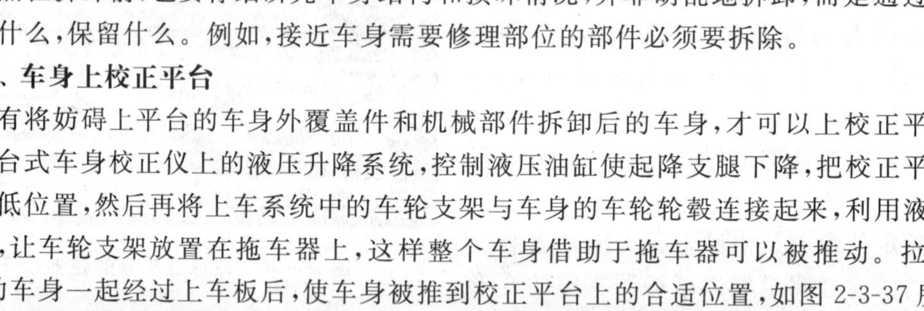

图 2-3-37　利用拖车器将车身拉上校正平台

三、车身的定位固定

车辆上到平台上后，先要找好车身与测量系统的基准，接着是在校正平台上进行定位。如果在校正平台上使用的是机械式测量系统，车辆在固定前必须要找好测量的三个基准。因为车辆测量和拉伸的过程中是不能有位移的，一旦测量基准发生变化，只有重新找到测量基准后才能进行测量，否则测量出来的数据也是不正确的。如果使用超声波测量系统就不需要进行测量基准的找正，因为计算机会自动找到测量的基准。

找对测量的基准并完成定位后，就可以对车辆进行固定，整体式车身在固定时至少需要四个以上的固定点，如图 2-3-38 所示。主夹具、车身固定好后，车身、主夹具和校正平台相互之间不能有位移。

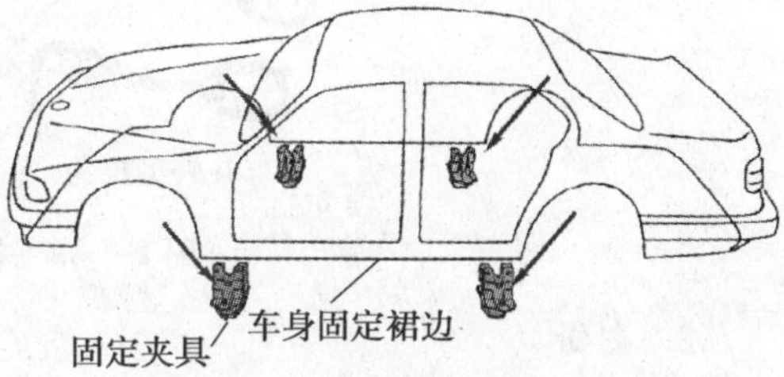

图 2-3-38 车身的固定

四、车身的测量

通过目测一般不会遗漏明显的损坏，可以大概知道一些车身损坏的情况，但会忽略损坏对于其他无关联系统的影响及发生在远离碰撞部位的损坏。所以除了目测外，还要使用精确的测量工具和设备来测量、评估受损汽车。只有通过精确的测量后，才可以确切知道车身损坏的程度和变形的范围，弄清楚受损车身的损坏区域，才能够制订出完善合理的修复计划，才可以对受损车身进行拉伸和校正。注意在拉伸校正过程中，还是要始终不断对车身主要控制点尺寸进行测量和监控，以保证车身修复的准确性。

五、制定拉伸程序

制定修理（拉伸）程序时，一定要按照与碰撞损坏相反的顺序（先里后外的顺序）来确定修理步骤，即最后出现的损坏要最先修理，最先出现的损坏要最后修理，并一定要以与碰撞方向相反的方向来设计拉伸校正顺序。所以在制订的修理方案中要体现拉矫方向、拉矫顺序、安装拉伸矫正夹具的位置、估算校正损伤的拉矫数量等内容，这样可以保证在拉伸校正车身部件时，不会造成进一步的车身结构损坏。

六、钣金工具的使用

为了更好地对整体式车身进行拉伸修复，可以利用针对车身不同部位的变形修复设计的多种钣金工具。

1. 拉钩和尼龙拉带

大力拉钩可以对前围板、前罩板、仪表板周围、车门、行李舱等较深的部位进行拉伸，最大负荷为 50kN。大型直角拉钩可以快速安装在车身的纵梁、横梁等部位进行大力的拉伸操作，其承载能力为 70kN。多向拉钩不仅有对较深部位的拉拔功能，也有一定的夹持能力，在夹持状态下可以进行多角度的拉伸操作，最大承载力为 50kN。轻型拉钩适合于对车身上的孔或缝隙较小的箱型板件进行拉伸，承载能力为 20kN。尼龙拉带适合于对车身上可以捆绑的地方进行拉伸，它有一定的弹性和耐磨性，承载能力为 20kN。常用的拉钩和尼龙拉带如图 2-3-39 所示。

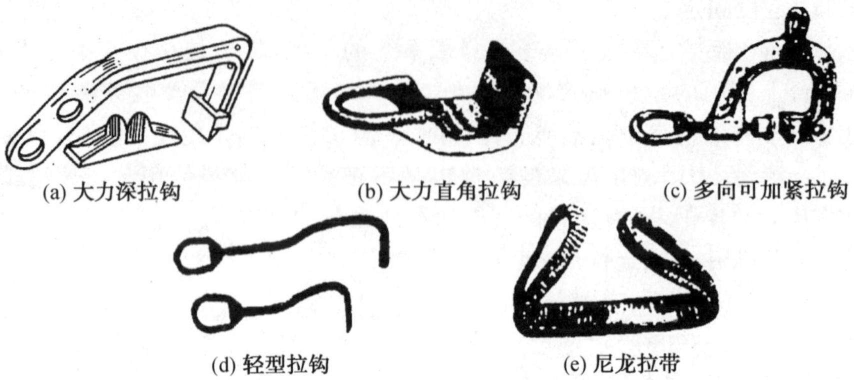

(a) 大力深拉钩　(b) 大力直角拉钩　(c) 多向可加紧拉钩

(d) 轻型拉钩　(e) 尼龙拉带

图 2-3-39　常用的拉钩和尼龙拉带

2. 夹钳

拉伸矫正用的夹钳主要作用是夹持住车身的拉拔点，使链条的拉力作用于需要进行拉伸的部位。夹钳根据车身不同部位的结构特点，并结合拉伸的需要有不同的设计，在使用时可以灵活选用。

夹钳的不同设计用途主要体现在钳口的宽度和钳身的厚度上，但应用的部位基本上都是车身具有焊接翻边等天然的可供夹持的部位。钳口比较扁平、钳身较薄的轻型夹钳适合于车身比较轻薄部位的拉伸夹持，由于它们的体积小，使用比较灵活，承载能力多在 30kN 左右。

钳身厚重的夹钳承载能力也相应地大些，可达 50～60kN，基本上钳身越厚重、钳口越宽大的夹钳，其承载能力越高，多用于车身底部裙边、车身梁柱等需要较大的拉伸力的场合。图 2-3-40 所示为几种常见的夹钳。有些夹钳具有自紧功能，随着拉伸力的增加，钳口的加紧力也自动渐渐地增加，可以避免产生松脱，其承载能力约 20kN。

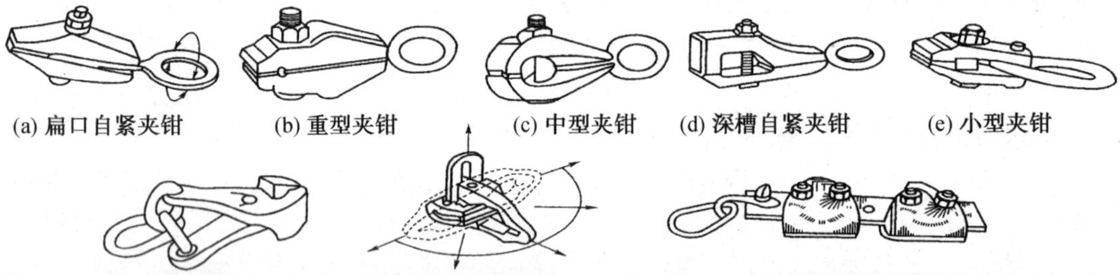

(a) 扁口自紧夹钳　(b) 重型夹钳　(c) 中型夹钳　(d) 深槽自紧夹钳　(e) 小型夹钳

(f) 剪口夹钳　(g) 多向拉伸夹具　(h) 车身裙边夹具

图 2-3-40　拉伸校正常用的夹钳

总之，在使用钣金工具时必须注意正确的使用方法，否则会损坏夹具和车身。在拉伸时必须使拉力方向的延长线通过夹齿的中间，否则夹钳有可能受扭转的力而脱开，还会对钳口夹持的部位造成进一步的损坏。有时，钣金工具不可能正好夹持在变形区域，如果遇到这种情况，可暂时在需要拉伸的部位焊一小块钢片，修复之后再去掉钢片。

七、拉伸校正操作

1. 拉伸准备

在对需要测量的点进行拉伸前，先进行准确测量。例如，发现丰田凯美瑞车身测量点 C

点的测量值与标准数据误差超过±3mm 时，就需要对其进行拉伸作业。

先将塔柱移动到拉伸位置，移动塔柱前，检查塔柱滚动滑轮固定螺栓是否松动、断裂，如有松动、断裂应及时拧紧或更换。移动塔柱应注意，塔柱沿平台轨道移动时，要轻推、平稳移动，移动中不能蛮推，如图 2-3-41 所示。然后将塔柱的紧固螺栓旋入平台定位孔内，把塔柱紧紧地固定在平台上，两螺栓必须紧固牢靠，如图 2-3-42 所示。操作中要防止塔柱的内平行轮或平台的内道损坏，确保拉伸时不会产生斜向及反向拉伸。接着松开导向环固定手轮，抬起导向环，如图 2-3-43 所示。要特别注意的是：如果塔柱未固定牢稳，将在拉伸过程中出现松动，这是极其危险的。为此，在塔柱的紧固螺栓旋入平台定位孔内后，必须检查两紧固螺栓是否拧紧，一定要确保塔柱紧紧地固定在平台上。

图 2-3-41 推动塔柱

图 2-3-42　紧固螺栓旋入定位孔

图 2-3-43　抬起导向环

2. 连接工具

根据车身受力点位置和受力面积选择拉伸工具（设定拉伸工具为尼龙拉带，拉伸部位为车身左、右纵梁）。从钣金工具车上取下尼龙拉带和保护钢丝绳，将它们放在左纵梁上。再根据塔柱和车身拉伸点之间的距离选择链条的长度，从塔柱顶部将链条取出，如图 2-3-44 所示，穿过车身底部。此时应注意，链条所有链节应保持在一条直线上，不得扭曲。

链条一端固定在塔柱顶杆的链条锁紧窝内，链条另一端则通过尼龙拉带将车身左纵梁连接在一起，如图 2-3-45 所示。为防止拉伸过程中链条、尼龙拉带断裂脱落或飞出伤人等情况，用保护钢丝绳将链条、尼龙拉带、纵梁串联起来，如图 2-3-46 所示，以起到安全保护作用。当塔柱链条与尼龙拉带连接好之后，松开导向环的固定手轮，调整塔柱导向环到与拉伸部分（前纵梁）等高的位置后再拧紧导向环固定手轮。

图 2-3-44　链条安装

图 2-3-45　连接夹具与前纵梁

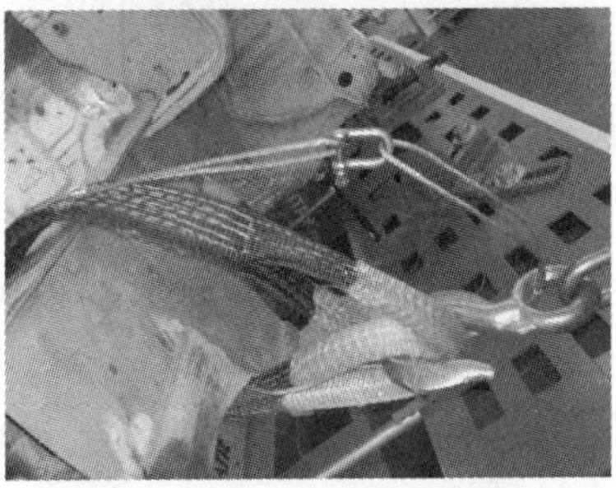

图 2-3-46　安全绳的使用

3. 接通油路

接通塔柱液压管路，如图 2-3-47 所示，打开液压控制开关到“ON”位置，如图 2-3-48 所示。再将油泵开关打开到“塔柱拉伸”位置，按下升降开关的“上”按钮，如图 2-3-49 所示，升起塔柱对链条施力，链条、尼龙拉带、保险钢绳开始受力呈一条直线后，便松开升降开关，使塔柱不再上升，链条不再受力。这时，松开导向环的固定手轮，这样可防止在拉伸过程中一旦链条断裂，导向环因自重向下滑，避免链条向外飞出。再次检查链条有无扭曲、打结、夹具与车身是否连接牢固等情况，在检查无误后方可对车身进行拉伸校正。

图 2-3-47　打开塔柱油管

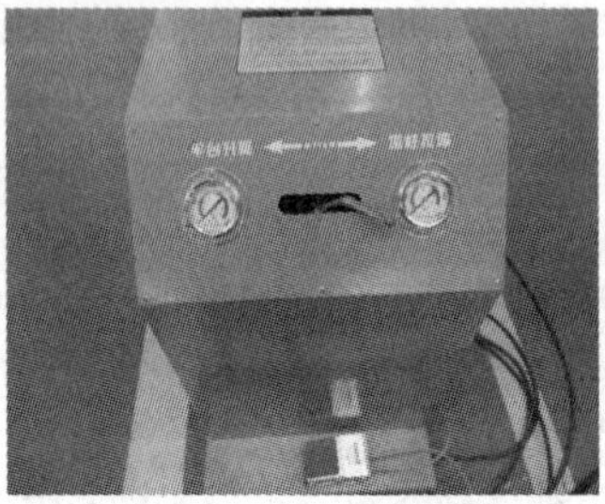

图 2-3-48　打开油泵开关

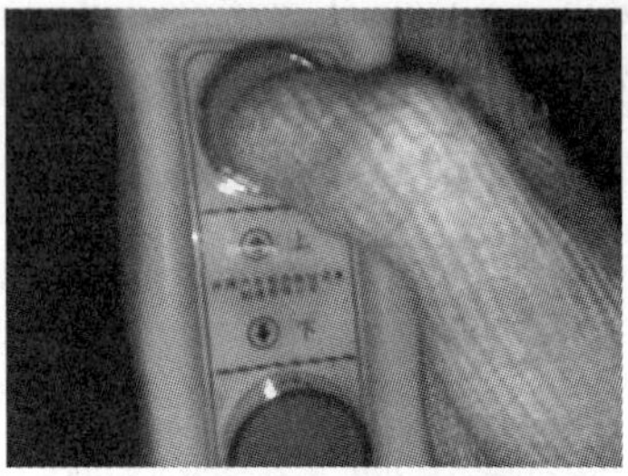

图 2-3-49　按下升降开关

4. 拉伸校正

拉伸过程中，人不要站在塔柱的后面，以免发生危险。拉伸时，不得敲打链条及钣金工具，以免夹头、链条断裂飞出。拉伸左、右纵梁时，如图 2-3-50、图 2-3-51 所示，要把注意力放在拉伸工具上。应边测量边拉伸，随时观察计算机中数据的变化，如图 2-3-52 所示。如果测量结果未符合要求，需要继续拉伸，但要注意不能过度拉伸，以免造成车身损坏、撕裂工具。当测量数据达到标准值范围内时，便可停止拉伸操作。

如果过度拉伸，唯一的修理方法就是更换损坏的板件。为防止产生过度拉伸而损坏车身，在每一次的拉伸校正过程中，都要对损坏部位的校正进程进行测量、监控。

图 2-3-50　拉伸左纵梁

图 2-3-51　拉伸右纵梁

图 2-3-52　边测量边拉伸

5. 消除应力

拉伸校正的目的就是将损坏的车身恢复到原来的形状，消除或减少车身板件反复变形而积累的应力。

由于整体式车身的强度比较高，不要试图一次拉伸就可以完成拉伸校正操作，而要实施一系列的反复拉伸操作，即：拉伸——保持平衡（消除应力）——再拉伸——再保持平衡（消除应力）。在这样一个循环往复的操作过程中，车身金属板可以有更多的时间使金属内部结构松弛，消除加工硬化的应力，恢复变形。

图 2-3-53 锤击消除应力

在拉伸开始时，要慢慢地启动液压系统，仔细观察车身损坏部位的移动，判断是否在正确的方向上变形。如果不是，则要检查原因，调整拉伸角度后再开始。在拉伸到出现一定变形后要停止并保持拉伸拉力，再用锤子不断锤击损坏区域以消除应力，如图 2-3-53 所示。卸载使之松弛，然后再次拉伸并消除应力。

6. 注意事项

(1) 维修车辆时，汽车必须挂空挡且驻车制动器操纵手柄必须拉起，防止车辆滑动。

(2) 在升起或下降工作平台时，一定要注意防止压着钣金工具、液压管路和空气管路等。各类管路应保持完整，不得有任何形式的损伤。

(3) 时刻注意检查液压系统的密封性，如果密封不严，应立刻维修或更换。

(4) 在拉伸操作前，受损车辆必须夹紧牢固，避免车辆在拉伸过程中出现滑动现象。

(5) 钣金工具必须牢固夹紧在车身表面上，以保证在拉伸过程中不会脱落。

(6) 在拉伸过程中，不允许使用液压千斤顶作为汽车的支撑，不允许操作人员在车下工作。

(7) 进行升降校正平台操作时，人员不允许站在车的后面。车辆上、下平台时，一定要有人在旁边协助。在拉伸过程中，不允许站在有张力的链条和拉伸钣金工具后面。

(8) 在使用链条前，必须保证链条没有扭曲、弯折、打结现象，应定期检查链条有无刻痕或弯曲拉长现象，夹具是否损坏等。

7. 整理现场

拉伸完毕后，清理场地，收拾工具等物品，并达到 5S 工作要求。经教师检查并通过后方可离开实训场地。

巩固与评价

一、活动巩固

(一) 选择题

1. 拉伸过程中顶杆与链条固定点之间的链条超过(　　)状态，就应该马上停止拉伸。

A. 水平　　B. 垂直　　C. 45°

2. 整个车身在修理时，应遵循(　　)的顺序完成修理过程。

A. 从里到外　　B. 从外到里　　C. 与变形顺序相反

3. 如果一个部件在受到损坏后存在三个方向的变形，则整修的顺序为(　　)。

A. 校正宽度，校正长度，校正高度　　B. 校正长度，校正高度，校正宽度

C. 校正长度，校正宽度，校正高度

4. 在拉伸前，发动机室部位的尺寸可以使用(　　)测量的方法来进行对比。

A. 点对点　　B. 机械　　C. 电子

5. 金属内部的应力应利用(　　)的方法来消除。

A. 天然时效　　B. 人工时效

C. 锤击或控制加热　　D. 其他方法

(二) 判断题

1. 配备在塔柱上顶部拉伸杆和下拉式装置对车身可以进行长、宽两个方向的拉伸。 ( )

2. 对板件进行拉伸时应尽量做到一次拉伸到位。 ( )

3. 修理左侧前挡泥板和前纵梁的支撑连接件时,主要是修理接近车身前部的前围板和前围上盖板的地方。 ( )

4. 在完成修理以后要对车辆进行最后的检查,查看是否有明显的错误校正。 ( )

5. 车身固定器是用来夹持车身的,其底座用螺栓固定。 ( )

二、活动评价

评分标准见表 2-3-2,在考核记录栏中简述扣分的缘由。

表 2-3-2　　汽车车身的拉伸与校正考核评分表

评定成绩:　　　　时间:　　　　地点:　　　　教师:

序号	作业项目	考核内容	配分	评分标准	考核记录	扣分	得分
1	设备和工具使用	设备选用	10	车身校正设备选用错误,该项按 0 分处理			
		工具使用	10	车身校正工具错误使用一次扣 2 分,扣完为止			
2	校正操作	拉伸准备	10	操作错误一次扣 2 分,扣完为止			
		拉伸校正	10	操作步骤错误一次扣 2 分,扣完为止			
		消除应力	10	未按要求操作,该项按 0 分处理			
3	质量检验	对比校正前后数据	10	结果对比有误,该项按 0 分处理			
4	评价作业	完成相关习题	20	做错或漏做一题扣 2 分			
5	安全生产和清理作业场地	整理工具,设备维护,清理场地	10	操作错误一次扣 2 分,扣完为止			
		安全生产	10	造成重大事故发生,该项按 0 分处理			
分数合计			100				

项目三　车身典型构件的损伤修理

项目学习目标

● 能规范地对钣金修复工具、设备进行使用和维护。

● 能使用常用和专用工具拆装汽车车身典型部件。

● 能对翼子板、门外板、后备箱盖、保险杠进行调整。

● 能对损伤车身进行正确检验分析，认知车身材料，选用正确的修理和加工方法；能根据车身损坏程度制订钣金修复方案。

● 了解车身板件的连接方式。

● 能对汽车车身外围覆盖件进行修复校正。

● 能根据车身不同塑料件选择焊接修复方式。

任务一　汽车翼子板的维修

活动一　翼子板的拆装与调整

活动描述

翼子板是汽车易损部位，其拆装与调整是汽车钣金工作人员在接车后的第一道工序。完成该项工作前需对车身损伤部件进行检查，并协助维修人员完成车辆损伤确定工作。本次活动中，学生在了解所修车型翼子板及附件的结构、材质及附件的基础上，在教师的指导下，选用合适的工具和设备，对受损翼子板进行拆装与调整；在整个工作过程中要求严格遵守安全操作规范和5S管理要求。

学习目标

◇ 了解常见翼子板的结构。

◇ 掌握翼子板拆装常用工具的操作方法。

◇ 能对翼子板进行拆装和调整。

学习地点

典型构件拆装区。

学习准备

教学设备(含资料):拆装车一辆、多媒体设备。

工量具:各类扳手、套筒、锤子等。

劳动保护用品:安全帽、护目镜、防护服、手套、安全鞋等。

知识准备

一、翼子板概述

翼子板是遮盖车轮的车身外板,因旧式车身中该部件形状及位置似鸟翼而得名。

按照安装位置翼子板又分为前翼子板和后翼子板,前翼子板安装在前轮处,由于必须要保证前轮转动及跳动时的最大极限空间,因此设计者会根据选定的轮胎型号尺寸用"车轮跳动图"来验证翼子板的设计尺寸。

后翼子板无车轮转动碰擦的问题,但出于空气动力学的考虑,后翼子板略显拱形弧线向外凸出。现在有些轿车翼子板已与车身本体成为一个整体,但也有轿车的翼子板是独立的,尤其是前翼子板,因为前翼子板碰撞机会比较多,独立装配容易整件更换。有些车的前翼子板用有一定弹性的塑性材料(如塑料)做成。塑性材料具有缓冲性,比较安全。

二、翼子板作用

翼子板的作用是在汽车行驶过程中,防止被车轮卷起的砂石、泥浆溅到车厢的底部。因此,要求所使用材料具有耐气候老化性能和良好的成型加工性能。桑塔纳轿车左右前轮的上方各有一块翼子板,该翼子板是用增韧改性的 PP(聚丙烯)塑料经注射成型而成的;重卡斯太尔王的翼子板采用 FRP(纤维增强复合塑料)玻璃钢和 SMC 材料(片状膜塑料)制作;重卡斯太尔 1491 的翼子板则采用 PU(聚氨酯)弹性体材料制作。今后,用 PA/PP(聚酯胺/聚丙烯)注射成型制翼子板是一种发展方向。

三、翼子板结构

翼子板被配置在车辆的车轮上方,作为车辆侧面的外板,由树脂浇注成形。翼子板由外板部和加强部构成,其中,外板部露出于车辆侧面,加强部从外板的边缘部延伸,沿着外板的边缘部与加强部之间,形成用于配合邻接部件的配合部。内板和加强板采用树脂或电阻点焊等形式将其连接成一体,前翼子板外板覆盖件采用螺栓连接方式固定。

四、翼子板修复技术标准

(1) 翼子板总成不能有变形、锈蚀、断裂等现象,且外漆面要保证完好,无漆膜缺陷。

(2) 前翼子板与发动机罩之间的标准间隙为 2.3～5.3mm,安装到位后,应在标准间隙范围内。

(3) 前翼子板与前门之间的标准间隙为 2.8～5.8mm,安装到位后,应在标准间隙范围内。

(4) 调整标准间隙到位后，固定螺栓的拧紧力矩为7.5N·m。

(5) 发动机罩关闭后，发动机罩和翼子板的高度应对齐，如高度不一致，可通过转动橡胶垫，升高或降低发动机罩前端来进行调整。

(6) 遵守注意事项，无违章作业。

活动实施

学生在教师指导下，按照下面步骤，进行前翼子板(以奇瑞车为例)的拆卸，并回答相应问题。

1. 拆卸前大灯

① 松开3颗固定螺栓，如图3-1-1和图3-1-2所示。

图3-1-1　松开3颗固定螺栓(1)

图3-1-2　松开3颗固定螺栓(2)

拆卸螺栓时优先选用工具：____

____

② 松开线束取下大灯，如图3-1-3和图3-1-4所示。

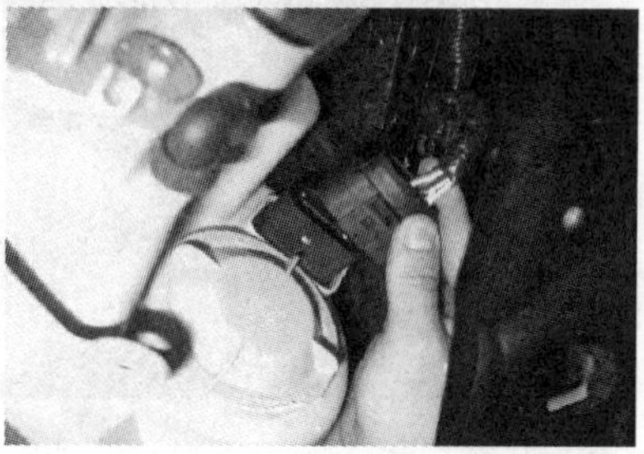

图3-1-3　松开线束取下大灯

图3-1-4　拔出线束

2. 拆卸前翼子板内衬

拆下前挡泥板上的3颗固定螺栓，取下挡泥板，拆下翼子板内衬上的8颗夹扣螺钉并取下翼子板内衬。

3. 拆卸前保险杠挡条

① 松开保险杠挡条的4颗固定螺钉，如图3-1-5所示。

② 松开上下12颗夹扣螺钉并取下夹扣，如图3-1-6和图3-1-7所示。

③ 松开左右线束，取下前保险杠，如图3-1-8所示。

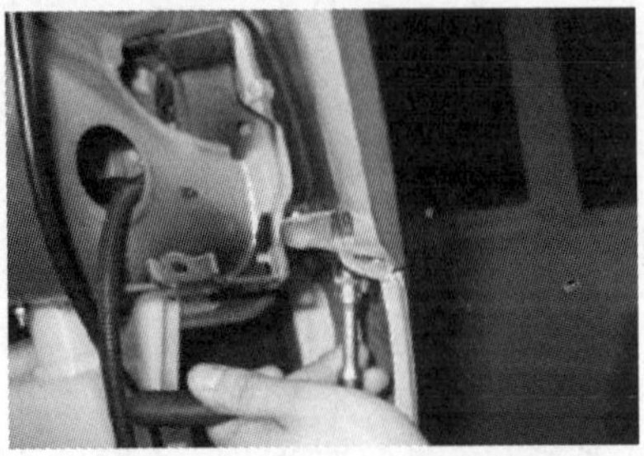

图 3-1-5　松开保险杠挡条的 4 颗固定螺钉

图 3-1-6　松开上下 12 颗夹扣螺钉

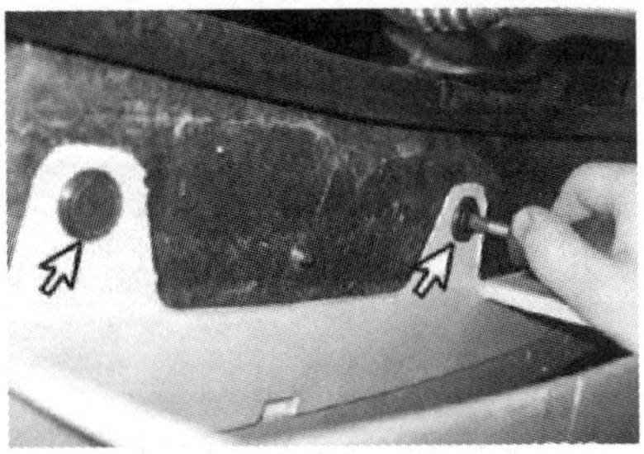

图 3-1-7　取下夹扣

图 3-1-8　松开左右线束

4. 拆卸门框外嵌条

① 松开门框外嵌条上的 6 颗螺钉并取下夹扣，如图 3-1-9 所示。

② 向外拉出嵌条。

5. 拆卸翼子板

松开翼子板上的 8 颗固定螺栓并取下翼子板，如图 3-1-10 所示。

图 3-1-9　拆卸嵌条夹扣

图 3-1-10　松开翼子板上的固定螺栓

前翼子板的安装可参照拆卸步骤。安装时应注意前翼子板与机盖和前保险杠的配合间隙，请写出安装配合间隙标准：________________________________

____

____

____

巩固与评价

一、活动巩固

(一) 填空题

1. 翼子板按照安装位置分为 ________和________。

2. 翼子板总成不能有________、________、________等现象，且外漆面要保证完好，无漆膜缺陷。

3. 发动机罩关闭后，发动机罩和翼子板的高度应对齐，如高度不一致，可通过转动________________，升高或降低________________来进行调整。

(二) 选择题

1. 前翼子板与发动机罩之间的标准间隙为(　　)，安装到位后，应在标准间隙范围内。

A. 1.3～4.3mm　　B. 2.3～5.3mm　　C. 3.3～6.3mm

2. 前翼子板与前门之间的标准间隙为(　　)，安装到位后，应在标准间隙范围内。

A. 1.5～4.5mm　　B. 2.8～5.8mm　　C. 3.8～6.5mm

二、活动评价

评分标准见表 3-1-1，在考核记录栏中简述扣分的缘由。

表 3-1-1　　翼子板的拆装与调整考核评分表

评定成绩：　　时间：　　地点：　　教师：

序号	作业项目	考核内容	配分	评分标准	考核记录	扣分	得分
1	认知汽车翼子板各部件的名称、结构、材料	表述汽车翼子板各部件的名称、结构、材料	30	能准确描述翼子板的名称(15 分)			
				能正确描述翼子板的结构、材料(15 分)			
2	翼子板拆装	(1) 翼子板的拆卸 (2) 翼子板的安装	40	能正确进行翼子板的拆卸(150 分)			
				能正确进行翼子板的安装(15 分)			
				能正确使用工具，无错漏(10 分)			
3	翼子板调整	(1) 翼子板的损伤分析 (2) 翼子板的调整	30	能正确进行翼子板的损伤分析(15 分)			
				能正确进行翼子板的调整(15 分)			
分数合计			100				

活动二　翼子板维修方案的制订

活动描述

汽车一旦发生碰撞，可能会造成翼子板的损伤，为恢复受损部位，使其达到原有的外形、尺寸等，需要对受损部位进行钣金作业修复。在本次活动中，学生在理解钢板的种类和特性的基础上，在教师指导下，对翼子板进行损伤鉴定，制订翼子板的维修方案，将车辆交接给下一道工序的维修人员；操作中要求严格遵守操作安全规范和5S管理要求。

学习目标

◇ 能目测翼子板损伤程度，查阅维修手册，确定维修方案。

◇ 能利用目测、指压、触摸等检测方法进行检测。

◇ 能自觉遵守钣金作业过程的个人安全防护和企业现场规章制度。

◇ 能遵守劳动保护与环境保护的规定。

学习地点

事故车修复区。

学习准备

教学设备(含资料)：待修复车一辆、多媒体、维修手册等。

工量具：记号笔、吹气枪、测量尺等。

劳动保护用品：防护眼镜、耳罩、垫脚布、座椅套、方向盘套、车轮挡块、防尘口罩等。

知识准备

一、钢板的种类和特性

汽车用钢板从生产工艺特点的角度划分为热轧钢板、冷轧钢板和涂镀层钢板；从强度的角度可划分为普通钢板(软钢板)、低合金高强度钢板(HSLA)、普通高强度钢板(高强度IF钢、BH钢、含磷钢和IS钢等)和先进高强度钢板(AHSS)等。在以强度划分的钢板中，前两类钢种目前国内外应用均已趋于成熟；第三类钢种在国际上已批量商业化应用，国内也处于研制、试用和推广应用阶段；第四类钢种在国际上处于研制趋于成熟和推广应用阶段，国内处于研制起步阶段。

汽车板板厚范围一般为0.4～4.0mm，宽度为600～1950mm。用量较大的厚度为1.0mm、0.8mm、0.75mm、0.7mm。汽车用钢板部件大致分为面板部件、结构部件、行走部件及增强部件，这些部件对应不同的用途要求，具有不同的性能。例如，面板部件要求板材具有良好的成型性、强度、延伸性、抗凹陷性及耐腐蚀性等；结构部件要求板材具有良好的成型性、强度、碰撞能量吸收能力、疲劳耐久性、耐腐蚀性及焊接性；行走部件要求板材具有良好的成型性、刚性、疲劳耐久性、耐腐蚀性及焊接性；而优良的碰撞能量吸收能力和焊接性对增强部件来说特别重要。

各种钢板的主要特性：

1. 冷轧钢板

冷轧钢板表面质量好，精度高，具有非常好的塑性和可加工性，适用于弯曲和拉伸，不易断裂，还具有较好的焊接性。其缺点为容易生锈，抗腐蚀性能较差。车身绝大多数覆盖件适用冷压特性的钢板。

2. 热轧钢板

热轧钢板是具有良好的冲压性能和焊接性能的高强度钢板，具有加热后强度低、加工容易、延展性能好的特点，缺点是表面质量较差。

3. 涂镀层钢板

在汽车制造过程中，涂镀层钢板要经过冲压成型、焊接、表面处理、涂漆、烘烤等工序，因此汽车工业对涂镀层钢板有如下性能要求：

(1) 成型性：基板能适合成型的要求，镀层附着力强、抗剥落、抗粉化。

(2) 耐蚀性：能抗冬季道路撒盐的腐蚀，抗海洋性气候大气腐蚀。

(3) 涂漆性：磷化和电泳涂漆性能好。

(4) 焊接性：对电极损伤小，焊接参数范围宽。

(5) 表面质量：表面平整，镀层厚度均匀。

(6) 公差尺寸：板形平整，公差小。

汽车车体使用的各类镀层板，主要包括热镀锌[热镀纯锌(GI)、合金化热镀锌(GA)等]钢板、电镀锌(电镀纯锌、电镀锌镍合金以及合金化电镀锌等)钢板和有机、无机涂镀层钢板等。

4. 高强度IF钢板

该钢材在保证良好塑性和冲压性能的同时，拥有较高的强度，能满足复杂形状轿车冲压件性能要求。

5. 烘烤硬化钢板(BH钢)

该钢板冲压成形前具有较低的屈服强度，通过冲压成形后的涂漆烘烤工艺使钢板的屈服强度增加。

6. 含磷钢板

该钢板利用磷在钢中的固溶强化作用进行强化，可以用来冲制一些形状比较复杂的汽车冲压件。

7. 超低碳含磷钢板

该钢板具有良好的深冲性、塑性和韧性。

8. 各向同性钢板(IS钢)

该钢板主要用于汽车外板。

9. **双相(Dual-Phase,简称 DP)钢板**

该钢板一般用于需具备高强度、高的抗碰撞吸收能且成形要求也较严格的汽车零件,如车轮、保险杠、悬挂系统及其加强件等,随着钢种性能和成型技术的进步,DP 钢板也被用在汽车的内外板等零件上。

10. **贝氏体钢板**

该钢板适合冲压汽车支撑类部件,这类部件较厚且要求翻边性能良好。

11. **相变诱导塑性(Transformation Induced Plastic,简称 TRIP)钢板**

该钢板特别适合制作要求具有高的胀型情况的零件。

12. **复相(Complex Phase,简称 CP)钢板**

该钢板具有较高的碰撞吸能性和良好的扩孔性能,特别适合制作车门防撞杆、保险杠和 B 立柱等安全零件。

13. **马氏体钢板**

这是目前商品化高强度钢板中强度级别最高的钢种,主要用于成型要求不高的车门防撞杆等零件,代替管状零件,降低制造成本。

二、翼子板损坏的类型

当车辆受到撞击时,翼子板会发生直接或者间接损伤,如图 3-1-11 所示。通常直接损伤的钢板会出现比较严重的褶皱、卷曲等变形,间接损伤的钢板会出现大面积的卷曲折损等。间接损伤的卷曲折损又分为单纯的弯折(图 3-1-12)和凹陷铰折(图 3-1-13 和图 3-1-14)。

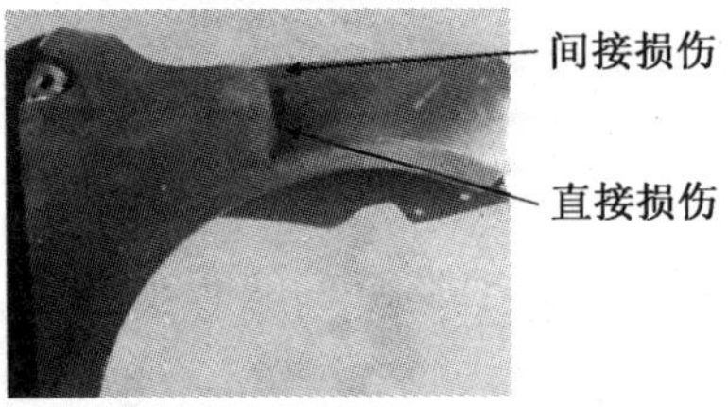

图 3-1-11　直接损伤和间接损伤

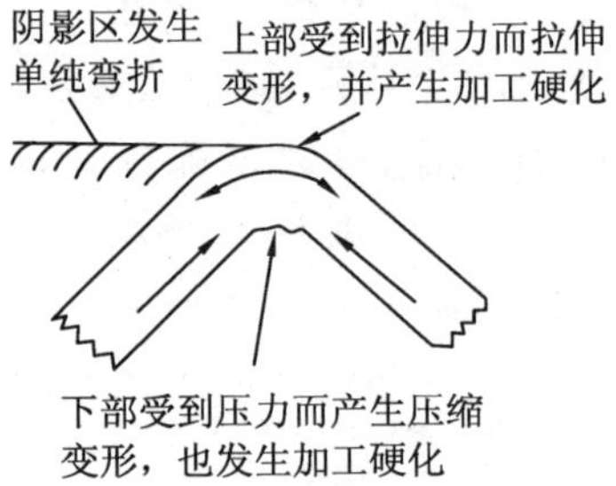

图 3-1-12　单纯的弯折

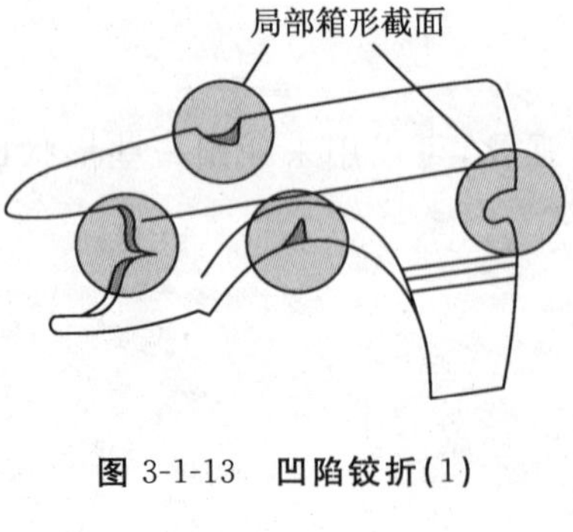

图 3-1-13　凹陷铰折(1)

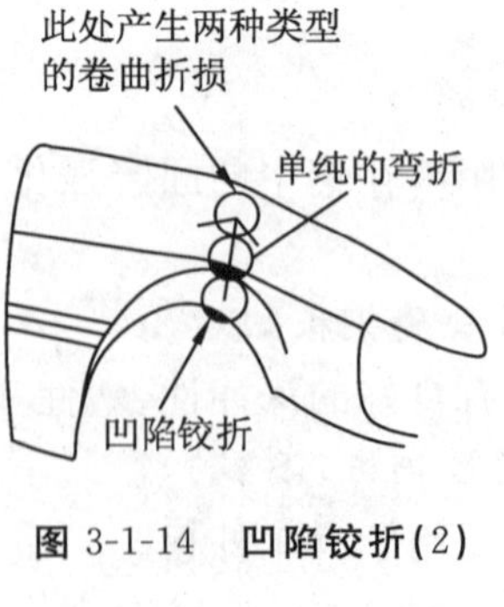

图 3-1-14　凹陷铰折(2)

三、板件损坏部位的修复程序

翼子板损坏修复流程一般按照先修复间接损伤，再修复直接损伤的顺序进行，如图 3-1-15 所示，具体按照以下步骤进行修复：

（1）修复翼子板最外围单纯的弯折。

（2）修复翼子板凹陷铰折。

（3）修复翼子板直接损伤。

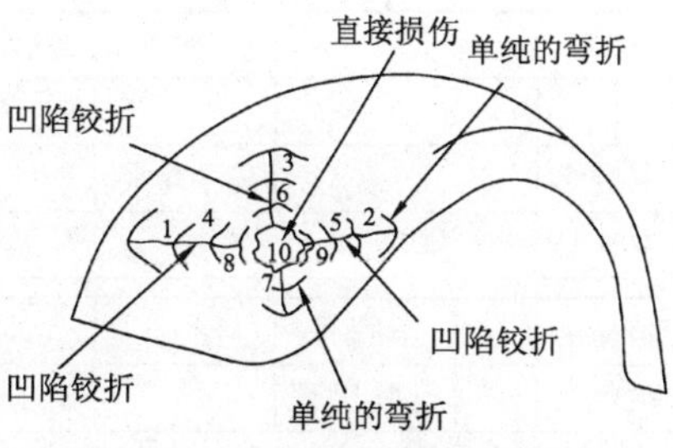

图 3-1-15　**板件损坏部位的修复程序**

四、材料的变形

1. 弹性变形

材料在外力的作用下产生变形，当外力取消后，材料变形即可消失，并能完全恢复原来形状的性质称为弹性。这种可恢复的变形称为弹性变形，如图 3-1-16 所示。

2. 塑性变形

在外力的作用下产生变形，当施加的外力撤除或消失后，该物体不能恢复原状的一种物理现象称为塑性变形，如图 3-1-17 所示。

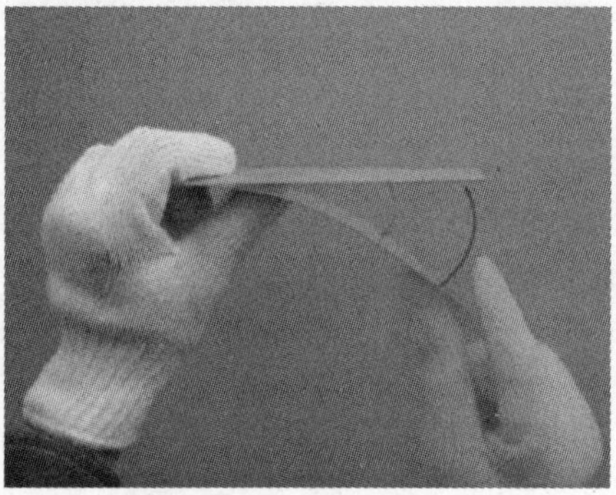

图 3-1-16　**弹性变形**

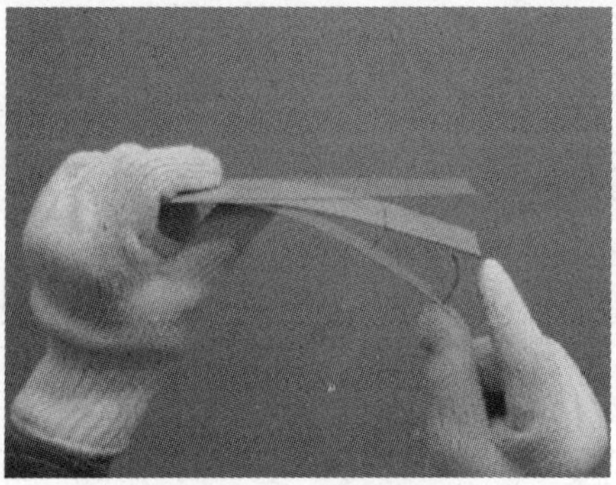

图 3-1-17　**塑性变形**

活动实施

一、阅读工单

（1）各小组接受派工单，阅读派工单，如表 3-1-2 所示（派工单内容由教师指定），明确工作任务。各小组派代表描述工作任务，将工作任务填入表 3-1-3 中。

（2）各小组检查车身，核查后备箱受损情况与派工单是否吻合，若发现有不相吻合之处，应及时与教师交流、沟通。

表 3-1-2 **派　工　单**

汽车　钣喷中心　派工单							
						维修单号	
车主姓名		车主电话		送修人		送修人电话	
车主地址				送修时间		预完工时间	
车型		车牌号		VIN 号		发动机号	
颜色		行驶里程		购车日期	索赔单号		PWA 编号
维修操作							
序号	作业内容	工时	工时费	开始时间	结束时间	维修人	是否索赔
							是　否
							是　否
							是　否
							是　否
							是　否
							是　否
							是　否
费用估算							
服务顾问签字			客户签字				
质检员签字							
			服务经理签字				

表 3-1-3 **工作任务**

工作任务：

二、评估损伤修复方法

学生在教师指导下完成下列操作，并回答问题。

1. 目测

利用钢板上折射的光线判断损伤范围和变形的程度，如图 3-1-18 所示。

图 3-1-18　目测损伤

2. 用手触摸判断

如图 3-1-19 和图 3-1-20 所示，从各

个方向触摸损伤部位，不要施加任何力量于手上，并且要专心注意手的感觉，然后在翼子板上画出受损范围，分别在图 3-1-21 中的各方框内写出损伤判断的方法。

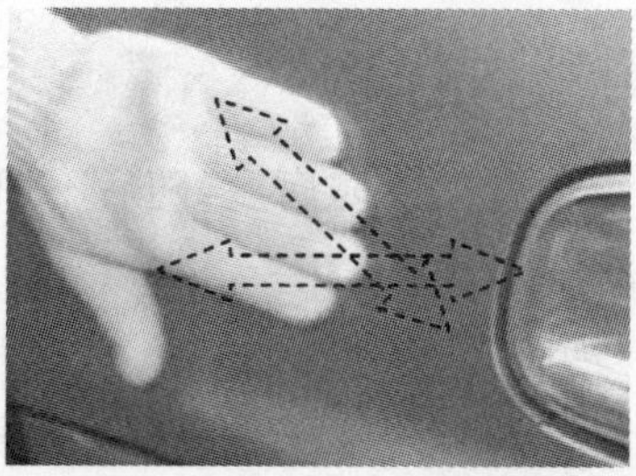

图 3-1-19 前后触摸损伤

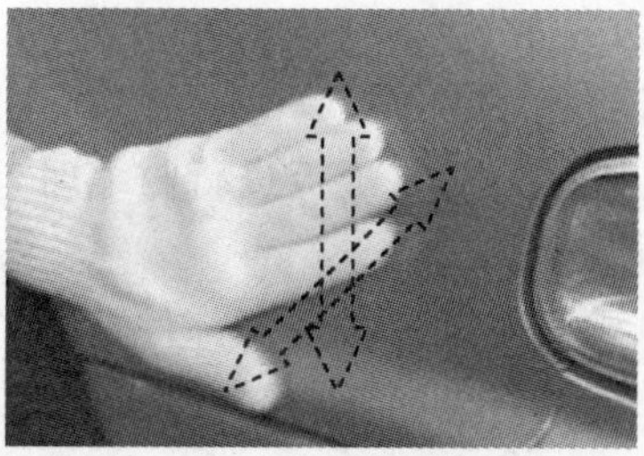

图 3-1-20 上下触摸损伤

图 3-1-21 判断损伤方法

3. 用直尺判断

测量时直尺需放平直且与翼子板成 90°，如图 3-1-22 所示，从未受损部位由上往下（或由下往上）慢慢移动，观察直尺与翼子板间隙，以此来判断变形量（间隙越大表示________），判断受损最深部位的变形量（最深处约为________ mm）。

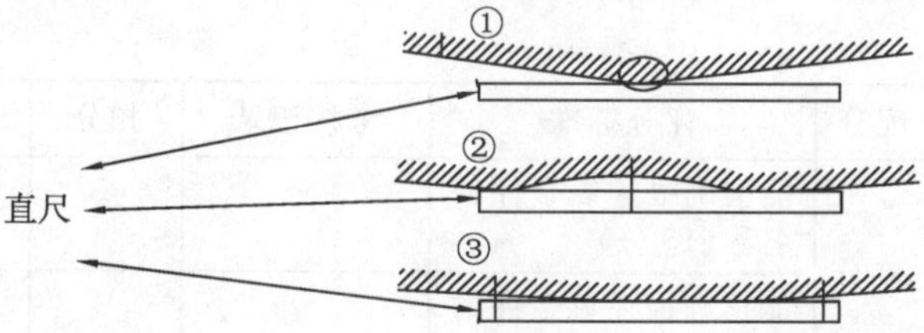

① 变形量最大的部位是塑性变形
② 受损面的间隙
③ 原来钢板的正确间隙

图 3-1-22 直尺测量翼子板

4. 制订维修方案

各小组制订维修方案，并将维修方案写在表 3-1-4 中。

表 3-1-4 维修方案表

维修方案

巩固与评价

一、活动巩固

(一) 判断题

1. 用电极触头对翼子板进行收缩时，不会破坏板件背面的防腐层，随后不用防腐处理。 (　　)

2. 拉伸翼子板时锤击拉伸部件是为了消除金属内部的应力。 (　　)

3. 翼子板损伤类型分为间接损伤和直接损伤，修复时一般先修复直接损伤。 (　　)

(二) 单选题

1. 对翼子板板件进行热收缩时，要先从(　　)开始。

A. 中间位置　　B. 最高点　　C. 最低点

2. 一辆事故车的翼子板上有很小的一块损伤，甲说：如果翼子板上有弯折就必须予以更换；乙说：如果损伤到轮廓线位置，翼子板的维修工时费将高出许多。下列叙述正确的是(　　)。

A. 只有甲正确　　B. 只有乙正确

C. 两人都正确　　D. 两人都不正确

3. 翼子板在外力的作用下产生变形，当施加的外力撤除或消失后，该物体不能恢复原状的一种物理现象称为(　　)。

A. 弹性变形　　B. 塑性变形

二、活动评价

评分标准见表 3-1-5，在考核记录栏中简述扣分的缘由。

表 3-1-5　翼子板损坏分析与修复方案的制订考核评分表

评定成绩：　　时间：　　地点：　　教师：

序号	作业项目	考核内容	配分	评分标准	考核记录	扣分	得分
1	目测车身损坏专案	正确判断翼子板的损坏情况	30 分	能准确描述钣金件的名称(15 分)			
				能正确描述钣金件的损坏情况(15 分)			
2	车身碰撞分析	侧面碰撞的分析	30 分	能正确描述直接损伤(10 分)			
				分析理据清楚，无错漏(10 分			
				能正确描述间接损伤(10 分)			
3	车身损坏修复方案的制订	(1) 修复材料的准备 (2) 修复设备的准备	40 分	能正确列出修复材料的清单(10 分)			
				能正确列出修复方案中需要的设备(10 分)			

续表

序号	作业项目	考核内容	配分	评分标准	考核记录	扣分	得分
		(3) 确定修复方法 (4) 制定修复步骤		能正确制订修复方案(10分)			
				能正确列出修复方案中的修复步骤(10分)			
分数合计			100				

活动三　翼子板维修实施及质量检验

活动描述

本活动是在完成上一道工序“翼子板维修方案的制订”活动的基础上进行的，学生根据该方案，在教师的指导下，进一步确认修复项目和修复方法，并根据汽车钣金修复工艺要求，按照作业工单和制造厂家的车辆维修手册规定，协同其他人员，使用外形修复机、钣金整形锤和垫铁等工具设备，完成对翼子板的外形修复；通过自检和班组检查，对已完成的工作在电脑上进行记录和保存。在操作过程中要求遵守安全操作规范及5S管理要求。

学习目标

◇ 能阅读维修工单，明确维修项目和维修工艺；能描述修复作业流程。
◇ 能选择护目镜、耳塞等个人防护用品。
◇ 能正确使用打磨机对受损部位及其周围进行打磨。
◇ 能选用钣金整形锤与垫铁进行翼子板的修复。
◇ 能阅读外形修复机使用说明书，选择合适的作业模式进行翼子板修复工作。
◇ 能用目测、指压、触摸等检测方法对受损部位进行检测、定位。

学习地点

事故车修复区。

学习准备

教学设备(含资料)：待修复轿车一辆、多媒体、维修手册等。

工量具：外形修复机、惰性气体保护焊接机、电阻点焊机、砂带机、单动打磨机、钣金维修工具组件、气动切割锯、螺丝刀、大力钳、记号笔、吹气枪、锉刀、测量尺等。

劳动保护用品：防护眼镜、耳罩、垫脚布、座椅套、方向盘套、车轮挡块、防尘口罩等。

知识准备

翼子板修复整形手工工具介绍：

1. **钣金锤**

钣金锤是汽车钣金维修中的基本工具，它的形状很多，作用也不一样。

(1) 扁头锤：主要用于敲击平面，也可以敲击较深的凹陷和边缘拐角，如图 3-1-23(a)所示。

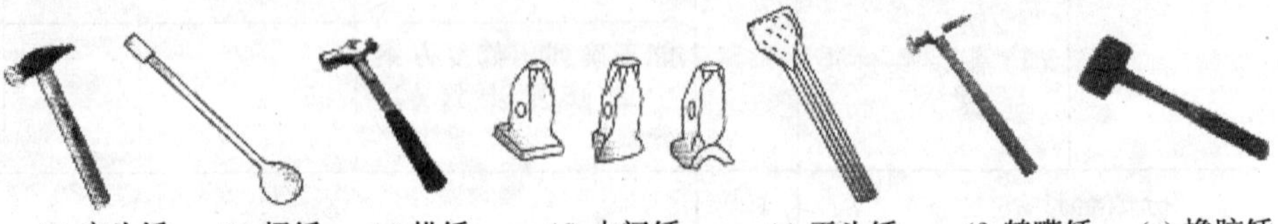

(a) 扁头锤　(b) 捅锤　(c) 拱锤　(d) 中间锤　(e) 平头锤　(f) 鹤嘴锤　(g) 橡胶锤

图 3-1-23　钣金锤

(2) 捅锤：主要用于直捅敲击弧形构件，也可以横击，还可以当撬具和垫铁使用，如图 3-1-23(b)所示。

(3) 拱锤：主要用于圆弧形工件的整形和制作，如整修或配制小型车的轴端盖等，如图 3-1-23(c)所示。

(4) 中间锤：为了使工件避免受直接捶击而使用中间锤，如图 3-1-23(d)所示。

(5) 平头锤：主要用于修整箱形角等部位，如图 3-1-23(e)所示。

(6) 鹤嘴锤：主要用于消除工件表面的小凹坑，如图 3-1-23(f)所示。

(7) 其他钣金锤：根据捶击需要，锤头可以用各种材料做成各种形状，如橡胶锤、木锤、铜锤等，如图 3-1-23(g)所示。

钣金锤的正确使用方法如图 3-1-24 所示，其具体操作步骤如下：

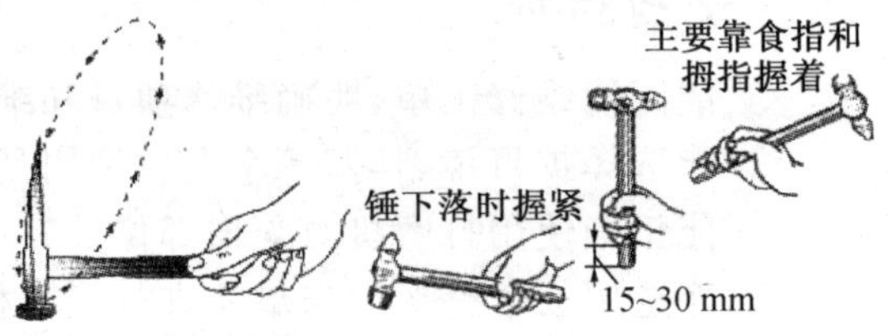

图 3-1-24　钣金锤的使用方法

步骤 1：用手轻松握住钣金锤手柄的端部(相当于手柄全长 1/4 位置)。握锤时锤柄下面的食指和中指应适当放松，小指和无名指应相对紧一些，使之形成一个比较灵活的转轴。

步骤 2：捶击工件时，眼睛注视工件，找准捶击点后落锤时握紧主要靠食指。捶击作业质量的关键在于落点的选择，一般应遵循“先大后小、先强后弱”的原则，从变形较大处起顺序敲打，保证锤头以平面落在金属表面上。同时还要注意钣金件的结构强度，有序排列钣金锤的落点。

步骤 3：用手腕摇动的方法轻轻敲击车身构件表面，并利用钣金锤敲击零件时产生的回弹力做圆圈运动。

提示

钣金锤使用注意事项：使用前擦净锤面及手柄上的油污，以免滑脱伤人；检查手柄是否松动，以免锤头脱出造成事故。

2. 顶铁

顶铁是一种手持的铁砧，与钣金锤配合进行钣金修理作业，也称为垫铁或衬铁。如图 3-1-25 所示为各种不同形状的顶铁。每种形状的顶铁适于车身表面特定形状的凹陷或外形的修整。顶铁的形状与面板外形的配合是十分重要的。

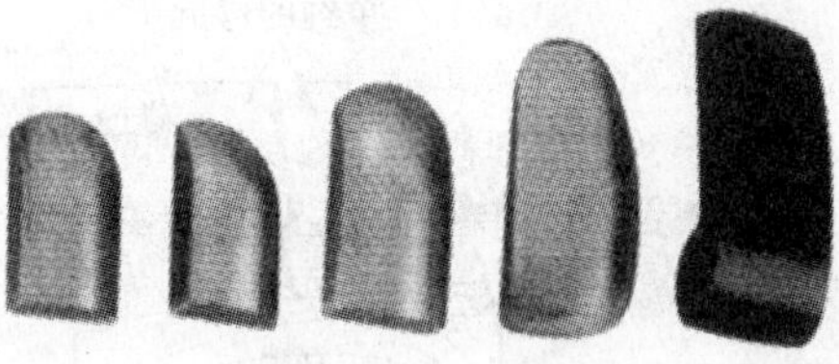

图 3-1-25　顶铁

用顶铁法修整可分为“正托”和“偏托”两种方式。

“偏托”法是直接用顶铁抵住最大凹陷处，使用木锤或尼龙锤敲击凹陷周围产生的隆起变形，即“深入浅出”地由最大凹凸变形处开始敲平，如图 3-1-26(a)所示。用“偏托”法修整平面，一般不会造成板件伸展，因为顶铁击打的是板料背面的凹陷处，而锤子击打的则是板料正面的鼓凸部位。

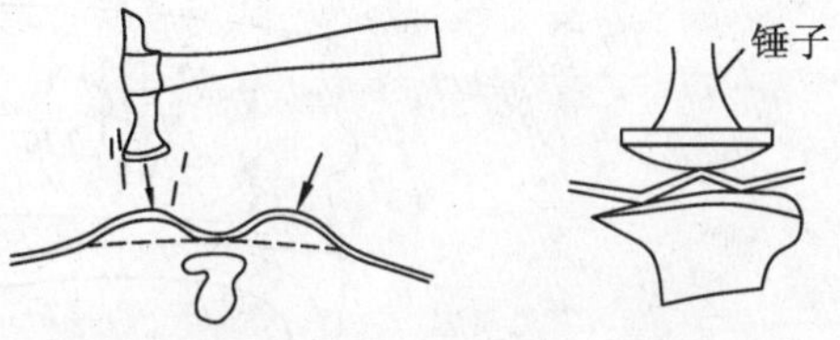

(a) 偏托　　(b) 正托

图 3-1-26　顶铁法修整

当局部凹凸变形被修平至一定程度时，应改用图 3-1-26(b)所示的“正托”法进一步敲平。“正托”法是将顶铁直接顶在板料背面不平的位置上，同时用锤子将顶铁位置正面敲平。由于锤子的敲击作用会使顶铁发生轻度回弹，在锤子敲击的同时顶铁也将同时击打板料。此时，顶铁垫靠得越紧，则板料展平的效果也越好。

3. 匙形铁

匙形铁是车身修理的特殊工具，主要用于抛光金属表面，所以也叫修平刀，如图 3-1-27 所示。将匙形铁贴紧待修表面，再用锤子击打匙形铁，对表面某些微小划伤部位恢复原状特别有效。不同的匙形铁可与不同形状的面板匹配使用。当面板背面的空间有限时，匙形铁也可当作顶铁使用，具体操作前面已经介绍，在这边不再叙述。

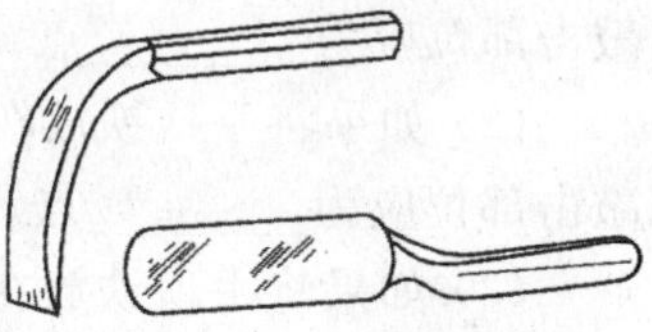

图 3-1-27　匙形铁

活动实施

一、阅读下列翼子板凹陷修复步骤，并配合操作回答问题

翼子板凹陷损伤分为若干区域，如图 3-1-28(a)所示，利用锤子和垫铁修复翼子版凹陷一般按照如下步骤进行：第一，用锤子配合垫铁敲击翼子板外围弹性变形区域，该区域是单纯的弯折，如图 3-1-28(b)所示；第二，锤子配合垫铁由外向里敲击翼子板凹陷铰折区域，敲击时注意用力均匀，如图 3-1-28(c)所示；第三，敲击碰撞点周围直接损伤区域，并配合外围敲击来去除应力，如图 3-1-28(d)所示；第四，利用精修锤子完成对翼子板碰撞点的修复，如图 3-1-28(e)所示。

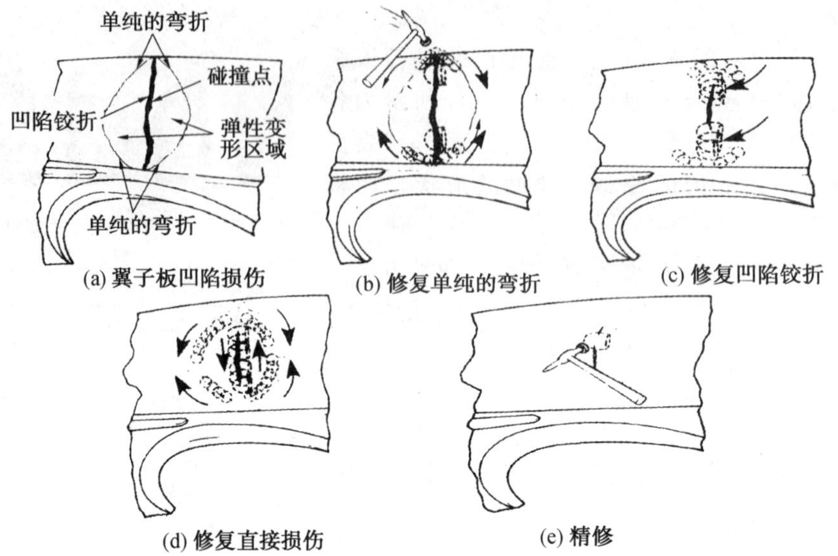

(a) 翼子板凹陷损伤　(b) 修复单纯的弯折　(c) 修复凹陷铰折

(d) 修复直接损伤　(e) 精修

图 3-1-28　敲击顺序

图 3-1-29　受损部位

请观察图 3-1-29 中汽车翼子板的受损部位，回答以下问题：

(1) 如果将手顶铁放在翼子板内部 1 处，手锤的敲击部位应为________点。

(2) 如果将手顶铁放在翼子板内部 3 处，手锤的敲击部位应为________点。

(3) 如果将手顶铁放在翼子板外部 2 处，手锤的敲击部位应为________点。

以上（1）、（2）、（3）的敲击方法为：______________。

(4) 如果将手顶铁放在翼子板内部 2 处，手锤________（填“可以”或“不可以”）从外部敲击 2 点处。

(5) 如果将手顶铁放在翼子板外部 1 处，手锤________（填“可以”或“不可以”）从内部敲击 1 点处。

(6) 如果将手顶铁放在翼子板外部 2 处，手锤________（填“可以”或“不可以”）从内部敲击 2 点处。

以上(4)、(5)、(6)的敲击方法为：________________。

二、对翼子板进行缩火和精修操作

缩火是利用电热对变形钣金件进行加热收缩的方法。电热法收缩采用的主要工具是车身修复机配备的碳棒或电极头。碳棒适合大面积的收缩，也称大缩火，缩火时应注意碳棒是由边缘到中心回转划动；电极头适合小凸点收缩，也称小缩火，可把小凸点压平。

在教师指导下对翼子板进行缩火操作，根据情况选择缩火方式，并回答相应问题。

(1) 将受损伤区域的漆膜打磨掉，如图 3-1-30 和图 3-1-31 所示。

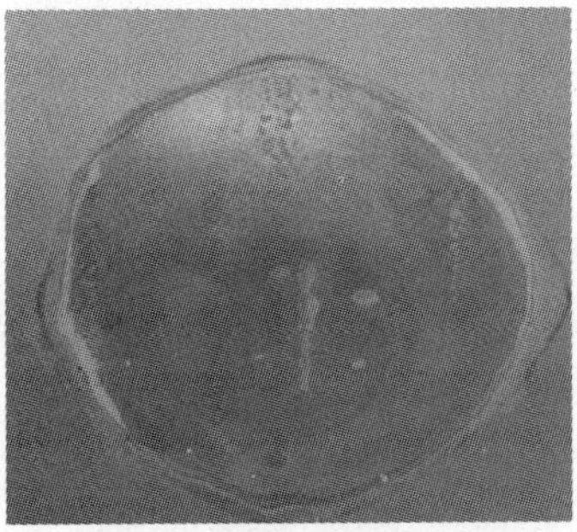

图 3-1-30　损伤区域

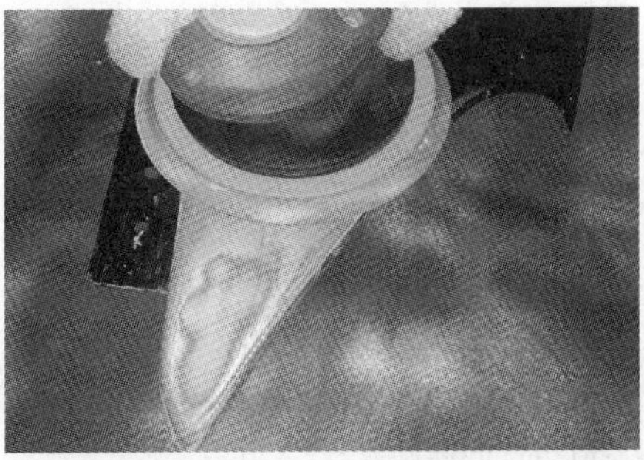

图 3-1-31　打磨漆膜

（2）进行缩火操作，如图 3-1-32 和图 3-1-33 所示。当使用手顶铁和手锤组合修复之后，受损部位会________。当出现这种现象的时候，应进行________工艺处理。当进行该工艺之前及结束后，均应对损伤部位进行打磨处理。

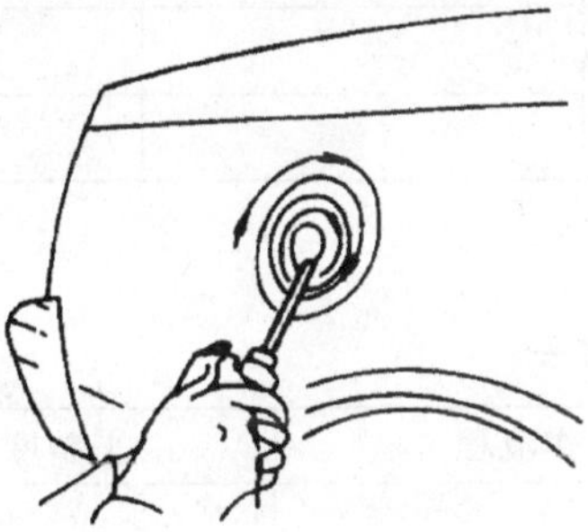

图 3-1-32　碳棒缩火

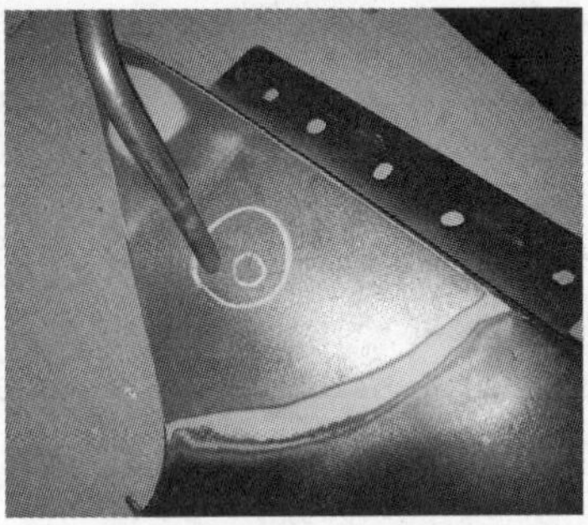

图 3-1-33　电极头缩火

（3）精修作业。选择合适的锤子和顶铁，并紧贴于小凹凸的背面，用锤子轻轻敲击金属表面的凹凸及其周围。钣金锤的落点一定要与顶铁的工作面重合，即实现点对点的一一对应；顶铁要始终贴紧在修正面上，防止钣金锤因“打空”而破坏趋于平整的板件表面。

三、在教师指导下完成质量检验，并填表

翼子板修复后需进行质量检验，要求翼子板表面光洁平整，平整度低于 1mm，如图 3-1-34 所示。

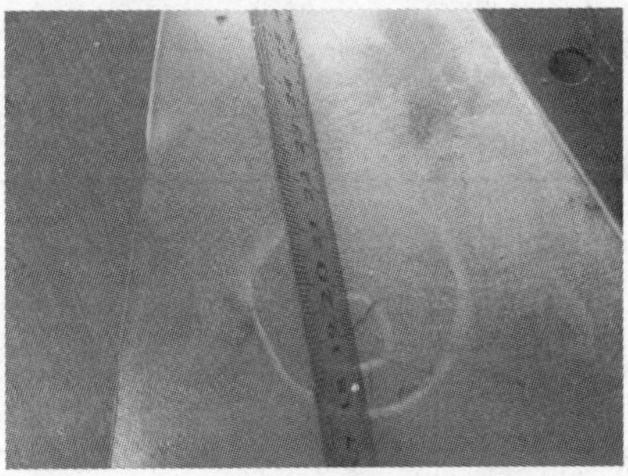

图 3-1-34　翼子板修复的检验方法

同时应检验受损部位修复后光滑程度是否符合标准（无凹凸不平、表面光滑、无毛刺、线条清晰、边缘无锐角、与前保险杠过渡圆滑），翼子板与保险杠、大灯、前盖、右前门之间间隙是否与左侧一致。根据质量检验情况完成表 3-1-6。

表 3-1-6　受损部位修复后质量检验

检验内容	自　检	互　检	教师检查
平面度			
有无毛刺			

续表

检验内容	自检	互检	教师检查
线条清晰程度			
边缘有无锐角			
与前保险杠之间间隙			
与右前大灯之间间隙			
与前盖之间间隙			
与右前门之间间隙			
与前杠过渡是否圆滑			
内衬安装是否完好			
右前轮挡泥板安装是否完好			
右前灯光是否完好			
操作过程中是否符合5S要求			

各小组互相检查并作记录，完成表3-1-7。

表3-1-7　　工作小组互相检查记录表

	时间	工作流程	平整度情况
小组一			
小组二			
小组三			
小组四			
小组五			

四、完成总结与回答问题

(1) 个人总结，完成表3-1-8。

表3-1-8　　个人总结

1. 个人在任务完成中的不足之处：______
2. 在维修作业中的注意事项：______
3. 通过实践得出的改进措施：______

（2）评价。

第一，反思性问题：你在实训操作过程中遇到的困难是什么？你认为有哪些操作不够正确或效率不高？有没有新的想法？________________________

____

____

第二，拓展性问题：通过此次工作，你认为翼子板修复和前面基本钣金加工具体差异在于什么地方？为什么有这些差异？________________________

____

____

巩固与评价

一、活动巩固

（一）判断题

1. 用手锤对翼子板进行敲击时，可分为实敲和虚敲；实敲敲击点与手顶铁的位置不同，虚敲敲击点与手顶铁的位置相同。（　　）

2. 缩火电极头适合大面积的收缩，也称大缩火，缩火时应注意电极头是由边缘到中心回转划动。（　　）

3. 使用手锤时手应该握着手锤中间部位，这样可保证锤子在使用过程中不会掉落。（　　）

4. 修复翼子板损伤时一般按照从里向外的顺序，依次修复。（　　）

（二）单选题

1. 翼子板修复后需进行质量检验，要求翼子板表面光洁平整，平整度低于（　　）。

A. 0.5mm　　B. 1mm　　C. 2mm　　D. 3mm

2.（　　）在翼子板修复过程中，既可以作为捶打工具，又可以作为顶衬工具，还可以作为撬顶工具，把凹陷从内侧撬顶出来。

A. 锤子　　B. 撬棒　　C. 顶铁　　D. 修平刀

3.（　　）方式有利于翼子板较大变形的校直，所以常在粗整平过程中使用。

A. 实敲　　B. 虚敲

二、活动评价

评分标准见表3-1-9，考核记录栏中简述扣分的缘由。

表3-1-9　　翼子板凹陷修复考核评分表

评定成绩：　　时间：　　地点：　　教师：

序号	作业项目	考核内容	配分	评分标准	考核记录	扣分	得分
1	去除旧漆层处理	工具设备使用	10	工具设备使用，每漏一项扣2分，扣完为止			
		打磨工艺	10	打磨工艺错误，每次扣2分，扣完为止			

续表

序号	作业项目	考核内容	配分	评分标准	考核记录	扣分	得分
2	翼子板修复方法及缩火处理	利用钣金手工具进行门板修复	40	利用钣金手工具进行门板修复中操作不当，每项中的每一处扣 2 分，扣完为止			
		缩火作业	10	缩火作业方法与步骤不正确，每项中的每一处扣 3 分，扣完为止			
3	质量检验	仪器质量检验方法和手摸检验方法	20	方法错误，每个扣 2 分，扣完为止 作业步骤错误，每项扣 2 分，扣完为止			
4	安全生产和清理作业场地	整理工具，设备维护，清理场地	10	每项疏漏扣 2 分，扣完为止			
		安全生产		因操作不当，造成重大事故发生，该项按 0 分处理			
分数合计			100				

任务二　汽车车门的维修

活动一　车门的拆装与调整

活动描述

车门也是汽车的易损部件，其拆装与调整是汽车钣金工作人员在接车后的第一道工序。完成该项工作首先需对车门损伤部件进行拆检，并协助维修人员完成车辆损伤确定工作。在本次活动中，学生在理解车门的种类、结构、材质及内饰的基础上，在教师的指导下，选用合适的工具和设备，对前、后受损车门进行拆装与调整；在整个工作过程中要求严格遵守安全操作规范和 5S 管理要求。

学习目标

◇ 了解常见汽车车门的结构。
◇ 能使用车门常用拆装工具。
◇ 能进行汽车车门的拆装和调整。

学习地点

典型构件拆装区。

学习准备

教学设备(含资料)：轿车两辆、多媒体设备、用户手册、车身挂图。

工量具：拆装工具、钣金专用工具、直尺等。

劳动保护用品：安全帽、工作服、护目镜、手套、安全鞋等。

知识准备

车门是车身的一个独立总成，一般是用铰链将车门安装在车身上。车门通常由车门本体、附件和内外装饰件三部分构成。

车门质量的好坏，主要体现于车门的防撞性能、密封性能和开合的便利性，当然还有其他使用功能的指标等。其中防撞性能尤为重要，因为车辆发生侧碰时，缓冲距离很短，很容易伤到车内人员。因此，好的车门内至少会有 2 根防撞杠，而防撞杠的分量是较重的，也就是说，好的车门确实偏重些。但并不能说车门越重就越好。现在的新型汽车，在保证安全性的基础上，设计师都会想方设法减轻车辆包括车门的重量(如用新型的材料)来减少功耗。

一、车门的结构特点

为了保证乘员上、下车的方便性，行车的安全性，良好的侧面视野，密封性及低噪声等方面的性能，车门应有如下结构特点：

(1) 车门开关灵活，运动自如，具有足够乘员上、下车的开度。车门开关应有轻度的节制，能在最大开度和中间开度的位置上停稳。轿车车门开度一般为 60°～70°，并能保证即使在倾斜路面上车门也能够顺利开启。

(2) 车门在关闭或锁上时，不得因振动、碰撞而自动开启。

(3) 车门应有足够的强度和刚度，不允许因变形、下沉而影响到车门开关的可靠性。在关门时不得有敲击声，行驶时车门不允许产生振动和噪声。

(4) 车门与门洞之间应有良好的密封性，使雨、雪不能从车门缝隙中进入车内，并能把灰尘和泥水挡在车外。

(5) 有良好的工艺性和维修方便性。

(6) 附件布置合理，相互不干涉，使用方便。

二、车门的分类

车门按其开启方式可分为以下几类：

(1) 顺开式车门，如图 3-2-1 所示。此类车门即使在汽车行驶时仍可借气流的压力关上，比较安全，而且便于驾驶员在倒车时向后观察，故被广泛采用。

图 3-2-1　顺开式车门

图 3-2-2　逆开式车门

(2) 逆开式车门,如图 3-2-2 所示。此类车门在汽车行驶时若关闭不严就可能被迎面气流冲开,因而用得较少,一般只是为了改善上下车方便性及适于迎宾礼仪需要的情况下才采用。

(3) 水平移动式车门,如图 3-2-3 所示。此类车门的优点是在车身侧壁与障碍物距离较小的情况下仍能全部开启。

图 3-2-3　水平移动式车门

图 3-2-4　上掀式车门

(4) 上掀式车门,如图 3-2-4 所示。此类车门广泛用作轿车及轻型客车的后门,也应用于低矮的汽车。

(5) 折叠式车门,如图 3-2-5 所示。此类车门广泛应用于大、中型客车上。

图 3-2-5　折叠式车门

轿车的车门一般由门体、车门附件和内饰盖板三部分组成。门体包括车门内板、车门外板、车门窗框、车门加强横梁和车门加强板。车门附件包括车门铰链、车门开度限位器、门锁机构及内外手柄、车门玻璃、玻璃升降机和密封条。内饰盖板包括固定板、芯板、内饰蒙皮、内扶手。

活动实施

一、前车门的拆装与调整

(1) 打开车门并用支架或千斤顶将车门顶住。

(2) 打开发动机罩,并将蓄电池负极端子电缆拆除,如图 3-2-6 所示。

(3) 取下车门保险杆按钮和车门玻璃拐角饰板。

(4) 拆下车门拉手支座和门内拉手下件总成,如图 3-2-7 所示。

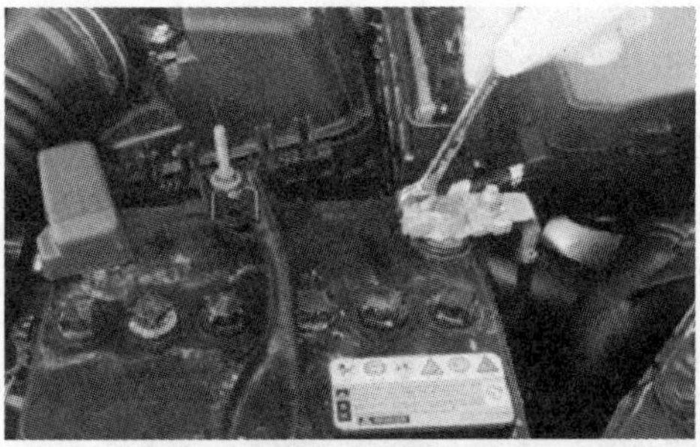

图 3-2-6　拆除蓄电池

图 3-2-7　拆下车门拉手支座和门内拉手下件总成

(5) 拧下门内护板总成的紧固螺钉，如图 3-2-8 所示；按图 3-2-9、图 3-2-10 和图 3-2-11 所示，取出内护板并断开其连接线束。

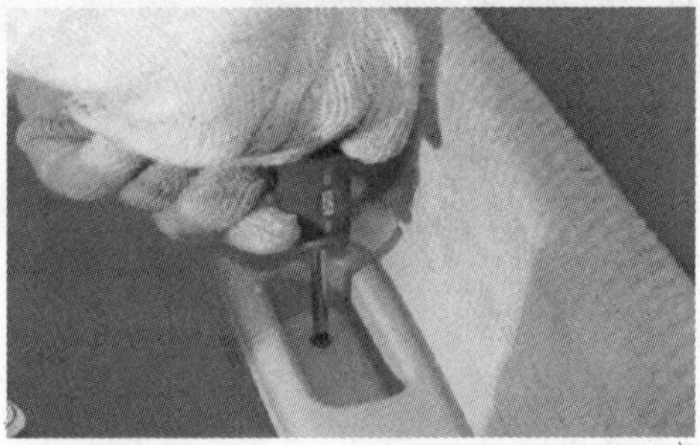

图 3-2-8　拧下紧固螺钉

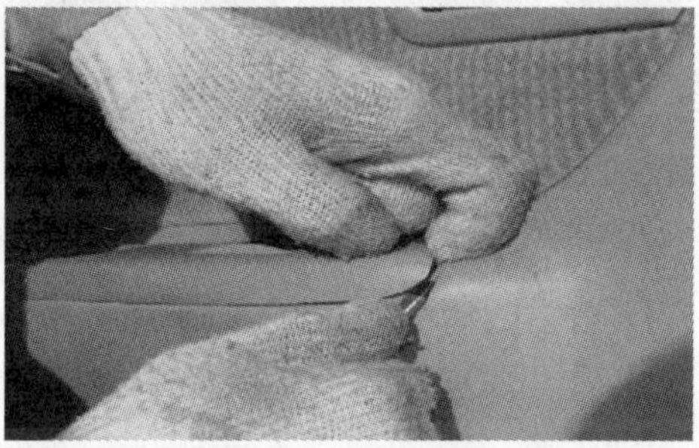

图 3-2-9　拆开内护板

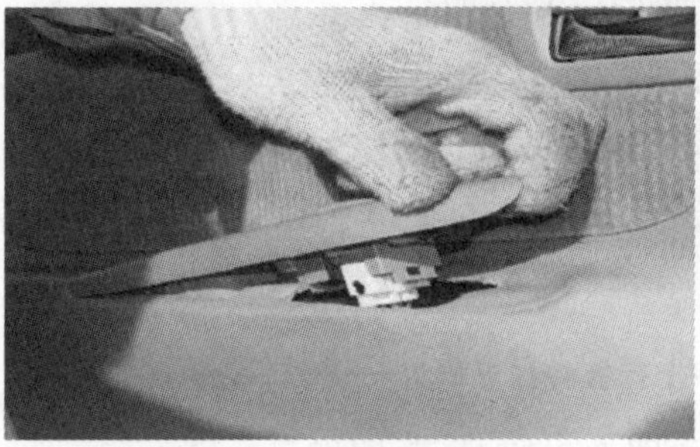

图 3-2-10　取出内护板

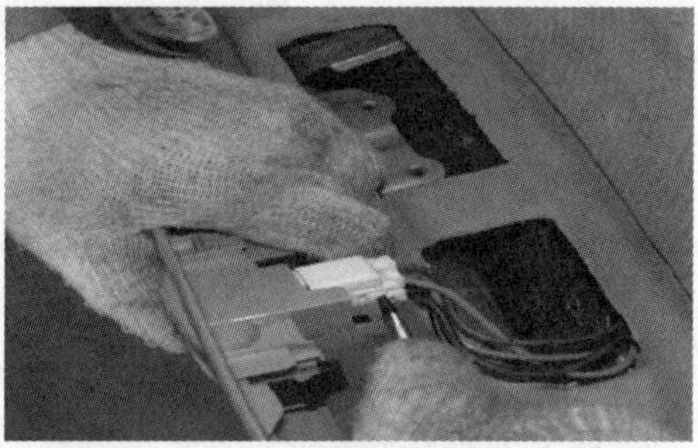

图 3-2-11　拧下紧固螺钉取出连接线束

(6) 取下内护板总成，如图 3-2-12 和图 3-2-13 所示。

图 3-2-12　取下内护板总成(1)

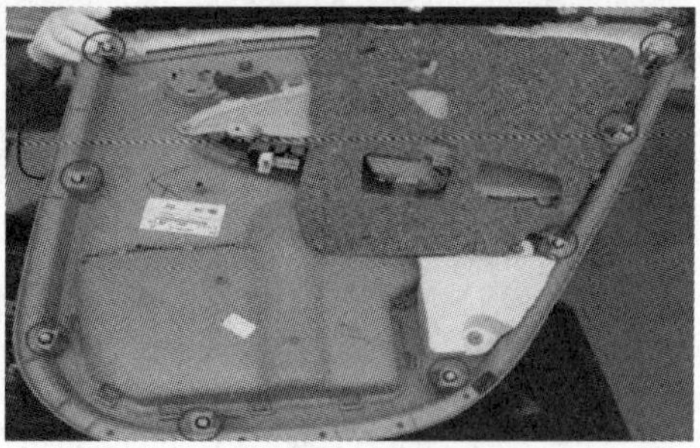

图 3-2-13　取下内护板总成(2)

(7) 拆下车门音响的线束插口，如图 3-2-14 所示。

(8) 沿着封胶的方向撕下内护板内衬膜料，并取下连接线束。

(9) 拆下车门与铰链的固定螺栓，并将车门拆离铰链，如图 3-2-15 所示。

(10) 安装车门步骤参照拆卸步骤。

提示

车门与支架或千斤顶之间应垫以衬布，以免门板底部遭受损伤。

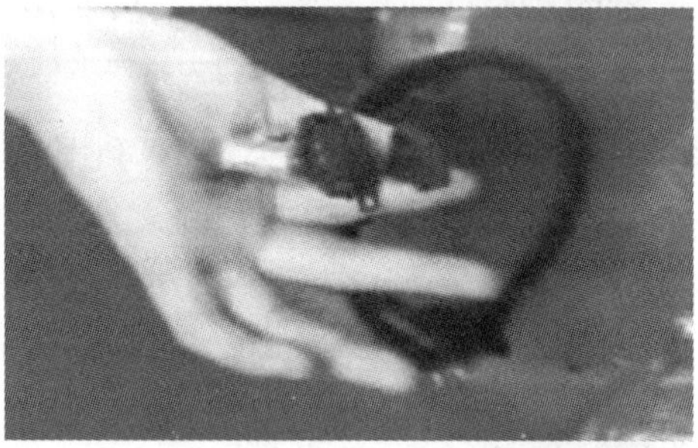

图 3-2-14 拆下音响线束插口

图 3-2-15 将车门拆离铰链

二、后车门的拆装与调整

(1) 取出烟灰缸，拆下后车门拉手上盖板，拧下拉手上下螺钉，如图 3-2-16 所示。

图 3-2-16 拆下后车门拉手上盖板并拧下螺钉

(2) 拆下车门拉手盖板，拧下拉手紧固螺钉，如图 3-2-17 所示。

图 3-2-17 拆下车门拉手盖板并拧下螺钉

（3）取出车门内护板总成，并断开其连接线束，如图 3-2-18 所示。

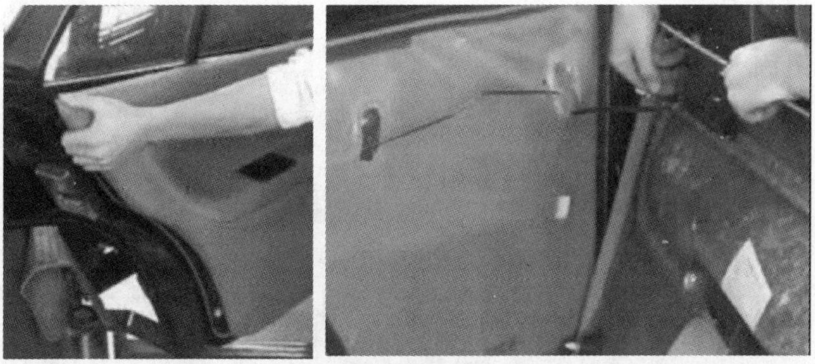

图 3-2-18　**取出内护板总成并断开线束**

（4）小心撕下内护板内衬膜料，如图 3-2-19 所示。

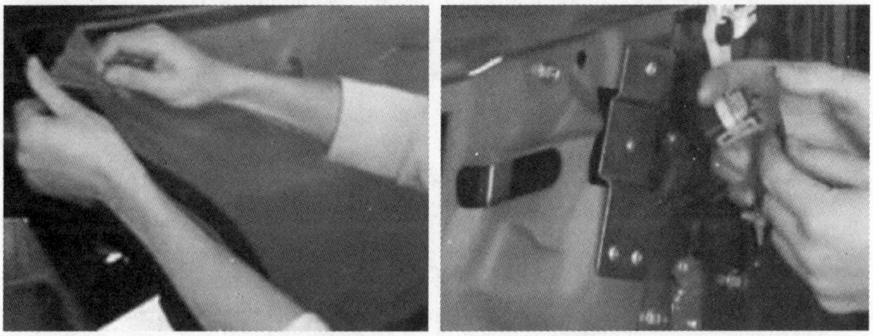

图 3-2-19　**撕下内护板内衬膜料**

（5）拆下车门与铰链的固定螺栓，并将车门拆离铰链，如图 3-2-20 所示。

图 3-2-20　**拆下车门与铰链的固定螺栓**

（6）安装车门步骤参照拆卸步骤。

三、拆装车门注意事项

（1）必需穿戴相应的劳保用品（棉丝手套、安全鞋等），以免发生意外事故。

（2）拆装前，先将蓄电池断电，以免损坏用电设备。

（3）使用一字螺丝刀或卡扣专用拆卸工具，拆卸一些装饰件时要注意保护漆面，防止损伤漆膜。

（4）内饰件拆装过程中，要注意保护表面不被划伤，防止因损伤造成内饰件的美观性。

（5）拆装过程中，要特别注意控制好力度，禁止野蛮操作，防止损坏零部件。

（6）车门安装后要进行调整。

（7）了解注意事项，无违章作业。

巩固与评价

一、活动巩固

1. 将前车门各部件名称填入图 3-2-21 所示方框中。

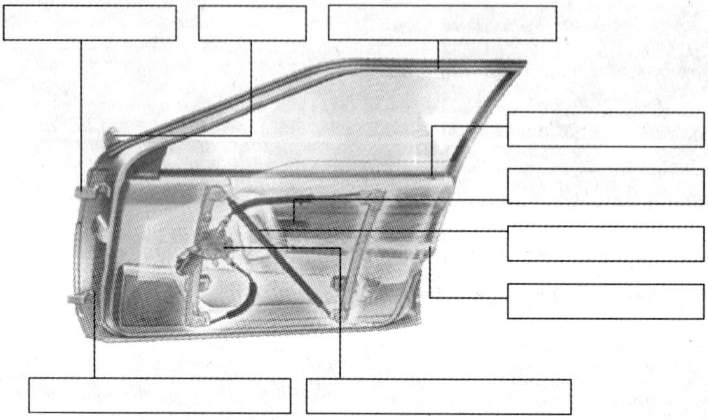

图 3-2-21 前车门

2. 将后车门各部件名称填入图 3-2-22 所示方框中。

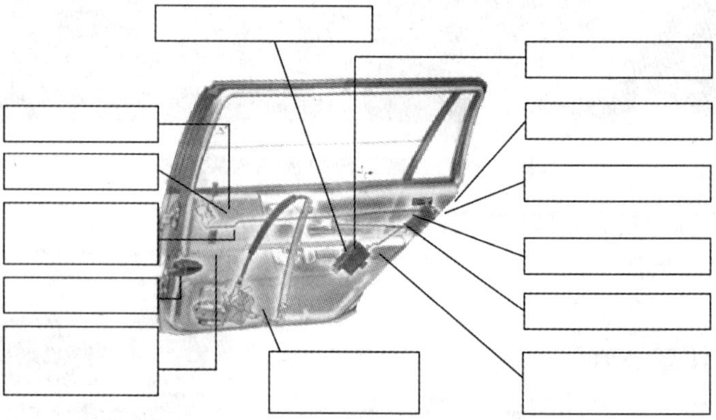

图 3-2-22 后车门

二、活动评价

评分标准见表 3-2-1，在考核记录栏中简述扣分的缘由。

表 3-2-1 车门的拆装与调整考核评分表

评定成绩： 时间： 地点： 教师：

序号	作业项目	考核内容	配分	评分标准	考核记录	扣分	得分
1	汽车车门各部件名称、结构、材料的认知	表述汽车车门各部件的名称、结构、材料	40	能准确描述车门各部件的名称（20分）			
				能正确描述车门的结构、材料（20分）			

续表

序号	作业项目	考核内容	配分	评分标准	考核记录	扣分	得分
2	车门拆装	(1) 车门的拆卸 (2) 车门的安装	60	能正确进行车门的拆卸(20分)			
				能正确进行车门的安装(20分)			
				工具使用正确，无错漏(10分)			
				能正确进行车门的调整(10分)			
分数合计			100				

活动二　车门维修方案的制订

活动描述

汽车一旦发生碰撞，可能会造成车门的损伤，为恢复受损部位，使其达到原有的外形、尺寸等，需要对受损部位进行钣金作业修复。常见车门损伤如图 3-2-23 和图 3-2-24 所示。在本次活动中，学生在理解车门侧面撞击修复方法和车门外形修复机使用方法的基础上，在教师指导下，对车门进行损伤鉴定，制订车门维修方案；在操作过程中要求严格遵守操作安全规范和 5S 管理要求。

图 3-2-23　受损伤车门(1)

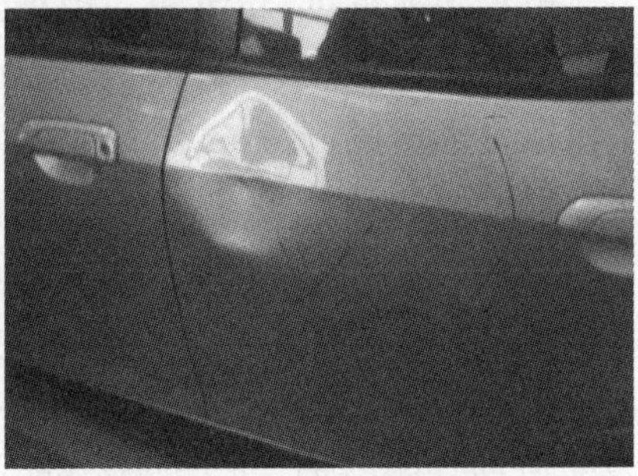

图 3-2-24　受损伤车门(2)

学习目标

◇ 能阅读维修工单，明确维修项目和维修工艺，能描述修复作业流程。
◇ 能目测损伤程度，查阅维修手册，确定维修方案。
◇ 能合理选择护目镜、耳塞等个人防护用品。
◇ 能自觉遵守钣金作业过程的个人安全防护和企业现场规章制度。
◇ 维修作业符合经济、环保要求。

学习地点

车身损伤修复区。

学习准备

教学设备(含资料):车门、多媒体设备、用户手册等。

工量具:钣金专用工具、外形修复机、直尺。

劳动保护用品:安全帽、护目镜、耳塞、工作服、手套、安全鞋。

知识准备

车门的结构相对于前翼子板结构来说更加复杂。由于受到焊接在一起的内部板件和车窗等结构的限制,难以触及它们的内部;或是因为损伤比较轻微且只局限于金属外板,内板没有损坏,如果拆卸内板或拆卸相关构件,对于车门维修来讲工作量会加大很多,使生产效率大大降低,因此,在车门维修中除了使用锤子和垫铁等钣金手工具外,更多地使用外形修复机将凹陷的金属表面用拉拔的方法抬高,在拉拔的同时,利用钣金锤对凸起表面进行敲击。

一、利用外形修复机对车门面板常用的拉拔方法

(1) 使用手拉拔器拉拔:使用手拉拔器拉拔焊接垫圈,然后用手锤敲击钢板凸起的部位。此种方法用于修理小的凹陷部位。

(2) 使用滑动锤拉拔:利用滑动锤的冲击力拉出焊接的垫圈来修理凹陷。此种方法用来作粗拉拔和在钢板强度较高的部位修理凹陷。

(3) 使用拉塔拉拔:此种方法用于修理大的凹陷,将众多的垫圈焊接于钢板上,并且用较大的力量将垫圈一起拉出;此外,链条能够维持拉拔的力量,所以修理人员的双手能够空出来去执行其他作业,如敲击作业。

(4) 使用具有焊接极头的滑动锤拉拔:此种方法使用的工具为一种包含有焊接极头的滑动锤,此种工具的极头可用于焊接钢板,并将钢板拉出。使用此工具时,必须将焊接机的正极头接于滑动锤的后侧。

以下重点介绍具有焊接极头的汽车钣金外形修复机的使用方法。

二、汽车钣金外形修复机的工作原理、功能、特点及优点

1. 工作原理

汽车钣金外形修复机的工作原理是:利用低电压、高强度的电流流过两块铁板时产生的高电阻热融化接触部分的金属,用焊枪电极的挤压力把它们熔合在一起,从而达到焊接的目的。

2. 功能

汽车钣金、外形修复机的功能有:焊接介子(供拉拽用的介质)、单面电焊、电加热缩火、碳棒修补与加热、钢板压平等。

3. 特点

汽车钣金外形修复机的特点是:焊接速度快、受热范围小、金属不易变形、操作方便。

4. 优点

汽车钣金外形修复机的优点是：无论车身结构如何，都可以在凹陷部位焊接不同的介质，通过拉拽的方法使之修复，集多种焊接、加热等功能于一体，给车身整形修复带来了方便。

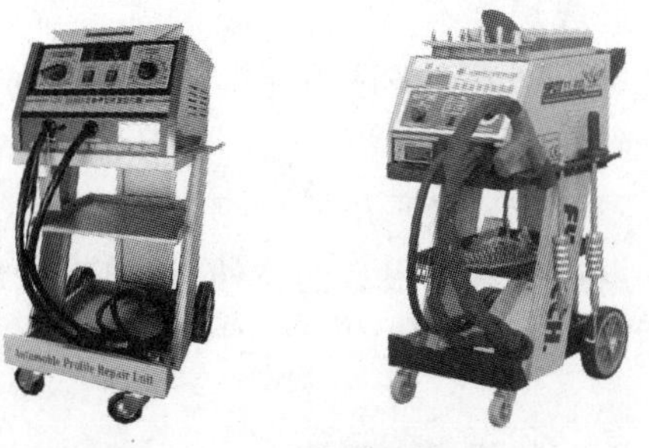
图 3-2-25　外形修复机

三、汽车钣金外形修复机及配件

汽车钣金外形修复机及工作面板如图 3-2-25 所示。

汽车钣金外形修复机配件如图 3-2-26 和图 3-2-27 所示，包括气动吸盘、钩式拉锤、直接点焊拉锤、波形线、撬棒、碳棒、三角片夹头、爪式拉锤前段、三角垫片等。

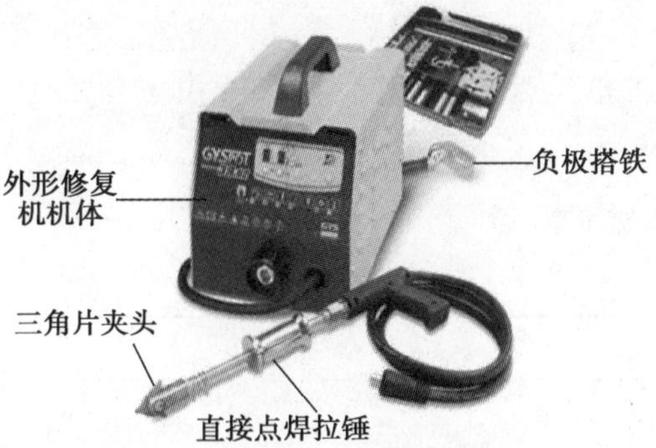

图 3-2-26　外形修复机机体

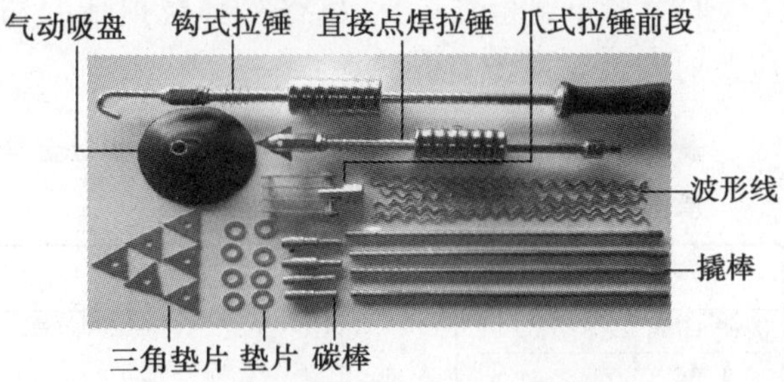

图 3-2-27　外形修复机配件——拉伸和缩火工具

四、外形修复机操作步骤

(1) 连接好电源，开启电源开关，检查机器是否正常。

(2) 将需要修复的凹陷部位彻底打磨干净，并在离凹陷部位较近的区域打磨出一小块裸露的区域(打磨油漆，除锈)。

(3) 将地线钳(负极)夹在裸露的区域。

(4) 根据凹陷的实际情况和工作需要，选用不同的焊接枪接头或介子。

(5) 根据车身板材厚度调节电流、时间和工作模式(自动或手动)。

(6) 将选用的介子用力抵在需要拉拽的凹陷部位，然后轻轻按动焊接控制开关。

(7) 将多功能拉锤钩在焊接牢固的介子上，一手扶住拉锤的把柄，另一手握住拉锤的滑动锤向后拉拽。

(8) 转动拉钩使介子脱离凹陷。

五、外形修复机操作中应注意的问题

(1) 做好绝缘保护，戴好防护眼镜、手套，穿好绝缘鞋。

(2) 清理车身及工作区域，周围 10m 范围内不能有易燃易爆物品。

(3) 使用外形修复机时，必须拆掉车辆的电瓶电源线，防止大电流通过时将车上的电子设备损坏。

(4) 正确调整外形修复机的功能板，并保证其可靠接地。

(5) 将需要焊接介子的地方彻底打磨干净。介子的焊接点也要打磨干净，否则可能会造成焊接不牢。

(6) 不要选用纯铜或铝制介子，因为铜、铝等金属与铁材的焊接强度很差或根本焊接不到一起。

(7) 取下介子时，不可用钳子等将其撕拽下来，只要轻轻拧动即可，因为接触位置的焊点可以承受很大的拉伸力，但不能承受扭转造成的剪切力。

(8) 不使用本机时，将电源线插头拔离电源插座。

活动实施

一、阅读工单

(1) 各小组接受派工单，见表 3-2-2。各小组阅读派工单，明确工作任务，派代表向教师描述工作任务，将工作任务填入表 3-2-3 中。

(2) 各小组检查车身，核查车身受损情况与派工单是否吻合，若发现有不相吻合之处，应及时与教师交流、沟通。

表 3-2-2　　汽车维修钣金与涂装派工单

承修单位：　　　　　　　　　　　　　　　　年　月　日

<table>
<tr><td colspan="3">车　辆　信　息</td></tr>
<tr><td>进出日期</td><td></td><td rowspan="11">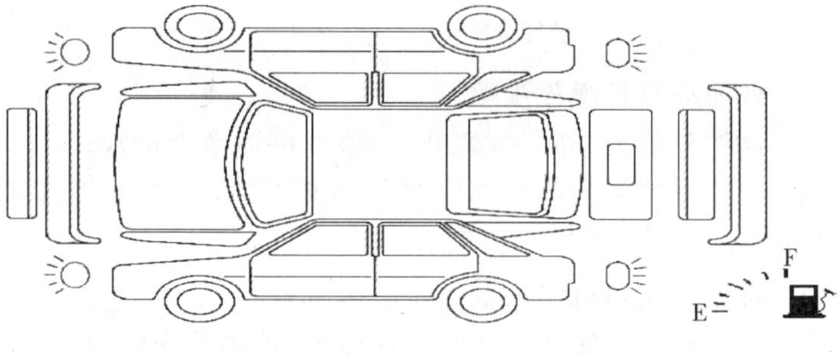
</td></tr>
<tr><td>车主</td><td></td></tr>
<tr><td>车牌</td><td></td></tr>
<tr><td>电话</td><td></td></tr>
<tr><td>里程</td><td></td></tr>
<tr><td>油量</td><td></td></tr>
<tr><td>维修类型</td><td>□ 钣金
□ 涂装</td></tr>
<tr><td rowspan="4">验车结果</td><td>划痕 H</td></tr>
<tr><td>凹陷 A</td></tr>
<tr><td>锈点 X</td></tr>
<tr><td>破损 P</td></tr>
<tr><td colspan="2">维修项目描述</td><td></td></tr>
</table>

<table>
<tr><td rowspan="2">序号</td><td rowspan="2">作业项目</td><td rowspan="2">工时</td><td colspan="2">作业时间</td><td rowspan="2">耗材</td><td colspan="2">质检</td><td rowspan="2">作业人员签字</td></tr>
<tr><td>开工时间</td><td>完工时间</td><td>合格</td><td>不合格</td></tr>
<tr><td>1</td><td>车门修复</td><td></td><td></td><td></td><td></td><td></td><td></td><td></td></tr>
<tr><td>2</td><td></td><td></td><td></td><td></td><td></td><td></td><td></td><td></td></tr>
<tr><td>3</td><td></td><td></td><td></td><td></td><td></td><td></td><td></td><td></td></tr>
<tr><td>4</td><td></td><td></td><td></td><td></td><td></td><td></td><td></td><td></td></tr>
</table>

<table>
<tr><td rowspan="5">涂装组长留言</td><td rowspan="5">

签字：　　　　年　月　日</td><td colspan="4">结　算</td></tr>
<tr><td>工费</td><td></td><td>外加工费</td><td></td></tr>
<tr><td>料费</td><td></td><td>税金</td><td></td></tr>
<tr><td>喷漆费</td><td></td><td></td><td></td></tr>
<tr><td>总　计</td><td colspan="3"></td></tr>
</table>

经办人：　　　　　出厂日期：　　年　　月　　日

表 3-2-3　　工作任务

工作任务：

二、选择钣金修复设备及工具

（1）认知钣金修复设备及工具，说出图 3-2-28 和图 3-2-29 中设备和配件的名称、作用和使用方法。

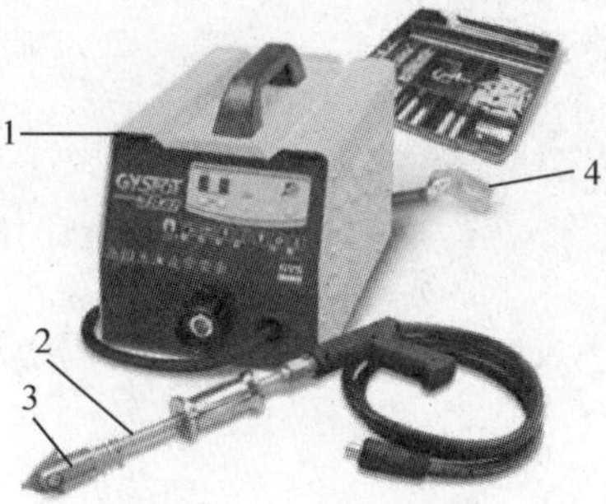

图 3-2-28　外形修复设备

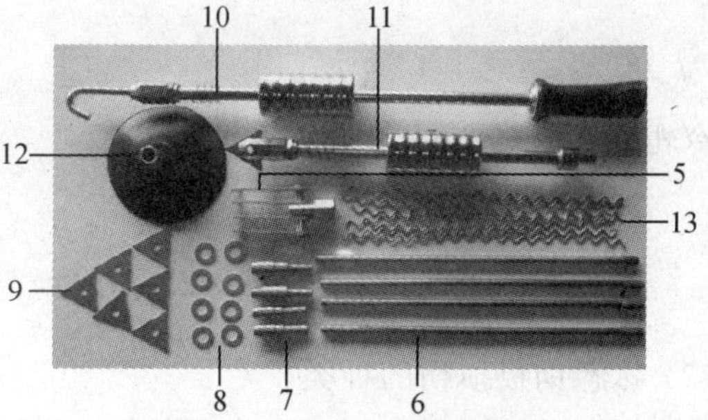

图 3-2-29　外形修复设备配件

（2）说出图 3-2-30 和图 3-2-31 中工具的名称、作用和使用方法。

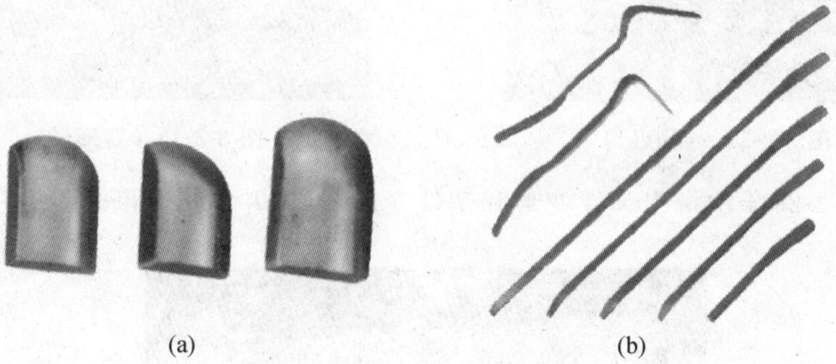

图 3-2-30　整形工具

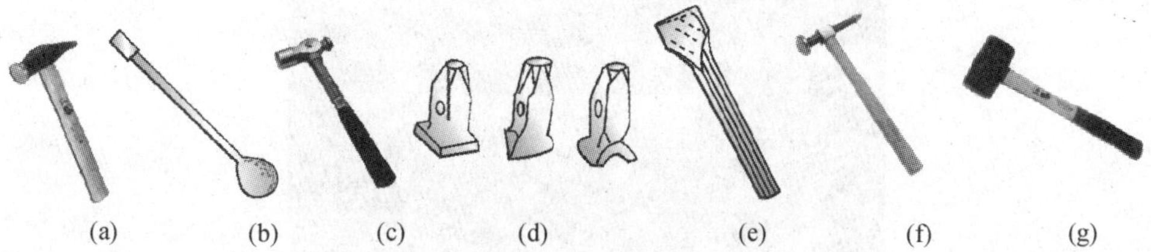

图 3-2-31　各种整形锤

三、进行损伤评估

1. 损伤诊断

(1) 了解车门钢板特性(通过数据检索),写出热轧钢板和冷压钢板的概念。

热轧钢板的概念:

冷轧钢板的概念:

(2) 熟悉钢板损伤的种类。

观察图 3-2-32 和图 3-2-33,说出哪个是弹性变形,哪个是塑性变形,并说出这两种变形的特点。

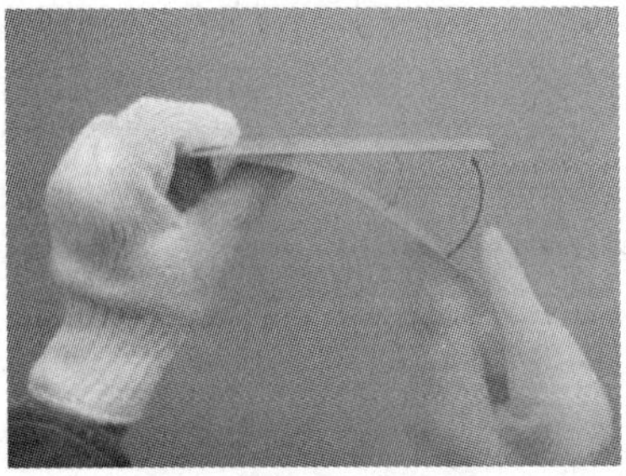
图 3-2-32 变形(1)

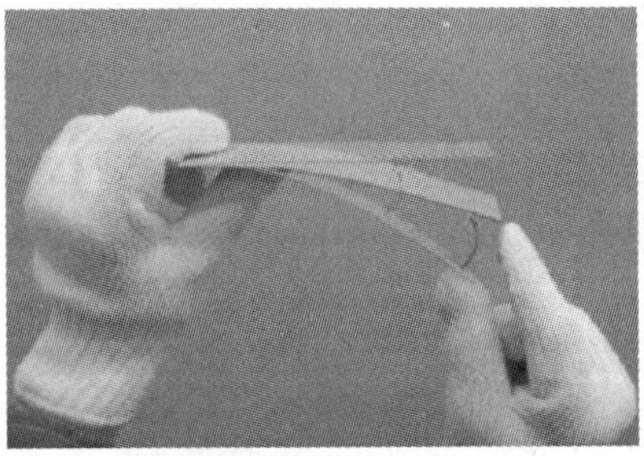
图 3-2-33 变形(2)

(3) 请在图 3-2-34 中指出弹性变形和塑性变形区域,并说出判断依据。

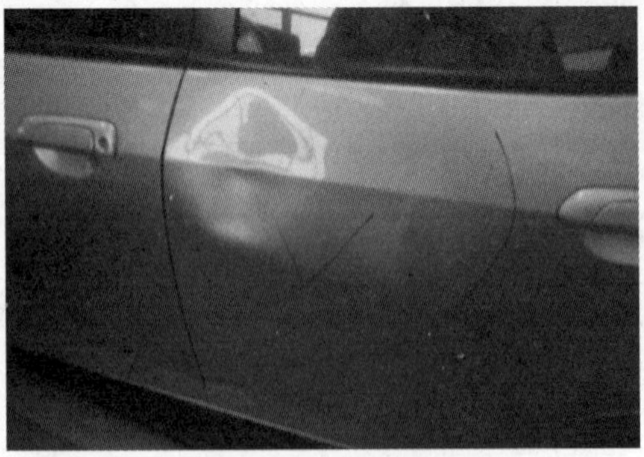
图 3-2-34 变形区域

2. 损伤评估方法

(1) 目测。

观察图 3-2-35 和图 3-2-36。

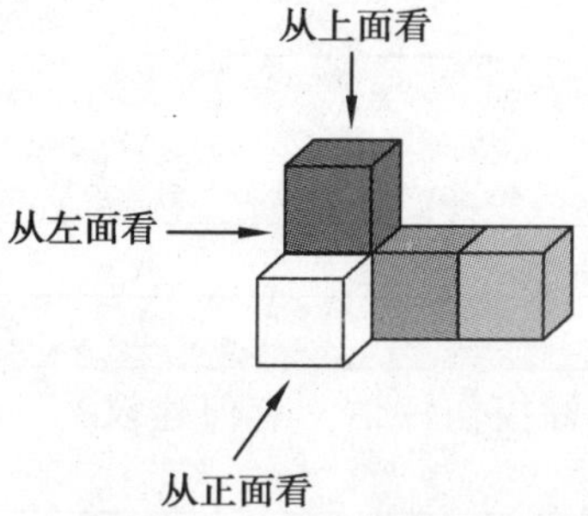

图 3-2-35　**趣味图(1)**

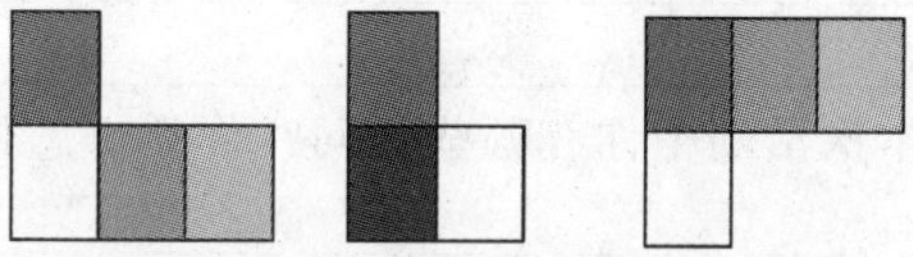

图 3-2-36　**趣味图(2)**

趣味图(2)中的几个视图分别是趣味图(1)的哪一面？请连线。

从趣味图(1)的不同方位观察得到不同结果中,你明白了：________________________

____

请用多角度目测方法观察受损车门变形情况。

要点：利用门板光线反射观察,观察时逐步移动目视角度;大范围观察表面,不要忽略任何受损部位。

(2) 触摸。

小游戏："盲人"摸钱

游戏规则：各小组分别派一名代表参加活动比赛,参赛成员蒙住双眼,用手摸纸币,回答纸币的面值,回答错误者,由相应小组出一个节目,上台表演,时间为 3～4min。

通过此游戏,培养学生的触摸兴趣,增强触摸手感,以此来引入车门触摸检查方法。

在车门修复中,触摸要点为:工作者需戴手套从各个角度触摸损伤区域,不要施加任何力量,要专心注意手的感觉,如图 3-2-37 所示。

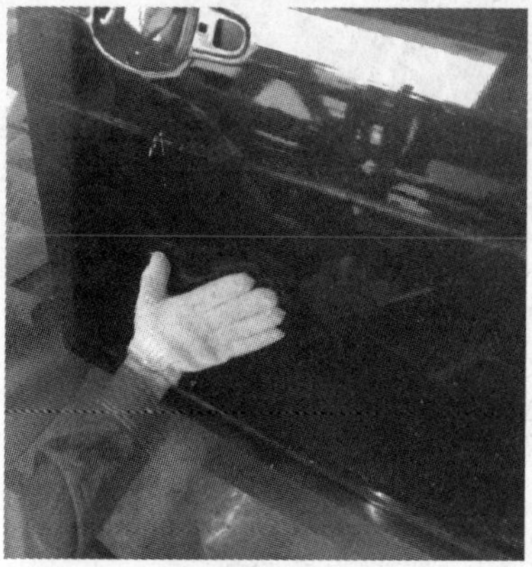

图 3-2-37　**触摸受损区域**

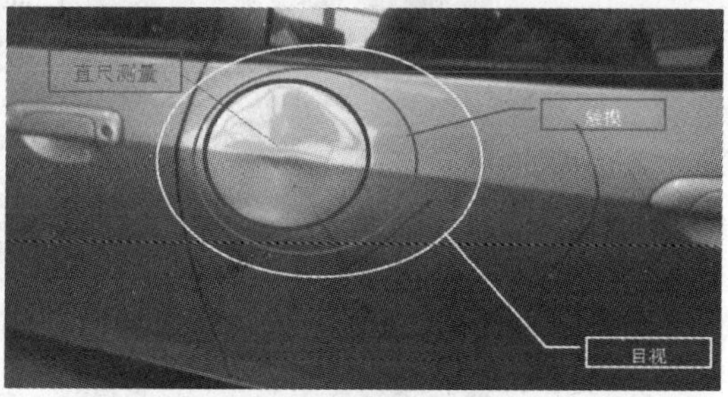

图 3-2-38　**对车门受损区域进行测量**

3. 损伤评估能力检验

(1) 观察图 3-2-38,利用所学损伤评估的三种方法,通过检查和测量,此车门的左右受损

区域大致为 ________ cm，上下受损区域大致为 ________ cm。

（2）此门存在哪些变形损伤？

（3）简单阐述你的评估方法和相应的评估过程。

（4）本次活动中你有哪些疑问？你觉得怎样才能做好损伤评估？有何建议？

四、制订修复计划

1. 车门受损情况分析

如图 3-2-39 所示，凹陷最深处为车门碰撞的直接损伤处。碰撞中，直接损伤通常只占一小部分，却要花费较长时间修理。图 3-2-40(a) 中白线标注的是板件受拉伸铰折而产生的筋，要用锤击法来整平这些筋。图 3-2-40(b) 所示为间接损伤，有轻微的变形。图 3-2-40(c) 中以直接损伤处为中心，向四周推进 80mm 的距离，得到 240mm × 160mm 的虚线框。图 3-2-40(d) 中箭头指示区域为碰撞损伤区域总和，即修复工作区。

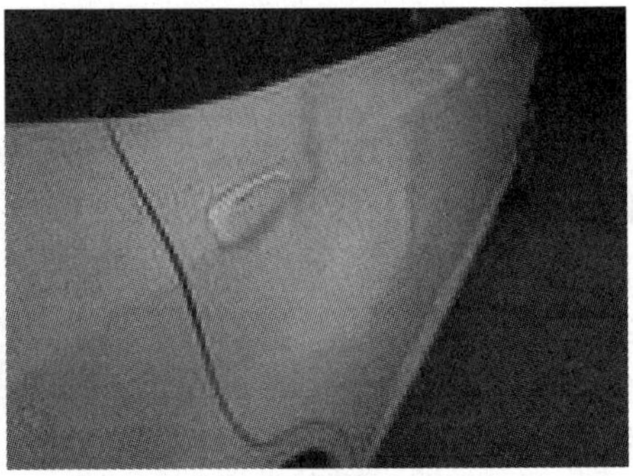

图 3-2-39　受损车门

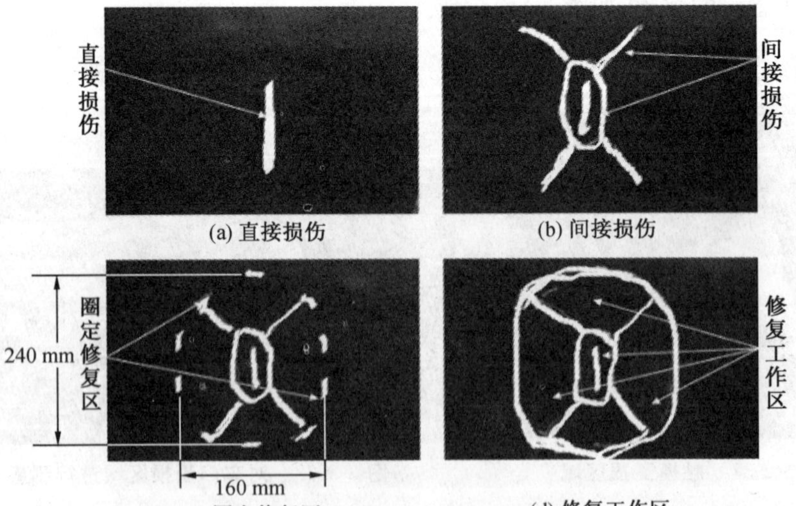

图 3-2-40　修复区域

需注意的问题：

① 制订修复方案时，除需考虑维修成本外，还要考虑维修质量。

② 在修复作业时，应保证周围结构不受影响。

③ 在焊接时，应保证金属内部结构不发生较大变化。

④ 在打磨作业时，不应对安装附件造成影响。

2. 制订维修方案

各小组将维修方案填写在表 3-2-4 中。

表 3-2-4　　维修方案表

维修方案

巩固与评价

一、活动巩固

（一）判断题

1. 车门的铰折折损上只存在拉伸力。（　　）

2. 当车门板损坏部位存在压缩区时，不可使用塑料填充剂。（　　）

3. 车门金属板被推上去的部位称为压缩区，被拉下的部位成为拉伸区。（　　）

4. 在车门所有的凹陷部位向上敲打，并将所有的拱形部位向下敲打，最终能使金属变平。（　　）

（二）单选题

1. 修复车门凹陷铰折的办法是（　　）。

A. 修复形状后再加热拉伸　　B. 通过向两个方向拉伸

C. 边拉伸边加热

2. 单曲拱形的车门板件受到下压力作用产生变形，在纵向和横向上所受到的是（　　）。

A. 拉伸力和压缩力　　B. 压缩力和拉伸力

C. 拉伸力和拉伸力

3. 外形修复机是通过（　　）把垫圈焊接在钢板上的。

A. 电弧加热　　B. 电阻热　　C. 火焰加热

（三）多选题

1. 使用外形修复机焊接垫圈时，焊接不牢固，可能是（　　）造成的。

A. 板件太厚　　B. 电流太小　　C. 板件不干净　　D. 垫圈不干净

2. 使用外形修复机拉拔时，溅出火星较多，可能是（　　）造成的。

A. 板件太厚　　B. 板件不干净　　C. 拉具没拧紧　　D. 垫圈不干净

3. 使用外形修复机进行修复时，需要调节的参数有（　　）。

A. 电流　　B. 通电时间　　C. 气压　　D. 电压

二、活动评价

评分标准见表3-2-5，在考核记录栏中简述扣分的缘由。

表3-2-5　　车门损伤分析与修复方案的制订考核评分表

评定成绩：　　时间：　　地点：　　教师：

序号	作业项目	考核内容	配分	评分标准	考核记录	扣分	得分
1	目测车身损伤	正确判断车门的损伤	30	能够准确描述损伤钣金件的名称（15分）			
				能正确描述钣金件的损伤（15分）			
2	车身碰撞分析	（1）侧面碰撞损伤的分析 （2）车辆侧翻的损伤分析	30	能正确描述直接损伤（10分）			
				能正确描述波及损伤（10分）			
				分析依据清楚，无错漏（10分）			
3	车身损伤修复方案的制订	（1）修复材料的准备 （2）修复设备的准备 （3）确定修复方法 （4）制定修复步骤	40	能正确列出修复材料的清单（10分）			
				能正确列出车身修复方案中需要的设备（10分）			
				能正确制订修复方案（10分）			
				能正确列出修复方案中的修复步骤（10分）			
分数合计			100				

活动三　车门维修的实施及质量检验

活动描述

本活动是在完成上一道工序“车门维修方案的制订”活动的基础上进行的。学生根据该维修制订方案，在教师的指导下，进一步确认车门修复项目和修复方法；并根据汽车钣金修复工艺要求，按照作业工单和制造厂家的车辆维修手册规定，协同其他人员，使用外形修复机、钣金整形锤和垫铁等设备和工具，完成对车门的外形修复；通过自检和班组互检，对已完成的工作在电脑中进行记录和存盘。在操作过程中要求遵守安全操作规范及5S管理要求。

学习目标

◇ 能正确使用打磨机对受损部位及周围进行打磨。
◇ 能正确选用钣金整形锤与垫铁进行损伤部位的修复。
◇ 能阅读外形修复机使用说明书，会选择合适的作业模式进行修复工作。
◇ 能利用目测、指压、触摸等检测方法进行质量检测。
◇ 能自觉遵守钣金作业过程的个人安全防护和企业现场规章制度。
◇ 能维修作业符合经济、环保要求。

学习地点

车身损伤修复区。

学习准备

教学设备(含资料)：车门、用户手册、小组修复方案等。
工量具：修复设备和工具。
劳动保护用品：安全帽、护目镜、耳塞、工作服、手套、安全鞋。

知识准备

一、车门凹陷修复步骤

1. 清除修复区域油漆涂层

穿戴好安全防护用具，选用气动盘式打磨机，装配 80 号砂纸，调节磨机转速，使压缩空气压力保持在 0.6MPa 左右，打磨出修复区及搭铁区。

提示

使用盘式打磨机时，机身应与油漆涂层表面保持 15°～20°的夹角；气动打磨机转速较高，一定要握紧打磨机，以免脱手造成人体伤害。

2. 释放门板内应力

连接外形修复机、焊枪电源，调节好电流和时间。按照图 3-2-41 所指示的顺序和位置

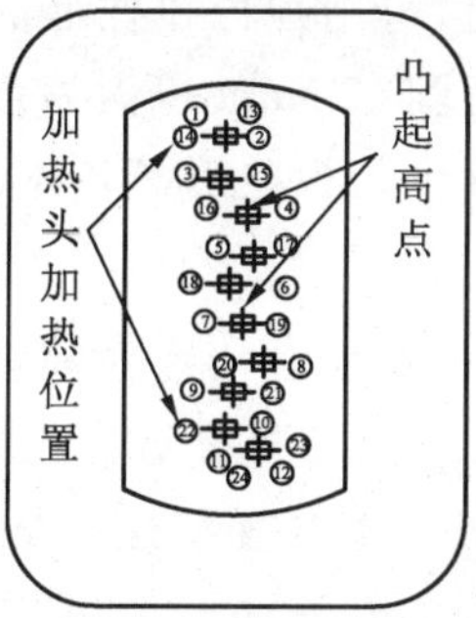

图 3-2-41　释放钢板内应力

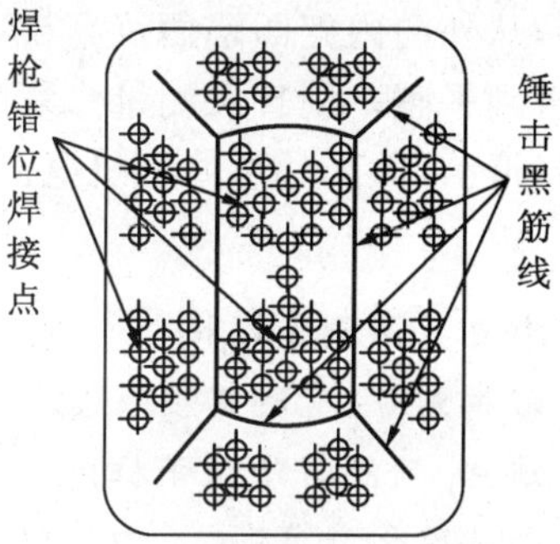

图 3-2-42　初步整平筋线

用焊枪将焊片焊接到修复区，用滑锤以轻微的撞击力向外拉伸锤击，释放钢板因碰撞产生的内应力。焊点间隔 1.5～2cm，两列焊点由外向内交错进行。

焊枪错位焊接至如图 3-2-42 所示的位置，由四周向中间交替初步整平拉伸区。焊枪拉紧门板，用镐锤扁平面锤击图 3-2-43 中黑色筋线位置。每次敲击点的间距为 9～12mm，敲击力度由轻到重。

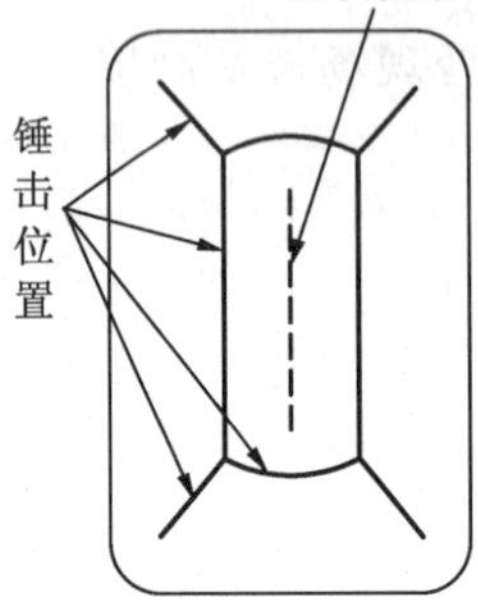

图 3-2-43　不在垫铁上敲击法

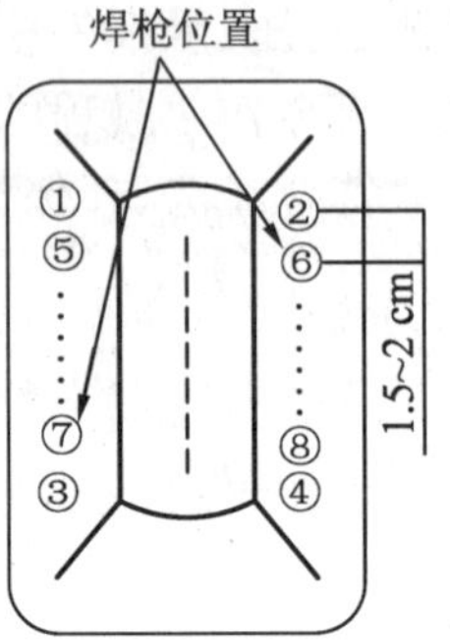

图 3-2-44　板件的热收缩处理

3. 初步整平直接损伤区

在初步整平拉伸区之后，用钣金锤辅以衬铁对图 3-2-44 所示虚线部分即直接损伤区域进行修复。将衬铁从门板内侧抵住凹陷处，用钣金锤从正面敲击虚线四周的高处，即用铁锤不在垫铁上敲击法初步整平直接损伤区。

4. 进一步整平直接损伤区

先将上一步操作留下的焊疤清洁干净，由于整平直接损伤的过程中力度较大，伴随产生了诸多凸起，严重影响了门板的平整度，因此要利用热处理的方式对其进行缩火整平。

在对门板进行加热的同时需要注意两个问题。第一，加热头和门板接触的位置。如图 3-2-44所示，在凸起部位的两侧交替加热。用压缩空气对加热点进行冷却时，金属收缩，实现整个板面的平整。第二，加热时间的控制。当钢板加热到 600℃时会出现暗红色，若此时进行冷却，被加热区域会产生硬化，降低其原有强度。因此加热时间不能过长，当加热区开始变黑即可用压缩空气进行冷却。重复此步骤，逐个修复凸起，最后清洁修复区域。

5. 精修

用外形修复机辅以直尺对残余的小的凹陷和凸起进行精修。精修小的凹陷时，滑锤拉伸的力度要轻，从外向内把凹陷面拉高；精修小的凸起时，可用焊枪拉住低面，用镐锤小头轻轻敲击凸起，直到平整。用直尺测量修复区的平整度，间隙在 1mm 以内为合格。

最后打磨、清洁，关闭外形修复机电源，整理工位，整个门板整形工艺流程到此结束。

提示

维修过程中要灵活调整焊接电流、时间及工作档位。要从凹陷最低处逐渐将凹陷拉出，不要一次将凹陷拉到位，有时需要反复几次才可以达到理想的修复效果。对于第一个拉拽的部位尤其要注意，只能向外稍稍拉出一点，接着再拉下一个位置。这样做的原因：一是凹陷最低的地方加工硬化程度高，拉伸作用力又过于集中，若力量过大，可能会引起撕裂；二是随着周围金属的不断提升，凹陷中心部位也会不断升高，若一次升高过多，可能待修整完毕后，凹陷最大的点反而成了鼓起的点，又需要反过来进行矫正，给修复带来麻烦。

二、车门钢板的收缩原理

当金属受到碰撞而产生严重损伤时，在严重折损处通常会受到拉伸，同样的部位在矫正过程中也会受到轻微的拉伸。在直接损坏部位的隆起处、槽和折损处的金属容易受到拉伸。当金属板上存在拉伸区时，一定要将拉伸区矫正到原来的形状。金属上某一处受到拉伸以后，金属的晶粒将互相远离，金属板变薄并发生加工硬化，可以采用收缩的方法将金属分子拉回到其原来的位置上，使金属恢复到应有的形状和厚度。收缩的目的是移动受拉伸的金属，但不影响周围未损伤的弹性金属。在进行任何收缩以前，必须尽量将损伤部位矫正到原来的形状，然后再判断存在的受拉伸的金属。收缩作业一般可以通过利用收缩锤敲击和加热法进行。加热法收缩金属又分为两种：火焰法收缩和电热法收缩。

用火焰法收缩，可以获得比冷作法大得多的收缩延展量，更适合膨胀程度大、拉紧状态严重的变形。但它也有一定的局限，例如，对某些高强度钢板进行收缩时加热的范围不易把握，因为收缩时加热的温度必须达到金属软化的程度，所以加热时沿板件向周围传递的热量会比较多，容易引起更大范围的强度弱化；另外，在有些不宜采用明火的地方也不能使用氧-乙炔焰炬。因此利用外形修复机的接触电阻产生热的缩火方法也得到广泛应用。

电热法缩火是外形修复机的常用功能之一，其工作原理是利用导电介质与钢板接触时产生的电阻热来加热钢板。电热法缩火采用的导电介质有铜极和炭棒两种。

铜棒：以单点方式收缩损伤区域，虽然点缩火的覆盖区域较小，但可利用由移动极头至覆盖缩火的部位，作多点缩火，如图 3-2-45 所示。

碳棒：以螺旋方式收缩损伤区域，此种作业可同时加热和冷却较大的区域，如图 3-2-46 所示。

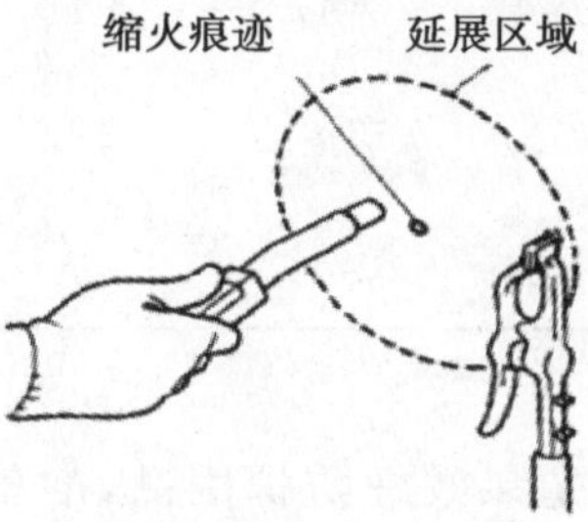

图 3-2-45　铜棒收缩

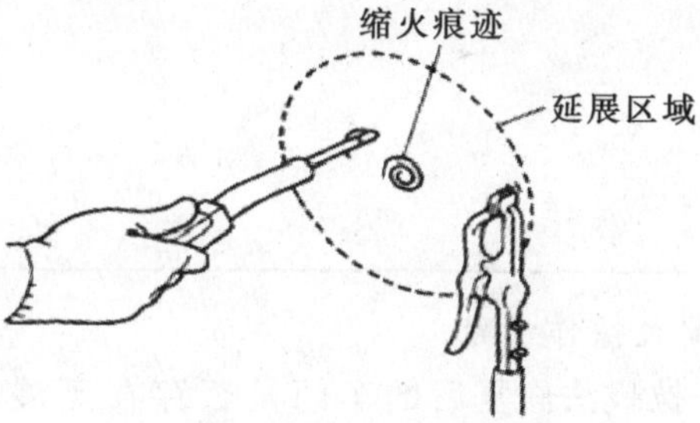

图 3-2-46　碳棒收缩

活动实施

一、车门修复的实施

1. 理解垫铁与手锤的使用方法

(1) 实敲(手锤在垫铁上)，如图 3-2-47 所示。

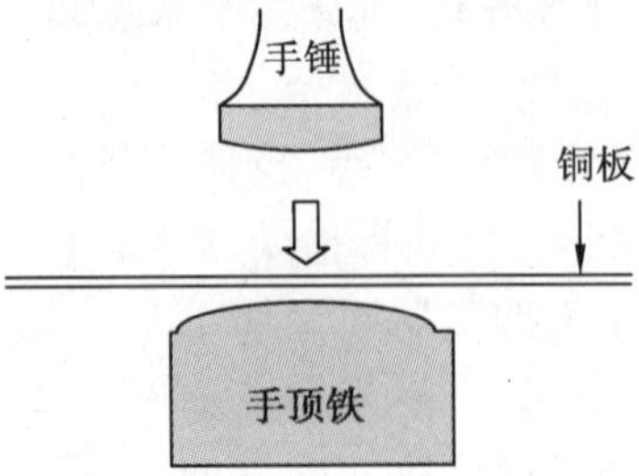

图 3-2-47　**实敲**

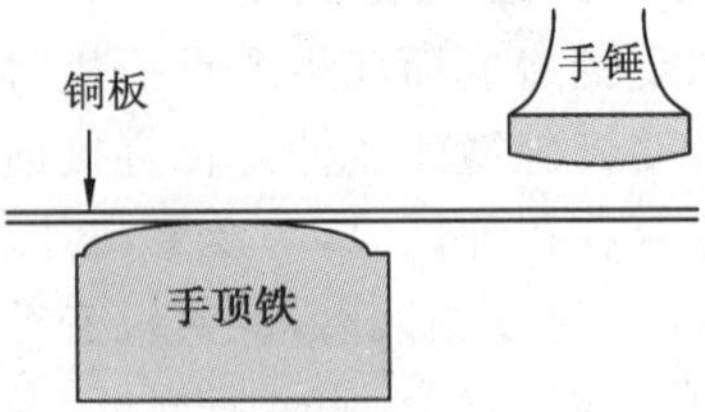

图 3-2-48　**虚敲**

(2) 虚敲(手锤不在垫铁上),如图 3-2-48 所示。

两种敲击方法各有什么优、缺点?适用场合如何?请在实际操作后回答。

2. 阅读修复机的使用说明

阅读修复机的使用说明,将修复机的使用流程写在表 3-2-6 中。

表 3-2-6　　**车身外形修复机的使用流程**

3. 缩火操作步骤

检查拉拔法修复后的车门是否存在延展,如果存在,先穿戴好防护用品,准备好修复工具。

在进行钢板的收缩之前,先要判断钢板的延展区域。判断钢板延展区域的方法有两种:用手指按修复面,看钢板是否打鼓;用直尺横着对准修复面看其是否凸起。然后才可以进行缩火。缩火前应检查电极头,如果电极头脏污或受损,将不能完全使钢板加热和平顺地移动电极头,所以当发现电极头有脏污或凹痕时,必须用砂纸清洁电极头。如果延展区域较小,即可使用点缩火。调整好外形修复机的参数,首先使用电极头对准最高点并轻轻地按下,使钢板轻微地变形。接着按下开关保持 2s 左右,然后使用空气枪迅速地冷却缩火区域;如果延展区域较大,应使用连续缩火。调整好外形修复机参数,并安装好碳棒极头,倾斜并轻轻地接触钢板面,按下开关。以直径为 20mm 的间隙,将极头由外侧往内侧以螺旋方向运行,并且逐渐加速。松开开关,将极头从钢板面移开,使用空气枪或水迅速冷却缩火区域。在钢板冷却完毕后，检查钢板刚性。如果其他区域钢板还存在延展区，则重复实施缩火作业。缩火结束后，使用单作用打磨机和80号砂纸研磨钢板表面，去除易使钢板生锈的缩火痕迹。

若达不到维修标准，可重复以上维修流程。

4．工作步骤记录

(1) 学会车身外形修复机的使用方法，完成表3-2-7。

表3-2-7　车身外形修复机的使用

(1) 挡位的选择：电流________________ 时间________________ (2) 使用注意事项：________________________________ ____

(2) 进行车门变形修复，完成表3-2-8。

表3-2-8　车门变形修复

(3) 进行车门的调整，完成表3-2-9。

表3-2-9　车门的调整

(1) 车门周围相关零部件的间隙：________________________ (2) 车门周围平整度：________________________________

(4) 本次课程的疑问有哪些？最大的难点是什么？有何改进建议？

____

____

____

____

5．5S管理

各小组实行5S管理，并要达到5S管理要求，经教师检查通过后方可离开实训场地。

二、质量检验

1. 车门修复的检验方法和标准

车门修复后需经过检验，要求车门表面光洁平整，平整度低于1mm。戴上手套用手去触摸修复好的区域，检查是否光滑，是否有台阶感；用直尺避开车门弧线，从上往下依次检查修复区域表面是否光滑，是否有明显的漏光现象，如图3-2-49和图3-2-50所示。

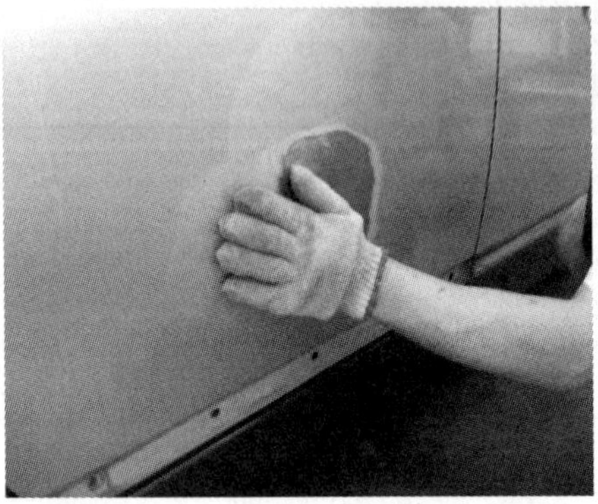

图3-2-49　车门修复的检验方法(1)

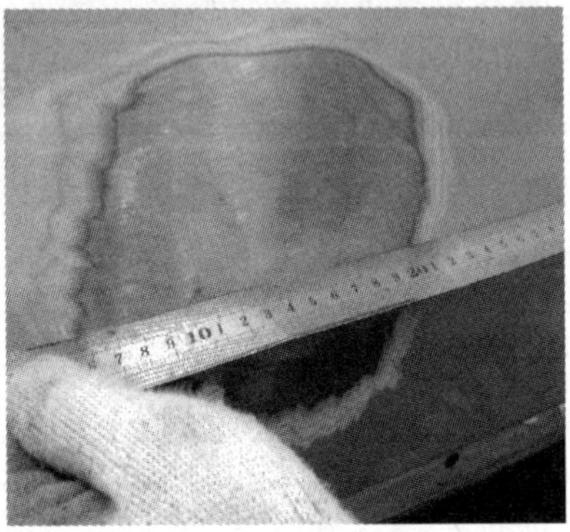

图3-2-50　车门修复的检验方法(2)

(1) 完成表3-2-10，操作涉及不到的可以不填。

表3-2-10　车门修复的检验表

检验内容	自　检	互　检	教师检查
平整度			
有无毛刺			
线条清晰程度			
边缘有无锐角			
与立柱之间间隙			
与车顶之间间隙			
与门槛之间间隙			
前、后围是否圆滑			
内衬安装是否完好			
操作过程是否符合5S要求			

(2) 各小组互相检查并作记录，完成表3-2-11和表3-2-12。

表3-2-11　小组互相查表

	时　间	工作流程	平整度情况
小组一			
小组二			
小组三			
小组四			

表 3-2-12　　　　小组互相检查记录表

1. 个人在任务完成中的不足之处：______ ______ ______
2. 在维修作业中的注意事项：______ ______ ______
3. 通过实践得出的改进措施：______ ______ ______ ______

2. 评价

(1) 反思性问题：你在实训操作过程中遇到的困难是什么？你认为有哪些操作不够正确或效率不高？有何新的建议？

(2) 拓展性问题：简述利用外形修复机修复和利用钣金手工具修复的差异。为什么有这样的差异？

巩固与评价

一、活动巩固

(一) 判断题

1. 用外形修复机焊接垫圈时，垫圈应与焊接钢板处垂直。（　　）
2. 用外形修复机修复车门钢板后，垫圈应用钳子左右摇摆法拆卸。（　　）
3. 用锤和顶铁修理车门较大凹陷时，首先使用对位敲击法。（　　）

(二) 单选题

1. 在使用垫铁、钣金锤和外形修复机都可以修理的情况下，使用（　　）可以省时省力。

A. 垫铁、钣金锤　　B. 外形修复机　　C. 两种工具都

2. 使用砂轮机时，砂轮盘要和工件呈(　　)。

A. 10°～20°　　　　　B. 20°～30°　　　　　C. 30°～40°

3. 铁锤在垫铁上的敲击法和铁锤不在垫铁上的敲击法的作用是(　　)。

A. 前者整平金属，后者拉伸金属

B. 前者拉伸金属，后者整平金属

C. 都是拉伸金属

4. 下列说法正确的是(　　)。

A. 车门受到拉伸的部位不存在加工硬化

B. 车门受到压缩的部位不存在加工硬化

C. 车门受到拉伸和压缩的部位都存在加工硬化

二、活动评价

评分标准见表 3-2-12，在考核记录栏中简述扣分的缘由。

表 3-2-12　　车门凹陷修复考核评分表

评定成绩：　　　　　时间：　　　　　地点：　　　　　教师：

序号	作业项目	考核内容	配分	评分标准	考核记录	扣分	得分
1	去除旧漆层处理	工具设备使用	10	工具设备使用，每漏一项扣 2 分，扣完为止			
		打磨工艺	10	打磨工艺错误，每次扣 2 分，扣完为止			
2	门凹陷拉拔修复及缩火处理	利用外形修复机进行门板修复	20	利用外形修复机进行门板修复不当，每项中的每一处扣 2 分，扣完为止			
		缩火作业	20	缩火作业方法与步骤不正确，每项中的每一处扣 3 分，扣完为止			
3	质量检验	仪器质量检验方法和手摸检验方法	30	(1) 方法错误，每个扣 2 分，扣完为止 (2) 作业步骤错误，每项扣 2 分，扣完为止			
4	安全生产和清理作业场地	(1) 整理工具，设备维护，清理场地 (2) 安全生产	10	(1) 每项疏漏扣 2 分，扣完为止 (2) 因操作不当造成重大事故发生，该项按 0 分处理			
分数合计			100				

任务三　后备箱盖的维修

活动一　后备箱盖的拆装和调整

活动描述

后备箱是汽车后部易损部件，完成该项工作需对后备箱盖进行拆检，并协助维修人员完成车辆损伤确定工作。在本次活动中，学生在理解后备箱盖的结构、材质的基础上，在教师的指导下，选用合适的工具和设备，对后备箱盖进行拆装与调整；在整个工作过程中要求严格遵守安全操作规范和5S管理要求。

学习目标

◇ 熟悉各类后备箱盖的结构。

◇ 掌握后备箱盖拆装常用工具的操作方法。

◇ 熟练进行后备箱盖的拆装和调整。

学习地点

典型构件拆装区。

学习准备

教学设备（含资料）：轿车两台、多媒体设备、用户手册、车身挂图。

工量具：钣金修复专业工具。

劳动保护用品：安全帽、护目镜、工作服、手套、安全鞋。

知识准备

后备箱盖是用两个冲压成形的冷轧钢板经翻边、连接制成的。一些被称为“两厢半”的轿车，其后备箱向上延伸，包括后风窗玻璃在内，使开启面积增加，形成一个门，因此又称为背门，这样既能够保持三厢车形状，又能够方便存放物品。

如果采用背门形式，背门内板侧要嵌装一圈橡胶密封条，以防水和防尘。后备箱盖开启的支撑件一般用钩形铰链及四连杆铰链，铰链装有平衡弹簧，使开启和关闭后备箱盖更省力，并可自动固定在打开位置，便于提取物品。

后备箱是乘客放置随身携带小件行李的场所，要求防尘、防潮、隔热，以保护存于其中的物品。因此后备箱盖关闭后，应有足够的密封性，能防止雨水、灰尘等异物进入后备箱内部；在行驶中，要保证后备箱内部的物品不会因各种不良路况而掉落。

后备箱盖(图 3-3-1、图 3-3-2)的构造类似于发动机罩,包括外板、内板和加强梁。内板和外板的四周采用折边连接方式,而加强梁和支座由点焊焊接于后备箱盖上(铰链和支座区域除外)。装配后备箱盖时将密封胶涂抹于内板和外板的某些间隙当中,以确保外板有足够的张力。

图 3-3-1　**后备箱盖(1)**

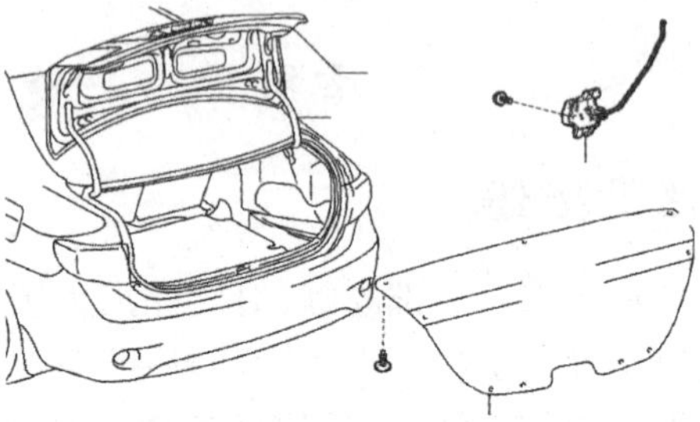

图 3-3-2　**后备箱盖(2)**

活动实施

按照以下步骤进行后备箱盖的拆装作业。

(1) 准备工具。

(2) 打开汽车左前门,拉紧驻车制动器,并将变速器置于空挡位。

回答问题:为什么要拉紧制动器,挂空挡?

(3) 将蓄电池负极端子电缆拆除,如图 3-3-3 所示。

(4) 拉起后备箱盖控制开关,如图 3-3-4 所示。若有钥匙,用钥匙直接打开后备箱。

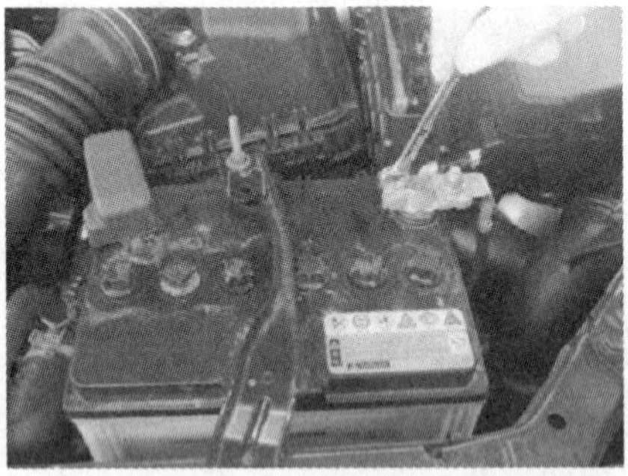

图 3-3-3　**拆卸蓄电池**

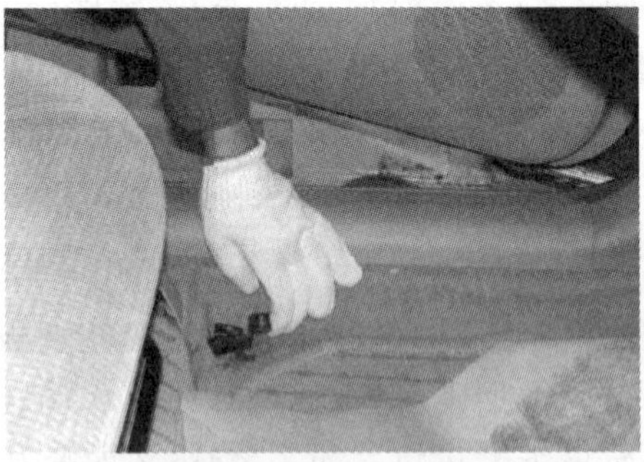

图 3-3-4　**拉起后备箱盖控制开关**

(5) 使用卡扣拆卸专用工具将后备箱盖装饰罩的固定卡扣撬出,并取下,如图 3-3-5 所示。撬出时,用力要适度,防止损坏卡扣。

(6) 拆卸后备箱盖锁总成,如图 3-3-6、图 3-3-7 和图 3-3-8 所示。

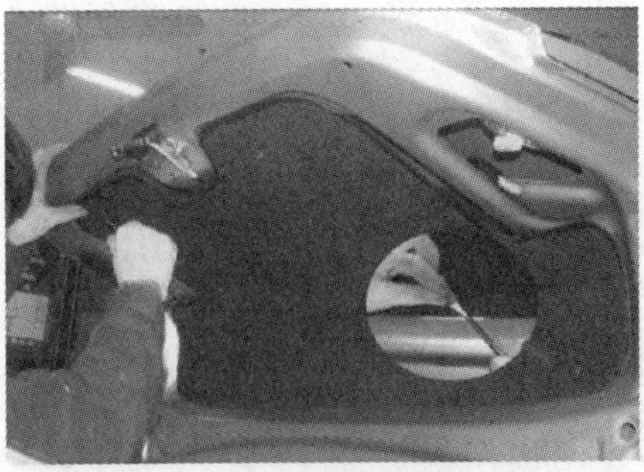

图 3-3-5　撬出固定卡扣

图 3-3-6　拆卸后备箱盖锁(1)

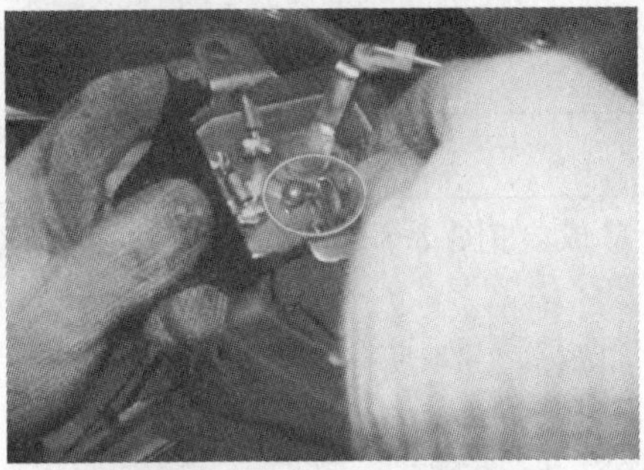

图 3-3-7　拆卸后备箱盖锁(2)

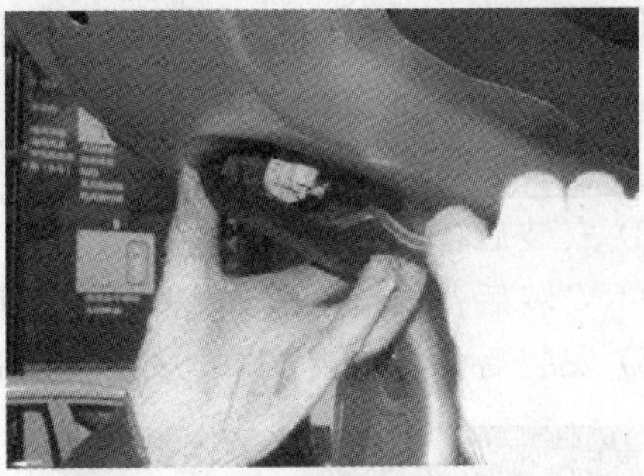

图 3-3-8　拆卸后备箱盖锁(3)

使用套筒拆卸时,应使套筒与螺栓保持垂直,防止在拧松过程中打滑损坏螺栓。

拆卸后备箱盖锁总成固定螺栓时,注意要交叉、均匀地分次拧松,防止变形。

(7) 将后备箱盖锁控制拉锁总成与后备箱盖锁总成分离。

(8) 拆卸左、右后灯盖总成插接器。拆卸完灯盖总成插接器后,请总结操作技巧：______

______

(9) 将后备箱盖分线束总成及控制拉锁总成从后备箱结构件中抽出,如图 3-3-9 所示。

(10) 使用套筒、接杆、棘轮扳手,拧松后备箱盖铰链螺栓,如图 3-3-10 所示。

(11) 将后备箱盖总成移出。提示：移出后备箱盖总成时,用一只手扶住后备箱盖总成铰链端,另一只手托住上方,合力向上移出,如图 3-3-11 所示。

(12) 检查拆下的后备箱盖总成无误后,安装后备箱盖总成。将后背箱盖总成螺栓预紧后,检查间隙,如图 3-3-12 所示。

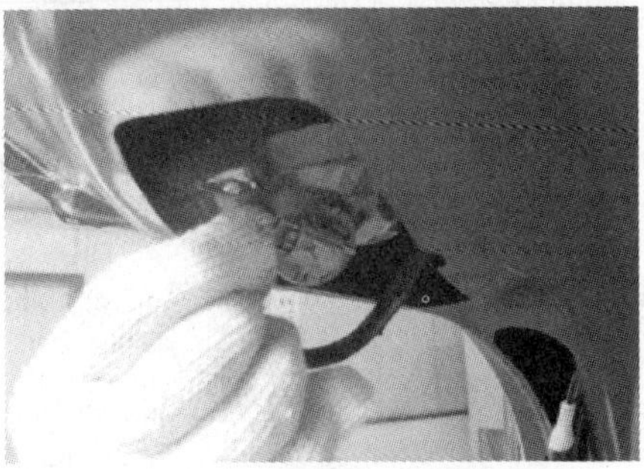

图 3-3-9　拆卸后备箱盖锁线束

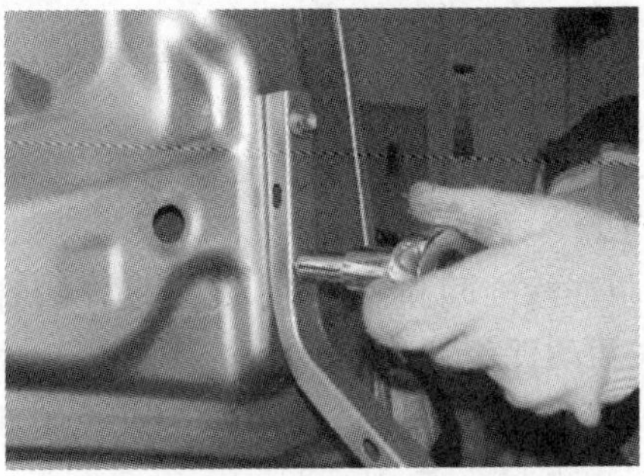

图 3-3-10　拧松后备箱盖铰链螺栓

图 3-3-11　将后备箱盖总成移出

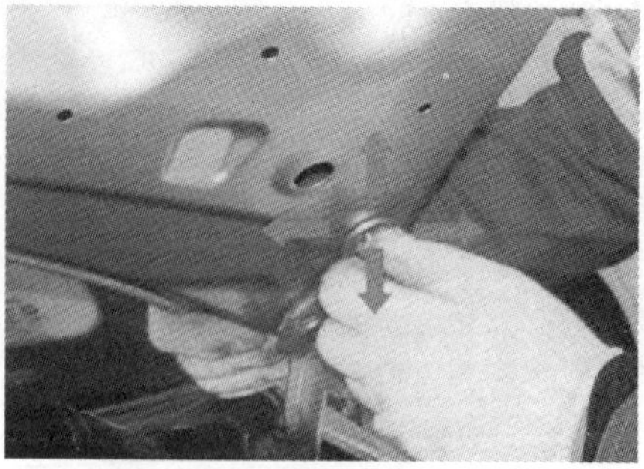

图 3-3-12　预紧总成螺栓

如何检查和调整间隙？在教师示范操作后进行总结：

____

____

(13) 安装后备箱盖线束分总成及控制拉锁分总成，如图 3-3-13 所示，方法可参照拆卸。

(14) 安装后备箱盖总成，方法可参照拆卸。

(15) 安装后备箱盖装饰罩，方法可参照拆卸，如图 3-3-14 所示。

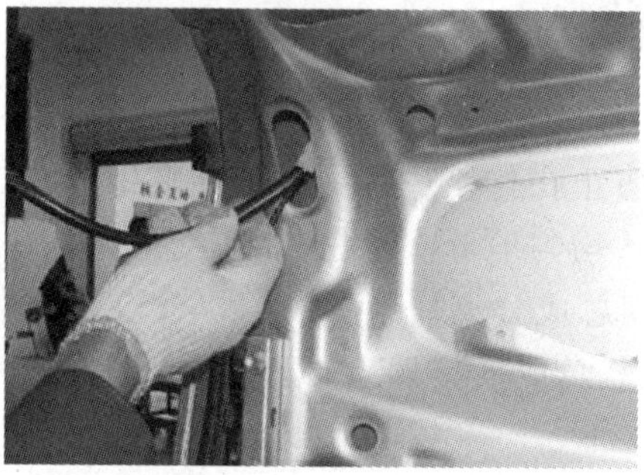

图 3-3-13　安装后备箱盖线束

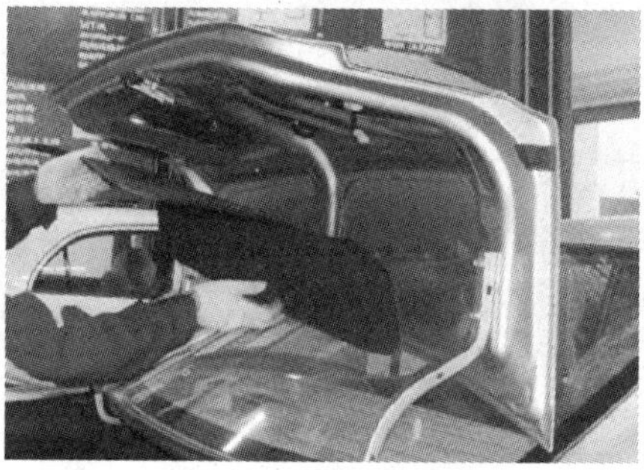

图 3-3-14　安装后备箱盖装饰罩

巩固与评价

一、活动巩固

填空题

1. 后备箱盖的构造类似于发动机罩，包括外板、________和________。

2. 后备箱盖不能有变形、________、________等现象，且漆面要保证完好，不能有漆膜缺陷。

3. 后备箱盖与后翼子板之间的标准间隙为________，安装到位后应在标准间隙范围内。

4. 调整标准间隙到位后，固定螺栓的拧紧力矩为______N·m。

二、活动评价

评分标准见表 3-3-1，在考核记录栏中简述扣分的缘由。

表 3-3-1　　后备箱盖的拆装与调整考核评分表

评定成绩：　　时间：　　地点：　　教师：

序号	作业项目	考核内容	配分	评分标准	考核记录	扣分	得分
1	认知汽车后备箱各部件的名称、结构、材料	表述汽车后备箱各部件的名称、结构、材料	20	能准确描述后备箱各部件的名称（10分）			
				能正确描述后备箱的结构、材料（10分）			
2	后备箱拆装	（1）后备箱的拆卸 （2）后备箱的安装	50	能正确进行后备箱的拆卸（20分）			
				能正确进行后备箱的安装（20分）			
				能正确使用工具，无错漏（10分）			
3	后备箱调整	（1）后备箱的调整分析 （2）后备箱的调整	30	能正确进行后备箱的调整分析（10分）			
				能正确进行后备箱的调整（10分）			
				能正确使用工具，无错漏（10分）			
分数合计			100				

活动二　后备箱盖维修方案的制订

活动描述

汽车后部一旦发生碰撞，可能会造成后备箱盖的损伤，为使受损部位恢复原有的外形、尺寸等，需要对受损部位进行钣金作业修复。常见后备箱盖损伤如图 3-3-15 和图 3-3-16 所示。学生在分析后备箱碰撞原因和明确维修工艺流程的基础上，在教师指导下，对后备箱进行损伤鉴定，制订后备箱维修方案，操作过程中要求严格遵守操作安全规范和 5S 管理要求。

图 3-3-15　受损伤的后备箱盖(1)

图 3-3-16　受损伤的后备箱盖(2)

学习目标

◇ 目测后备箱盖损伤程度，查阅维修手册，确定维修方案。
◇ 利用目测、指压、触摸等检测方法进行检测。
◇ 自觉遵守钣金作业过程中的个人安全防护和企业现场规章制度。
◇ 遵守劳动保护与环境保护的规定。

学习地点

事故车修复区。

学习准备

教学设备（含资料）：维修手册、安全操作规程等。

工量具：无痕修复工具套装、记号笔、吹气枪、测量尺等。

劳动保护用品：防护眼镜、耳罩、垫脚布、座椅套、方向盘套、车轮挡块、防尘口罩等。

知识准备

一、后备箱盖损伤的原因

后备箱盖损伤的原因有两类：一类是受到重物从上方意外落下的撞击；另一类是汽车肇事，发生碰撞，波及后备箱盖。后备箱盖皱褶损伤比较多，一般是由汽车肇事，发生追尾事故而造成的。

二、后备箱盖维修工艺流程

后备箱维修工艺流程如图 3-3-17 和图 3-3-18 所示。

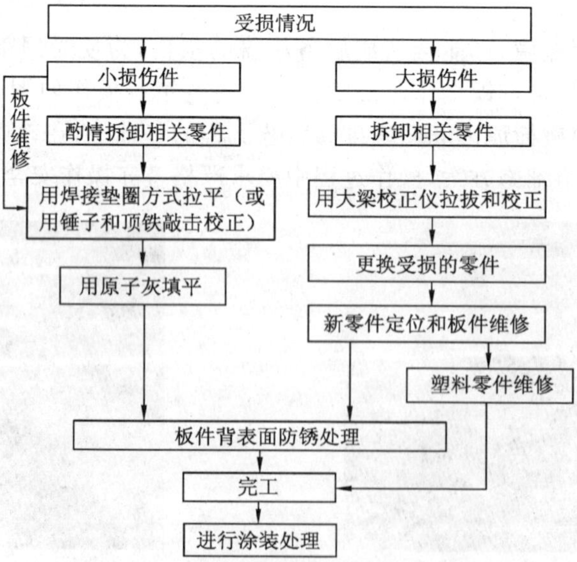

图 3-3-17 后备箱盖维修总体工艺流程

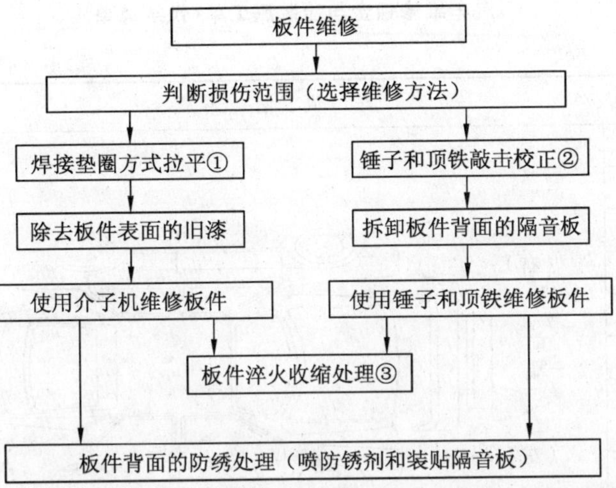

注：① 焊接垫圈拉平作业适用于板件背面不可施工的部位；
② 锤子和顶铁敲击校正作业适用于板件背面可施工的部位；
③ 板件加热后再冷却，可校正凹凸不平的板件。

图 3-3-18　后备箱盖钣金维修工艺流程

三、钣金快修工艺(免喷漆)

如果金属板件的损伤较小，可以使用不损伤漆面的修复方法，这不但可以节省大量的时间和劳动，而且还可以避免重新喷漆带来的配色问题。一般常用的方法有黏结法和微钣金修复两种方法。具体流程如下：

评估受损情况→确认受损工件→拆卸必要零部件→手动微整形消除表面应力→根据情况选用拉拔工具进行修复→手动微整形消除表面应力。

免喷漆凹陷修复技术是利用力学、热力学和光学等原理来实现修复的。利用光折射的视觉效果判断凹陷的位置和程度，应用杠杆原理按摩车身内部，逐步将车身凹陷处的张力释放，使凹陷处恢复原状，实现对车身凹陷的快速、准确、完整修复。最后使用镜面镀膜技术，使修复后的汽车表面光亮如新。

活动实施

一、阅读工单

(1) 各小组接受派工单(表 3-3-2)，阅读派工单，明确工作任务。各小组派代表描述工作任务，将工作任务填入表 3-3-3 中。

(2) 各小组检查车身，核查后备箱受损情况与派工单是否吻合，若发现有不相吻合之处，应及时与教师交流、沟通。

表 3-3-2 **汽车维修钣金与涂装派工单〈代结算单〉**

承修单位：　　　　　　　　　　　　　　　　　　　　年　月　日

车　辆　信　息		
进出日期		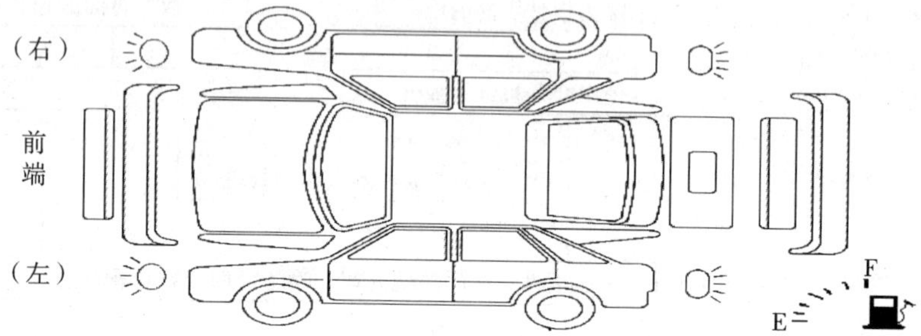
车主		
车牌		
电话		
里程		
油量		
维修类型	□ 钣金 □ 涂装	
验车结果	划痕 H 凹陷 A 锈点 X 破损 P	
维修项目描述		

序号	作业项目	工时	作业时间		耗材	质检		作业人员签字
			开工时间	完工时间		合格	不合格	
1	后备箱盖的修理							
2								
3								
4								

钣金组长留言	结　算			
	工费		外加工费	
	料费		税金	
	喷漆费			
签字：　　　年　月　日	总　计			

经办人：　　　　　　　　　　　　　　　　出厂日期：　　年　　月　　日

表 3-3-3 **工作任务**

工作任务：

二、选择后备箱盖钣金修复工具及设备

认知钣金修复工具及设备，说出图 3-3-19、图 3-3-20、图 3-3-21、图 3-3-22 中各工具和设备的名称、作用和初步使用方法。

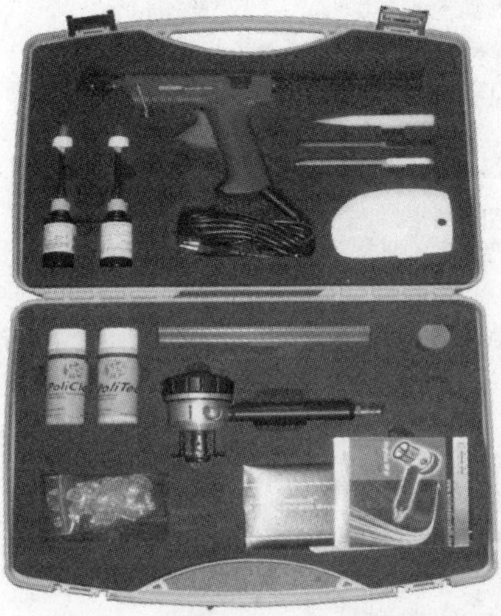

图 3-3-19 无痕修复工具套装(1)

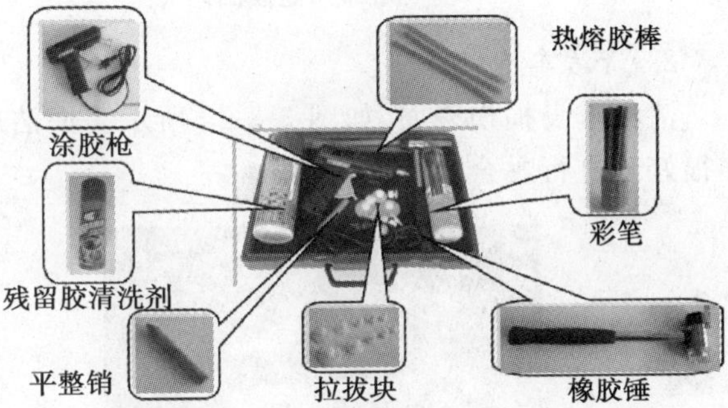

图 3-3-20 无痕修复工具套装(2)

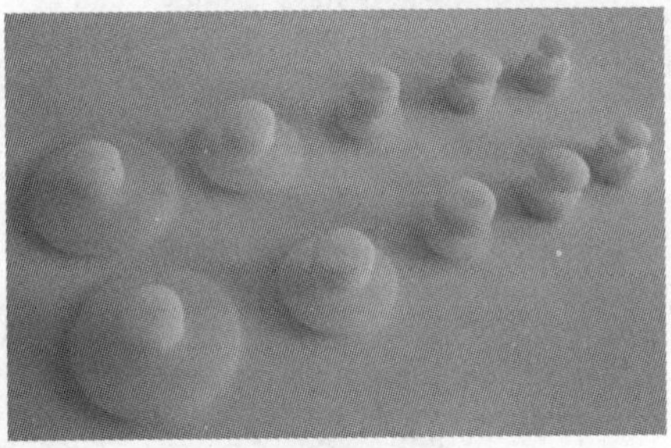

图 3-3-21 适用于面积较小凹坑的塑料介子

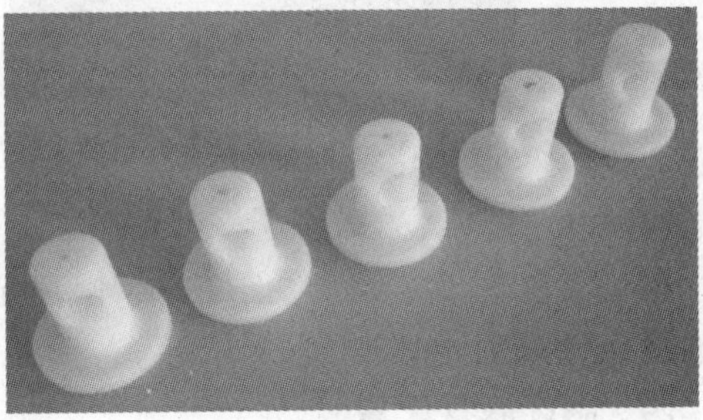

图 3-3-22 适用于面积较大凹坑的塑料介子

各小组领取无痕修复组合工具一套(包括熔胶枪、热熔胶棒、熔胶拉拔接头、修复胶棒、照明灯、稀释剂)。

三、进行损伤评估

1. 损伤诊断

在做凹陷修复的时候，首先要借助灯光找出凹陷的点。先将灯管放在待修板件的上方或侧面，让灯管与待修板件成垂直状态，待修板件上呈现出如图 3-3-23 和图 3-3-24 所示状况。

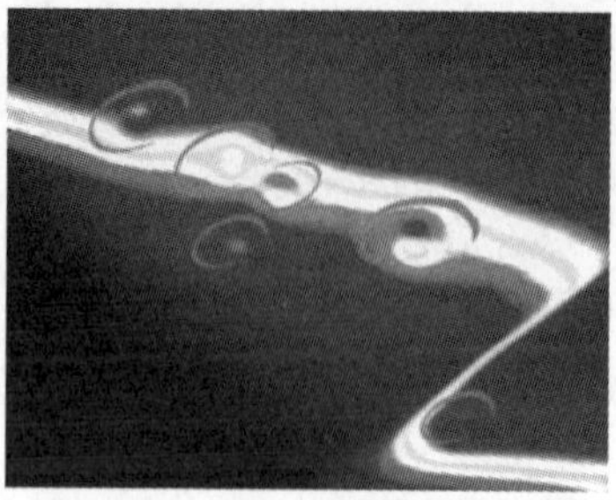

图 3-3-23　受损凹陷

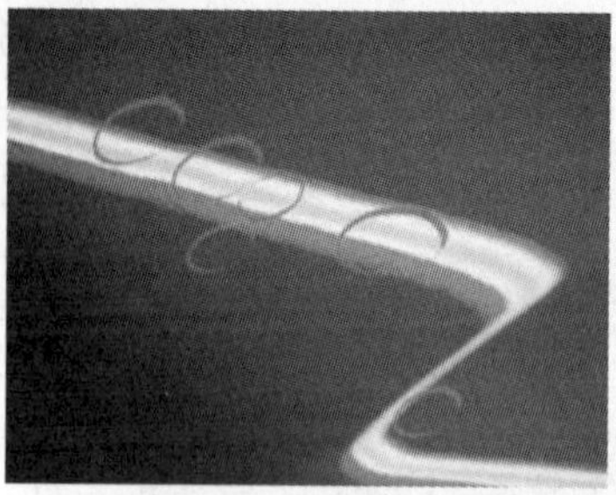

图 3-3-24　无受损凹陷

2. 清洁车身板件

清洁车身损伤表面，如图 3-3-25 所示。清洁后不要再次污染板件表面，以保证黏结剂能够很好地进行黏合。

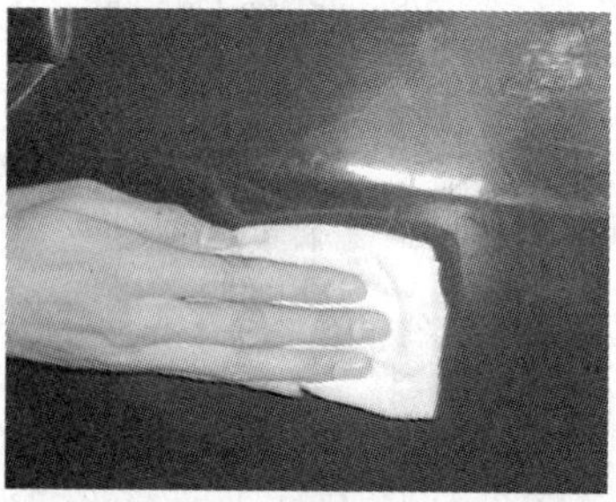

图 3-3-25　清洁车身板件

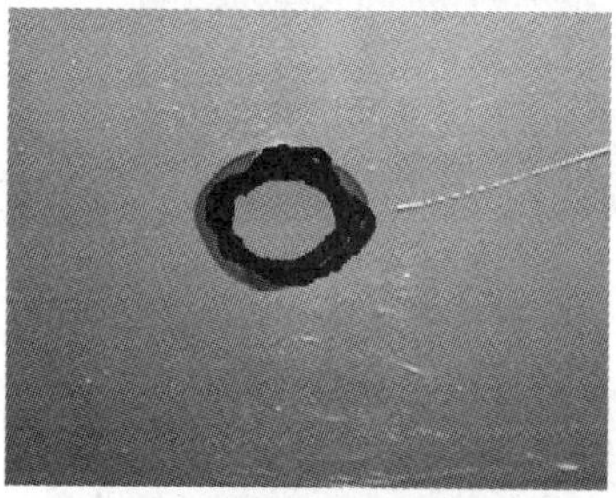

图 3-3-26　给受损点作标记

3. 给受损点做标记

用灯光辅助确认钣金变形区域，使用记号笔在需要拉拔的碰撞点做标记，如图 3-3-26 所示。

四、制订修复计划

1. 阅读材料

加热胶枪，将胶涂在塑料介子上，5～8s 后将塑料介子黏结于受损凹陷处，黏结后等待 30～60s，待胶体凝固后，将 SVW6321/3 快速拉拔工具前端焊头卸除，安装专用转接器，与塑料介子连接，修复凹陷损伤，如图 3-3-27、图 3-3-28 和图 3-3-29 所示。

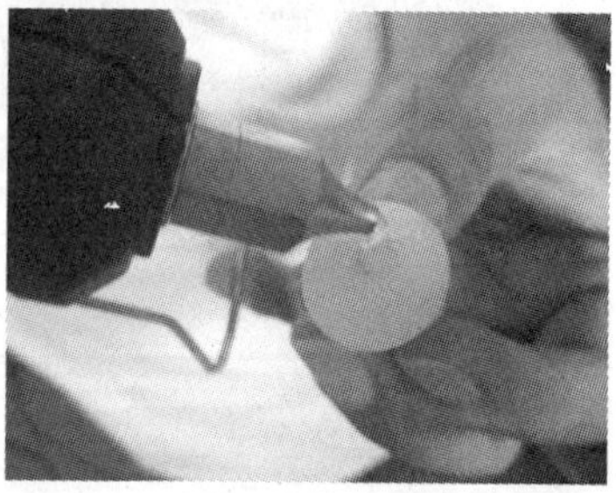

图 3-3-27　介子涂胶

图 3-3-28　将介子黏贴在受损凹陷处

图 3-3-29　对凹陷部位拉拔修复

2. 根据上述阅读材料，详细写出你们小组的维修方案

巩固与评价

一、活动巩固

（一）判断题

1. 拉伸后备箱盖时与修复结构件一样，遵循"拉伸→保持→再拉伸→再保持"的原则，对皱褶和隆起区域进行校正。（　　）

2. 凹陷修复解决了车身凹陷当中相当一部分无须"钣金、补腻子、喷漆"的修复业务，相当程度上满足了车主想最大限度地保留原厂漆面的心愿，但远远还没有达到代替传统"钣金、补腻子、喷漆"工艺的地步。（　　）

3. 在后备箱盖损伤诊断检查中，通过目测方式一般不会遗漏掉所有的损伤。（　　）

（二）多选题

1. 关于后备箱箱形截面的凹陷铰折，（　　）的说法是正确的。

A. 箱形截面的顶部和底部表面会同时有凹陷

B. 板件两侧受到拉伸

C. 板件两侧受到压缩

D. 铰折中顶部金属受到的损伤比底部金属要大

2.（　　）的说法是错误的。

A. 用铁锤在垫铁上敲击时，如果锤击太重或次数太多都会拉伸铝板

B. 铝比钢软得多，而且当铝在加工硬化以后，容易加工成形

C. 修复完后，要在裸露的铝表面上涂敷填充剂或油灰

D. 对铝板进行钣金操作时，可以使用常规钢板整形工具

3. 对铝制后备箱盖板进行外形修复时，可以使用（　　）。

A. 木垫　　B. 橡胶锤　　C. 收缩锤　　D. 精修锤

4. 无痕修复组合工具中包括（　　）等。

A. 熔胶枪　　B. 热熔胶棒　　C. 照明灯　　D. 稀释剂

二、活动评价

评分标准见表 3-3-4，在考核记录栏中简述扣分的缘由。

表 3-3-4　　后备箱损坏分析与修复方案的制订考核评分表

评定成绩：　　　　时间：　　　　地点：　　　　教师：

序号	作业项目	考核内容	配分	评分标准	考核记录	扣分	得分
1	目测车身损坏专案	正确判断后备箱的损坏	20	能准确描述钣金件的名称(10分)			
				能正确描述钣金件的损坏(10分)			

续表

序号	作业项目	考核内容	配分	评分标准	考核记录	扣分	得分
2	车身碰撞分析	(1) 追尾碰撞的分析 (2) 垂直碰撞损坏分析	30	能正确描述直接损伤(10分)			
				能正确描述波及损伤(10分)			
				分析理据清楚,无错漏(10分)			
3	车身损坏修复方案的制订	(1) 修复材料的准备 (2) 修复设备的准备 (3) 确定修复方法 (4) 制定修复步骤	50	能正确列出修复材料的清单(10分)			
				能正确列出修复方案中需要的设备(10分)			
				能正确制订修复方案(10分)			
				能正确列出修复方案中的修复步骤(20分)			
分数合计			100				

活动三　后备箱盖维修的实施及质量检验

活动描述

本活动是在完成上一道工序“后备箱盖维修方案的制订”活动的基础上进行的,学生根据该维修制订方案,在教师的指导下,进一步确认后备箱盖修复项目和修复方法;并根据汽车钣金修复工艺要求,按照作业工单和制造厂家的车辆维修手册规定,协同其他人员,使用外形修复机、无痕修复工具等设备和工具,完成对后备箱盖的外形修复。最后通过自检和班组互检,对已完成的工作在电脑中进行记录和存盘。在操作过程中要求遵守安全操作规范及5S管理要求。

学习目标

◇ 能阅读维修工单,明确维修项目和维修工艺,能描述修复作业流程。
◇ 能合理选择护目镜、耳塞等个人防护用品。
◇ 能正确选用钣金整形锤与垫铁进行后备箱盖的修复。
◇ 能阅读外形修复机使用说明书,选择合适的作业模式进行后备箱盖修复工作。
◇ 能利用目测、指压、触摸等检测方法进行检测、定位。

学习地点

车身损伤修复区。

学习准备

教学设备(含资料):待修复轿车一辆、维修手册、安全操作规程等。

工量具:外形修复机(无痕)、钣金维修工具组件、螺丝刀、大力钳、记号笔、吹气枪、锉刀、测量尺等。

劳动保护用品:防护眼镜、耳罩、垫脚布、座椅套、方向盘套、车轮挡块、防尘口罩等。

知识准备

一、无痕修复优点简介

无痕修复的优点有:不破坏油漆,可以直接从外部维修凹坑;不用对饰板和其他车身部件进行拆装,保持车身原始状态;固定件不必更换,节省工作时间。图 3-3-30 所示为无痕修复前后对比。

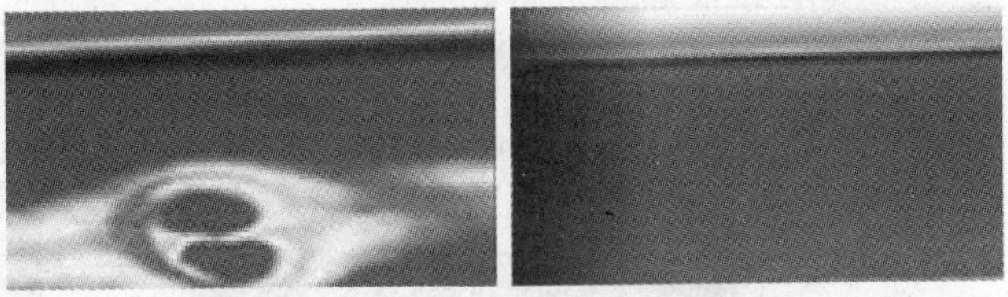

(a) 修复前　　(b) 修复后

图 3-3-30　无痕修复前后对比

二、无痕修复使用前提

(1) 钣金件受损没有折痕和皱纹(漆面通过抛光不能处理的)。

(2) 钣金件表面应保持清洁,便于修复作业。

(3) 钣金件表面的温度在 20℃左右(黏结效果最佳)。

(4) 光线良好,可以很好地观察受损区域。

三、单点拉拔修复小凹坑损伤

(1) 如图 3-3-31 所示,将 SVW 6321/3 快速拉拔器前端换为转接拉拔器,用于连接塑料介子。

图 3-3-31　单点拉拔

(2) 紧握快速拉拔器把手进行拉拔作业,将受损部位轻轻拉起。

(3) 可进行多次拉拔作业,直至凹坑被完全修复。

(4) 拉拔过程中如拉力过大,致使凹坑上拱,必须再用锤子和销子进行平整修复。

四、线拉拔修复大凹坑损伤

(1) 将多个塑料介子黏结至钣金件表面,穿入拉拔销,如图 3-3-32 所示。

(2) 选择 SVW 6321/2 强力拉拔修正工具组,可进行多次拉拔作业,直至凹坑被完全修复,如图 3-3-33 所示。

(3) 拉拔过程中如拉力过大,致使凹坑上拱,必须再用锤子和销子修整。

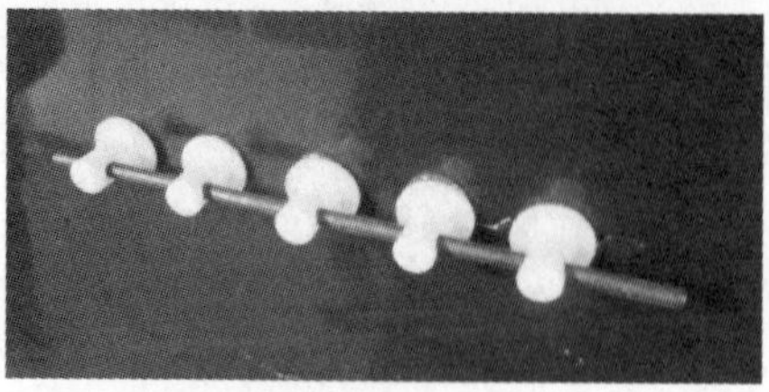

图 3-3-32　黏结塑料介子

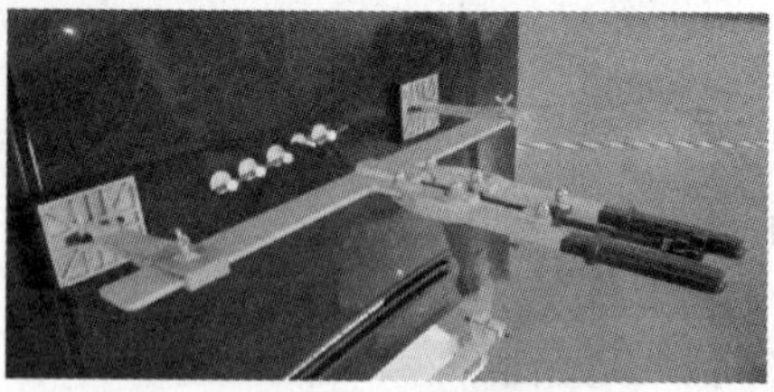

图 3-3-33　线拉拔

活动实施

一、后备箱盖维修

学生在教师的示范下完成下列步骤，并写出操作心得。

1. 清洁车身板件

清洁车身损伤表面和装备工具，如图 3-3-34 所示。清洁后不要再次污染板件表面，以保证黏结剂能够很好地进行黏合。

图 3-3-34　清洁

图 3-3-35　标记损伤

操作心得：____

____

2. 标记损伤

使用记号笔在需要拉拔的碰撞点做标记，如图 3-3-35 所示。

操作心得：____

____

3. 熔胶

接通黏结剂枪的电源，将熔胶胶棒插到枪里，如图 3-3-36 所示。等 4～5min，待胶棒受热变成液体状后才能使用。

图 3-3-36　将熔胶胶棒插到枪里

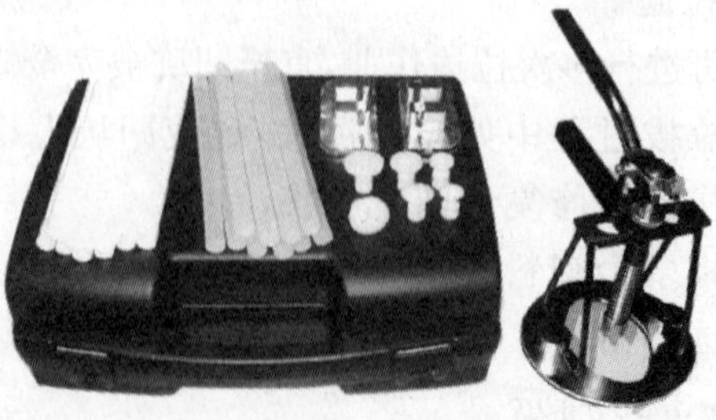

图 3-3-37　粘接拉拔器头

操作心得：

4. 粘接拉拔器头

选择接头的直径和形状要与损伤的凹陷直径相符。把热熔胶涂到接头圆弧表面，将接头放到碰撞点，黏结剂只要能填平凹陷部位就行，不能太多。不能用太大的力量按下接头，否则粘接不牢，如图 3-3-37 所示。

操作心得：

5. 拉拔修复凹陷

等接头上的熔胶冷却后就可以对凹陷进行拉拔修复，将拉拔器和拉拔接头连接，用垂直于板件的力量进行拉拔修复，如图 3-3-38 所示。

操作心得：

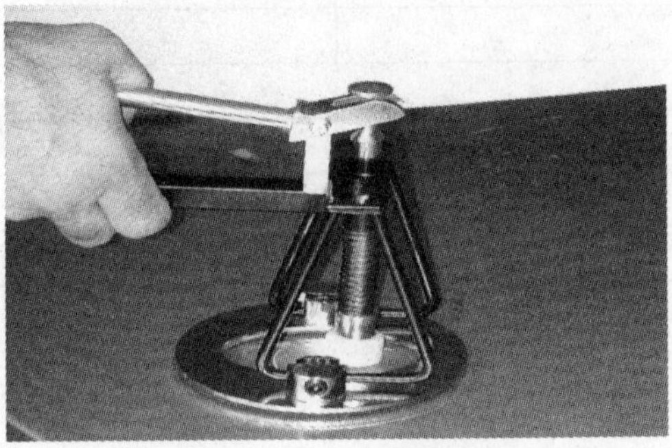

图 3-3-38　拉拔修复凹陷

图 3-3-39　抛光

6. 去除黏胶

拉拔完成后，使用同样的稀释剂取下接头。在接头周围滴几滴稀释剂，使用塑料刮刀的边缘取下黏结剂，然后对修复表面进行抛光处理，如图 3-3-39 所示。

操作心得：

二、质量检验

(1) 后备箱盖修复的检验方法和标准

后备箱盖修复后需进行质量检验，要求后备箱盖表面光洁平整，不能有油漆磨掉的情况。完成表 3-3-5 和表 3-3-6，操作涉及不到的可以不填。

表 3-3-5　后备箱盖修复的检验表

检验内容	自　检	互　检	教师检查
平整度			
有无毛刺			

续表

检验内容	自　检	互　检	教师检查
线条清晰程度			
边缘有无锐角			
与后翼子板之间间隙			
与后大灯之间间隙			
与后备箱箱体之间间隙			
汽车后围是否圆滑			
内衬安装是否完好			
操作过程是否符合 5S 要求			

表 3-3-6　　小组互相检查记录表

	时　间	工作流程	平整度情况
小组一			
小组二			
小组三			
小组四			
小组五			

三、工作总结与回馈

1. 个人总结

完成表 3-3-7。

表 3-3-7　　个人总结

1. 个人在任务完成中的不足之处：______________________________

____

____

2. 在维修作业中的注意事项：______________________________

____

____

3. 通过实践得出的改进措施：______________________________

____

____

2. 评价

(1) 反思性问题:你在实训操作过程中遇到的困难是什么?你认为有哪些操作不够正确或效率不高?有何新的建议?

(2) 拓展性问题:简述钣金微修复和传统修复方法的具体差异。为什么有这样的差异?

巩固与评价

一、活动巩固

(一) 判断题

1. 检查后备箱盖损伤时,要沿着碰撞能量传递路线,一处一处地检查部件的损伤,直到没有任何损伤痕迹的位置。 (　　)

2. 有经验的车身维修人员会把大量精力和时间用在后备箱盖损伤评估上,而总的修理时间反而会缩短。 (　　)

3. 后备箱金属板受到铰折折损时,折损处顶部金属受到的损伤比底部要小得多。 (　　)

(二) 多选题

1. 下列说法正确的是(　　)。

A. 对金属的不适当加工,会造成过度的加工硬化

B. 间接损坏的类型有四种

C. 修理凹陷部位时,必须从外部开始向外压平,逐渐向中心处接近

D. 对板件进行修复时,最先的损伤要最先修复,最后的损伤要最后修复

2. 如果后备箱损伤凹陷很浅,可以采用"闪电修复",利用快修的专用工具和器具(　　)等,起平凹陷,不损坏原漆,修复后不用做腻子喷漆。

A. 真空吸盘　　B. 快速拉拔器

C. 外形修复机　　D. 等离子弧切割机

3. 后备箱盖修复后需进行质量检验,一般检查的内容包括(　　)。

A. 平整度　　B. 有无毛刺

C. 线条清晰程度　　D. 边缘有无锐角

二、活动评价

评分标准见表 3-3-8,在考核记录栏中简述扣分的缘由。

表 3-3-8　　后备箱盖修复考核评分表

评定成绩：　　时间：　　地点：　　教师：

序号	作业项目	考核内容	配分	评分标准	考核记录	扣分	得分
1	单点拉拔	工具设备的调试使用	15	工具设备使用，每漏一项扣 2 分，扣完为止			
		单点拉拔工艺	15	拉拔工艺错误，每次扣 2 分，扣完为止			
2	线拉拔	工具设备的调试使用	20	工具设备使用，每漏一项扣 2 分，扣完为止			
		线拉拔工艺	20	拉拔工艺错误，每次扣 2 分，扣完为止			
3	质量检验	仪器质量检验方和手摸检验方法	20	(1) 方法错误，每个扣 2 分，扣完为止 (2) 作业步骤错误，每项扣 2 分，扣完为止			
4	安全生产和清理作业场地	(1) 整理工具，设备维护，清理场地 (2) 安全生产	10	(1) 每项疏漏扣 2 分，扣完为止 (2) 因操作不当造成重大事故发生，该项按 0 分处理			
分数合计			100				

任务四　保险杠的维修

活动一　前（后）保险杠的拆装与调整

活动描述

保险杠(前、后)一般为塑料件，是汽车易损部件。在本次活动中，学生在了解所修车型保险杠的结构、材质及塑料件修复工艺的基础上，在教师的指导下，选用合适的工具和设备，对保险杠进行拆装与调整；在整个工作过程中要求严格遵守安全操作规范和 5S 管理要求。

学习目标

◇ 能说出各类保险杠的结构。

◇ 会正确使用常用钣金工具拆装保险杠。

◇ 能进行保险杠的拆装和调整。

学习地点

车身损伤修复区。

学习准备

教学设备(含资料)：轿车两台、多媒体设备、用户手册、车身挂图。

工量具：保险杠拆装工具。

劳动保护用品：安全帽、工作服、手套、安全鞋等。

知识准备

一、保险杠的作用

保险杠是车辆在冲撞受力的时候，吸收、缓和外界冲击力，产生缓冲的装置，起到保护人与车的作用。保险杠系统是汽车车身的一个重要组成部分，其作用主要有四方面：第一，当汽车与其他车辆或障碍物发生低速碰撞(通常小于 10km/h)时，保护翼子板、散热器、发动机罩和灯具等部件；第二，当汽车与行人发生碰撞时，最大限度地保护行人；第三，满足车身空气动力性的要求；第四，装饰和美化车身。汽车保险杠是防护车身前、后部的安全装置，位于汽车前方和后方的大部分区域，以避免车辆外部损坏对车辆安全系统造成的影响。保险杠不具有在高速撞击时减少驾乘人员伤害的能力，而是越来越多地被设计用于行人保护。

二、保险杠的材质

1. 金属材质

20 年前汽车前、后保险杠以金属材料为主，用厚度为 3mm 以上的钢板冲压成 U 型槽钢，表面镀铬处理，与车架纵梁铆接或焊接在一起，与车身有一段较大的间隙，好像是一件附加上去的部件，看起来不美观，安全性能也比较低。

2. 塑料材质

随着汽车工业的发展，汽车保险杠作为一种重要的安全装置也走上了革新的道路。今天的轿车前、后保险杠除了保持原有的保护功能外，还要追求与车体造型和谐与统一，追求本身的轻量化。为了达到这种目的，目前轿车的前、后保险杠普遍用塑料制成，人们称为塑料保险杠。

塑料保险杠由外板、缓冲材料和横梁等三部分组成。其中外板和缓冲材料用塑料制成，横梁为用厚度 1.5mm 左右的冷轧薄板冲压成的 U 型槽；外板和缓冲材料附着在横梁上，横梁与车架纵梁螺丝联接，可以随时拆卸下来。这种塑料保险杠使用的塑料，大体上使用聚酯类和聚丙烯类材料，采用注射成型法制成。例如，标致 405 轿车的保险杠，采用了聚酯类材料并用反应注射模成型法做成；而大众的奥迪 100、高尔夫，上海的桑塔纳，天津的夏利等型号轿车的保险杠，采用了聚丙烯类材料用注射成型法制成。

国外还有一种称为聚碳酯类的塑料，渗进合金成分，采用合金注射成型的方法，加工出来的保险杠不但具有较高强度和刚性，还具有可以焊接的优点，而且涂装性能好，在轿车上的用量越来越多。

塑料保险杠具有优良的强度、刚性和装饰性，从安全上看，汽车发生碰撞事故时能起到缓冲作用，保护前、后车体；从外观上看，可以很自然地与车体结合在一起，浑然成一体，具有很好的装饰性，成为装饰轿车外形的重要部件。

3. 玻璃钢 SMC 材质

玻璃钢 SMC 材料是一种新型的汽车塑料保险杠材料。玻璃钢 SMC 材料是一种热固性热复合材料，SMC(Sheet Mould Compound)是由树脂糊浸渍玻璃纤维制成的一种片状模塑料，它具有强度高、重量轻、耐腐蚀等特点，而且材料性能设计自由度大，是全球应用最广泛的复合材料之一。

三、保险杠损坏进厂修复前的准备工作

1. 零件的拆卸

在车间修复前，要求专业人士进行保险杠零件的拆卸工作，把拆下来的零件放到固定的地方，便于完工后的安装。

2. 定损

估计保险杠受损范围，便于后续工作。查看保险杠的变形程度，如果变形严重就必须更换，而奥迪等品牌的车的前保险杠是塑料的，如果轻微受损则可以进行修理。查看损坏部位的大小，然后准备修理工具。

3. 保险杠周围附件检查

查看前保险杠四周的部件，检查是否存在因保险杠受损而引起的连锁损伤，因为周围部件受损会对修复工作以及安装带来不必要的困难。

活动实施

一、安全和环保

在实训室进行每一项实践操作时，都应严格遵守实训室的规章制度，切实做好 5S 管理。

首先，在进行保险杠拆装前，要确定汽车固定良好，检查驻车制动及车轮胎垫块的位置，如图 3-4-1 所示。

图 3-4-1 检查驻车制动及车轮胎垫块的位置

其次，在拆装前、后保险杠时，应先检查保险杠的损坏程度。在操作时，穿上工作服，拆下零件，注意编号并按顺序放置。拆卸完毕后，各拆卸工具须有序地放回原位。修理结束后，做好实训场地的清洁工作。

二、工具的选择使用

拆装保险杠要使用的工具如图 3-4-2 所示。

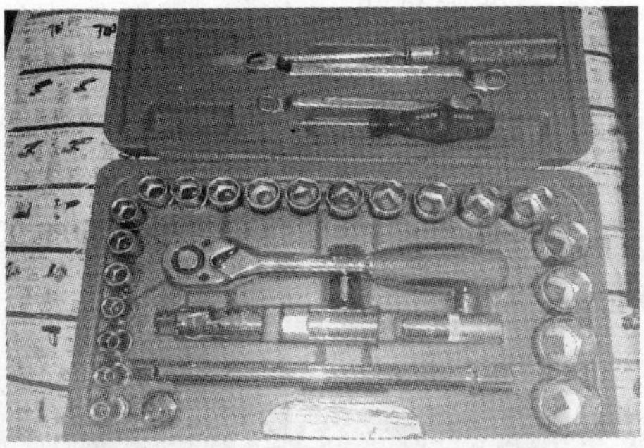

图 3-4-2 拆装保险杠的工具

图 3-4-3 拆卸前部螺栓

三、前保险杠的拆装

以桑塔纳 3000 为例。

(1) 打开发动机室,用螺丝刀撬开前牌照防盗罩,并拆卸汽车前部 4 个固定螺栓,如图 3-4-3 所示。

(2) 用螺丝刀撬开前保险杠上部 4 个固定卡扣,如图 3-4-4 所示。

(3) 用螺丝刀撬开前保险杠中部 3 个固定卡扣,如图 3-4-5 所示。

(4) 用螺丝刀撬开前保险杠侧面 4 个固定卡扣,如图 3-4-6 所示。

(5) 用螺丝刀撬开前保险杠底部 5 个固定卡扣,如图 3-4-7 所示。

图 3-4-4 撬开上部卡扣

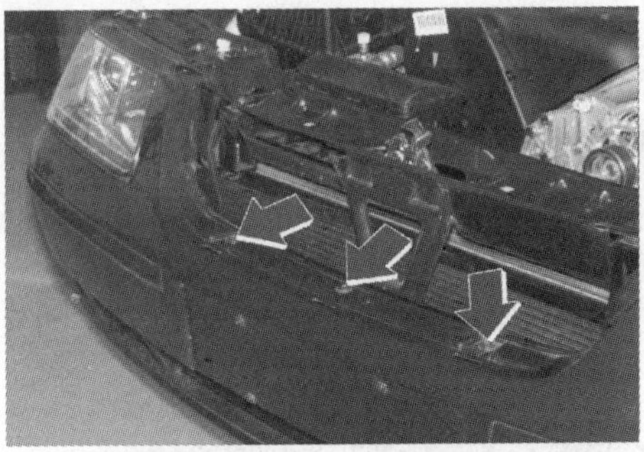

图 3-4-5 撬开中部卡扣

图 3-4-6 撬开侧面卡扣

图 3-4-7 撬开底部卡扣

(6) 取下前保险杠,如图 3-4-8 和图 3-4-9 所示。在实际维修工作中,要求将拆下的保险杠放置于专用料架上。

(7) 安装前保险杠,可参考拆卸过程。

图 3-4-8　拆卸前保险杠

图 3-4-9　取下前保险杠

四、后保险杠的拆装

(1) 用螺丝刀撬开后牌照防盗罩,并拆卸汽车前部 4 个固定螺栓,如图 3-4-10 所示。

(2) 用螺丝刀撬开后保险杠侧面固定卡扣,如图3-4-11所示。

(3) 用螺丝刀撬开后保险杠内部两个固定卡扣,如图 3-4-12 所示。

(4) 用螺丝刀拧开底部固定螺栓,取下底部灯具面板,如图 3-4-13 和图 3-4-14 所示。

(5) 拔出尾灯连接线束插接器,如图 3-4-15 所示。

图 3-4-10　拆卸牌照螺栓

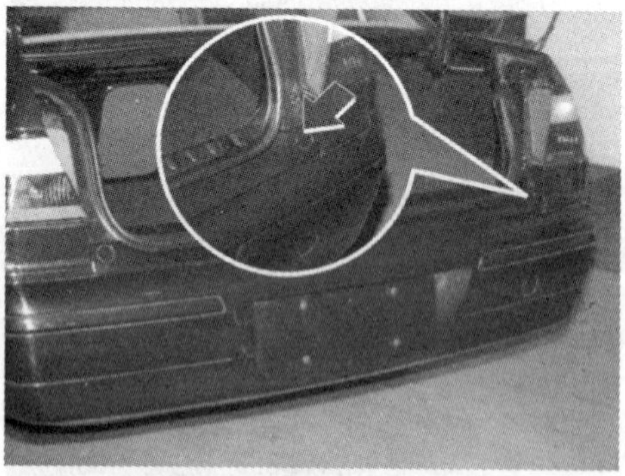

图 3-4-11　撬开侧面卡扣

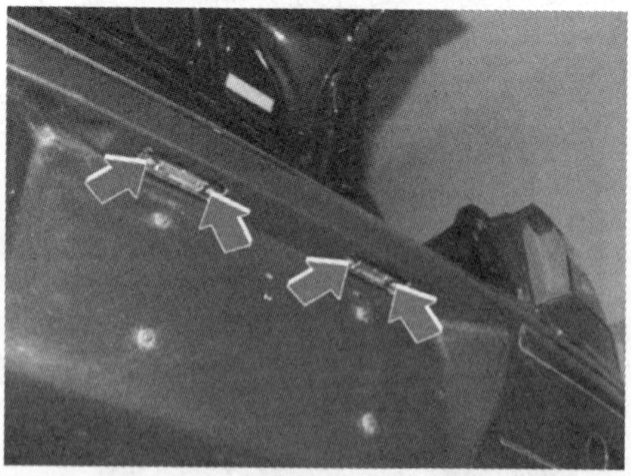

图 3-4-12　撬开内部卡扣

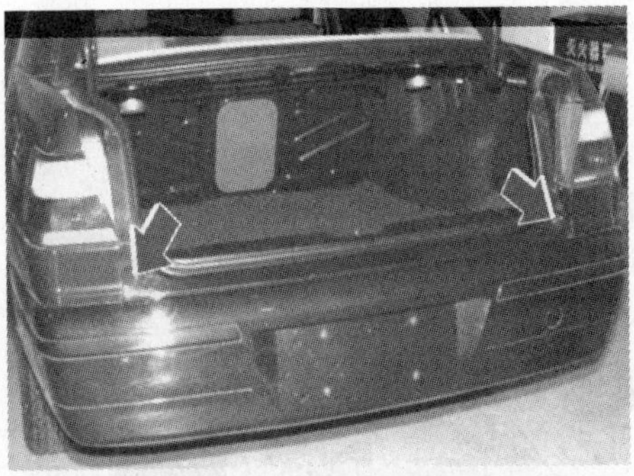

图 3-4-13　拧开底部固定螺栓

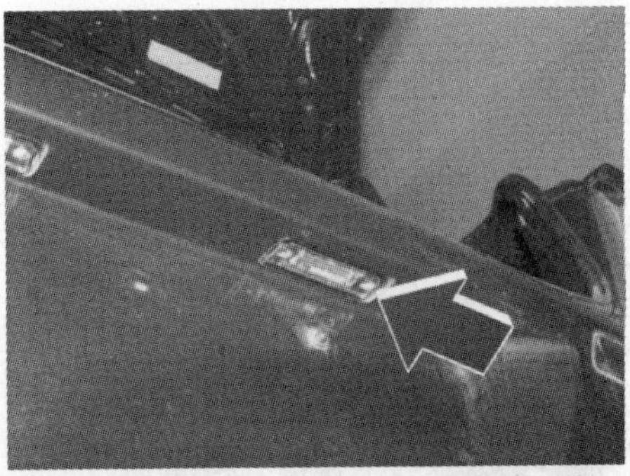

图 3-4-14　取下底部灯具面板

图 3-4-15　拔出尾灯连接线束插接器

图 3-4-16　撬开侧面卡扣

(6) 用螺丝刀撬开后保险杠侧面固定卡扣，如图 3-4-16 所示。

(7) 用螺丝刀撬开下部固定卡扣，如图 3-4-17 所示。

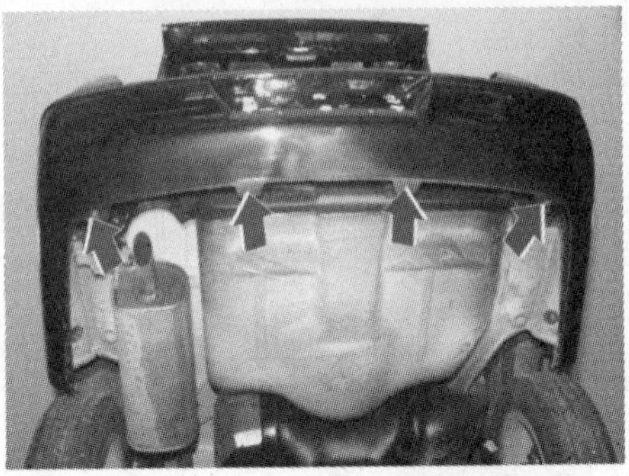

图 3-4-17　撬开下部卡扣

图 3-4-18　取下后保险杠

(8) 取下后保险杠，如图 3-4-18 所示。在实际维修工作中，要求将拆下的保险杠放置于专用料架上。

(9) 安装后保险杠，可参考拆卸过程。

巩固与评价

一、活动巩固

1. 将前保险杠各部件名称填入图 3-4-19 中的方框中。

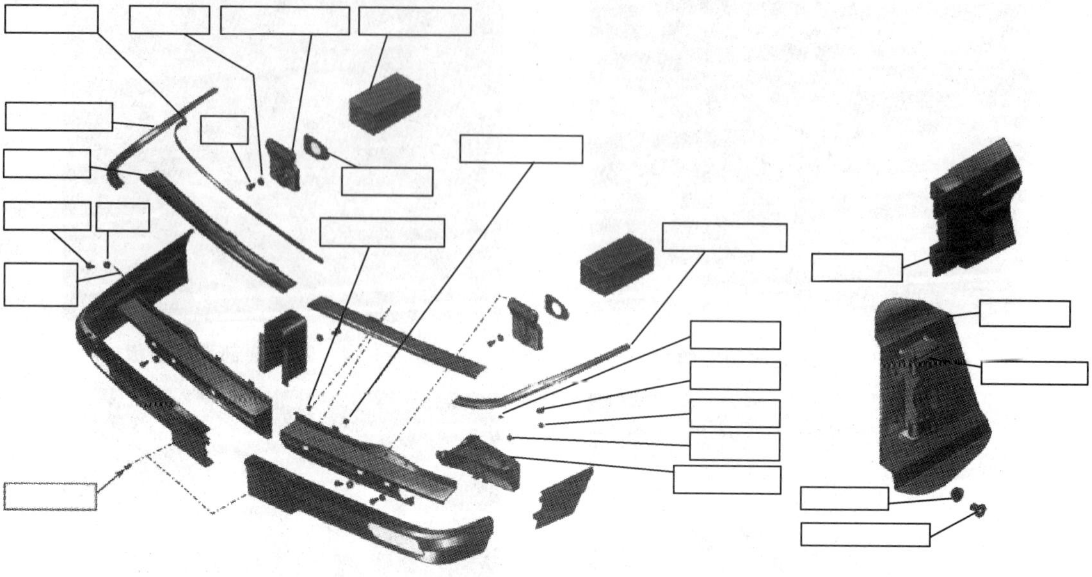

图 3-4-19 前保险杠

2. 将后保险杠各部件名称填入图 3-4-20 中的方框中。

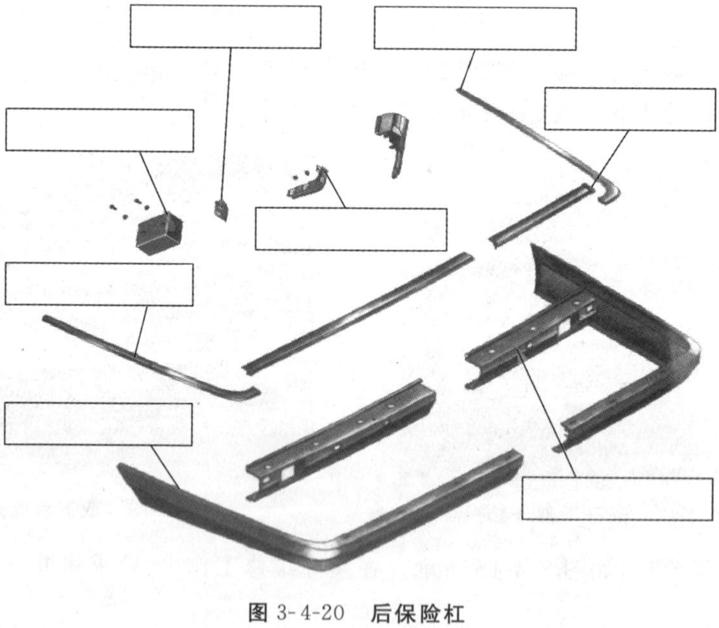

图 3-4-20 后保险杠

二、活动评价

评分标准见表 3-4-1,在考核记录栏中简述扣分的缘由。

表 3-4-1　　前(后)保险杠的拆装与调整考核评分表

评定成绩：　　时间：　　地点：　　教师：

序号	作业项目	考核内容	配分	评分标准	考核记录	得分
1	认知汽车保险杠各部件的名称、结构、材料	表述汽车保险杠各部件的名称、结构、材料	30	能准确描述保险杠的名称(10 分)		
				能正确描述保险杠的结构、材料(15 分)		
				填表正确，字迹规正，表述清楚、明了，无遗漏(5 分)		
2	保险杠拆装	(1) 保险杠的拆卸 (2) 保险杠的安装	40	能正确进行保险杠的拆卸(15 分)		
				能正确进行保险杠的安装(15 分)		
				能正确使用工具，无错漏(10 分)		
3	保险杠调整	(1) 保险杠的调整分析 (2) 保险杠的调整	30	能正确进行保险杠的调整分析(10 分)		
				能正确进行保险杠的调整(15 分)		
				能正确使用工具，无错漏(5 分)		
分数合计			100			

活动二　保险杠的黏接修复

活动描述

汽车发生碰撞，极易造成保险杠损伤，如图 3-4-21 所示。在本次活动中，学生在理解塑料件的修复工艺的基础上，在教师的指导下，进一步确认修复项目和修复方法；在规定工时内以经济的方式，根据塑料件修复工艺的要求，按照作业工单和制造厂家车辆维修手册的规定，协同其他人员，完成对保险杠黏接修复；通过自检和班组互检，对已完成的工作在电脑中进行记录和存盘。在操作过程中要求遵守安全操作规范及 5S 管理要求。

图 3-4-21　受损的保险杠

学习目标

◇ 会阅读维修工单，明确维修项目和维修工艺，能描述修复作业流程。
◇ 能合理选择护目镜、耳塞等个人防护用品。
◇ 能正确使用打磨机对受损部位及周围进行打磨。
◇ 能正确选用保险杠黏结剂对保险杠进行修复。
◇ 能利用目测、指压、触摸等方法进行检测、定位。

学习地点

事故车修复区。

学习准备

教学设备（含资料）：多媒体设备、维修手册、安全操作规程等。

工量具：砂带机、单动打磨机、塑料焊枪、钣金维修工具组件、气动切割锯、螺丝刀、大力钳、记号笔、吹气枪、锉刀、测量尺等。

劳动保护用品：防护眼镜、耳罩、垫脚布、座椅套、方向盘套、车轮挡块、防尘口罩等。

知识准备

一、塑料的种类及修理方式

在日常生活中，我们能直接接触或感知到的塑料，多数是常规的通用塑料，主要包括五大类：PE（聚乙烯）、PP（聚丙烯）、ABS（丙烯腈-丁二烯-苯乙烯共聚物）、PVC（聚氯乙烯）、PS（聚苯乙烯）。这五大类塑料是最常用的塑料原料，其余的基本可以归入特殊塑料品种，如PPS（聚苯硫醚）、PPO（聚苯醚）、PA（聚酰胺、尼龙）、PC（聚碳酸酯）、POM（聚甲醛）等，它们在日用生活产品中的用量很少，主要应用在工程产业、国防科技等高端的领域，如汽车、航天、建筑、通信等领域。塑料根据其可塑性，可分为热塑性塑料和热固性塑料。通常情况下，热塑性塑料的产品可再回收利用，而热固性塑料则不能。塑料根据光学性能，可分为透明塑料、半透明塑料及不透明塑料，如PS（聚苯乙烯）、PMMA（聚甲基丙烯酸甲酯）、AS（苯乙烯-丙烯腈共聚物）、PC（聚碳酸酯）等属于透明塑料，而其他大多数塑料都为不透明塑料。

目前，汽车内饰用塑料材料，主要是改性PP、PE、聚烯烃弹性体等。外装材料目前仍然有多种材料在不同的车型中使用，主要的使用品种为改性PP、SMC、ABS类等。

其中以改性PP为主的聚烯烃材料已经占到车用塑料使用量的50%以上，使用部件包括仪表板、车门护板、装饰面板等大型内饰部件和保险杠、水箱面罩、挡泥板等外装部件。

ABS的品种多，表面处理效果好，价格低，因此在车身材料中一直广受欢迎。由于ABS耐候性差，目前汽车中已经广泛使用高耐候的AES（丙烯腈- EPDM橡胶-苯乙烯共聚物）、ASA（丙烯腈-苯乙烯-亚克力橡胶共聚物）等材料作为ABS的补充。

SMC综合性能远超过其他工程塑料，并且是可以在线喷漆的材料，在车身开发中一直占有重要的位置。目前车用SMC的弯曲模量一般超过10GPa，冲击强度高达60kJ/m^{2}以上，可以制备保险杠、支柱、发动机面罩、各类挡板等大表面积的制品。

保险杠大多采用以改性 PP 为主的聚烯烃材料或 SMC 塑料，对于塑料的修复方法一般采用黏结修复和焊接修复方法。

二、塑料件的识别

塑料件的识别一般可以采用编号识别法、物理方法和化学方法。编号识别方法可以利用国际标准符号或 ISO 码、汽车维修手册等来查询，如图 3-4-22 所示。物理方法可以采用色辨法、密度法、光学法等方式进行。化学方法一般采用燃烧法。

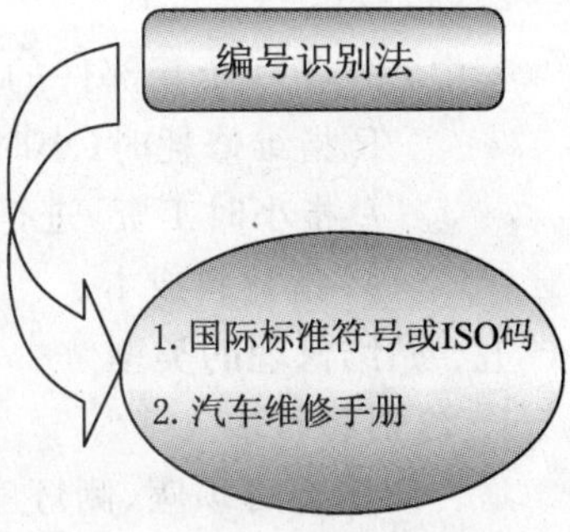

图 3-4-22　编号识别法

1. 密度法

以液体为介质，检验塑料在液体介质中的沉浮，以粗略辨别塑料的大类，例如，一块塑料放在水中浮于水面，由此可断定，原料不是 PVC（因 PVC 的相对密度＞1）。

2. 光学法

主要考查原料的透明性，一般常用透明原料为 PS、PC、PMMA、AS；半透明原料为 PE、无规共聚 PP、均聚 PP、软质 PVC、透明 ABS 等，其他的原料基本上不透明。

3. 色辨法

一般来讲，不加助剂的原料，如果分子结构中含有双键，则颜色会略显黄，如 ABS，因有丁二烯共聚，聚合后分子结构中仍含有双键，因此会显略黄。

4. 燃烧法

主要考查火焰的颜色和燃烧时发出的气味和烟雾。一般来讲，聚烯烃类的原料燃烧火焰多是蓝色或淡蓝色，气味比较温和，烟雾呈白色，而多数带苯或氯的原料燃烧后容易冒黑烟，气味浓烈。例如，PE、PP 有滴燃现象，而 PVC 等则无滴燃，但有自熄现象。能自动熄灭的一般就是 PVC（燃烧较困难，火焰易自动熄灭，软化后可拉成丝）、PC（慢慢着火，慢慢熄灭熔融，起泡）、PEI（聚醚酰亚胺，熔融滴落）、PMMA（高度透明，抗划伤性差，融化起泡）、ABS（冒黑烟，软化烧焦）、PS（跌落有金属响声）、PET（聚对苯二甲酸乙二醇酯，火焰黄色，冒黑烟，软化无溶液）、NYLONGPA（慢慢燃烧，慢慢熄灭，边缘黄色，熔融滴落，起泡）、PBT（聚对苯二甲酸丁二醇酯，火焰明亮，噼啪声，起滴，多黑烟）。

其他的多数辨别方法就要借助各种仪器，如红外光谱、质谱、核磁共振、差热分析、热分析等。

三、安全注意事项

（1）阅读所有标签说明和警告。

（2）切割、打磨或研磨塑料时，要注意防尘控制。

（3）打磨时穿一次性油漆服，防止粉尘黏到皮肤上。

（4）如果树脂或硬化剂接触到皮肤，用硼砂皂和热水或酒精进行清洗。

（5）在进行修理操作时始终要佩戴防护镜。

（6）修理工作区域必须通风良好。

四、塑料件维修原则

塑料件损伤类型分为轻度损伤、中度损伤和严重损坏。一般喷漆的维修费用不应超过新部件成本的50%，无法提供或短期内无法提供新部件时例外。满足下列条件时，维修比较经济可行：

$$N>R\times L+M$$

其中：N 指一个新部件的成本；

R 指维修耗时（小时）（硬化时间不应计算在内）；

L 指小时工资，进行维修时计算；

M 指材料成本。

五、黏结修理的类型

1. 溶剂黏结法

适合用于车灯顶座、侧灯座等小部件修理，不适用于PP、PE修理。

2. 氰基丙烯酸酯黏结法

在涂敷最后修理材料前使用，能快速黏合塑料件。

3. 双组分黏合剂黏结法

由基底树脂、硬化剂组成，有时可代替塑料焊接，强度高。黏结类型如图3-4-23所示。

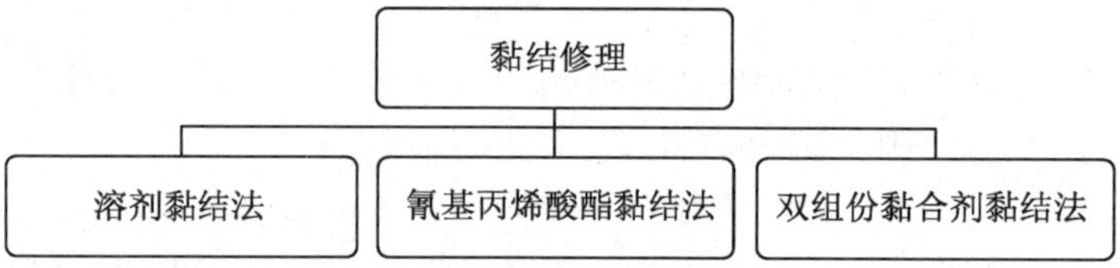

图 3-4-23　黏结修理的类型

六、黏合剂使用注意事项

(1) 不同黏合剂不能混用。

(2) 产品系列通常包括黏合促进剂、填充剂和挠性材料，应根据其使用说明使用。

(3) 有的产品适用于特定的基底材料。

(4) 有的产品系列可能对所有塑料都是用一种挠性填料，而有的产品可能为不同的塑料设计两种或更多挠性填料。

(5) 黏合促进剂用来处理塑料件表面，使之能更好地黏合。

活动实施

一、阅读工单

(1) 各小组接受派工单（表3-4-2），阅读派工单，明确工作任务。各小组派代表描述工作任务，将工作任务填入表3-4-3中。

表 3-4-2　　　　　　　　**派　工　单**

汽车钣喷中心派工单							
						维修单号	
车主姓名		车主电话		送修人		送修人电话	
车主地址				送修时间		预完工时间	
车型		车牌号		VIN 号		发动机号	
颜色		行驶里程		购车日期	索赔单号	PWA 编号	
维修操作							
序号	作业内容	工时	工时费	开始时间	结束时间	维修人	是否索赔
							是　否
							是　否
							是　否
							是　否
							是　否
							是　否
							是　否
费用估算							
服务顾问签字			客户签字				
质检员签字							
			服务经理签字				

表 3-4-3　　　　　　　　**工作任务**

工作任务：

(2) 各小组检查车身，核查车身受损情况与派工单是否吻合，若发现有不相吻合之处，应及时与教师交流、沟通。

二、根据教师指导实施保险杠的黏结修复，并写出操作心得

(1) 清洁：用灰色丝瓜布＋热肥皂水/塑料膜砂膏＋热水，彻底打磨修复部位至表面全无光泽，去除脱膜剂，用清水冲洗干净后用清洁布擦拭，再用压缩空气吹干，如图 3-4-24 所示。

操作心得：

图 3-4-24　清洁并用压缩空气吹干

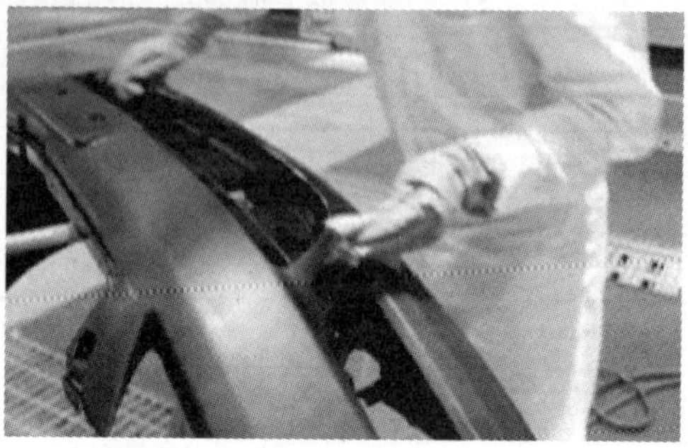

图 3-4-25　除油

(2) 预处理：修复部位用抗静电除油剂除油进行除油，并按涂料厂家要求的时间进行干燥，如图 3-4-25 所示。

操作心得：

(3) 打磨(正、反面)：如图 3-4-26 所示。

操作心得：

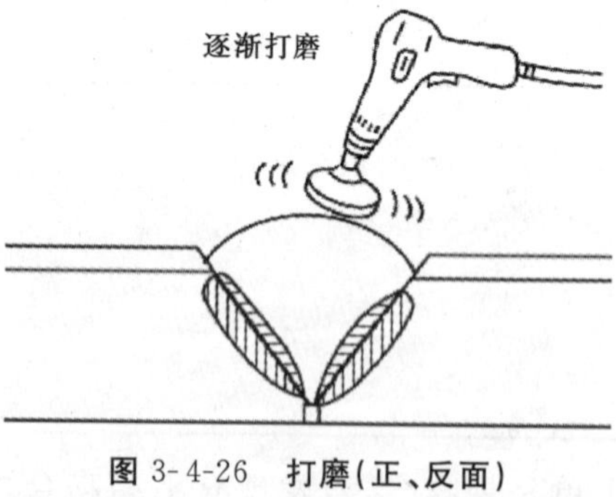

图 3-4-26　打磨(正、反面)

图 3-4-27　喷涂底漆

(4) 喷涂底漆：薄喷 PP 塑料底漆两道，每道之间要有充分的闪干时间，并按产品要求的时间进行干燥，如图 3-4-27 所示。注意：对保险杆中间栅格内外要进行完全、牢实的遮蔽。

操作心得：________________________________

____

(5) 黏结处理：将待修区域涂上保险杠专用塑料胶水，然后烘干，塑料胶水组合套装如图 3-4-28所示。

操作心得：________________________________

____

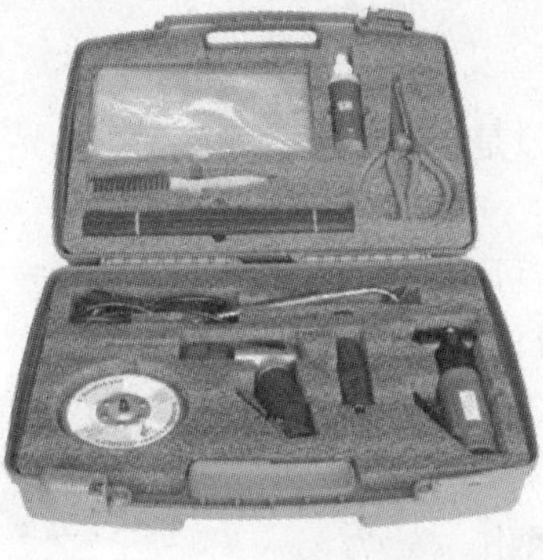

图 3-4-28　塑料胶水组合套装

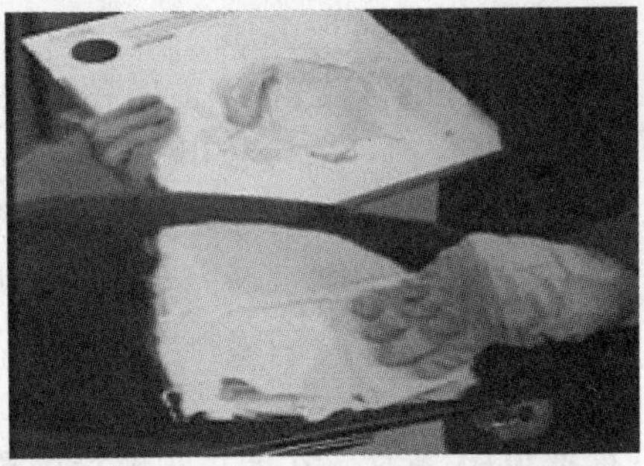

图 3-4-29　磨掉正面过量的黏结剂

(6) 磨掉正面过量的黏结剂，如图 3-4-29 所示。

操作心得：________________________________

____

巩固与评价

一、活动巩固

(一) 判断题

1. 在车身修复操作中建议穿着连体且不过于宽松的衣服。　(　　)
2. 车身修复操作中，拧紧车身上的紧固件的基本要求是至拧不动时为止。　(　　)
3. 保险杠是通过螺栓固定在车身上的。　(　　)
4. 保险杠的主要组成部分是合成树脂和填料。　(　　)
5. 环氧树脂黏合剂是一种有机黏合剂，它的用途很广，适合黏结各种非金属材料，但对于金属材料黏合性能不好。　(　　)

(二) 单选题

1. 对聚乙烯内饰件加热修复时，加热温度是(　　)℃。

A. 40～50　　B. 50～60　　C. 60～70

2. 用黏合剂修复塑料件时，固化时间是(　　)。

A. 3～12h　　　B. 5～24h　　　C. 根据使用的黏合剂的种类而定

3. 黏合剂的筒嘴要切割成(　　),才能涂抹合适宽度的密封胶。

A. 30°　　　B. 45°　　　C. 60°

(三) 多选题

1. 黏结连接一般和(　　)共同使用。

A. 电阻点焊　　　B. 气体保护焊　　　C. 折边连接　　　D. 卡扣连接

2. 关于修复塑料保险杠件黏合剂,错误的说法是(　　)。

A. 每一种塑料修复时都要使用黏合剂促进剂

B. 黏合促进剂用来处理塑料件的表面,使维修材料可以更好地黏合

C. 所有的黏合剂都使用一种挠性填料

D. 不同的黏合剂可以混用

3. 关于塑料件的修复,有以下四种说法,其中(　　)是正确的。

A. 双组分黏合剂可以代替焊接

B. 塑料焊接时需要掌握维修塑料件的类型,而黏结可不必掌握其类型

C. 塑料件修复后的黏合剂固化时不能加热,防止板件变形

D. 对塑料件进行维修的第一个步骤是清洁表面

(二) 活动评价

评分标准见表 3-4-4,在考核记录栏中简述扣分的缘由。

表 3-4-4　　保险杠黏接修复考核评分表

评定成绩:　　　时间:　　　地点:　　　教师:

序号	作业项目	考核内容	配分	评分标准	考核记录	扣分	得分
1	保险杠罩塑料的类型鉴别及黏结剂选择	保险杠罩塑料的类型鉴别	10	鉴别塑料类型,每错一次扣 2 分,扣完为止			
		黏结剂选择	10	黏结剂选择错误,每次扣 2 分,扣完为止			
2	塑料保险杠维修工艺	利用黏结剂进行黏结修复	40	利用塑料焊机进行焊接修复不当,每项中的每一处扣 2 分,扣完为止			
3	质量检验	质量检验方法	20	(1) 方法错误,每个扣 2 分,扣完为止 (2) 作业步骤错误,每项扣 2 分,扣完为止			
4	安全生产和清理作业场地	(1) 整理工具,设备维护,清理场地 (2) 安全生产	20	(1) 每项疏漏扣 2 分,扣完为止 (2) 因操作不当造成重大事故发生,该项按 0 分处理			
分数合计			100				

活动三 保险杠的焊接修复

活动描述

在本次活动中，学生在理解焊接类型、原理、塑料焊接修复工艺和掌握塑料焊枪的使用方法的基础上，在教师的指导下，进一步确认修复项目和修复方法；在规定工时内以经济的方式，根据塑料件焊接修复工艺的要求，按照作业工单和制造厂家车辆维修手册的规定，协同其他人员，完成对保险杠焊接修复；通过自检和班组互检，对已完成的工作在电脑上进行记录和存盘。在操作过程中要求遵守安全操作规范及5S管理要求。

学习目标

◇ 会阅读维修工单，明确维修项目和维修工艺，能描述修复作业流程。
◇ 能合理选择护目镜、耳塞等个人防护用品。
◇ 能正确使用打磨机对受损部位及周围进行打磨。
◇ 能对保险杠进行焊接修复。
◇ 能阅读外形修复机使用说明书，选择合适的作业模式进行保险杠修复工作。
◇ 能利用目测、指压、触摸等检测方法进行检测、定位。

学习地点

事故车修复区。

学习准备

教学设备(含资料)：轿车两台、多媒体设备、维修手册、安全操作规程等。

工量具：塑料焊枪、保险杠拆装工具、砂带机、单动打磨机、钣金维修工具组件、气动切割锯、螺丝刀、大力钳、记号笔、吹气枪、锉刀、测量尺等。

劳动保护用品：防护眼镜、耳罩、垫脚布、座椅套、方向盘套、车轮挡块、防尘口罩等。

知识准备

一、塑料板件的焊接原理

塑料焊接是热塑性塑料二次加工的主要方法之一。利用热塑性塑料受热熔融的特点，借助热的作用，使两个塑料部件的表面同时熔融，在外力的作用下，使两个部件结为一体，称为焊接。由于加热的方式不同，塑料焊接可分为加热工具焊接、感应焊接、摩擦焊接、超声波焊接、高频焊接、热风焊接、挤出焊接等。

随着工业生产的迅速发展和科技创新，塑料以其重量轻、比强度高、耐腐蚀、易加工等优点广泛用于国民经济和人民生活的各个领域。但是，由于加工工艺等方面的原因，很多结构复杂的塑料结构件产品不能一次注塑加工成型,需要把多个零部件无缝连接到一起,这大体有两种方法:黏接和焊接。一般来讲,黏接工艺生产效率低,并且胶黏剂都有一定的毒性,容易造成环境污染和危害生产人员健康。所以,塑料焊接工艺得到了越来越广泛的应用。

在实际生产过程中,只有分子结构相同或相近的热塑性塑料才能进行焊接。在焊接面上是分子间的化学结合,所以母体材料结构越相近,焊接效果越好。

二、塑料件焊接的类型

1. 热空气塑料焊

热空气塑料焊包括热风塑料焊接和挤出塑料焊接两种方法。

热风焊接具有使用方便、操作简单等特点,特别适用于塑料板材的焊接,这种加工方法是将压缩空气(或惰性气体)经过焊枪的加热器,被加热到焊接塑料所需的温度,然后用这种经过预热的气体加热焊件和焊条,使之达到熔融状态,从而在不大的压力下使焊件得以结合。

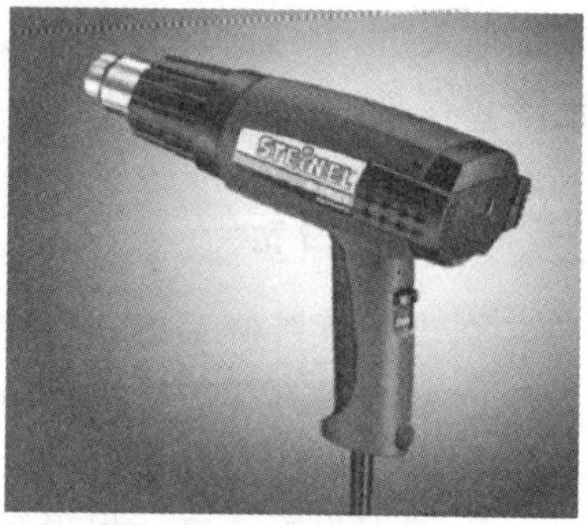

图 3-4-30　热空气塑料焊枪

挤出焊接其实属于热风焊接的一种,但它的热风是用于预热焊件,焊条的加热熔化是使用一个微型的手持式挤出机,它将焊条挤入料筒使其熔融,再挤出到焊接表面,由于焊接表面已经预热黏稠,在PVDF(聚偏氟乙烯)焊靴模嘴的压力作用下,挤出的焊料焊接在塑件上,再经冷却变硬,焊接部件便结合为一体。

(1) 焊枪:热空气塑料焊枪,如图 3-4-30 所示。

(2) 焊头:包括定位焊头、圆形焊头、快速焊头,如图 3-4-31、图 3-4-32 和图 3-4-33 所示。

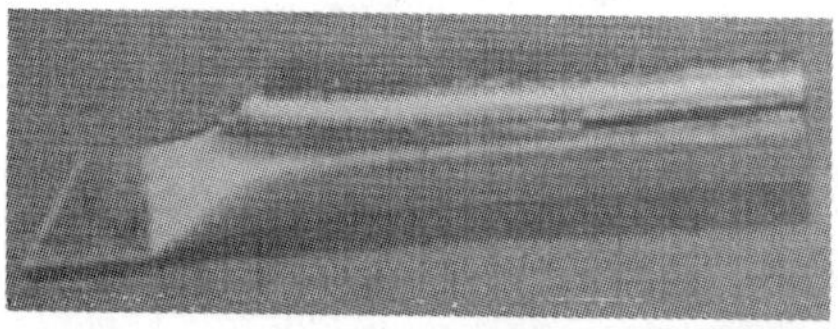
图 3-4-31　定位焊头

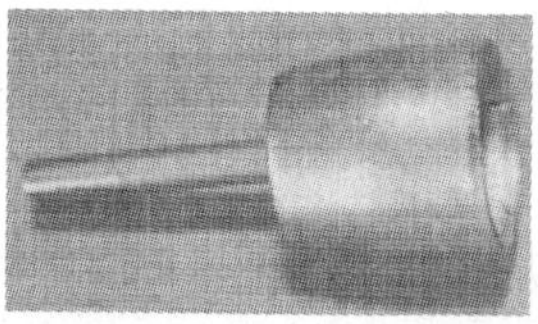
图 3-4-32　圆形焊头

图 3-4-33　快速焊头

(3) 焊条:如图 3-4-34 所示。

图 3-4-34　焊条

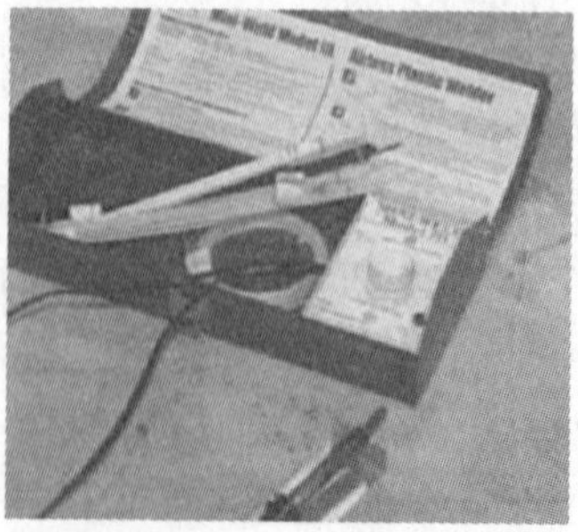
图 3-4-35　无空气塑料焊接

2. 无空气塑料焊接

无空气塑料焊接利用电热元件熔化直径为 3mm 的较小焊条，不从外部供给空气，如图 3-4-35 所示。

3. 超声波塑料焊接

超声波焊接依靠高频振动能量使塑料黏合，不必融化基底材料，适用于焊接大的塑料件和空间狭窄的区域的焊接。

超声波焊接的时间可以通过电源进行控制，焊接时间一般较短，不超过 0.5s。

三、塑料件焊接的注意事项

(1) 塑料件焊接时材料应一致。

(2) 焊接温度应该控制在合理范围内，若温度过高则会焊透，温度过低则形成不了熔池，焊接强度达不到要求。

(3) 焊接压力应适中，表面积、角度应合适，速度正确。

(4) 在焊接过程中注意安全，防止触电。

(5) 无空气焊接前须清理焊头。

四、塑料件的焊接修理方法

(1) 塑料件焊接的基本修理程序如图 3-4-36 所示。

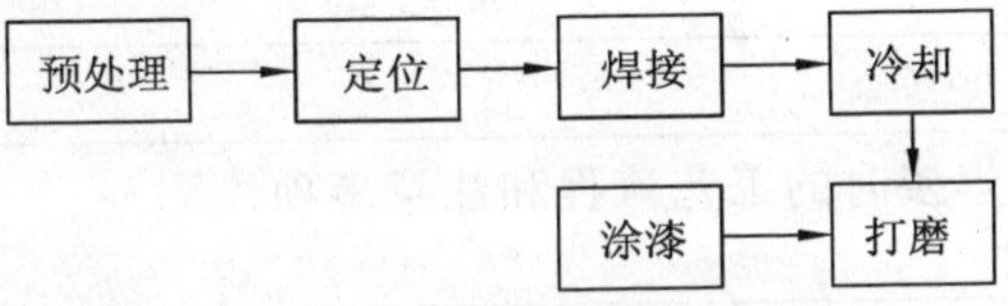

图 3-4-36　塑料件焊接的基本修理程序

(2) 热空气塑料焊炬的结构如图 3-4-37 所示。

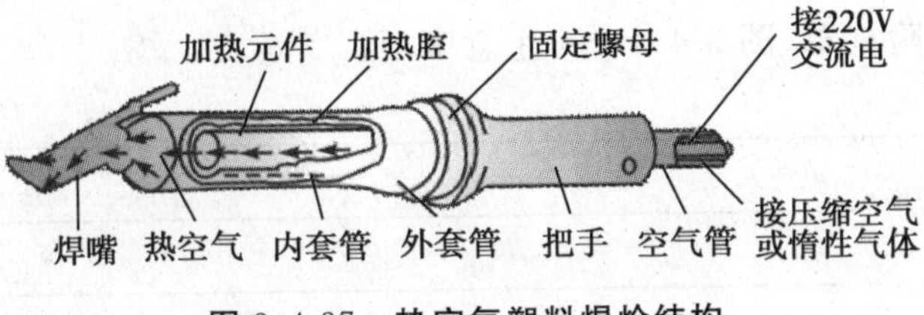

图 3-4-37　热空气塑料焊炬结构

(3) 塑料件焊接中的临时点焊如图 3-4-38 所示。

(4) 快速点焊如图 3-4-39 所示。

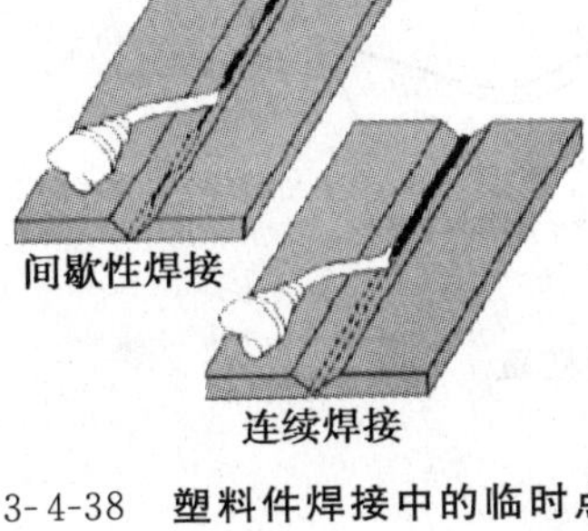

图 3-4-38　塑料件焊接中的临时点焊

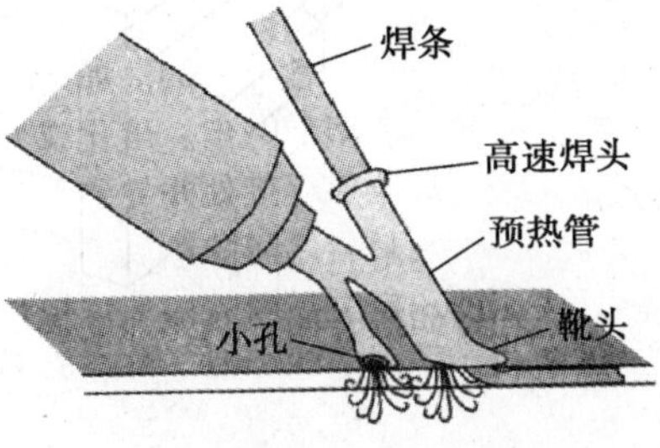

图 3-4-39　快速点焊

活动实施

1. 讲述

(1) 叙述图 3-4-40 中热空气塑料焊枪各部件的名称。

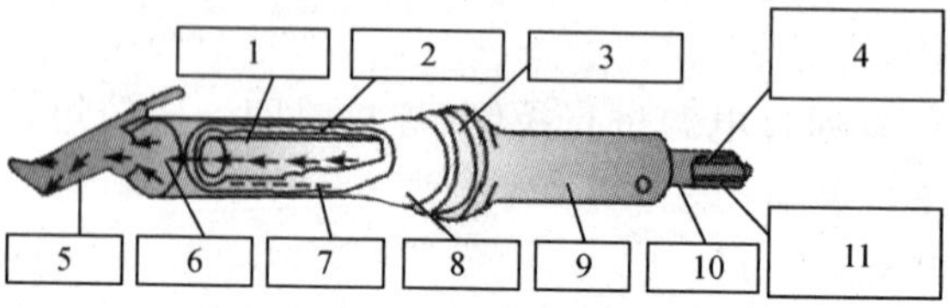

图 3-4-40 热空气塑料焊枪

(2) 描述前保险杠塑料的类型鉴别方法。

(3) 描述塑料保险杠焊接时的工艺流程和注意事项。

(4) 描述加热保险杠罩(图 3-4-41)的注意事项。

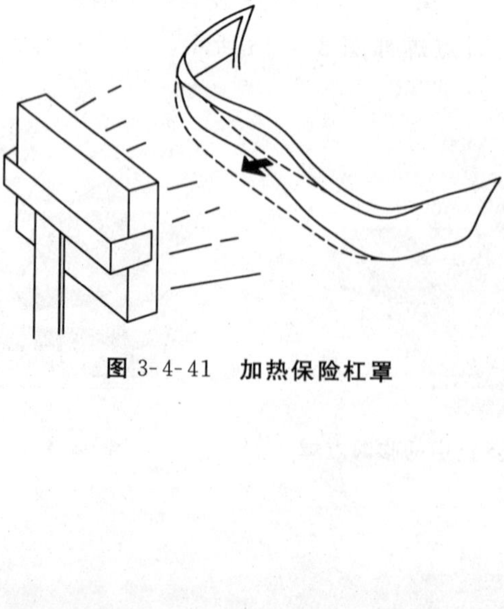

图 3-4-41 加热保险杠罩

2．填表

确定本工作任务所使用的数据、工具、设备，填写表 3-4-5。

表 3-4-5　　使用的数据、工具、设备

项目名称			
各工作流程	使用的数据或工具	设　备	备　注

3．决策

(1) 分组讨论各自的方案。

(2) 教师指导确定最终方案。

(3) 各组选派一名代表阐述审核方案。

4．操作

按照以下步骤对保险杠进行焊接修复，并回答问题。

(1) 把焊机调节到适当的温度(如果有温度调节装备的话)。

(2) 用塑料清洁剂清洗零件，不要使用常用的配制溶液或去蜡剂。去除硅树脂类物料时，先用普通清洁剂清洗，然后把残留物全部除去。

(3) 在损伤部位开 V 形槽，如图 3-4-42 所示。

(4) 在损伤部位外围削斜 0.6cm。

(5) 对断裂线进行定位焊或用铝制车身胶带粘好。

(6) 使用最适合该损伤类型的焊条和喷嘴。

(7) 进行焊接，如图 3-4-43 所示。焊好后冷却和硬化处理约 30min。

(8) 把焊缝磨光、擦光或刮出适当的轮廓和形状。

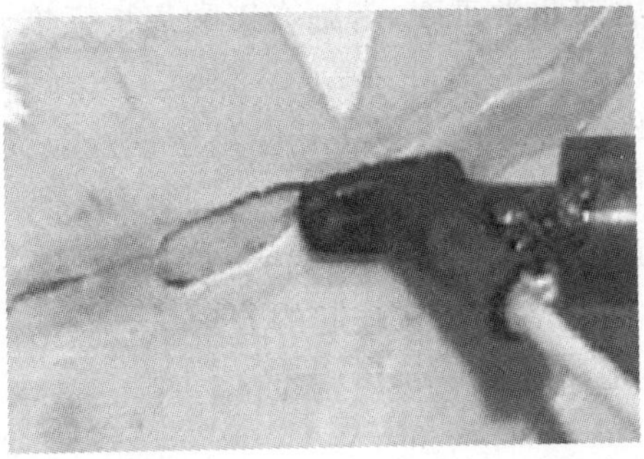

图 3-4-42　开 V 形槽

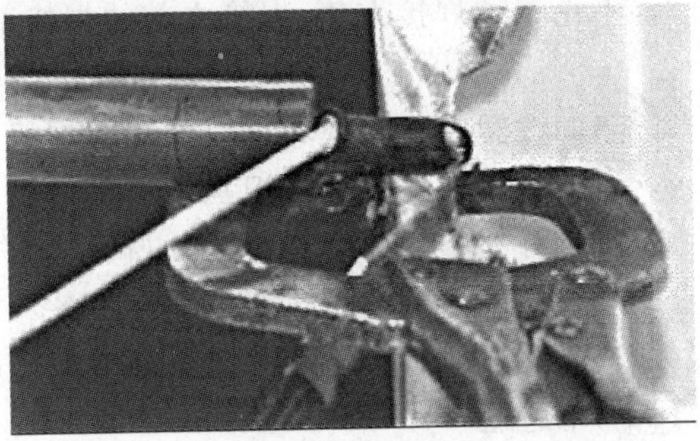

图 3-4-43　焊接

(9) 回答问题:

a. 前保险杠罩塑料的类型鉴别方法主要有哪些?

b. 前保险杠塑料焊接时焊嘴选择错误会造成什么影响?

c. 简述塑料保险杠维修工艺流程。

5. **评估**

(1) 小组讨论分析实施过程中发生的问题,总结出改进方案。

(2) 小组准备汇报材料,每组派一人进行汇报。

(3) 教师对完成情况进行评价说明。

(4) 整理相关数据,列表说明项目数据及数据来源,注明存盘情况,如表 3-4-6 所示。

表 3-4-6　项目数据及数据来源

项目名称		
项目资料名称	资料来源	存档备注

巩固与评价

一、活动巩固

(一) 判断题

1. 不论哪种焊接方法,焊接之前的焊接部位清洁都非常重要,否则会影响焊接强度。 (　　)
2. 热固性塑料件的损坏可以用塑料焊机进行焊接维修,也可以进行黏结维修。 (　　)
3. 通过塑料件上的编号识别塑料是最可靠的方法。 (　　)
4. 对所有的塑料件维修时,都应打磨接合的表面以提高黏结性。 (　　)
5. 塑料件焊接是利用热源把塑料焊条和塑料件熔化后连接在一起的方法。 (　　)
6. 超声波塑料焊接依靠高频振动能量使塑料熔化黏合在一起。 (　　)

(二) 单选题

1. 使用灭火器时喷嘴应该对准火焰的(　　)。

A. 上部　　B. 中部　　C. 根部

2. 当需要一定的力矩拧松紧固件时，应采用的工具是(　　)。

A. 可调扳手　　B. 套头扳手　　C. 开口扳手

3. 焊接时戴焊接头盔的主要目的是(　　)。

A. 防止紫外线伤害眼睛　　B. 看清楚焊接位置

C. 保护脸部皮肤

4. 在使用液压举升机时，操作者应该站在(　　)。

A. 液压举升机的正面　　B. 液压举升机的下面

C. 液压举升机的侧面

5. 下列不是塑料的缺点的是(　　)。

A. 比强度小　　B. 耐热性差　　C. 易老化

6. 环氧树脂中加入的乙二胺是(　　)。

A. 增韧剂　　B. 稀释剂　　C. 固化剂

7. (　　)塑料在燃烧时会有熔滴产生。

A. 热固性　　B. 热塑性　　C. 热固性和热塑性

8. 为了增加塑料件的单面焊接强度，需要在工件破损位置开V形槽，它的深度为(　　)。

A. 基底材料厚度的75%　　B. 基底材料厚度的50%

C. 基底材料厚度的30%

二、活动评价

评分标准见表3-4-8，在考核记录栏中简述扣分的缘由。

表3-4-8　　保险杠焊接修复考核评分表

评定成绩：　　时间：　　地点：　　教师：

序号	作业项目	考核内容	配分	评分标准	考核记录	扣分	得分
1	保险杠罩塑料的类型鉴别及焊嘴选择	保险杠罩塑料的类型鉴别	10	鉴别塑料类型，每错一次扣2分，扣完为止			
		焊嘴选择	10	焊嘴调试错误，每次扣2分，扣完为止			
2	塑料保险杠维修	利用塑料焊机进行焊接修复	40	利用塑料焊机进行焊接修复不当，每项中的每一处扣2分，扣完为止			
3	质量检验	仪器质量检验方法和手摸检验方法	20	(1) 方法错误，每个扣2分，扣完为止 (2) 作业步骤错误，每项扣2分，扣完为止			
4	安全生产和清理作业场地	(1) 整理工具，设备维护，清理场地 (2) 安全生产	20	(1) 每项疏漏扣2分，扣完为止 (2) 因操作不当造成重大事故发生，该项按0分处理			
分数合计			100				

项目四 车身综合修复案例

项目学习目标

- 能简单地分析汽车碰撞力。
- 能对损伤车身进行正确检验分析，掌握损伤检查的基本步骤。
- 能完成目测检查车身损伤的工作。
- 能正确选用修理和加工方法，能根据车身损坏程度正确制定钣金修复方案。
- 能规范填写损伤评估报告。
- 能进行承载式轿车车身正面、侧面碰撞损坏的校正修复。

任务 车身损伤的综合修复

活动一 车身正面碰撞损伤的综合修复

活动描述

在本次活动中，学生在理解车身构造、材料的基础上，经过钣金件加工、焊接，车身的拆装、测量和校正，覆盖件的外形修复等单项技能的训练后，通过观察教师对车身正面碰撞损伤综合修复案例的综合分析和教师进行车身正面碰撞修复的示范操作，按照车身正面碰撞修复的操作规范，进行车身正面受损部位钣金作业修复的正确操作。在操作过程中要求遵守安全操作规范及5S管理要求。

学习目标

◇ 会阅读维修工单，明确维修项目和维修工艺，能描述修复作业流程。
◇ 能目测损伤程度，查阅维修手册，确定维修方案。
◇ 能合理选择护目镜、耳塞等个人防护用品。
◇ 能自觉遵守钣金作业过程的个人安全防护和企业现场规章制度。
◇ 维修作业符合经济、环保要求。

学习地点

车身损伤修复区。

学习准备

教学设备(含资料)：损伤车辆、工作平台、多媒体设备、维修手册。

工量具：二保焊机、电阻点焊机、等离子切割机、切割锯、校正平台、电子测量系统、常用钣金修复工量具。

劳动保护用品：焊服、焊接面罩、焊接手套、护目镜、劳保鞋、工作帽、纱手套。

知识准备

汽车正面发生碰撞后，严重损坏的车辆除了车身外部板件的变形外，车身的结构件也发生了弯曲、扭曲等变形；非车身零部件也会有损伤，一般需要上校正平台，才能完成修理工作。严重损坏的车辆修理工艺流程如图 4-1-1 所示。

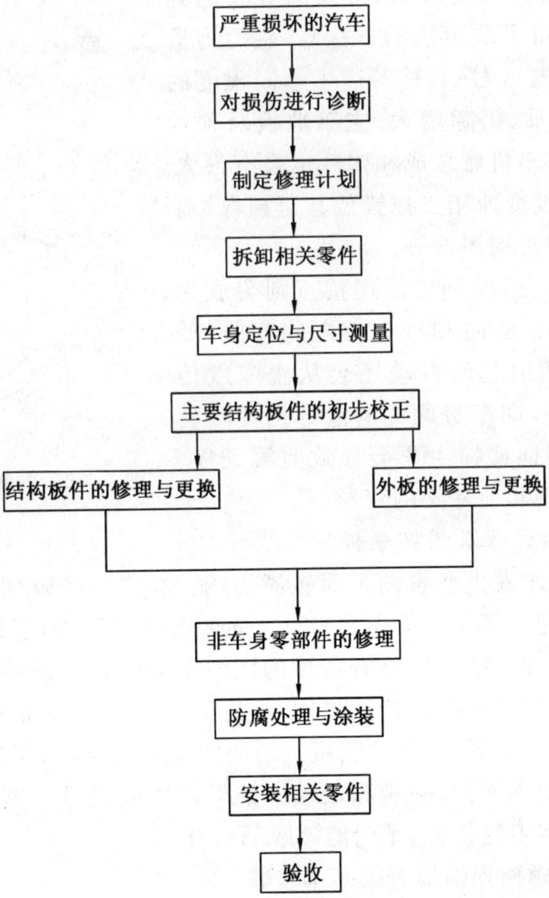

图 4-1-1　严重损坏的车辆修理工艺流程

一、车身正面碰撞分析

1. 前端碰撞分析

汽车前端发生碰撞的概率很高。前车身碰撞变形的程度与碰撞力的大小、方向和碰撞对象等有很大的关系。

正面碰撞程度较轻时，一般会使车前部保险杠及其连接支架受到损坏，并首先波及散热器及散热器支架、前翼子板和发动机罩等。有时由于前翼子板内板受到碰撞力的作用而变形，前轮悬架也会受到影响。

正面碰撞程度较重时，其损坏的范围会扩大很多，如前翼子板后移造成前门开启困难，发动机罩严重变形并伴随铰链翘曲，有时可导致前围板、上罩板、散热器和散热器支架严重变形，还会波及风扇和空调散热器等其他机件。很多情况下发生前侧梁弯曲或裂伤（图 4-1-2）及前悬架严重变形等。

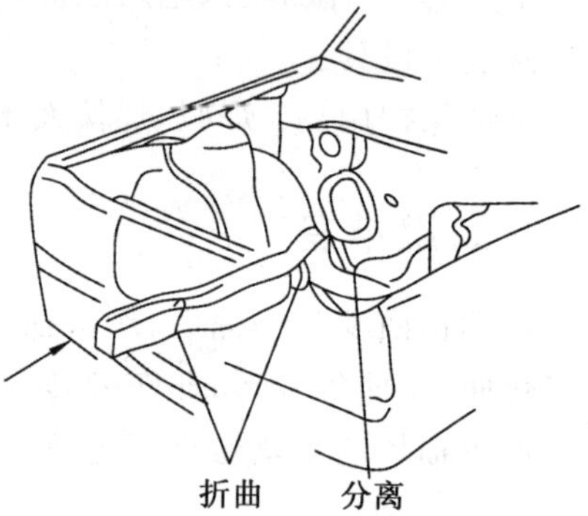

图 4-1-2　车辆前端碰撞引起的前侧梁损坏

严重的前端撞击则会使前保险杠、前翼子板、散热器支架、发动机罩、前翼子板内板、前侧梁等主要结构件和板件产生严重的损坏和变形，通常大部分会达到不可直接修复的程度（可采取更换的方法）。碰撞力沿车身传递的结果，会造成 A 柱、B 柱等产生不同程度的变形和损坏，如前门下垂、门隙增大、主车地板及顶板拱曲变形等。车辆的许多机械总成和构件也会有很大程度的损坏，如发动机及变速箱支撑错位甚至损坏，前驱车辆动力传动和转向机构损伤等。

如果碰撞来自斜前方，前侧梁的连接点则会成为旋转中心或旋转面，发生侧向和垂直方向的弯曲，如图 4-1-3 所示。侧向碰撞引起的振动还会从碰撞点传递到另一侧的前部构件，即车身两侧的前部构件均会发生变形损坏。前部斜向碰撞主要会导致前翼子板、翼子板内板、散热器支架和前悬架的变形。

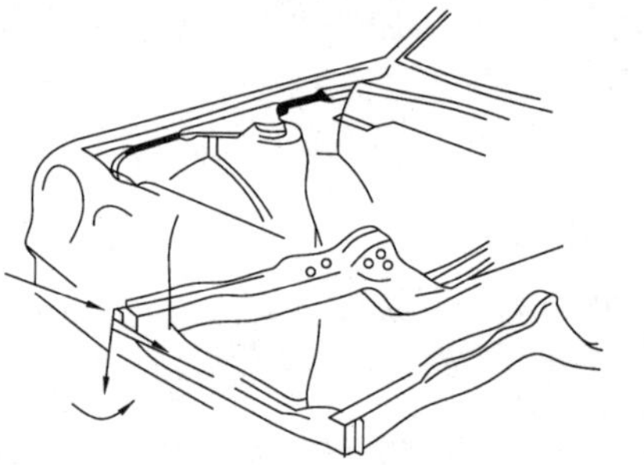

图 4-1-3　前侧梁的侧向和垂直的弯曲

2. 车身碰撞损坏的过程及损坏分析

损坏过程分析以轿车发生严重的正面碰撞为例。在碰撞的瞬间，碰撞的力量试图使汽车的结构缩短，从而引起中部车身横向及垂直方向的弯曲变形，而且碰撞力以冲击波的形式开始向撞击点以外的区域扩散。但略有弹性的刚性车身结构力图使车身保持原来的形状，变形并没有马上产生。随着碰撞的持续作用，在碰撞点上部和前部的碰撞缓冲区就会产生显著的挤压而导致变形和断裂，碰撞的能量被结构的变形吸收，以保护驾乘舱。同时冲击波加剧扩散，其他区域也出现皱褶、断裂和松动。如果碰撞的能量足够大，将引起车身中央向外鼓起变形，以保护乘客不受伤害，车门能够顺利打开。

二、车辆前部正面碰撞损伤检查的基本步骤

对大事故车的损伤诊断，首先应通过目测判断车身及其他机械零部件的损伤大致情况，

对车身的前部和下部等精确度要求高的部位必须通过精确的测量，才能评价其损伤程度。损伤检查一定要遵循合理的顺序，这样才能不至于遗漏损伤。下面主要以正面碰撞为例来分析损伤检查的基本步骤。

1. 了解碰撞情况

了解碰撞事故发生情况，有助于全面、准确、迅速地检查所有损伤。具体内容请参见上面的相关知识。

2. 确定损坏部位

观察整个车辆，具体方法为从碰撞点开始，环绕汽车一圈(图 4-1-4)，并统计撞击次数，评价其程度，确定其损坏顺序。

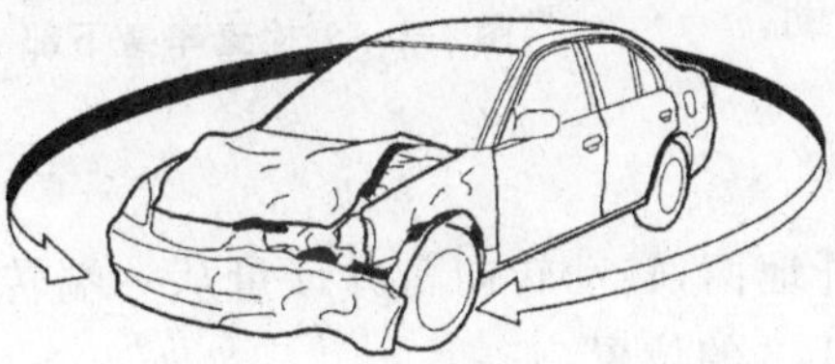

图 4-1-4 环绕汽车一圈

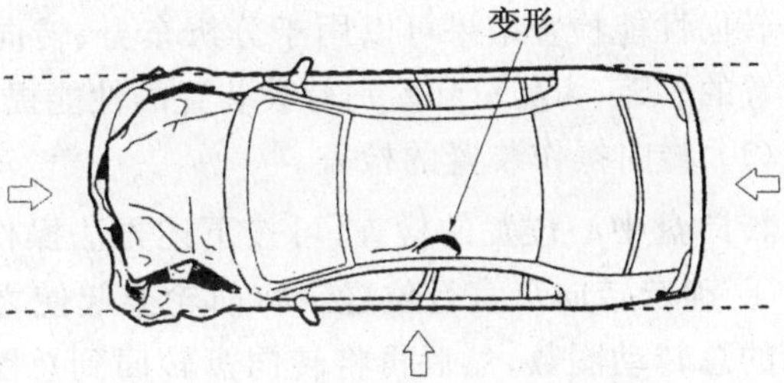

图 4-1-5 检查外部损伤和变形

3. 检查外部损伤和变形

从车辆的前部、后部和侧部观察车辆，并从侧面检查横向和垂直弯曲、扭曲、变形的线条，以及车身上的隆起和凹陷，如图 4-1-5 所示。同时，检查外板及其他与碰撞部位相关联的部位。

4. 检查外部车身板件的定位情况

仔细检查所有带铰链部件(如发动机盖、车门、行李厢盖或后背舱门)的装配间隙和配合状况是否正常(图 4-1-6)，开启与关闭是否正常。通过这些检查除了可以判断覆盖件的变形情况，还可以判断安装这些覆盖件的结构件的变形情况。例如，车门是通过铰链安装在车身门柱上的，通过开、关门和观察门边缘与车身二者间的曲面是否吻合及装配情况等，即可确定车门或支柱是否受到损伤，如图 4-1-7 所示。

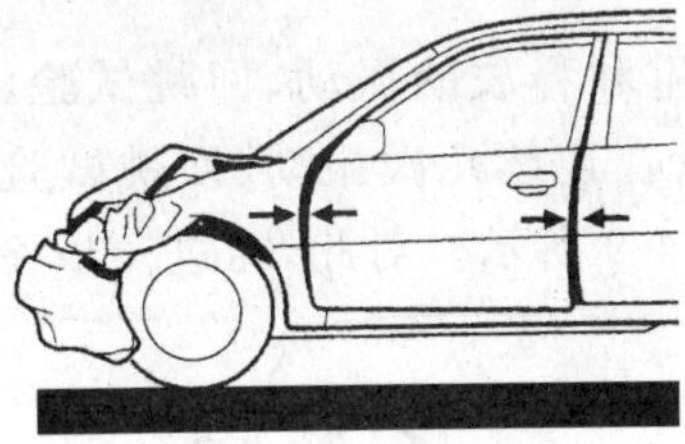

图 4-1-6 检查外部车身板件的定位情况

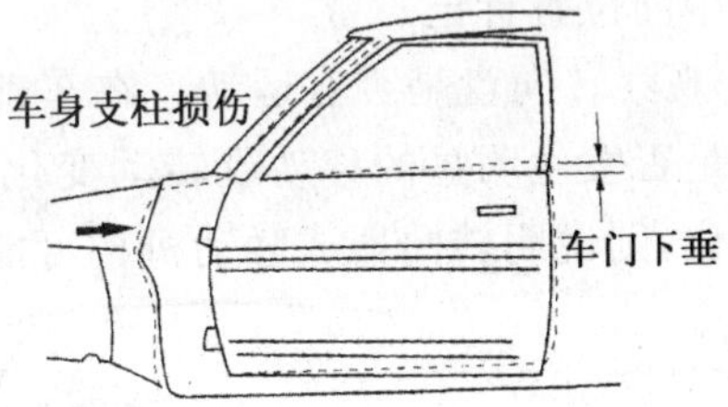

图 4-1-7 车门和支柱的检查

5. 检查发动机室

检查发动机支承以及变速箱支座的变形。检查辅助系统与底盘以及线束与底盘间的接触情况。检查车身各部分的变形以及焊缝密封胶的剥落情况。

6. 检查乘客室和行李厢室

检查乘客室或行李厢内撞击力造成的间接零件损坏。检查转向柱、仪表板、内板、座椅、座椅安全带以及其他内饰件上因驾驶员或货物而导致的损坏。

7. 检查车身下部

检查发动机机油、变速器油、制动液或散热器冷却液的泄漏情况。检查车身底部各部分的变形以及焊缝密封胶的剥落情况，如图 4-1-8 所示。

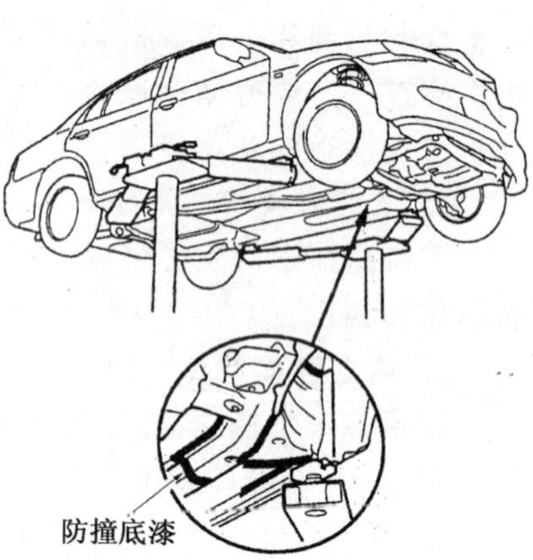

图 4-1-8　检查车身下部

8. 对前轮转向装置进行性能检查

转向性能检查结果可以用于分析车身、转向装置和悬架装置的故障，为测量和鉴别行驶装置的性能提供帮助。

(1) 转向操作装置的检查。

转向盘中心位置的检查，可按下述方法操作：

① 确定转向盘直行位置。将前轮架起使之离开地面，转动转向盘并计量从一端转到另一端的总转动圈数，然后再将转向盘转回到总圈数 1/2 的位置。

② 检查前轮是否处于直线行驶位置。观察转向前轮所处位置，并依此作出相应分析：

如果转向盘在中心位置，并且两前轮均指向正前方，且车轮能够随转向盘的转动而自由摆动，则说明整个转向系统基本无损坏。

如果转向盘居中而车轮有明显偏离，或其中某一车轮偏离直线行驶方向，则说明转向操作系统有一定程度的损坏。

如果转向盘处于中间位置，而两前轮却没有指向正前方，并且不能随转向盘的操作而转动，则说明转向操作系统损坏严重。

(2) 转向器性能的检查。

按下汽车前部或后部，给悬架加载，然后迅速释放，同时观察转向器、转向器柱以及联动机构的技术状况：

① 在转向盘居中位置做记号。按前述方法使转向盘居中，用一块胶带在转向盘边缘上端做出中间位置标记。

② 观察转向盘是否有运动。在车前部连续做负重和释放的振动、回跳试验，同时观察转向盘是否发生明显的移动或转动变化。如果转向盘在连续几次振动、回跳试验过程中有明显变化，则说明转向器或联动机构可能损坏，如图 4-1-9 所示。对此，需进一步检查：

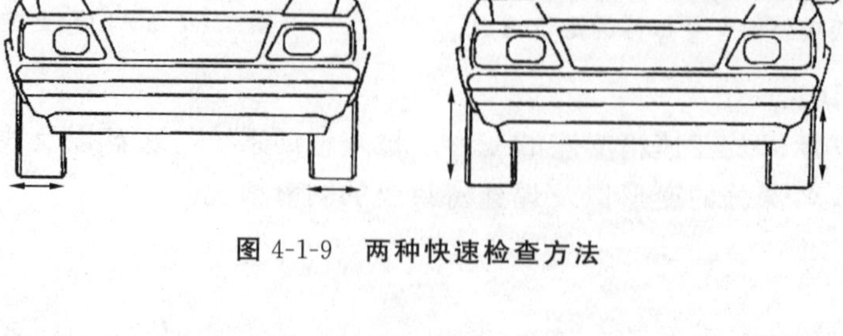

图 4-1-9　两种快速检查方法

将转向盘放在极左和极右位置的中点，然后检查轮胎是否指向正前方，如果有一个没指向正前方则说明有损坏；从一个极限位置向另一个方向转动转向盘时，从车身前部观察，如果车身有轻微抬起和落下，则表明确有机械损坏。

(3) 前轮定位检查。

如果经初步诊断前轮转向装置工作正常，有条件时还应进行前轮定位检查，以确认碰撞是否对前轮定位参数产生了不良影响。

9. 功能检查

如果一些机械零部件检查完好的话，应进行功能检查。主要项目如下：

(1) 启动发动机，检查是否有异常的振动噪音或接触噪音。

(2) 操作离合器、制动器、驻车制动杆以及换挡杆，检查车辆功能是否正常。

(3) 检查电气系统的功能，其中包括灯光和附件的开关功能。

10. 主要尺寸的测量

检查评估汽车的损坏程度，用测量法检测是必不可少的手段之一，按维修手册给出的技术参数，测量车架、车身各指定部位点对点的距离，将测量结果与已知数据比较，可以查出损坏范围和方向，有助于对损伤程度进行分析。具体内容参见车身尺寸的测量。

11. 完成损伤检查报告

完成所有检查后应认真完成损伤检查报告，常见格式见表 4-1-1。

表 4-1-1　　损伤评估员记录表(参考样式)

用户姓名		联系电话		地址		进厂日期	
车型与厂家		车身类型		牌号		行驶里程	
车辆损伤记录							
附加说明							
检查人				日期			

三、车辆前部正面碰撞损伤修复的基本步骤

(1) 确定车身的损伤部位和损伤程度。

(2) 固定车身。

(3) 进行校正作业。

① 确定拉力方向，然后连接好相关校正设备，慢慢拉伸。拉伸操作时，对安装更换零件的连接部位进行整形，同时，对维修侧的前侧梁、挡泥板进行整形。

② 测量尺寸，并确定拉伸位置和拉伸尺寸。

③ 如果前侧梁变弯，应进行如下操作：

通过拉伸操作使对角线尺寸和车身底部尺寸基本合格之后，切割前下部横梁和侧隔板，夹住前侧纵梁的弯曲部位，然后，同时沿前方和内侧方向施加拉力（或从外侧施加推力），拉动弯曲部位进行整形。

整形之后，通过横向推拉前侧车架，将对角线和车身底部的实际尺寸修整为标准尺寸。此外，还需修整挡泥板和减振器座，并检查它们在车身上部是否处于正确的位置，如图 4-1-10 所示。

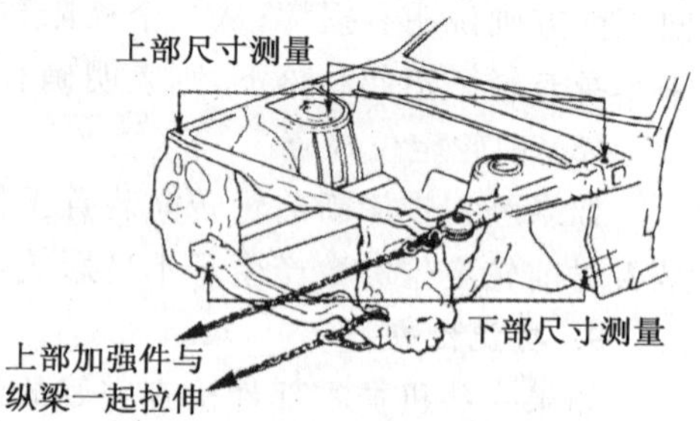

图 4-1-10　修整弯曲前侧梁

④ 修理更换前纵梁侧的前挡泥板和纵梁安装部件时，主要修理接近围板和前围上盖板的地方。如果碰撞严重，损坏会扩散进入车体的前柱（表现为前门关不上）。如果简单地夹住挡泥板纵梁的前缘进行牵引，就不能修理车体前柱或前围板的主要损坏；在这种情况下，应取下挡泥板和侧梁，在前围板损坏处夹紧，然后拉拔，用这种方法可取得最好的效果。与此同时，前柱也向前拉伸，也可以用千斤顶从里面推压，如图 4-1-11 所示。

⑤ 根据损伤情况，进行应力消除工作。

（4）板件更换作业。

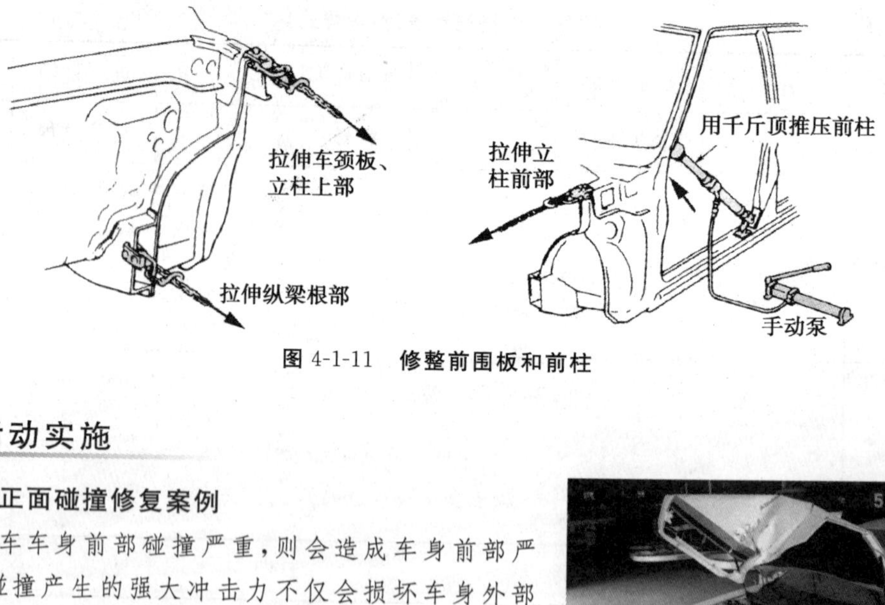

图 4-1-11　修整前围板和前柱

活动实施

车身正面碰撞修复案例

若汽车车身前部碰撞严重，则会造成车身前部严重损坏，碰撞产生的强大冲击力不仅会损坏车身外部覆盖件，如保险杠、前部灯具、翼子板、发动机盖、前部防碰撞横梁等，还会造成车身重要的构件——车身纵梁损坏。图 4-1-12 所示是一辆奇瑞轿车车身前部受到撞击，产生严重变形的损坏。

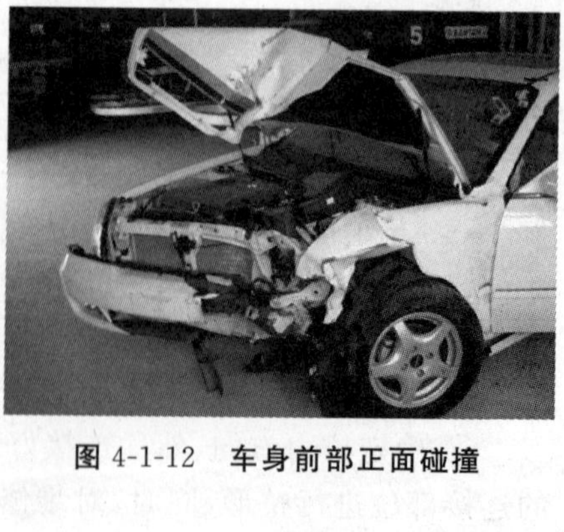

图 4-1-12　车身前部正面碰撞

此案例中车身前部正面碰撞不仅造成汽车车身前部构件损坏，还使汽车车身纵梁弯曲变形。

下面将通过此案例分析、评估车身前部碰撞严重损坏，介绍车身前部碰撞修复工艺方法。

一、修复准备工作

1. 车身损坏分析

从上述案例中目测车身损伤的情况来看，汽车车身前部损伤严重，左前纵梁变形后移，前保险杠、水箱框架、水箱严重变形损坏，左前翼子板和发动机罩已经变形扭曲，前立柱弯曲变形，左前车门后移，已关不上。而车身其他区域从目测的情况来看，并没有明显碰撞损伤。

依据检查情况，修复思路为：直接碰撞部位的发动机罩、保险杠、水箱框架、水箱、左前翼子板、前纵梁、挡泥板等部位，由于变形严重无法修复，必须更换；而车辆左风窗立柱、左前门、门槛板、右前翼子板虽然也有变形，但可以修复。

2. 将受损车辆移至具有校正整体测量控制点的校正平台上

由于车辆前部撞击严重，左前轮转动不了，所以必须拆掉左前轮，在轮毂上安装车轮支架，如图 4-1-13 所示。

图 4-1-13　安装车轮支架

图 4-1-14　移动车辆到校正平台上

车轮支架放在拖车器上，通过拖车器，可以移动车辆到校正平台上，如图 4-1-14 所示。

移动受损车辆到校正平台时，可以使用手动或电动拉车器来牵引车辆。用举升装置举升车辆，用主夹具将车辆固定在校正平台上。在汽车碰撞十分严重的情况下，维修技师常常将汽车放在具有测量设备的校正平台上，经测量确定汽车整体结构和测量控制点完全符合要求以后，才能进行汽车车身的局部整形和校正。

3. 拆卸车身损坏部位的相关附件及需要更换的部件

根据修复要求，依次拆除损坏严重需要更换的部件：前保险杠、左前翼子板、水箱框架、发动机罩、水箱；拆除与车身严重损伤部位相关的大灯、电器、灯具、压条等，如图 4-1-15 所示。

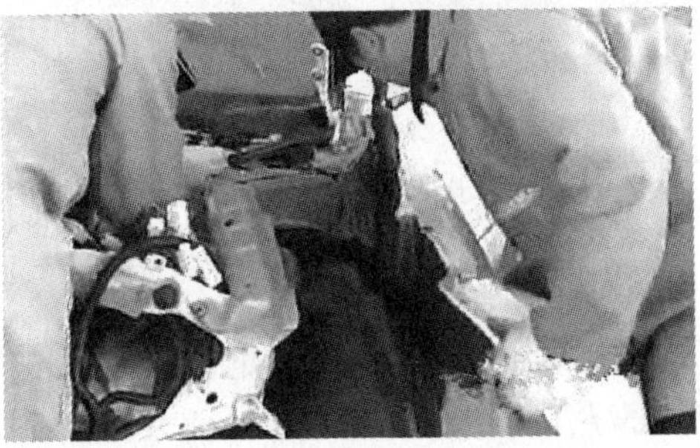

图 4-1-15　拆除损伤区域相关附件

图 4-1-16　等离子切割机切除水箱框架

同时，为了维修前柱、前围板的需要，还要拆除发动机舱内的发动机、变速箱、蓄电池等相关部件，左前门、仪表板组件、左前柱内部装饰板、方向盘及转向器等部件也要拆除。部件拆装的顺序不是固定的，一般原则是妨碍维修的部件必须拆下，不妨碍维修的可以不拆。

由于车身前部碰撞严重，前部的部件挤压在一起。拆除水箱时，要对车身前部的水箱框架进行预拉伸。用塔柱对水箱框架进行拉伸，有一点空间后，将水箱框架用等离子切割机切除，如图 4-1-16 所示。然后拆下水箱及发动机等部件。右侧的水箱框架拆除可以使用气动焊点钻钻除焊点，分离板件。

二、具体修复操作步骤

1. 数据测量

运用电子测量系统，对车身各个测量点进行车身数据测量（前面章节已详细介绍了电子测量的内容，这里不再具体介绍）。通过测量得出各个测量点的变形情况后，下一步要对变形部位进行校正。

2. 车身校正

在校正的过程中，要始终用测量来监控拉伸的进度，控制变形恢复速率和程度，确保车身数据恢复到允许的误差范围，通过测量明确变形的部位和变形量的大小，然后对变形部位进行拉伸校正。

（1）对前立柱进行拉伸校正。

对前立柱拉伸时，因为前纵梁和挡泥板是焊接在前立柱和前围板上的，所以可以通过对还没有拆除的前纵梁和挡泥板的拉伸，来实现对前立柱的拉伸，如图 4-1-17 所示。

通过拉伸，使变形的部位产生一定的回复变形后，保持住拉力，然后锤击变形部位，来消除金属因变形产生的应力。然后泄压，放松拉力，再通过电子测量系统查看数据恢复了多少。然后重新拉伸、保持拉力、消除应力、放松拉力，直到变形部位的数据恢复到标准数据的误差范围之内。

图 4-1-17　拉伸前纵梁和挡泥板

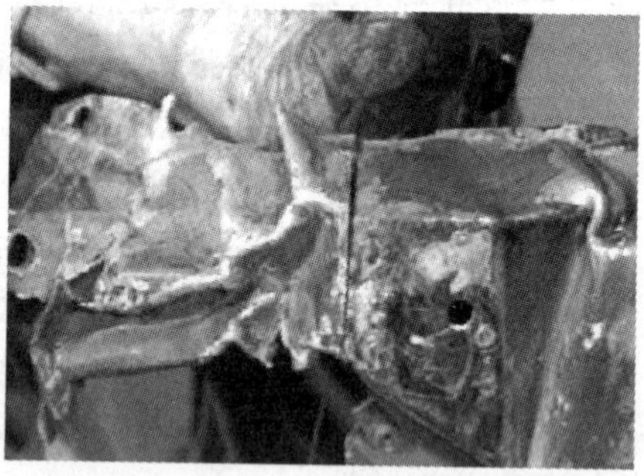

图 4-1-18　切割前纵梁

（2）拆除前纵梁和挡泥板。

通过对前纵梁和挡泥板的拉伸，实现对前立柱的校正后，把需要更换的前纵梁和挡泥板从车身上切割下来，如图 4-1-18 所示。

（3）修复前柱车门铰链位置变形尺寸。

通过测量，发现前柱车门铰链位置需要校正。用螺栓把拉伸工具固定在立柱铰链部位进行拉伸，如图 4-1-19 所示。把拉伸工具通过底部的孔，固定在车身上，对前柱底部和前地板部位进行拉伸。拉伸校正中，要不断测量，观察数据的变化。在整体式车身的校正中，应采用多点拉伸，不要试图只拉伸一个部位，这样会损坏车身钢板以及造成其他部位受损。

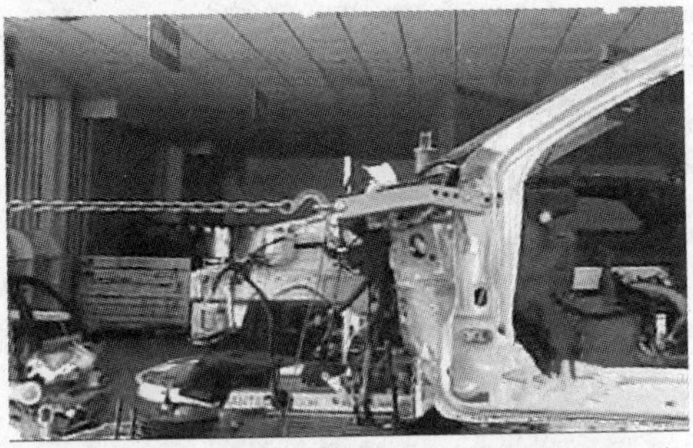

图 4-1-19　校正前柱车门铰链位置尺寸

图 4-1-20　用液压千斤顶推压前立柱

除了从前部对前立柱进行拉伸，还要从车门位置，用液压千斤顶向前推压，如图 4-1-20 所示。

风窗立柱弯曲有向上的变形时，通过对前柱的拉伸，可以使风窗立柱的变形恢复一些，不能完全消除的变形，还要通过校正来恢复。不要先对风窗立柱进行校正，要等到前立柱校正好以后，再对风窗立柱进行校正。校正的顺序要正确，否则易造成风窗立柱的校正修复工作失效，有可能会使风窗产生更大变形，甚至损坏。

(4) 对左前门进行校正。

对前门的校正可以通过车门的尺寸控制来进行，在安装车门后进行车门缝隙的调整，如图 4-1-21 所示。初步校正后，可以看出前门和前门框的吻合程度在加大，但还需要进一步对风窗立柱、中柱进行校正。

图 4-1-21　对前门的校正

图 4-1-22　对车身后部的校正

(5) 对车身后部进行校正。

车身后部的校正可以通过液压千斤顶对后纵梁向上推压，恢复它的高度尺寸，如图 4-1-22 所示。

3. 安装更换部件

对变形的部位进行校正使其恢复尺寸后，就可以安装更换的部件了。车身前立柱、前围板、前地板、风窗立柱、中柱校正好以后，就可以安装前纵梁、挡泥板和水箱框架。新安装部件可以按照原安装痕迹来安装。

(1) 先把纵梁延伸段在前立柱下面定位，举升纵梁到原安装标记部位，用大力钳定位，再把前纵梁和挡泥板组件与前围板和前立柱按安装痕迹初步定位，如图 4-1-23 所示。

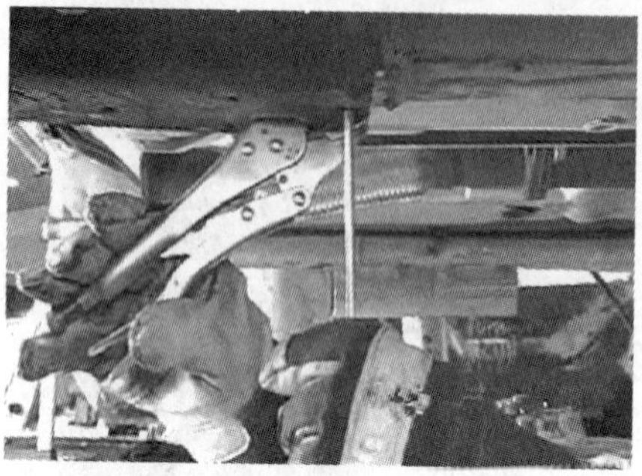

图 4-1-23　用大力钳定位纵梁

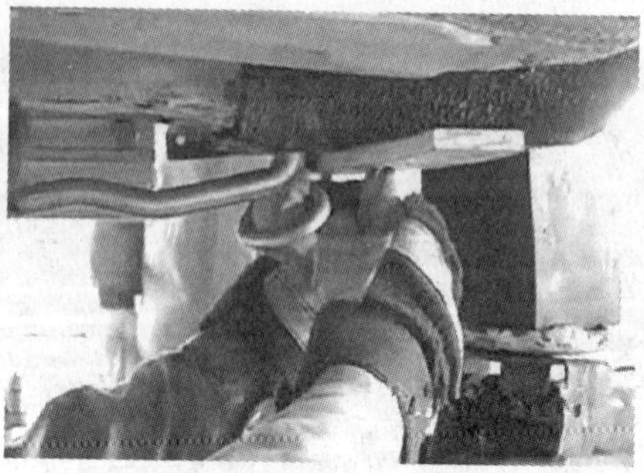

图 4-1-24　用螺栓把前纵梁和挡泥板组件固定

(2) 通过测量数据，调整新部件的尺寸。数据调整好后，先用螺栓把前纵梁和挡泥板组件固定好，如图 4-1-24 所示。

(3) 把水箱框架安装到纵梁和挡泥板的前部，按照以前的安装痕迹来安装，可以减少后期的调整时间，如图 4-1-25 所示。

图 4-1-25　安装水箱框架

图 4-1-26　固定水箱框架

(4) 对前部水箱框架进行测量，把水箱框架的测量尺寸调整到位，然后用螺钉把水箱框架固定好，如图 4-1-26所示。

(5) 安装翼子板和发动机罩，检验外部板件相互之间的间隙是否均匀，如图 4-1-27 所示。新安装的板件都要先临时安装。可以用惰性气体保护焊焊接临时焊点来定位，也可以用大力钳或用螺栓固定。

图 4-1-27　安装翼子板

(6) 通过测量，可以检验结构件的尺寸是否正确，通过装配可以检验覆盖件、板件之间的配合是否正确。通过测量和外观检验，调整好板件以后，就可以把前纵梁、挡泥板组件、水箱框架组件进行焊接。

(7) 重新拆下翼子板、发动机罩等部件，要在相互配合的板件上，用笔或胶带做好标记，方便下一次安装时的定位。定位标记做好后，拆下这些临时固定的板件。对前纵梁、挡泥板组件再次进行测量，确认数据没有变化后，就可以焊接了，如图 4-1-28 和图 4-1-29 所示。

图 4-1-28　焊接前纵梁

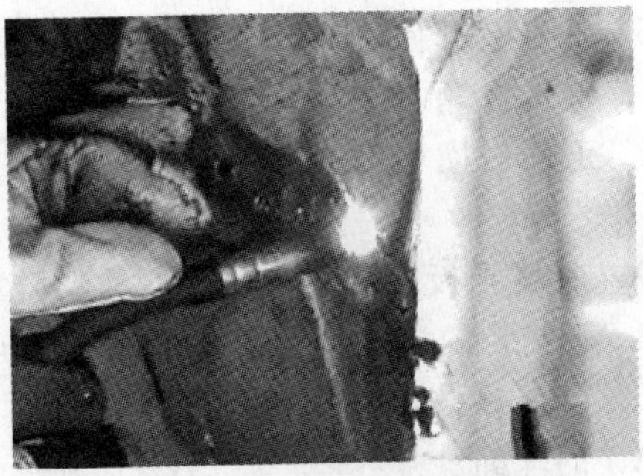

图 4-1-29　焊接挡泥板组件

在车身修复中，一般使用二保焊，把前立柱、前围板、前纵梁和挡泥板组件焊接在一起，前纵梁和挡泥板组件焊接好以后，按照定位标记，重新安装水箱框架，再次测量水箱框架及前纵梁、挡泥板组件的尺寸，确认尺寸没有变化后，可以进行焊接。在水箱框架焊接时，可以采用电阻点焊或二保焊进行焊接。用二保焊时，要用塞焊进行焊接，塞孔的直径要求为 8mm，在原先进行过电阻点焊的位置进行。焊接塞孔在水箱框架安装前要钻好，用塞焊把水箱框架焊接到挡泥板和纵梁上，如图 4-1-30 所示。

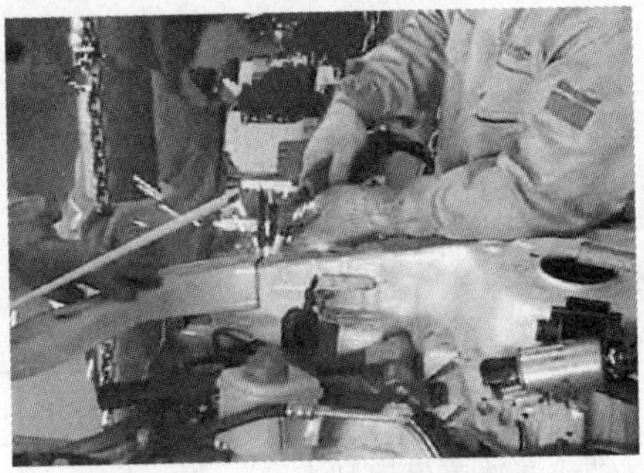

图 4-1-30　焊接水箱框架

图 4-1-31　修复后的车辆

前纵梁、挡泥板组件和水箱框架焊接好以后，要把翼子板、发动机罩、保险杠支撑等部件安装在车身上，再次调整这些外部板件之间的间隙，直到所有间隙看起来均匀一致。做好这些车身修复工作以后，一辆修复后的车辆就呈现在我们面前，如图 4-1-31 所示。这时车辆就可以进入车身涂装工序了。

巩固与评价

一、活动巩固

（一）判断题

1. 前部斜向碰撞主要会导致前翼子板、翼子板内板、散热器支架和前悬架的变形。（　　）

2. 在校正的过程中，要始终用测量来监控拉伸的进度，控制变形恢复速率和程度。（　　）

3. 通过对前纵梁和挡泥板的拉伸，实现对前立柱的校正后，把需要更换的前纵梁和挡泥板从车身上切割下来。（　　）

4. 通过开关门和观察门边缘与车身二者间的曲面是否吻合及装配情况等，不能确定车门或支柱是否受到损伤。（　　）

5. 新安装部件,不可以按照原安装痕迹来安装。 ( )

(二) 选择题

1. 正面碰撞程度较重时,其损坏的范围会扩大很多,如( )后移会造成前门开启困难。

A. 前翼子板　B. 前保险杠　C. 前纵梁

2. 新安装的板件都要先临时安装。可以用惰性气体保护焊焊接临时焊点来定位,也可以用( )或用螺栓固定。

A. 钢丝绳　B. 大力钳　C. 绳子

3. 在整体式车身的校正中,应采用( )拉伸,不要试图只拉伸一个部位,这样会损坏车身钢板以及造成其他部位受损。

A. 两点　B. 两侧　C. 多点

4. 对前柱拉伸时,可以通过对还没有拆除的( )和挡泥板的拉伸,来实现对前立柱的拉伸。

A. 前纵梁　B. 水箱框架　C. 前翼子板

5. 对大事故车进行损伤诊断时,首先应通过( )车身及其他机械零部件的损伤大致情况。

A. 经验判断　B. 目测判断　C. 精确测量

二、活动评价

评分标准见表 4-1-2,在考核记录栏中简述扣分的缘由。

表 4-1-2　车身前部碰撞修复考核评分表

评定成绩:　时间:　地点:　教师:

序号	作业项目	考核内容	配分	评分标准	考核记录	扣分	得分
1	选择劳保用品	选出活动所需的劳保用品	10	选错或漏选劳保用品一项扣 2 分,扣完为止			
2	选用工具和设备进行操作	合理选用工具和设备,且安全、规范操作	10	操作中有安全隐患的扣 10 分			
				工具、设备落地扣 2 分,扣完为止			
3	分析车身损伤	对损伤车辆进行损伤分析,制定修复方案	30	损伤分析不详细或不完整扣 15 分			
				不能制定出详细、合理的修复方案扣 15 分			
4	修复损伤车辆	正确、合理使用工具、设备,按操作流程对损伤车辆进行修复	50	工具、设备使用不规范,一次扣 5 分			
				操作流程颠倒或混乱扣 10 分			
				未按规范工艺进行修复的,一次扣 20 分			
分数合计			100				

活动二　车身侧面碰撞损伤的综合修复

活动描述

在本次活动中，学生在理解车身构造、材料的基础上，经过钣金件加工、焊接，车身的拆装、测量和校正，覆盖件的外形修复等单项技能的训练后，通过观察教师对车身侧面碰撞损伤综合修复案例的综合分析和教师进行车身侧面碰撞修复的示范操作，按照车身侧面碰撞修复的操作规范，进行车身侧面受损部位钣金作业修复的正确操作。在操作过程中要求遵守安全操作规范及5S管理要求。

学习目标

◇ 会阅读维修工单，明确维修项目和维修工艺，能描述修复作业流程。
◇ 能目测损伤程度，查阅维修手册，确定维修方案。
◇ 能合理选择护目镜、耳塞等个人防护用品。
◇ 能自觉遵守钣金作业过程的个人安全防护和企业现场规章制度。
◇ 维修作业符合经济、环保要求。

学习地点

车身损伤修复区。

学习准备

教学设备(含资料)：损伤车辆、工作平台、多媒体设备、维修手册。

工量具：二保焊机、电阻点焊机、等离子切割机、切割锯、校正平台、电子测量系统、常用钣金修复工量具。

劳动保护用品：焊服、焊接面罩、焊接手套、护目镜、劳保鞋、工作帽、纱手套。

知识准备

一、车身侧面碰撞的分析

确定车辆侧面碰撞损坏时，分析汽车的构造十分重要。车辆是两门车还是四门车，是普通顶还是硬顶车，车门有无侧向防撞杆，车辆的中心立柱(B柱)的结构和主车地板的结构等都会对车辆的侧向防撞能力造成不同的影响。因为车辆发生侧向碰撞时，高强度的车身构件将碰撞力抵抗住，并将碰撞力分散到车身整个侧板，从而有效地保护乘员空间，因此，这部分车身构件一般都设计制造得非常坚固，设有碰撞吸能区。为了提高车辆的侧向防撞能力，现代车辆一般都在车门内侧配有防撞杆，B柱采用三层加强结构等，硬顶车辆已经比较少见了。

发生侧向碰撞时，对于严重的碰撞，车门和前部构件(前翼子板、翼子板内板和前侧梁、中心立柱以至于主车地板侧梁、地板和顶板等)都会有不同程度的变形。当前翼子板或后顶盖侧板受到正横向上较大的碰撞时,震动波会传递到车辆的另外一侧,使车辆整体产生弯曲。当前翼子板中心位置受到碰撞时,前轮会被推进去,震动波也会传到前侧梁,甚至通过副梁传递到另一侧车轮,造成另一侧车轮定位失准,发动机支撑、转向系统等也会因此而发生损坏。

承载式车身侧面抵抗碰撞的能力相对薄弱。为此,车身前、后下部横梁一般比较坚固,形状平直,不会设计吸能区。前、后保险杠骨架采用了高强度钢材料或铝合金材料,有足够的强度。这样,当车辆受到侧向撞击时,碰撞力可以通过横梁传递至另一侧,通过车身更多部位的变形,以达到吸收碰撞能量的目的。

车身中部为驾乘室,相对于车辆前、后碰撞,侧面撞击更具有危险性。为减少侧面碰撞带来的危害,保障驾乘室人员安全,车辆在设计制造时就采取了很多安全措施:车门内部安装超高强度钢材质的防撞梁,如图 4-1-32 所示;车身立柱内增加一层或多层加强板,如图 4-1-33 所示。这些加强板相对于车身外板要厚很多,而且采用高强度钢或超高强度钢制造;车门槛内安装高强度钢、铝合金材质制成的加强板或防撞梁。

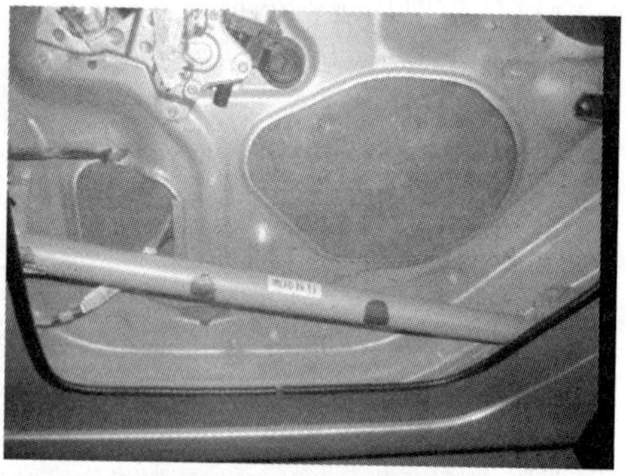

图 4-1-32　车门侧防撞梁

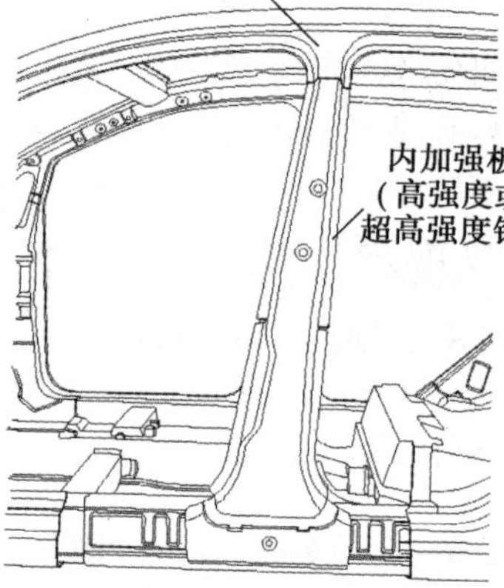

图 4-1-33　立柱内加强板

1. 前部侧面碰撞

车辆前部侧面碰撞与车辆正面偏向碰撞的损伤变形非常相似。但正面偏向碰撞的撞击作用点位于车辆前端面位置,通常会造成撞击侧前部溃缩,从而导致整体尺寸缩短;而车身前部侧面碰撞的撞击作用点位于车身侧面,如图 4-1-34 所示,导致撞击部位整体尺寸缩短的概率相对要小。侧面碰撞时的直接受力点位置容易出现弯曲及凹陷变形,修理时难度相对较大。根据撞击角度、位置等,前部侧面碰撞会出现不同的损伤变形。

当撞击力以接近正横向撞向车辆前部侧面时,如果撞击力位于纵梁以上位置,首先会造成受力一侧的翼子板损伤变形,前大灯、角灯损坏。随着撞击力量的增加,引擎盖、保险杠也会出现损伤变形,前部上横梁(水箱框架上横梁)会被推向另一侧。此时,撞击侧的翼子板与引擎盖前部缝隙会变小,甚至造成翼子板与引擎盖重叠,而另一侧的翼子板与发动机舱盖前部缝隙则会大于正常范围,如图 4-1-35 所示。

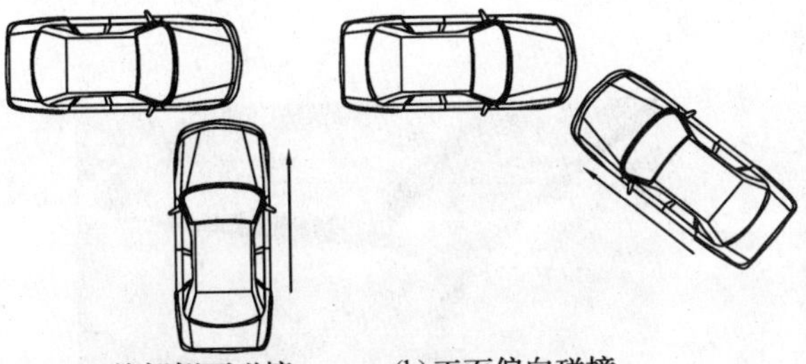

图 4-1-34　前部侧面碰撞与正面偏向碰撞

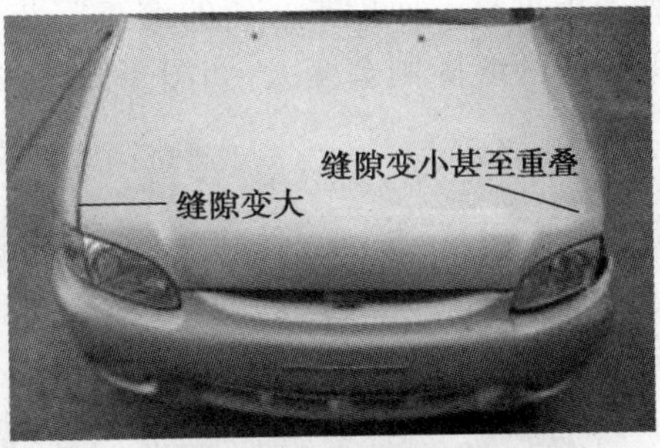

图 4-1-35　侧撞导致发动机盖与翼子板的缝隙发生变化

如果撞击力直接作用于纵梁前部侧面，首先会造成前保险杠及翼子板变形，大灯、角灯损坏。随着撞击力量的增加，撞击力将会以副车架前部安装部位为支点，产生一个弯曲力矩。在前下横梁或保险杠骨架的带动下，同时将两侧纵梁前部推向一边。如果撞击力较大，将会以副车架后部安装部位或前纵梁根部为支点，将车身头部推向另一侧。这种情况下，除会出现上述翼子板与引擎盖的缝隙变化外，撞击侧的翼子板与前车门缝隙会增大，而另一侧翼子板与前车门缝隙会小于正常范围。

当撞击力以正横向从侧面撞向前翼子板的中心位置时，首先会造成翼子板损伤。随着撞击力量的增加，前轮将向内侧挤压，如图 4-1-36 所示，减震支座向内侧发生损伤变形，引擎盖也被整体推向另一侧。在前悬架上横梁、副车架或下横梁的带动下，另一侧也可能会发生损伤变形。此时，悬架系统的零部件及转向装置的连杆、齿轮、齿条可能会损伤变形或断裂，前轮定位参数遭到破坏，轴距、轮距也将会发生变化。

图 4-1-36　前轮向内侧挤压

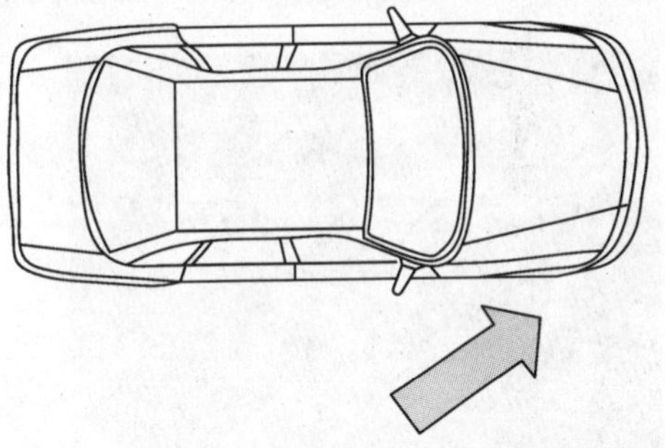

图 4-1-37　从后部斜向撞击车身前部侧面

当撞击力从车辆后方斜向撞击车身前部侧面时，如图 4-1-37 所示，通常会造成前保险杠脱落、大灯损坏、前翼子板变形，保险杠与翼子板的连接部位变形或撕裂。如果撞击力较大，车辆前部将会被推向另一侧。

2. 中部侧面碰撞

前立柱位置遭受侧向撞击时，首先会造成前车门、前翼子板损伤变形。如果撞击点位于前立柱下部，如图 4-1-38 所示，并且撞击力量较大，将会造成前立柱、前围板、下门槛与车底板发生变形。在惯性力的作用下，车身前部会向撞击侧发生偏移，导致撞击一侧的引擎盖与前翼子板的前部缝隙变大，另一侧的引擎盖与前翼子板前部的缝隙变小，甚至造成引擎盖与前翼子板重叠。而撞击一侧的前车门与前翼子板之间的缝隙变小，另一侧的前车门和前翼子板之间的缝隙则会变大，如图 4-1-39 所示。

图 4-1-38　前立柱下部的侧撞损伤

图 4-1-39　缝隙变化

如果撞击点位于前立柱中部，立柱直接受撞击部位将会出现弯曲、凹陷变形，如图 4-1-40 所示。由于受到拉伸力，车门槛前部会向上移位，而车顶前部则会向下发生损伤变形，二者之间的距离将缩短。前围板、前挡泥板随之出现损伤变形，仪表台通常也会由于受到挤压，导致变形或损坏。同样，在惯性力的作用下，车身前部也可能出现向撞击侧偏移，导致构件之间的缝隙出现变化。

正横向撞击力经过车辆重心位置时，车辆在撞击瞬间不会出现旋转，损伤程度将会加剧。撞击能量较大时，底板将会出现严重皱褶变形，如图 4-1-41 所示，车身前部、车身后部会向撞击侧发生偏移，造成撞击一侧的整体尺寸缩短，整个车身都将会发生变形损伤。车轮定位参数遭到破坏，轴距发生变化，各构件之间的衔接与缝隙配合非常不协调，形成香蕉状变形。这种变形修理时需要三向拉拔，难度非常大。

图 4-1-40　前立柱中部的侧撞损伤

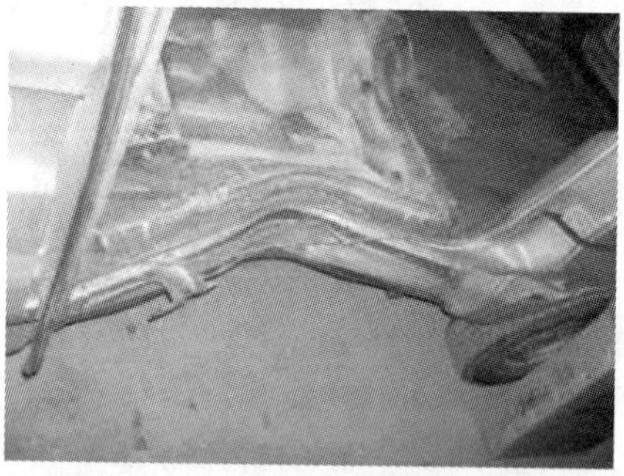

图 4-1-41　中部底板损伤变形

车身后立柱部位遭受侧向撞击时，通常会造成后车门、后翼子板、底板、后备箱隔板等部位产生缩进式凹陷变形。在相关构件的带动及冲击波的作用下，还有可能导致车身另一侧及车顶部位发生变形。前车身纵梁之间为框架结构，加上安装的零部件较多，在自重因素的影响下，一旦前立柱部位发生侧撞，在惯性力的作用下，前车身向撞击侧发生偏移的概率较高。而后部车身是通过底板将两侧纵梁连接形成整体，所以后立柱侧撞导致后车身向撞击侧发生偏移的概率相对要低，只有惯性力达到一定程度才可能发生。

3. 后部侧面碰撞

汽车车身是由很多块薄钢板通过焊接方式连接形成的整体。当撞击力达到一定程度，即使在没有相关构件传递撞击力量的时候，车身另一侧也有可能在惯性力、冲击波的影响下产生变形，如图 4-1-42 所示。

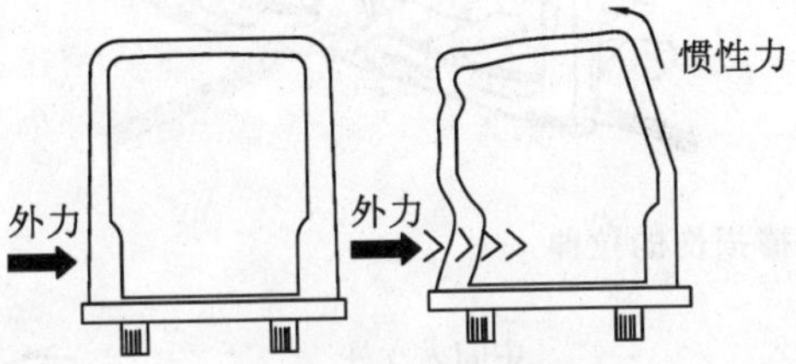

图 4-1-42　撞击影响

图 4-1-43　后部侧撞损伤

这种情况，尤其在重心较高的面包车、客车等车型侧撞时，容易发生。当这些车型后部受到侧撞时，损伤如图 4-1-43 所示。首先会造成后翼子板出现弯曲、凹陷变形，整体尺寸缩短，后翼子板与中门缝隙变大。随着撞击力量的增加，后减震支座位置也会产生损伤变形。在后翼子板变形带动及惯性力的作用下，撞击侧的车顶部位将会向下变形，而上部整体将会向撞击侧发生偏移，后背门打开后，再关闭将会很困难或无法关闭。承载式轿车后部在受到侧向撞击时，通常会造成后翼子板、后减震支座、后底板、后围板、后备箱盖等发生损伤变形，后保险杠、后尾灯损坏。撞击严重时，后车身将会发生向一侧偏移。

二、车身侧面碰撞损坏的校正修复步骤

1. 确定车身的损伤部位和损伤程度，制定修理方案

图 4-1-44 示例说明了侧面中部受到碰撞时，撞击力如何导致地板变形和侧底梁及中间立柱弯曲。整个车身会呈现香蕉状的变形，并且轴距缩小。如果撞击力很大，则扭曲变形将延伸至相对侧的侧表面。对于这样的损伤，大致修理方案如图 4-1-45 所示。

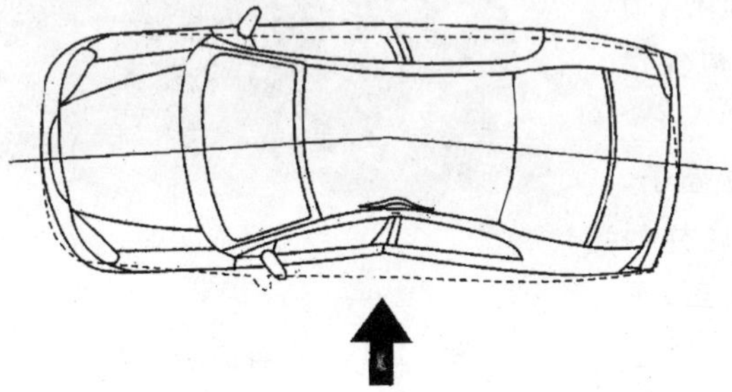

图 4-1-44　侧面碰撞损伤

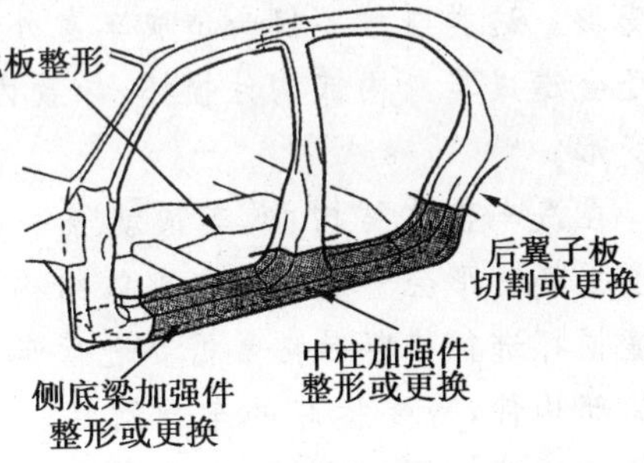

图 4-1-45　侧面碰撞损伤修理方案

2. 固定车身

固定车身方法同前。

3. 进行校正作业

(1) 对于这样的损伤最有效的校正方法就是同时沿三个方向拉伸。在沿与碰撞力相反的方向拉出侧底梁和中柱的同时，沿前后方向拉动侧底梁，拉伸过程中，对地板板件和车门

开口部位进行整形处理，另外要做好辅助固定工作，如图 4-1-46 所示。

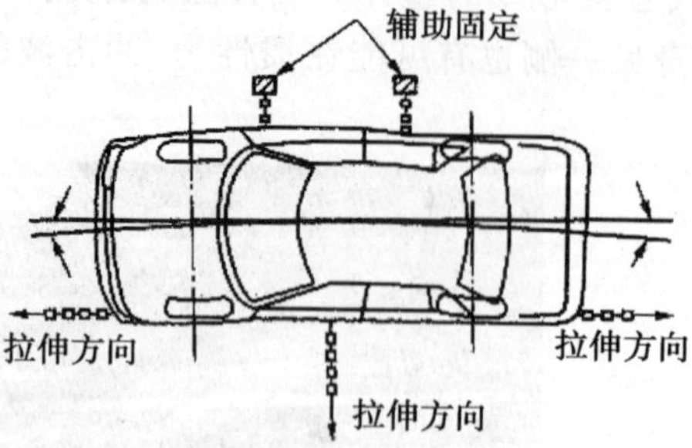

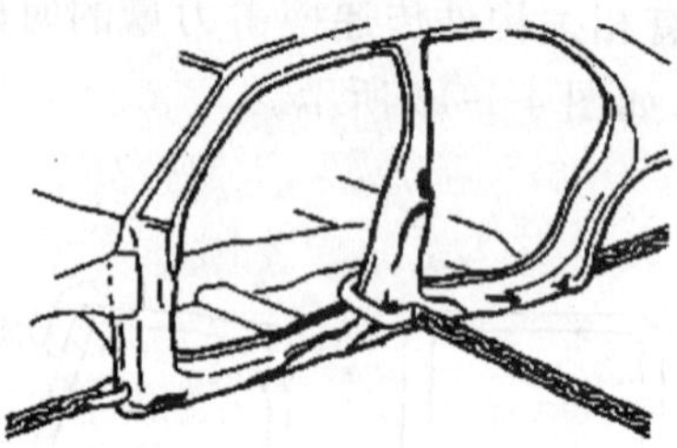

图 4-1-46　侧面碰撞损伤的拉伸

(2) 测量尺寸，并确定是否拉伸到位。

4. 侧面板件更换作业

根据实际需要切割侧加强件，如前立柱加强件、中间立柱加强件、侧底梁加强件。拉出内侧底梁、内板和地板横梁，然后进行整形，通过测量确定其位置。更换侧面板件，如图 4-1-47 所示。

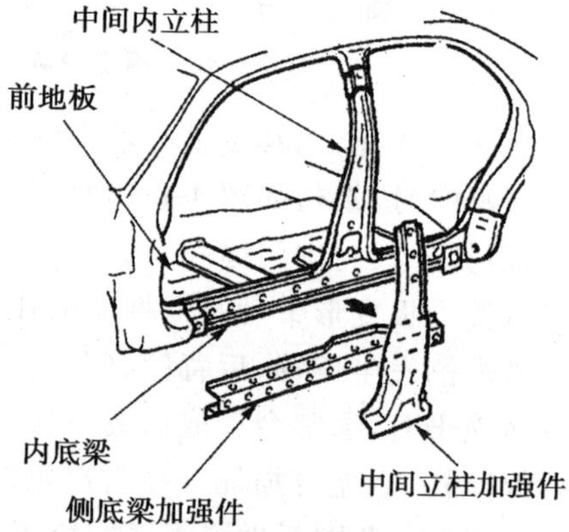

图 4-1-47　侧面板件的更换

活动实施

车身侧面碰撞修复案例

图 4-1-48 是一辆北京现代轿车，左侧面受到对面车辆的强烈撞击，造成汽车侧面和顶部损坏。此案例中汽车碰撞损坏十分严重，汽车车身侧面严重损坏，直接碰撞点在汽车车身中间位置，碰撞造成汽车车身侧围、车身 B 柱、两个车门严重损坏变形，而且车顶弯曲变形。这类碰撞不仅会造成车身外部构件损坏，而且还会造成车身内部构件损坏，导致内部局部构件严重变形。

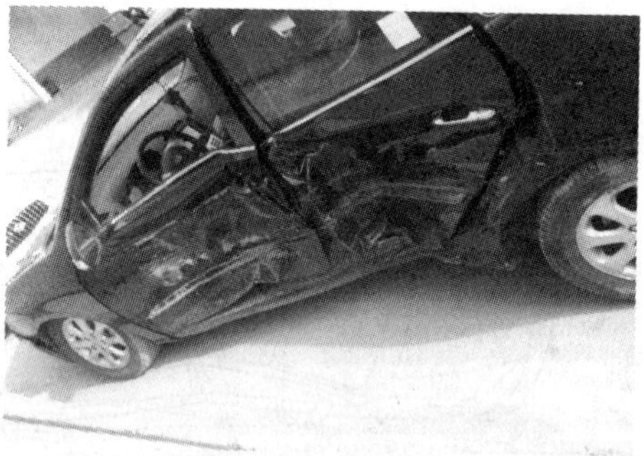

图 4-1-48　车身侧面碰撞

在汽车整体结构中，车顶就像一个盒子的盖子，车顶损坏变形会影响到车身整体结构，因此对这样的碰撞损坏进行修复时常常需要进行车身整体校正，更换局部构件，需要拆卸的车身附件、构件较多。对于这样的碰撞损坏，常常需要采用更严格的修复工艺方法，才能取得较好的修复效果。

一、操作准备工作

1. 汽车车身侧面碰撞严重损坏的分析、评估

汽车碰撞以后进入汽车修理厂，车身修复人员与检验员、保险人员对汽车车身进行评估。

从上述案例中目测车身损伤的情况来看，汽车车身左侧损伤严重，左侧的两个车门都碰撞损伤，左后翼子板变形；而车身其他区域从目测的情况来看，并没有碰撞损伤。因此需要

拆去一些车身构件，再对车身侧围、车顶碰撞损伤进行进一步检查评估。首先拆去汽车座椅、车身左侧车门。然后应仔细检查汽车中部尺寸是否变化。对汽车车身也应仔细检查，其中检查汽车车身构件之间的缝隙是一个方便可行的方法。如图 4-1-49 所示，右前门与中立柱之间的缝隙明显且不均匀，车门已不能正常关闭。

图 4-1-49　检查车门缝隙

依据检查情况，修复思路为：对直接碰撞部位的左前门、左后门、车身侧围、前左侧翼子板采用局部更换的修复方法；更换前保险杠及相关的构件；对门槛、车顶、后备箱盖的局部损坏进行修整。

2. 将受损车辆移至具有校正整体测量控制点的校正平台上

在汽车碰撞十分严重的情况下，维修技师常常将汽车放在具有测量设备的校正平台上，经测量确定汽车整体结构和测量控制点完全符合要求以后，才能进行汽车车身的局部整形和校正(前面已做了介绍，这里不再重复叙述)。

3. 拆卸车身损坏部位的相关构件、电器设备、装饰件等

在修复车身作业时，常常需要使用锤击、牵拉、焊接等操作方法，因此，与严重损伤部位相关的电器设备、车身装饰件、灯具、护板等构件都应拆除。这些构件的连接方法有可拆卸连接和不可拆卸连接之分，拆卸时应先拆除可拆卸构件，如图 4-1-50 所示的电器、灯具、压条、护板等。

图 4-1-50　拆除相关的电器、灯具、压条、护板等

二、具体操作步骤

(1) 更换车顶和侧围部分损坏构件。在更换构件之前，先要拆除车顶、车门柱、车身后三角窗边柱等。这些部位一般都是采用点焊连接，有的车型在某些部位也会采用连续焊或间断连续焊接，这是不难判断的，只要把车身涂层打磨掉，车身的焊接点就会暴露出来。由于汽车车身的这些焊接都是采用机械手作业，因而一般车身焊接点间距都有一定的规律，找准焊接点，并彻底清除焊接点，对后续损坏构件的拆除分离是很有好处的。图 4-1-51 所示为操作人员在进行焊接点的拆除作业。

(2) 将需要更换的车身构件的所有焊接点拆除以后，可以采用手工工具对车身构件进行分离，如图 4-1-52 所示。分离也要仔细进行，不能损坏构件的边缘；否则，在安装新的构件时还需要对这些构件的边缘进行整形。

图 4-1-51　拆除车身焊接点

图 4-1-52　分离车顶构件

(3) 在拆除车身车顶以后，可以对车身进行一次测量，如图 4-1-53 所示。检查经过校正的车身是否校正正确，还需不需要进行进一步校正整形。如果需要，可以针对测量控制点的变化进行校正整形。

图 4-1-53　拆除车顶后进行测量

图 4-1-54　车顶前、后支架更换

(4) 汽车车顶覆盖件拆除以后，需对车顶前、后支架进行修复。这些支架的强度很高，整形都比较困难，本案例的修复是对这些构件进行了更换，如图 4-1-54 所示。

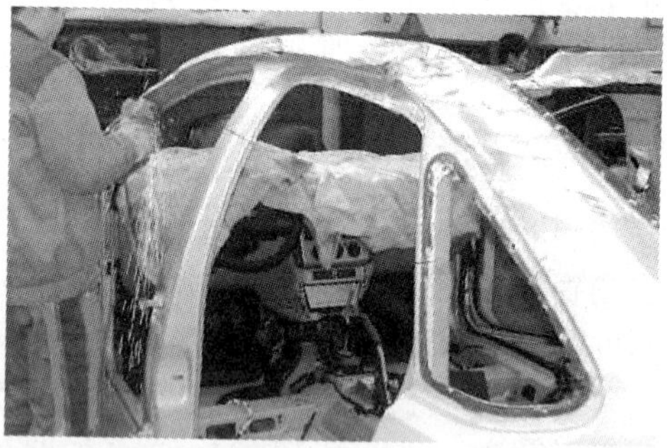

图 4-1-55　切割车身立柱

(5) 部分更换车身侧围、车顶损坏构件。将汽车车顶拆除以后，根据制定的车顶、侧围的修复工艺方案，需要更换侧围外侧板部分损坏构件；在决定汽车门柱的切割位置时，应考虑尽量使保留下来的部分不需要进行整形修复。如图 4-1-55 所示，决定切割操作位置有时也需要考虑仓库备用材料的情况，同时切割的位置也需要根据备用材料的尺寸决定。按需要更换车身侧围、车顶损坏部位时，要将车身各门柱都进行切割，切割时应注意尽量让接缝小一些，这样才能更好地保证焊接质量。

(6) 在切割车身门柱后，使用手工工具錾子等将损坏部件与车身分离开，如图 4-1-56 所示。图 4-1-57 所示为损坏部分构件分离以后的车身，从图中也可以看到，为了增加这些部位的强度，在侧围横竖接头处都安装了增加强度的加强构件。一般在更换侧围外板时，应注意避开这些加强板进行切割。

图 4-1-56 将车身损坏部件分离

图 4-1-57 车身损坏构件分离后的车身

(7) 在确定侧围内板都符合整形要求之后，将需要更换的车身构件按更换位置进行切割。这一工作应先准确测量、画线，确定割除位置后一次进行切割，然后将构件与车身进行试装，如图 4-1-58 所示。操作过程中切忌不规范切割，否则容易造成安装位置不对而需要再次进行切割，这会让构件的金属材料多次受热，加剧加工硬化，影响车身修复质量。

图 4-1-58 试装更换的车身构件

(8) 为了确保车身更换的覆盖件能与原车身部位贴切，除了采用测量的方法以外，还可以将更换的车门安装在车身上进行检查，如图 4-1-59 所示。这是因为车身的测量控制点对车身整体校正有较好的参照作用，但往往不能很直观地暴露局部整形存在的不足；而装上车门之后进行检查，可以很方便地找出车身整形不好的位置，这样车身整形的效果可能会更好一些。在确定更换的构件合适后，将车门拆下，如图 4-1-60 所示。

图 4-1-59 试装车身车门校正整形

图 4-1-60 试装合适后将车门拆下

(9) 在对车身整体校正以后，对侧围内加强板变形严重的部位进行二次整形，确保更换的车身覆盖件与原车身贴切，如图 4-1-61 所示。这些加强件具有较高的强度，整形时一般用加热的方法，这样修复后的车身强度不会受到影响。

图 4-1-61　整形侧围内加强板

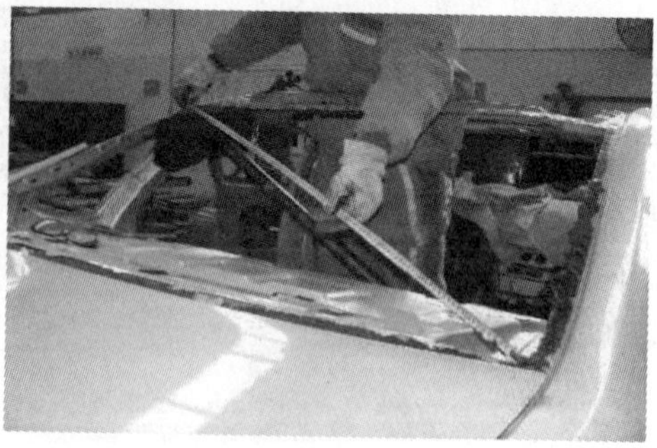

图 4-1-62　用卷尺测量后风窗对角线

(10) 整形完工以后，安装车身前、后车顶支架，安装以后还要进行测量，也可用卷尺进行测量，如图 4-1-62 所示。如果用卷尺测量不够精确，可以采用轨道式量规测量后风窗框的一条对角线，如图 4-1-63 所示，再测量风窗的另一对角线进行比较，如图 4-1-64 所示，判断整形后车身校正的精度是否符合汽车车身技术文件的测量控制点的数值。车身前风窗框是一个重要的总成，它直接影响汽车的安全、密封和驾车人员的视线，所以在维修操作中一定要加以高度重视。

图 4-1-63　用轨道式量规测量后风窗的一条对角线

图 4-1-64　用轨道式量规测量后风窗的另一对角线

(11) 在车身侧、顶损伤部位整形校正完工之后，要将汽车车门试装上车身，检查车门与侧围立柱和门框的间隙是否符合装配要求，如图 4-1-65 所示。两车门之间的间隙是重要的部位，应校正安装正确。然后进行焊接，如图 4-1-66 所示，焊接应采用惰性气体保护焊。

图 4-1-65　校正车门框间隙

图 4-1-66　采用惰性气体保护焊进行焊接

(12) 对车身构件焊接点进行打磨。对于车身不同位置的焊接点，打磨要求也略有不同。如图 4-1-67 所示的位置在车身立柱上，钣金修复后需进行打磨，再进行涂装作业。这些部位涂层的厚度都不会太厚，因此，对焊接点的打磨应有更高要求。车身门框也是应进行仔细打磨的部位，如图 4-1-68 所示。因为汽车车门开闭频率很高，涂装作业时也不能涂装太厚的涂层，所以应将焊接点打磨平整。

图 4-1-67　**打磨车身立柱**

图 4-1-68　**打磨车身门框**

(13) 为了保证汽车车门与车身门框间隙符合汽车原车技术文件的要求，还需要对装配进行进一步调试，如图 4-1-69 所示。试装主要是调整车门铰链，车门铰链分上、下两个，如图 4-1-70 所示。在本案例中应先固定车门下铰链，并以车门下沿为基础进行调整。车门间隙应符合汽车原车技术文件的要求，车门上、下间隙均匀，车门开闭灵活，开到规定位置后能稳定不动，如图 4-1-71 所示。

图 4-1-69　**调试车门**

图 4-1-70　**调整车门上下铰链**

(14) 汽车车身修复是一个综合过程。为了让涂装工序能有一个好的涂装表面，还需要对车身修复表面进行进一步检查，特别是焊接点要打磨平整，各焊接点不能高出构件表面的凸点；对凹陷部位，若钣金作业不能修复，而又在允许的范围内，应用钣金胶及时填补，防止锈蚀，以免影响涂层质量，如图 4-1-72 所示。

图 4-1-71 调整车门间隙

图 4-1-72 打磨焊点及用钣金胶填补防锈

(15) 为确保车顶与车身侧围接缝密封,还需要填补钣金胶,如图 4-1-73 所示。填补钣金胶之前应先在车顶槽左右边缘贴上胶带,如图 4-1-74 所示。

图 4-1-73 填补钣金胶

图 4-1-74 车顶槽左右贴胶带

(16) 汽车车身两边的接缝槽也需要填补钣金胶。使用涂胶枪进行填补作业,填补的胶应均匀、密封、高低合适,如图 4-1-75 所示。待钣金胶完全干后将胶带拆除,如图 4-1-76 所示。

图 4-1-75 钣金胶均匀、密封

图 4-1-76 拆除胶带

(17) 汽车发生碰撞对汽车车身损伤的情况是复杂的,所以在车身校正修复以后,还应检查车身的各个部位。例如,发现一些没有修复的碰撞凹陷,应进行修补,如图 4-1-77 所示。有些凹陷需焊接修补,如图 4-1-78 所示。有些凹陷还可以用整形修复机进行整形修复。

图 4-1-77 修补凹陷

图 4-1-78 焊补凹陷

(18) 在汽车车身全部修复以后，还应进一步检查汽车车身的各个部位。图 4-1-79 所示为汽车车身右侧。检查车身车门之间的间隙、翼子板与发动机盖之间的间隙。图 4-1-80 所示为汽车车身前、左侧；图 4-1-81 所示为汽车车门间隙。可以让检验员、涂装工序的主修工对车身进行检查，确保车身完全符合涂装工序作业的要求以后，才可以进行涂装。在这一阶段发现的问题还是相对容易解决的，但在涂装工艺完工以后再进行钣金作业是很困难的。

图 4-1-79 车身修复后右侧

图 4-1-80 汽车车身前、左部

图 4-1-81 汽车车身间隙

巩固与评价

一、活动巩固

(一) 判断题

1. 当前翼子板或后顶盖侧板受到正横向上较大的碰撞时，震动波会传递到车辆的另外一侧，使车辆整体产生弯曲。 ( )

2. 前立柱位置遭受侧向撞击时，首先会造成前车门、前翼子板损伤变形。 ( )

3. 切割时应注意尽量让接缝大一些，这样才能更好地保证焊接质量。 ( )

4. 一般在更换侧围外板时，不需要避开加强板进行切割。 (　　)

(二) 选择题

(1) 对凹陷部位，若钣金作业不能修复，而又在允许的范围内，应(　　)。

A. 用钣金胶及时填补　B. 用二保焊进行堆焊　C. 不做任何处理

(2) 在对车身整体校正以后，对侧围内加强板变形严重的部位，进行(　　)，确保更换的车身覆盖件与原车身贴切。

A. 二次拉伸　B. 二次整形　C. 二次焊接

(3) 为了提高车辆的侧向防撞能力，现代车辆一般都在车门内侧配有防撞杆，B 柱采用(　　)加强结构。

A. 复合式　B. 二层　C. 三层

(4) 车身侧围横竖接头处都安装了增加强度的加强构件。一般在更换侧围外板时，应注意(　　)这些加强板进行切割。

A. 避开　B. 紧挨　C. 远离

(5) 在进行车身焊点打磨时，各焊接点(　　)构件表面的凸点。

A. 不能低于　B. 不能高出　C. 平齐于

二、活动评价

评分标准见表 4-1-3，在考核记录栏中简述扣分的缘由。

表 4-1-3　车身侧面碰撞修复考核评分表

评定成绩：　时间：　地点：　教师：

序号	作业项目	考核内容	配分	评分标准	考核记录	扣分	得分
1	选择劳保用品	选出活动所需的劳保用品	10	选错或漏选劳保用品一项扣 2 分，扣完为止			
2	选用工具和设备进行操作	合理选用工具和设备，且安全、规范操作	10	操作中有安全隐患的扣 10 分			
				工具、设备落地扣 2 分，扣完为止			
3	分析车身损伤	对损伤车辆进行损伤分析，制定修复方案	30	损伤分析不详细或不完整扣 15 分			
				不能制定出详细、合理的修复方案扣 15 分			
4	修复损伤车辆	正确、合理使用工具和设备，按操作流程对损伤车辆进行修复	50	工具、设备使用不规范，一次扣 5 分			
				操作流程颠倒或混乱扣 10 分			
				未按规范工艺进行修复的，一次扣 20 分			
分数合计			100				